5th edition

教育社会学概论（第五版）

The Sociology
of Education:
An Introduction

钱民辉　著

U0362620

北京大学出版社
PEKING UNIVERSITY PRESS

图书在版编目（CIP）数据

教育社会学概论/钱民辉著.—5版.—北京：北京大学出版社，2022.10
21世纪社会学规划教材.社会学系列
ISBN 978-7-301-33435-5

Ⅰ.①教…　Ⅱ.①钱…　Ⅲ.①教育社会学—高等学校—教材　Ⅳ.①G40-052

中国版本图书馆CIP数据核字(2022)第181941号

书　　　名	教育社会学概论(第五版)
	JIAOYU SHEHUIXUE GAILUN(DI-WU BAN)
著作责任者	钱民辉　著
责任编辑	陈相宜
标准书号	ISBN 978-7-301-33435-5
出版发行	北京大学出版社
地　　　址	北京市海淀区成府路205号　100871
网　　　址	http://www.pup.cn
新浪微博	@北京大学出版社　　@未名社科-北大图书
微信公众号	ss_book
电子信箱	ss@pup.pku.edu.cn
电　　　话	邮购部 010-62752015　发行部 010-62750672
	编辑部 010-62753121
印　刷　者	天津中印联印务有限公司
经　销　者	新华书店
	730毫米×980毫米　16开本　25.25印张　426千字
	2004年10月第1版　2005年6月第2版
	2010年1月第3版　2017年10月第4版
	2022年10月第5版　2023年7月第2次印刷
定　　　价	72.00元

目　录

第一章

教育社会学入门的几个基本问题

对初学者而言,接触到教育社会学时,他们总是带着太多的疑问与好奇,想很快搞明白这是一门什么样的学科,学了这门课对自己有什么用。对一位教师或是准备做教师的人来说,他们相信教育社会学对于他们未来的工作会有帮助。至于学生,特别是非教育专业的学生,他们选学教育社会学对他们可能有什么益处呢? 专业之间能否打通? 还有,如果是学生家长或是与学校有关的社会各界人士,学习教育社会学是必需的吗? 这些问题看似简单,但非常不好回答,原因就在于每个人的情况和学习动机不一样。不管怎样,对于一门已经成熟的学科来说,问题既然提出来了,就有办法回答。可以先概括地说,教育社会学既是一门专业性很强的学科,也是一门可以面向公众普及推广的公共学科。为什么这么说呢? 当教育作为一门科学时,它需要有专门的研究人员、专门的方法和经过专门验证的知识,形成专门的教育理论,进而建构一种教育科学体系。这里可以用一个"专"字来表示。当教育作为一种社会活动时,它关涉每一个人一生的受教育生活、个性完善、社会化水平、幸福指数和职业生涯发展。因此,人们有权并且会理性地对教育进行选择、审思和评价。这里也可以用一个"普"字来表示。就前者而言,教育社会学将提供社会学的思考与研究,建构专门的知识体系;就后者而言,教育社会学将帮助人们对教育进行理性选择、审思和评价,培养起通达的智识和思考能力。下面我先列出人们最常问到的、最关心的,也是初涉教育社会学时需要弄明白的几个基本问题。

一、什么是教育社会学?

为了回答这个问题,我们先从常识出发,然后讨论经典,最后再回到教育社会学的解说。从词义上看,教育社会学主要由教育与社会学这两大概念组成,我们先分开论述。教育给人的常识印象就是"上学""读书""教书""育人"。显然,这里的社会关系是由教与学决定的。过去,中国适龄的孩童、年轻人要去私塾、书院读书,受教于有知识、有思想的成年人。当然,更多的百姓之家、乡里族里会由老人向孩子们传授生活的经验、谋生的技术与知识、家族的宗教信仰、文化习俗等。这种教育方式被人类学家玛格丽特·米德(Margaret Mead)称为"塑后文化"(Postfigurative)形式。近代以后,学校教育渐渐普及,但这种塑后文化形式还在延续。然而,在知识不断创新以至被称为"知识爆炸"的年代,同代人互教互学,以及年轻一代能够快速获得知识与信息,激发了年长一代向年轻一代学习的现象,这种新的教育方式被玛格丽特·米德称为"共塑文化"(Cofigurative)与"塑前文化"(Prefigurative)形式。[①]

在今天,接受教育,特别是接受一定年限的教育,已经成为人生最重要的部分,甚至关涉人权而被纳入国家法律保障。教育不再是个人的事,也不再是家庭家族的事,而是社会和国家的事。这样,国家建立起从基础教育到高等教育的体系,以及其他各类教育体系,这些成为整个社会系统的有机组成部分。教育与社会之间的关系自然而然成为学者关注和讨论的话题,因而超越教育学界定和规范的研究日渐盛行。[②]

当我们将目光投向经典,先哲对于教育与社会之关系的论断在今天同样具有解释力。因此,我曾经将西方最具有代表性的"三哲"——柏拉图、卢梭、杜威的学术遗产列入教育社会学的入门必读书目。现在,我们可以从柏拉图的《理想国》、卢梭的《爱弥儿》和杜威的《民主主义与教育》等著作中,理解教育与社会

---

① 详见 Margaret Mead, *Culture and Commitment: A Study of the Generation Gap*, Natural History Press/Doubleday & Co Inc, 1970, p. 1。

② 这里所指的教育学系 19 世纪德国的哲学家、心理学家和教育家赫尔巴特(Johann Friedrich Herbart, 1776—1841)建立起来的教育学体系。其教育目的在于培养集"内在自由、完美、善意、法律、正义"于一身的有教养的人。但这样的人已经不适应现代性的社会需要,因此遭到了来自社会学界的批评,人们纷纷探寻另外的所谓科学的教育途径。参见《中国大百科全书·教育》,中国大百科全书出版社 1994年版,第 122—123 页。

之间的关系,以及教育社会学早期的思想启蒙。

柏拉图非常重视教育在实现理想社会中的作用,也非常重视因材施教。因为人在智识、情趣和能力方面存在差异,而且社会是由不同管理层面构成的,所以教育应当建立与之相适应的层次,对不同的人分别施以适当的教导,以满足社会之需要。为此,他强调:首先,教育由国家管理,儿童公有,全部教育公有。这样教育才能成为稳定国家政治的有力工具。其次,教育以造就治国人才为鹄的。教育既培养管理国家的哲学王、大臣,也培养保卫国家的武士,以及建设国家的百业百工技术人才。再次,建立起教育的层级选拔制度。最初对儿童进行情感和道德的训练,接着是武士和意志训练,最高层级的是哲学家和理智训练。最后,教育面前男女要平等。社会上各种适合男子的职业也同样适合女子,这样可以解决社会上的性别歧视问题。

卢梭的教育思想与柏拉图的教育理念有着看似对立的一面,也有着本质上的共同性。对立主要表现在,卢梭认为教育应当是个人的事,而不是社会(非民主社会)的事。旧的教育压抑人的天性,旧的文明、传统、习俗、偏见戕害人的本性。新的教育要从儿童纯洁善良的本性出发,使人所受教育和环境的影响服从人的本性的发展。在民主制建立之前,不应为国家培养人,不应培养公民。社会中的职业分工并不是固定不变的,社会制度和社会结构也将发生巨大的变迁。所以,教育应取消等级观念、身份观念,而应发展一般人的本性。他认为,受过新教育的理想新人应是身心两健、手脑并用、能够很快适应任何一种职业的人。这种人有着哲学家那样善于思考的习惯,双手像农夫一样善于劳动。卢梭与柏拉图的教育理念的共同之处是,卢梭所认为的民主社会正是柏拉图所描绘的理想社会。柏拉图相信,在理想社会中,教育应是国家的事情。卢梭后来也一直强调,社会一旦建立起民主制度,就要由国家掌管教育,设立学校,把年轻一代培养成忠诚的爱国者、公民和具有博爱之心的爱人类的人。

杜威与上述"二哲"一脉相承,他是极力推崇民主主义理想社会的启蒙思想家。他的教育思想主要强调教育具有的社会性特征,提出教育是应社会生活需要而产生的,教育即生活;社会也是通过传递过程而生存的,教育即生长。教育和社会生活的关系,正如营养和生殖同生理生活的关系一样。这就必然规定了教育具有保守的和进步的社会职能,为多元文化的社会营造相似和平衡的环境。美国的学校教育很好地扮演了促进社会融合的角色。对于一个多种族、多移民的社会来说，学校教育首先提供了融合的基本条件和环境。诸如，在种族、宗教和风俗习惯不同的青少年当中，学校教育为大家开辟了一个新的和更为广阔的空间。共同的教材、共同的沟通习惯和认知、共同的学校文化，使青少年不知不觉受到更为深刻和更为密切的教育陶冶。这样的教育的结果是，为民主社会培养了能参与民主的社会成员，也可以保证社会的团结和稳定。①

上述"三哲"不仅回答了"教育是什么"的问题，而且提出了"教育应是什么"的社会思想。教育不是一个独立于社会的存在物，而是社会整体的一个组成部分。教育的目标和功能必然反映出社会的需要和社会的属性，也就是说，教育与社会的关系既反映在社会之中，也反映在教育之中。因此，教育与社会的关系教育学解释不了，而社会学的解释则日益凸显。

什么是社会学的解释？社会学是什么？这是我们将要回答的第二个概念问题。首先要说明的是，关于教育的社会学解释有多种视角，但正是不同的视角构成了教育社会学的充分条件和基本架构。教育与社会一样具有多面向，我们只有通过不同的视角观察理解我们身处的教育，才能对教育现象有充分的认识、想象和解释。

社会学家 C. 赖特·米尔斯（C. Wright Mills）将社会学的解释定义为"社会学的想象力"（sociological imagination）。正像他所描绘的，我们生活在一个注意力为信息所支配的"事实的年代"，因此，我们的心智水平越来越受到限制，无法理智地理解我们的生活。现在我们真正需要的是，用社会学的想象力去打破这种限制。"由于社会学的想象力对不同类型个人的内在生命和外在的职业生涯都是有意义的，具有社会学的想象力的人能够看清更广阔的历史舞台，能看到在杂乱无章的日常经历中，个人常常是怎样错误地认识自己的社会地位的。在这样的杂乱无章中，我们可以发现现代社会的架构，在这个架构中，我们可以阐明男女众生的种种心理状态。通过这种方式，个人型的焦虑不安被集中体现为明确的困扰，公众也不再漠然，而是参与到公共论题中去。"②

借助社会学的想象力，我们明确了社会学是什么。其实社会学的许多先驱都做出了奠基性说明，但韦伯的说明似乎与米尔斯的社会学的想象力更加吻合。

---

① 参见任钟印主编：《世界教育名著通览》，湖北教育出版社 1994 年版。

② 〔美〕C. 赖特·米尔斯：《社会学的想象力》，陈强、张永强译，生活·读书·新知三联书店 2005 年版，第 3 页。

韦伯认为,"社会学是一门关注对社会行动的解释性理解并因此关注对社会行动的过程和结果的因果性说明的科学"①。在这里,韦伯强调社会学的主要关切是:社会生活中的行动者为什么要行动? 怎样行动? 行动产生什么样的结果? 他认为,应在这些方面对行动者行动的意义进行理解,并做出解释。因此,社会学是一门说明和解释性的科学。

当然,理解与解释社会学,并不仅仅是专门研究教育现象,而是要剖析社会的所有方面,诸如社区、社会结构、社会变迁、性别、种族、阶级等。只是在教育领域,运用社会学独特的方法和想象力,对教育领域的社会行动者做出理解与解释,形成了一门学科。我们会在以后的章节中分门别类地详述这门学科。

二、教育社会学对于不同学习者有何价值?

以前,每当有人问及学习教育社会学有什么用时,我总是觉得这样的问题有些功利。"开卷有益"乃至"读书破万卷,下笔如有神",不都说明了学习的重要性吗? 培根的那句名言"知识就是力量",不也在强调学习吗? 但现在我却觉得,这样的问题本身就是一个社会学的问题。为什么这样说呢? 首先,这个时代是个知识爆炸的时代,科学技术与信息瞬息万变,我们如果不能做出选择,就会迷失在信息高速公路上。其次,从知识的社会性和社会生活的有效性来说,知识的价值无疑是人们应重点考虑的。英国社会学家斯宾塞曾经提出"什么知识最有价值?"这一问题,反映了社会进步的需求和人们对实用知识的价值追求。美国威斯康星大学著名教育社会学家迈克尔·阿普尔(Michael W. Apple)也提出了"谁的知识最有价值?"的问题,揭示了资本主义社会中不平等的社会关系,特别是反映出教育领域中知识选择的权力,以及控制、承认与排斥的社会关系。可以看出,教育社会学提出并致力于回答这样的问题,充分说明了教育社会学既注重研究知识的有用性,也关注知识的社会性,特别是进入学校教科书的知识如何反映出不平等的社会关系和文化再制(文化再生产)。

上述问题反映了学校教育中的知识社会学问题,属于专业性问题,我们将在以后的章节部分做专门的分析。现在,回到初学者的问题上,我们先做一些简单的回答。

---

① 〔澳〕马尔科姆·沃特斯:《现代社会学理论》,杨善华等译,华夏出版社2000年版,第19页。

对于教师或准备从事教师职业的人来说，接受了教育学和心理学的训练，他们就能够应付学校中有关教与学的问题。学习教育社会学则不仅仅是处理教与学的问题，还要应对教育中的社会问题，涉及学校与家庭、社区以及各种社会机构之间的关系。什么是教育中的社会问题？诸如学生学业不良或总是违反学校纪律这些问题，既是学校教育中出现的问题，也是社会环境中必然产生的问题。教育社会学将这些问题放到学校之外的家庭、社区和社会中去考察，无论是在统计上还是质性分析报告里，都显示了这样的结果：学生的学业成绩与家庭背景（父母期望、阶级地位、种族身份、居住社区）有着很高的相关性。这种分析为教师提供了更加宽泛的理由以解释学生的学业问题，从而调节自己的教学策略。如果教师看到学生的学业结果是由不平等的社会制度和政策造成的，他就可能自觉地检讨教育制度的公平性，课程设置的科学性和合理性，知识与学校文化中是否有阶级、种族、性别方面的歧视，以及接受教育的机会是否均等，等等。当社会中不公平信号明显时，教师很有可能参加到争取民主平等的社会运动中，这类活动在美国表现得尤为典型和富有成效，这也说明了为什么美国社会的教育改革、课程革新和学生运动最为频仍。

那么，在这里会有人问，教师是怎样洞察到学生的学业问题的，又是怎样超越教育学的方法联系到他的家庭背景和社会环境的。这里其实反映了教育社会学的两个大的层面，一个是微观层面，另一个是宏观层面，而教师本身处在连接微观与宏观的中观层面。这三大层面的内容及扩展构成了教育社会学实践探索与检验的领域。在微观层面，教师会通过与学生的面对面互动，观察审视学生即时的和习惯性的行为的细微部分。诸如，学生日常都会说什么，想什么，做什么？他怎样评价别人，别人又怎样评价他？他喜欢与谁相处，谁会接纳他，是什么样的同辈群体？学生学习的动机、期望是什么，以及有什么样的抱负？他是遵守纪律还是经常破坏纪律？他有暴力行为吗？他是顺从老师还是会顶撞老师？他的衣着、打扮、行为另类吗？他的偶像是谁，为什么崇拜这样的偶像？他有早恋倾向吗？他有交往恐惧和自闭现象吗？他的书包里经常放一本什么样的课外书？他喜欢上网并且无节制吗？等等。这些情况都是教师可以在与学生的日常互动中获悉的，只有真正了解学生才能教育和引导学生在学校的正常秩序中生活。

知道学生的这些状况，教师并不算真正做到了解学生，因为其中的因果关系没有搞清楚。于是，教育社会学的分析帮助教师去研究这些现象背后的因果关

系,这就逐渐触及宏观社会层面。在宏观层面上,教师首先接触到学生的家庭,
继而延伸到他的社区,问题也就接连出来了。诸如,身份和背景问题;社会结构
与社会分层问题;社会流动与社会控制、选拔、排斥的规则问题;社会运动与社会
变迁;职业领域与劳动力市场;等等。当考虑到这些变量时,对学生行为的分析
常常是有效的。为什么呢? 因为每一个人都生活在社会之中,生活在与别人和
各种社会机构的交往之中,社会中的每个人都会受到社会互动的影响。

　　今天,教师已经不仅仅是在学校教书育人,而且对社会负有责任,要参与到
社会的各种事务之中,提供自己的真知灼见,提供社会批评,为健康的公共社会
生活、平等的社会、和谐的人际关系、社区教育、公民教育、和平教育、可持续性发
展教育、新媒体教育做出贡献。如何做好参与社会建设的事情,教育社会学将提
供方法、策略和见解。

　　对于欲从事教育科学事业的研究者来说,教育社会学无疑开辟了一个更加
广阔的研究领域。教育社会学研究主题是社会学研究主题的延伸和扩展,因此,
社会学思想家的丰富遗产和后人持续的研究推进,均是教育社会学研究的思想
源泉、知识宝库和方法指南。可以说,任何一部教育社会学著作都渗透了这些方
面。整理 2009 年和 2019 年两篇具有代表性的文章后发现,中国教育社会学界
不论在方法、理论上,还是在实践中,都借鉴了社会学的思考、原理和知识体系。
2009 年的文章首先从社会学视野出发,对教育社会学领域持续了半个多世纪的
学科之争做了梳理,讨论似乎超越了强调学科身份的"基础说""分支说""独立
说",而开始强调学科是否具有社会学的想象力,是否具有学科之眼和学科之
魂。其次,指出教育社会学者的学理研究旨趣和现实研究旨趣。而 2019 年的文
章集中检索和说明了教育公平与社会分层研究,以及当代西方社会理论对我国
教育社会学研究的影响。反映了中国教育社会学研究的两大旨趣和偏好。[1] 本
书将在以后的章节中层层展开这些研究和新的探索。

　　对于普通的学生家长来说,是否有必要学习教育社会学? 学了教育社会学
是否能更加理性地认识教育政策、学校文化和学生群体? 自己的孩子应该怎样
有效地融入学校文化环境,成为学校教育的适应者、成功者? 建立怎样的家长和

---

　　[1] 参见钱民辉:《中国教育社会学研究的最新动向及评述》,《北京大学学报(哲学社会科学版)》
2009 年第 3 期;参见杜亮、牛丽莉、张莉莉:《21 世纪以来我国教育社会学研究进展述评》,《清华大学教育
研究》2019 年第 5 期。

学校联系是有效的? 父母的受教育程度、对孩子接受教育的期望、所从事的职业、在社会中的地位和经济水平,会怎样影响孩子的教育成就和社会选择? 在教育层级的每一阶段,家长和孩子之间需要什么样的互动? 怎样帮助孩子度过"性格的逆反期"和"生理青春期"? 等等。这些是每个家长都非常关心的,我们会在本书的每一个部分专门留下普及的知识和特定的思考题,帮助家长理解这些问题与寻找解决之道。

对于非教育社会学专业的学生来说,学习教育社会学不仅能得到思维的训练和知识的培养,而且可以正确认识自己和所处的社会,有利于逐步提高自身的社会化水平,适应迅速变迁的社会。可以说,教育社会学是一门面向大学生和青年人的学问,青年人所遇到的社会、心理和文化的问题也是教育社会学的问题,因为教育社会学探讨人生观、世界观,探讨世俗生活,探讨教育如何使人"学会学习,学会做事,学会与别人共同生活,学会生存",探讨教育如何推进社会的精神文明和物质文明。有人说,教育社会学是不是太宏观了,总是讨论制度、秩序、文化和群体,以及相应的结构、功能、整合和价值。其实,这些社会现象都是由社会行动者构成的,而社会行动者和他的行动则是具体的和微观的,我们正是在宏观的社会中看到了微观的社会行动者之行动与互动,在微观的社会行动中看到了宏观社会的影响与制约。这也说明了,社会中存在的无论是宏观现象还是微观现象,都由社会行动者理解、解释并赋予意义,互动更多的方面就是人们之间的对话;再向上推论,社会制度、规则、文化无不是植根于社会行动者的对话之中的。因此,教育社会学有专门的学者和专门的理论,如阐释学就是处理"对话"的。在教育社会学里,对话不仅仅是教与学、沟通信息,还有"建构""颠覆""维护秩序和整合""进步与变革"等功能。前者可能更多的是教育学的问题,而后者反映的是教育社会学的问题。该如何实现社会行动者的对话呢? 如果再做些区分的话,教育学反映的是个人的事情,教育社会学反映的是社会行动者的事情。个人的事情也许并不关乎别人,而社会行动者的事情一定关乎别人并具有意图和意义。

教育社会学能告诉学生,如何使自己的社会行动更有意义和价值,这涉及人类的智慧问题。大学是人类智慧开发之地,大学的一个最主要功能就是,对学生进行智力训练。而教育社会学的一个最主要功能就是,教会学生在一个复杂多变的社会中,如何培养自己细致入微的观察力、联系内因外因的归纳判断力、果断取舍的选择力、大胆又实际的想象力、灵活善变的思维力。正因如此,我在北京大学开设这门课程时,将其命名为"教育社会学思考"。许多学生在修完这门课程后,真正体会到了什么是"通过社会学去思考"。社会学的理论思想家用他们的洞察力和睿智拓展了年轻一代的视野和智慧,使他们能够在更加宽广的社会和大环境中去认识他们生活中的细微之处,以及事物之间的差序关系。正像有的同学说的,教育社会学是一门关于生活的学问,教育社会学会让我们更加适应学校的生活,教育社会学也会帮助我们有准备地进入社会。

三、教育社会学家关心什么? 他们研究什么?

教育社会学家是一个职业群体,他们有自己特定的研究领域和研究方法。但不管怎么说,他们的研究起点始终是学校教育和社会中的日常生活。具体地说,教育社会学家从日常生活中发现那些影响每个受教育者道德品行、行为习惯、个性特征、知识能力的因素,从而去判断当前发生的事情和行动,做出符合理性的解释。举例来说,一个五年级的小学生,他的学习成绩一直不好,客观地讲,他是一个比较聪明的学生,只是主观上不愿意学习。教育社会学家在诊断出这个学生的问题后,随即进行了家访和居住环境调查,发现这个学生的父母受教育程度不高,居住环境也不好,流动人口太多。在进一步访谈中了解到,父母认为自己的孩子不是学习的料,家庭经济也比较困难,只希望他能够早点帮助家里,减轻大人的负担。正是父母对孩子的低学业期望,导致孩子学习动机不足,这很可能是这个学生学习成绩不好的主观原因。另外,家庭居于较低的社会经济地位水平,既不能提供较好的学习环境和文化资本,也不能激发孩子通过接受教育成功向上流动的抱负,更不能建立起有效的家长与学校联系的方式。这些是这个学生学习不好的客观原因。

从上面的例子我们可以看出,教育社会学家关心的是问题背后的社会原因,也就是说,社会原因是如何影响了个人,而个人又是怎样反映了这些社会原因的。这些社会原因涉及社会制度的公平合理性吗? 涉及政策的社会歧视吗? 涉及阶级、种族、性别和特殊社会群体的利益吗? 涉及人权吗? 等等。

下面,我们举几个例子,介绍中国教育社会学在社会转型过程中关注和研究的问题。① 在对一些相关文献和教育社会学主要会议材料的分析中发现，应用研究的文献几乎占到了80%以上，研究者较多关注当前的教育政策、教育改革、教育焦点问题。通过对这些问题的持续性研究和学术传承，如今已经涌现出一大批高质量的学术成果。②

学者文东茅对"择校"政策做了分析，他主要关心的是现行的择校政策是否保护了处境不利群体的受教育机会。就此问题，人们并没有形成共识。诸如，"有学者对1994—2003年间有关中外义务教育择校问题研究的139篇论文进行了分析，发现赞成择校或认为有必然性的有39篇，认为择校弊大于利的有63篇，没有表态或只介绍措施的37篇。关于择校问题争论的焦点之一是择校对弱势群体的影响。赞成者认为择校是一种受教育权利，剥夺受教育者的这种权利并将弱势群体限制在薄弱学校是教育中的强权和不公；反对者认为，择校将导致以钱择校、以权择校，只能增加强者的选择而剥夺弱势群体接受优质教育的机会，是一种教育领域的腐败和不公"。在该文中，学者文东茅对择校以及关于择校的争论做了较为详细的梳理和分析，提出建立以均衡化和多样化为基础的、免费且更自由的择校制度，是保护处境不利群体受教育机会的基本途径。但是，如何解决强制就近入学与以钱或权择校的问题，尚缺乏有力的建议和有效的途径，这也成为今后教育社会学集中关注的问题。

择校问题反映的是城市学校教育政策和现实的一个方面，乡村学校当前面临的问题同样引起了教育社会学者的注意。学者庄西真通过对一所乡村中学的个案研究，揭示了基于城乡二元结构的城乡教育分化。学者刘云杉针对乡村教育提出了，对于留在村庄的人，教育究竟意味着什么，以及乡村教育究竟应该如何设计等问题。正是围绕这些问题，学者们展开了他们的研究并尝试做出回答。

与乡村教育研究最为接近的是少数民族学校教育研究。学者朱志勇以西藏班为个案，经过研究发现，学校对学生族群认同感的建构存在两种张力：一是通过国家意识形态的宣传而培养的学生的族群认同感，二是学生通过本族文化符号的再现而表达的族群认同感。国家和学校期望藏族学生在中华民族多元一体格局的框架内建构族群认同感，即中华民族共同体意识。这样的研究从另外一

---

① 以下具体论述参见钱民辉：《中国教育社会学研究的最新动向及评述》，《北京大学学报（哲学社会科学版）》2009年第3期。

② 参见彭荣础：《中国教育社会学40年：回顾与展望》，《江海学刊》2020年第4期。

个方面反映了学校教育的功能,即教育与国家意识形态保持一致性,这也是学校社会化的重要内容之一。

对特定群体的研究成为教育社会学中最有吸引力的领域。南京大学社会学系教授贺晓星一直关注残疾人的教育和社会问题,他采用民族志方法对中国聋哑人进行调查后撰文指出:"聋哑人虽然和正常人共有一个日常生活世界,但却是一种异文化的存在……"如果缺乏对这种异文化的理解,让聋哑人接受教育和获得很好的社会适应能力是不可能的。正因如此,聋哑人的犯罪问题与教育不当有着一定的关系。如何解决这一问题?贺晓星认为:"思考聋哑人犯罪与教育之关系问题时我们就会注意到,以往这一问题的思路,基本上都是从正常人的立场、从社会管理和教育学的角度出发谈教育的重要性,谈聋哑人素质文化水平以及道德认知水准的,我们很少会去思考聋哑人自己如何看待社会、如何看待文化、如何看待教育、如何解释教育与聋哑人犯罪之间的关系。"贺晓星提出的换位思考和"化熟为生"的研究方法,既是解决上述问题的现实做法,又是教育社会学方法论的体现。

性别与教育的关系一直是教育社会学研究的主要问题,过去的研究常常关注农村地区、少数民族和处境不利群体的女童教育问题。如今在这些问题上,党和政府及社会都做了很大的努力,边远地区、农村地区和民族地区的女童失学辍学现象已经极大减少,立法也让女童入学得到了保障。因此,现在的研究已经发生了很大的变化。学者张莉莉以全国范围的抽样调查数据为基础,分析了我国男女公民在学习状况上存在的差异。她的研究得出结论:女性参与学习的积极性和程度均低于男性;男女在拥有的学习资源和学习条件方面存在差异;男性参与学习提高性活动的程度高于女性;在参与学习的方式方面存在着性别差异;男女利用媒介进行学习的状况存在差异;学习内容和学习需求上存在性别差异。通过对反映在公民学习上的这些性别差异的分析,我们认为,即使在教育与社会政策方面不存在性别差异,但是社会中的文化因素,特别是人们的观念及习惯化了的生活方式和思维、行为方式,也会导致学习中的性别差异。而另一篇文章,对于西方社会排斥女性进入法学教育和法律职业领域这一现象,同样从文化上做了分析和解释。为了从文化上解决社会性别不平等的问题,有的学者开始反思男性研究与性别平等的内在联系。学者黄河认为,男性研究对性别平等教育的意义是重大的,如可以深化性别角色社会化研究、拓展性教育的多元化取向、丰富和再现校园中的性别文化等。当然,这样的分析还缺乏其他研究的证据支持,但至少在研究视角上让人感到新颖。

上述诸多研究都或多或少涉及"教育公平"的问题,这不仅是社会学和教育社会学研究的最重要领域,也是其他学科如政治学、经济学、文化学等最为关心的主题。社会学者刘精明曾撰文集中探讨了1978年以来中国高等教育扩展的基本状况,分析了社会阶层背景、本人职业位置、高中教育分流、城市等级、性别和政治身份等因素对中国高等教育入学机会的影响,以及这种影响在高校扩招时期的变化。他的研究发现,不仅各因素对不同形式的高等教育入学机会的影响存在较大差异,而且在高校扩招时期,社会阶层背景的影响呈现出两种截然不同的变化态势:优势阶层子弟的入学机会有时在成人高教领域呈现出显著下降趋势,而他们在大学本科教育方面的机会优势则成倍扩大。如此看来,中国高等教育的扩展似乎在冲破教育公平的底线,但这方面缺乏实证研究的证据。高等教育是一个复杂的结构,结构的调整总是趋于稳定的。诸如,随着高等教育扩招,优势阶层的相对优势扩大;生存取向明确的成人高等教育的机会增加,则使劣势阶层群体获得了更多益处,同样为他们的向上流动提供了制度保障。

刘精明的分析显然是"结构—功能主义"的,与此相似的是,有的学者从"体制—功能主义"的视角出发,认为教育公平问题与体制问题高度相关,因为二者都与权力的运行紧密联系。因此,教育改革的核心问题就是处理好国家(政府)、社会与教育之间的关系,教育公平问题是大体制下各方互涉的问题。还有学者从社会学的冲突观出发,对教育公平中的权力制约因素与政策内涵进行检讨。学者马维娜综合运用社会学家布迪厄、吉登斯,以及经济学家凯恩斯的主要观点,对关涉教育公平的资源配置中的权力运作进行了分析,以正教育公平之名。为了回答教育资源配置中的政府作为以及公平性的问题,杨东平根据实际情况提出了"政府转型"的命题和建设"公共服务型政府"的建议,如"按照建设有限政府、服务政府、法治政府、责任政府的要求,扩大公共服务,并不意味着扩大行政权力;强化公共服务职能,并不意味着集中资源、强化行政控制,而意味着建立服务导向,站在消费的立场,对公共服务的结果进行评价和监控"。"教育的选择性、丰富性、高质量,主要建立在学校自主性和活力的基础上,并且靠体制和机制的多样化来保证。"

总体来看,教育社会学在应用领域的研究说明了三点:一是,教育社会学者受到学科使命感的推动,认为有责任对教育政策进行评价,有义务为教育决策提供自己的研究依据和建议;二是,学者想通过自己的研究,以调查报告、内参、会议和公开发表论著的方式,为社会改革和社会问题诊断提出方案;三是,学者出于一种学术兴趣和需要,通过实际研究,应用和检验教育社会学的理论,拓展该学科的领域和空间。

教育社会学家是一个精力旺盛的群体,他们总是勤奋地工作着,甚至他们的研究工作在很多方面具有慈善事业和义工的性质。他们关注处境不利群体,关注社会的不平等现象。在许多贫困地区和边远民族地区,他们致力于学校的建设,让失学辍学儿童重回学校,为贫困家庭筹集助学善款,沟通社会援助渠道。

举了这么多的例子,好像让人们更糊涂了。教育社会学研究的领域这么广,岂不成了杂学? 其实不是。教育社会学涉及的领域之广,是旁的学科所不及的,这是因为,凡是与教育现象有关的人、事及社会关系、文化、制度、环境等,都被教育社会学纳入自己的研究范围了。范围广不等于杂,教育社会学对于宏观研究、中观研究和微观研究是有明确分类的,在研究方法上也是有着科学取向的,在以后的介绍中就会看到。现在,我们要梳理一些教育社会学家具体关心的问题类型,对此,国外有学者专门做了总结①:

1. 有家长参与学校教育的学生在学校中是否更为成功?

2. 在教授不同背景与能力的学生时,如何运用不同的教学方法、学习风格和课堂组织来提高成效?

3. 社区影响学校的因素有哪些? 这些因素如何影响学校的决策,尤其是在涉及年轻人的社会化问题上?

4. 教师的职业化怎样影响学校系统? 教师职业资格考试会提高教学质量吗?

5. 机会均等和族群融合等问题对学校有何影响? 少数族群学生在族群融合的学校里会学得更好吗?

6. 就获得的工作机会而言,某些学生是否存在教育过度的情况?

7. 受教育程度如何可能影响未来的收入?

---

① 〔美〕珍妮·H. 巴兰坦:《教育社会学:一种系统分析法》,朱志勇等译,江苏教育出版社 2005 年版,第4—5 页。

通过上述介绍，我们对教育社会学家的研究有了一定的了解，可以概括出他们常关注的学校教育现象。对于这些现象的解释，大部分教育社会学家忠实于教育社会学的创始人之一即法国社会学家埃米尔·涂尔干（Emile Durkheim）的学术方法与传统，也就是对一种社会现象的说明和解释要通过与其他社会现象的关联分析才能完成。这里涉及教育社会学的研究方法问题，下面通过一些实例来回答这个问题。

四、教育社会学家怎样开展研究？

多年的教学经验告诉我，学生选学教育社会学绝不仅仅是一种课程需要，也不局限在通过教育社会学去理解教育与社会、教育与人类行为的关系，他们还希望能加入改造教育不合理状况的运动，以及参与为政府、教育机构和学校提供批评和富有建设性的意见这样具体的行动。建议建言要科学合理客观，必然涉及教育社会学的研究，欲开展研究就需要掌握一定的教育社会学研究方法。当然，我们会辟专章介绍教育社会学研究方法，但现在，需要回答"怎样做"的问题。只有弄清楚这样的问题，我们才能有准备地学习教育社会学研究方法，才能实现自己"学有所用"的想法。

一些教育社会学家做研究也许足不出户，或在陋室、斗居，或在图书馆、资料室，"读书破万卷，料事如有神"，他们就是俗话说的"秀才不出门，便知天下事"。有人称他们为理论思想家、文献学问家、博古通今考证家等。这些人通常是人文主义者，崇尚人文主义教育。他们遍览各国教育历史，喜欢纵向和横向的教育比较研究；他们研读经典，喜欢要素主义与永恒主义的教育哲学；他们审视教育，痛惜（斥）人文教育的式微与工具主义的盛行。在学界，许多人称他们为"学院派"，在他们身上有着清晰的与前人一脉相承的学术印记。在实用主义盛行的今天，这些学者的研究很难在社会上获得经费资助，他们的研究被认为是"基础性的"和"理论的"。人们也承认他们的研究有思想、知识有系统、思辨有逻辑、学识通达而博雅，但不管怎样，这些人在社会上应属少数，他们的研究对学术、对社会、对百姓、对未来同样有着不可估量的价值。其实，在教育与社会变迁的历史与现实中，留存了大量他们的研究，对社会进步、政策制定、立法制宪、移风易俗、百姓生活、社会道德、社会团结等都产生过影响，这也能充分说明人文学科的重要性和不可替代性。教育社会学有人文学科的一面，然而，更多的人看重的是这门学科的社会应用性。

可以说，在今天，真正的人文学者在教育社会学中并不多见，因教育社会学实属应用性学科，故大多数教育社会学家偏好走进日常社会生活做研究。这样的研究主要有两种具体的方法和手段：其一，利用国家与社会的各种统计资料和数据库，结合自己设计的抽样调查所得到的数据资料进行量化分析；其二，选择个案并参与其生活，做"解剖麻雀式"的质性研究。在教育社会学界，比较有名的量化研究当属美国教育社会学家科尔曼 1966 年发表的报告（Coleman Report）。这份报告之所以有名，是因为其引起巨大争论，翔实的资料收集、分析及对教育机会不平等现象的解析和结论令美国社会哗然。

科尔曼的研究初衷在于比较美国的少数族群学生与白人学生，评估前者的受教育机会与成绩。其调查覆盖了全美 5% 的学校（根据一定的抽样原理选定），共计 645 000 名来自五个不同年级的学生参与了调查。学生被要求参加几种类型的测试，有关其背景和态度的信息被加以收集，学校行政管理者被要求填写关于他们学校的问卷。最后的研究结果确实揭示了令人感到不公的问题。[①]

1. 少数族群学生（除了亚裔美国人）在学校教育的每个水平的测试中成绩均低于白人学生，这种差距呈逐年递增趋势。科尔曼将少数族群学生这种劣势归因为校外因素的综合影响，其中许多聚焦于家庭——贫困、家长的受教育水平，以及其他环境因素。

2. 在报告成文之际，多数学生就读于种族隔离的学校，教师也倾向于教授同种族的学生。

3. 导致学生成绩存在很大差异的因素为学校的社会经济结构、学生的家庭背景以及学校中其他学生的背景等。这一发现出人意料，继而引出提议，为了让不同种族和阶级的学生融合，学校应该加以整合。

4. 另一项意外发现是，课程和设施对学生成绩几乎没有影响。事实上，以黑人和白人为主体的学校设备差异很小。

5. 在享用物理、化学和语言实验室、教材、大学课程，以及拥有高素质、高薪教师方面，白人学生权利略多一些。

科尔曼的研究结果不仅使人感到意外，而且突破了以往人们的观念和意识，

---

① 〔美〕珍妮·H. 巴兰坦：《教育社会学：一种系统分析法》，朱志勇等译，第 90 页。

动摇了曾经被视为宝典的教育学的解释和说明。这就是教育社会学的研究,大量数据揭示的事实使人无法辩驳,这也是大多数学生在选择教育社会学作为专业时,偏好量化研究的原因。

在教育社会学中,量化研究已臻于成熟,与计算机技术结合后,量化的手段和处理的方式更新也越来越快。质性研究则沿袭经典之路,只是在访谈督导、现场记录和监控方面有了非常便捷实用的科技设施。我在给学生介绍教育社会学中的质性研究时,它常常能引起学生极大的热情和兴趣,学生太渴望亲历质性研究了。这也许就是质性研究深入生活的魅力,以及他者的陌生和新奇激起的求知欲。关于质性研究我们会在教育社会学研究方法一章中做详细介绍,现仅举例做一说明。

教育社会学中质性研究的典范很多,但英国教育社会学家保罗·威利斯(Paul Willis)的质性研究著作《学做工》(*Learning to Labour*, 1977)影响甚巨。这主要是一项个案研究,针对一个工业城镇里12个就读于一所中等学校的非技术性劳工阶级家庭的男孩。他接触这些孩子并开始观察他们,发现这些"小伙子"在学校生活中会习惯性地旷课、抽烟、喝酒、着奇装异服。有时,他们也会参加蛮行、斗殴与盗窃等越轨活动。他们被贴上了"反学校文化"(counter-school culture)团伙的标签,他们本身也认同这样的称谓。威利斯看到,在学校时,这些小伙子主要对抗的是学校权威和秩序,老师教学生做的事情他们少做或不做,这样做的结果就是,他们与学校正常的活动和态度相隔离,产生越来越多的怨恨学校的情绪,敌视顺从学校和学习良好的学生。在一次又一次的反抗行动中,老师对他们无计可施,只好睁一只眼闭一只眼,其他学生对他们心生恐惧,他们自己则认为反抗的团伙是那样受人们尊敬,也就更加凝聚了小伙子们的认同价值。

威利斯分析了这些学业一塌糊涂的反抗者,他们的家庭背景和劳工阶级的意识自然会形成一种反抗的文化,正是这种文化背景教他们有准备地进入工厂的世界。另外,在工厂世界中,有许多非技术性或半技术性的工作不需要太高的识字水平就能胜任,于是学校反抗群体在学校发展出来的态度、价值和思维方式迅速地被这些工作吸收。最终实现了文化的再制以及西方资本主义社会的再制。① 威利斯的研究通过学校反抗群体的活动,揭示了资本主义制度能维持下去的原因,这是典型的以个案推出一个更加宏大的制度背景的例子。

另一个知名的研究是,罗伯特·罗森塔尔(Robert Rosenthal)和勒诺·雅各布森(Lenore Jacobson)通过控制课堂情境的方法,考察了教师期望对学生学习态度和学业变化的影响。结果确实揭示了教师的期望是如何影响学生的自我认知和评价,以及学生的自我期望水平的。因为在现实中,对学生的期望水平与实际的学业成就有着很大的相关性。以至于在今天,许多深谙此道的家长,不得不通过一些途径加强与教师之间的联系。甚至有学者宣称,优秀的学生不是学出来的,而是教师的高期望和贴标签的结果,那么差生自然也是同一过程的结果了。这样的教育过程显然是不公平的,教育社会学家正在致力于提升教育过程的公平性。

教育社会学家是科学家,所以他们使用科学的方法研究事件和问题。有些教育社会学家关注教育制度及其相关问题。他们的研究方法,本质上与研究其他领域的社会学家所使用的方法是一致的。通常有这样几种:参与观察、调查、二手资料分析(secondary analysis)、控制实验研究和个案分析。研究者根据所要研究的问题、分析的层次及可能与问题相联系的信息资源来决定使用哪种方法,然后,选择研究的对象,并决定是选取整个群体还是部分成员。研究者也许要与研究对象的有关人员直接交流、观察他们做的一些工作、获得诸如考试成绩等统计信息,或者将这些方法和其他方法混合使用。②

这样举例和说明能让初学者知道教育社会学家是怎样开展研究的,但很难做到让初学者学会选择具体的研究方法和手段,这需要有一个过程,需要理论与实践相结合激发再思考的过程。如果你有心投身教育社会学研究,我给你一个建议:先打下一个学科的知识基础,建立起这门学科的意识,这样你才会慢慢培养出社会学的想象力,才会知道自己要研究什么,用什么方法可行。

---

① 参见〔英〕布列克里局、杭特:《教育社会学理论》,李锦旭编译,台湾桂冠图书公司1993年版,第234—239页。

② 〔美〕珍妮·H.巴兰坦:《教育社会学:一种系统分析法》,朱志勇等译,第17页。

结　语

对于初学教育社会学的人来说,有太多新鲜与好奇的问题等待回答。以往的经验告诉我,许多年轻的教师会很专业地回答这些问题,结果让这些初学者望而却步或不敢问津。要换位思考,这本身就是一个教育社会学的问题。先从人们熟悉的常识谈起,他们的经验和阅历、现有的知识结构能够帮助他们很快地接纳你传递的信息和知识,这就会使他们产生自信并会逐渐在你的引导下进入教育社会学这个专业领域。正是基于这样的想法,本章努力做出尝试,因为这样做已经突破了以往教科书的教条形式,效果就留给那些初学者去体会吧。

在这一章里,我们开始涉及一些专业术语和人物,主要人物我们尽可能在本章中先做些介绍,还没有介绍到的在以后的章节中会出现,这样的安排是考虑到教育社会学知识、信息、理论的系统性。在专业术语方面,考虑到初学者的困难,我们尽量避免先推出成块的概念,因为概念太抽象了。但每章最后的结语给出了一个比较明确的概念,这样他们就能通过先期的学习和阅读很好地理解抽象的概念了。

【思考题】

（如果你是学生,请你选择下面的问题尝试做出回答）

1. 你的教育经历中有哪些属于教育社会学的问题,你能尝试回忆细节并做出分类吗?

2. 你的教育理念是什么? 学习教育社会学以后你是否动摇了自己的教育理念? 你认为教育的本质和功能应是什么?

3. 学校日常生活中存在什么样的人际互动模式? 人和人之间的交往会由哪些因素决定? 请用教育社会学的想象力予以说明。

4. 教育社会学家所说的课堂中的教师期望与标签真有那么大的作用吗? 用你的经验做出分析。

5. 学生在学校中的表现和学业成就与他的家庭背景有着什么样的关系? 教育社会学家是怎样说明的? 你对这样的说明有自己的看法和意见吗?

6. 你经常去图书馆吗? 你会像翻阅卡片查书一样熟练地查找需要的数据资

料吗？会利用这些数据资料进行分析并做出解释吗？试试，有兴趣可以坚持下去。

（如果你是家长，下面的问题可以帮助你思考）

7. 当你看到这本书，希望你能往下看看，它一定会为你打开一扇窗。透过这扇窗，你会看到你熟悉的孩子身上有很多你不熟悉的地方，他在老师面前、同学面前、异性面前可能是另外一个孩子；你会看到学校生活真实的一面，例如它是怎样与学校之外的社会相联系的；你会看到教育在个人、社会、文化及人类的文明发展中起着怎样的作用。

8. 当你选择借阅或买下这本书时，你已经跨入教育社会学行列了，你有问题可以向本书作者或作者推荐的教育社会学家提出，他们会欢迎你的。相信通过钻研，你对教育的思考和研究将会引起这一领域中人们的注意。

9. 先从你身边的孩子开始吧，学会与他们沟通，了解他们学校生活的真实性；尝试建立有效的家长与学校及教师之间的联系；学会听老师的意见和建议，也要敢于表达自己的意见和建议。

（如果你是教育管理者，你应当尝试去做）

10. 通过教育社会学拓宽自己的视野，将问题放到一个宽广的社会中去考察，找出问题背后复杂的社会关联。

11. 做一个研究型的管理者，借助教育社会学研究方法获得经过验证的事实和结果。教育管理、决策、督导、评估要有科学程序和依据，可以看看教育社会学在这些方面是怎样做的。

12. 案例分析：新媒体指的是新技术支撑体系下出现的媒体形态，如数字杂志、数字报纸、数字广播、手机短信、移动电视、网络、桌面视窗、数字电视、数字电影、触摸媒体等。相对于报刊、户外、广播、电视四大传统意义上的媒体，新媒体被形象地称为"第五媒体"。欧盟委员会认为，在今天的高科技信息社会中，媒体正在发生变化，在信息浩如烟海的环境中如果不加强针对普通民众的新媒体教育，那么不论是老人还是青年人都将不能享受信息社会所带来的便利。他们应该学会利用传统媒体和新媒体获取信息，特别是培养分析和评价图像、声音和文字的能力。

欧委会举例说,加强大众新媒体教育可以从以下方面着手:提高民众使用网络搜索引擎的能力;教会儿童正确理解电影及广告的内容;等等。目前在瑞典、爱尔兰和英国,媒体教育已经被正式列入学校课程。在英国,还有专门的网站教青年人如何安全、有效地上网。欧委会认为教育程度是国家能力的重要体现,同时呼吁各成员国政府仔细讨论如何提高学校中媒体教育的重要性。(摘自《欧盟将在全社会普及新媒体教育》,国际在线,http://gb.cri.cn/27824/2009/08/20/1062s2598362.htm,2021 年 11 月 1 日访问。)

问题:新媒体教育与正规学校教育之间是一种什么样的关系? 会引发学校教育哪些方面的变化与改革?

【推荐阅读书目】

〔古希腊〕柏拉图:《理想国》,郭斌和、张竹明译,商务印书馆 1986 年版。

该书针对当时希腊社会存在的混乱的多重政体形式,如荣誉政治(贵族专制政体)、平民政治(民主政体)、寡头政治和僭主政治,提出了一种用以改造现实社会的理想国家模式。教育是实现理想社会的战略措施,因为人们受了良好的教育才能成为事理通达之人。

〔法〕卢梭:《爱弥儿》(上下卷),李平沤译,商务印书馆 1991 年版。

该书提倡"自然教育理念",因为在卢梭看来,旧的教育压抑人的天性,旧的文明、传统、习俗、偏见戕害人的本性。新教育要从儿童纯洁善良的本性出发,使人所受的教育和环境的影响服从人的本性的发展。

〔美〕杜威:《民主主义与教育》,王承绪译,人民教育出版社 1990 年版。

该书作为进步主义教育的代表作,提出了新的教育理念,即教育是生活的需要,学生要在现实生活中学会生存的技能和自我更新的本领。教育是社会的职能,教育具有改造和净化社会环境的功能。由此看来,教育即指导,教育即生长,教育即进步。

〔美〕迈克尔·休斯、卡罗琳·克雷勒:《社会学和我们》,周杨、邱文平译,上海社会科学院出版社 2008 年版。

该书学术性强,对问题的分析直截了当,紧扣主题。美国多所大学使用这本书作为社会学导论课程教材。书中通俗地介绍了社会学的核心概念,以及功能主义、冲突论、互动论等理论视角。

〔美〕艾伦·G.约翰逊：《见树又见林——社会学与生活》，喻东、金梓译，中国人民大学出版社2008年版。

从一些微不足道的日常琐碎问题中，作者让我们看到了社会学的知识就是日常生活的知识，是可以在日常生活的点滴中发现和积累起来的。它或与我们的社会承诺有关，或与我们的社会文化价值规范相关。只有当我们对周围的复杂生活有所洞识，我们才能生出与他者和平相处的智慧，懂得与他人彼此尊重。这种洞识又会让我们相信：即使个人的力量很卑微，也能够促进社会整体的提升。

第二章

教育社会学研究对象与学科属性

引　言

在我国,作为一门学科的教育社会学是从国外引介来的。教科书中的知识体系基本是西方社会 20 世纪 70 年代以前的产物。[①] 当我们向学生介绍这门学科时,可能常常会遇到文化冲突、情境性误解、制度矛盾、理论与实际脱节、知识落后于时代等问题。考虑到这些问题,在教学中,只有对这门学科不断地反思和纳新,才能建构教育社会学新的知识基础。这种反思活动是在两个层面上展开的:首先,引导学生学习和思索教育社会学学科,集思广益,这有助于对本学科的思考和想象及知识体系的构筑;其次,让学生学会用教育社会学的思考方式,看待或探究教育与社会、与文化、与经济、与其他事物之间的关系,并尝试去描述和解释,这就促成了新的研究并生产了教育社会学的新知识。

一、教育社会学的研究对象

不论是自然科学还是人文社会科学,都有自己的特定研究对象。生物学研究生命现象,心理学研究心理现象……各门学科对于特定现象的考察,或者对同一现象做出不同的解释,体现了这一学科的研究对象和学科性质的特殊性。教育社会学也不例外。一门学科可以因它提出的问题和寻求答案的方法而为人们

---

①　在我国,由于教育学与社会学是两个不同的学科领域,两者交叉很少。从事教育社会学研究的基本是教育学者,他们的著述必然带有教育学的倾向。由于对社会学领域生疏,社会学的研究成果不能及时纳入教育社会学,因此教育社会学的知识体系显得有些陈旧。本书试图结合社会学家的工作,特别是在理论上反映社会学的最新发展趋势。

所了解。任何一件事情的发生,都可能引出不同的研究问题,提供不止一个研究机会。如同我们所知道的,对于青少年越轨问题,其他社会科学家与教育社会学家进行的研究是不同的。诸如,心理学家往往从心理上寻找青少年越轨的原因,经济学家将青少年越轨看作由经济问题引起的,教育学家往往从品德方面检讨青少年越轨行为,而教育社会学家会从特定人群和人际互动中做出阐释。例如,社会学的标签理论是这样理解青少年越轨的:"①越轨是社会界定的;②社会控制机构在分派越轨者标签的过程中起着重要的作用;③一种越轨者标签一旦被使用,它便使个人有了污名,并可能造成一种越轨的身份。"①这种标签理论也被教育社会学家应用于课堂,解释师生互动的模式与课堂纪律或学业成绩之间的关系。

上述例子也许还不能告诉我们教育社会学究竟是研究什么的,只能让我们知道教育社会学与其他社会科学的研究视角不同,对事物的原因或意义的阐释不同。为了清楚地了解教育社会学的研究对象,我们不妨先采用历史的途径(研究路径)②,看看创始人说了些什么。我们不能限定教育社会学史于"公认的创始人"或"标准的教育社会学家"的论述范围内,而应超越这类关于学科发明权的学究式争论,把那些对于教育社会学思想发展有重要影响的人物、情节及过程都纳入我们的视野。

社会学家沃德(L. F. Ward, 1841—1913)1883 年在《动态社会学》中首次提出"教育社会学"概念。之后,教育学家哈利斯(W. T. Harris, 1835—1909)1893年在《教育评论》杂志上撰文呼吁教育研究须"构建于社会学基础"上。社会学家斯莫尔(A. W. Small, 1854—1926)1896 年也撰文强调"需将社会学引入教育学"。在法国,埃米尔·涂尔干(Emile Durkheim, 1858—1917)这位对日后西方教育社会学产生了巨大影响的学者,于 1903 年发表了论文《教育与社会学》,强调为科学地研究教育,必须吸收社会学的观点和方法。

1913 年,美国教育家孟禄(P. Monroe, 1869—1947)主编出版了《教育百科

---

① 〔美〕L. 布鲁姆等:《社会学》,张杰、钱江洪等译,四川人民出版社 1991 年版,第 276 页。

② 美国社会学家英克尔斯(Alex Inkeles)在《社会学是什么?》一书的开头,提出了确定社会学研究内容的三条可能途径:第一条是历史的途径,即我们通过对经典的社会学著作的研究,探求社会学作为一门知识学科最为关心和感兴趣的是什么;第二条是经验主义的途径,即我们对现代的社会学著作加以研究,以期发现这门学科最关心的是哪些问题;第三条是分析的途径,采用分析方法,掌握社会学范式的分析观点和方法论。见于海:《西方社会思想史》,复旦大学出版社 1997 年版,第 6—10 页。

全书》。在此工具书中,哥伦比亚大学教育学教授苏扎洛(H. Suzzallo, 1875—1933)撰写了"教育社会学"词条,明确地将教育社会学界定为:"将现代社会学思想有组织地运用于教育问题(problem)分析中,系统地研究教育的专业理论和实践的一门基础性学科。"①苏扎洛的这一界说,是针对教育社会学的早期界说之一,他的表述明示了教育社会学的构建与社会学的密切关系。

1917年,社会学、经济学教授史密斯(W. R. Smith)出版了《教育社会学导论》,这是美国第一本教育社会学教材。史密斯认为,教育社会学是"运用社会学科学的精神、方法和原理去研究教育的学科"②,其目的在于发现支配教育的社会法则,以便利用法则去改善教育实际。史密斯的界说,一方面,更为具体地说明了教育社会学运用的是社会学的精神、方法和原理;另一方面,强调了教育社会学应具有改善教育现状(解决教育问题)的功能取向。

到了1932年,美国纽约大学教育社会学系主任佩恩(E. G. Payne)编辑出版了《教育社会学文选》(共两卷,第2卷出版于1934年),汇集和展现了此前教育社会学的主要文献成果。在这部文选中,佩恩在总结前人界说的基础上,将教育社会学界定为:"一门描述和解释学校机构、社会形式、社会群体和社会过程的学科,即一门描述和解释个人所在的并通过其获得和组织经验的社会关系的学科。"③佩恩的界说,实际上将教育社会学的对象归为学习历程、社会化过程等一切适合社会学分析的教育课题,侧重分析学校但又不局限于教育内部的研究,这就使教育学的研究走出了困境,使教育问题的研究有了更为宽泛的领域。

1947年,教育学家布朗(F. J. Brown)出版了一本有影响的教材,即《教育社会学》④。该书对教育社会学的界说与佩恩的有较大的相似性。布朗认为,教育是社会化的别名,教育社会学是社会学的一种应用,它重视学校分析并侧重探讨作为一种社会控制的教育过程。

苏联学者费里波夫所著的《教育社会学》一书,专门就教育社会学研究对象做了较为系统的梳理,总结了苏联理论界关于教育社会学研究对象的讨论,对每

---

① H. Suzzallo, "Sociology, Educational," in Paul Monroe(editor in chief), *A Cyclopedia of Education*, Volume 5, Macmillan, 1913, p. 361.

② W. R. Smith, *An Introduction to Educational Sociology*, Houghton Mifflin, 1917, p. 15.

③ E. G. Payne, ed., *Readings in Educational Sociology*, Volume I, Prentice-Hall, Inc., 1932, p. 22.

④ 1965年,英国学者A. K. C. 奥塔韦提出,布朗的这一著作是美国当时(40年代中后期)的"一本代表性的教科书"。

一种提法都做了分析,提出了自己的独到见解。如,"教育社会学的问题,是作为一种社会设施的教育制度和作为整个社会制度的社会之间的相互作用的问题。因此,教育社会学研究的对象,从广义上来说,就是研究教育制度和社会之间的相互联系与相互作用的问题"。费里波夫认为,"这个定义具有过分概括的性质。其一,教育制度和社会之间的相互联系与相互作用并不是包罗万象的:它们的性质和具体的形式,归根结底是由该社会的性质和在该社会中占统治地位的物质的和思想意识的关系所决定的。其二,教育制度本身不能被看作某种超历史的现象:它的组织方法、它的活动内容、它的社会职能使命,都不可避免地会影响到它和社会之间的相互联系和相互作用"①。

在总结、分析和批判了一些苏联和欧美学者的教育社会学对象观后,费里波夫认为,应该这样确定教育社会学和它的研究对象:"教育社会学是一门专门的社会学科学,它的研究对象是作为一个社会设施的教育体系,它的分体系之间的相互作用,乃至教育体系和它的各分体系与社会,首先与整个社会的社会体系之间的相互作用。"②

上述学者对教育社会学研究对象的界定,虽然表述不同,但基本上都倾向认为:教育社会学是研究教育与社会及社会亚系统之间的关系和相互作用的学科。这种研究的结果直接促使教育社会学领域扩大,而教育社会学的研究及相应对象则可分为三个层面:宏观教育社会学研究,特指广义的教育社会学;中观教育社会学研究,特指学校教育社会学;微观教育社会学研究,涉及个体互动及人的社会化等问题。

随着社会的快速发展,特别是信息技术时代的来临,传统的教育社会学理论已经不能有效地解释教育与社会之间关系的问题。而这一时期,社会学研究转向了新的议题,许多新的社会学理论家开始关注"现代性"问题,这又将社会学带入了一个新的时代。如果说"现代性、后现代性和全球性"不是理论,而是一系列社会工程,那么,在这个系统的工程里,社会学家正建构着自己的理论。这些理论的出现,无疑为教育社会学增添了新的思想源泉。从国外教育社会学家的研究动态来看,他们已经开始将教育社会学的研究对象确定为"教育与现代

---

① 〔苏〕Φ.P.费里波夫:《教育社会学研究的对象》,李震雷、徐景陵译,载张人杰主编:《国外教育社会学基本文选》,华东师范大学出版社1989年版,第592页。

② 同上书,第601页。

性"之关系,也就是把教育社会学的宏观、中观和微观研究分别纳入现代性工程,从动态中研究教育与现代化运动的关系,从静态中研究教育与现代性问题。到这里,我们清楚教育社会学在今天是研究什么的了,就是"教育与现代性"。对于这一点,我们将在以后的章节中做专门论述。

二、教育社会学的学科属性

学科的属性问题其实与上一个问题即研究对象是紧密相连的。任何一门学科都是通过自己特定的研究对象,或对同一现象的不同解释,来体现自己学科的性质的。这种学科性质反过来又规定和强化了研究对象,使学科研究具有独特性、排他性和相对稳定性。

幸运的是,我曾阅读高等教育学界老前辈潘懋元先生主编的一本书,名叫《多学科观点的高等教育研究》[1],正好呈现了不同性质的学科对同一问题的不同研究和表述。例如,历史学认为高等教育是一个历史的概念。这是因为高等教育的思想、目标、体制、模式,以及课程、方法、手段等,都是一定历史时期的产物,并都随着或将随着历史的发展而变化。这种观点最能从宏观上把握高等教育的本质、功能与规律。哲学强调的是大学的理念与存在的意义。借助哲学的观点研究教育规律、阐释教育基本理论仍是最基本的途径。心理学关注高等教育改革过程中的心理因素,认为这一过程是心理冲突与心理适应的过程,强调社会心理因素的制约作用。文化学常常把高等教育纳入文化视野,特别指出,只有从文化上考察高等教育,才能较好地认识高等教育的功能。科学学则探讨科学发展与高等教育的变革之间的关系,举例说明18世纪自然科学进入高等教育课堂后,越来越占据重要的地位,常常成为高等教育变革的动因。经济学则指出,高等教育与经济之间是一种双向多维的非均衡互动关系。研究者从结构、规模与经济效益分析入手,揭示了经济发展变化对高等教育改革及未来趋势的影响。社会学则运用社会学理论,阐述了高等教育机会在社会分层中的影响,特别是高等教育在社会纵向和横向流动中所起的作用,揭示了高等教育机会同职业及学历的关系问题。政治学则抓住了高等学校的二元权力结构及其运行的状况,一针见血地分析了二元权力结构的合理性和局限性,揭示了学术权威与行政权力

---

① 潘懋元主编:《多学科观点的高等教育研究》,上海教育出版社2001年版。

的矛盾冲突,并提出了解决冲突的策略和建议。①

　　上面我们用了很大篇幅来说明各学科都有自己的风格和特点,打个形象的比喻,高等教育就像一块蛋糕,被不同学科从不同角度分割了。那么,我们最关心的教育社会学究竟是一门什么性质的学科?我们还是先采用美国社会学家英克尔斯的分类研究法,从历史的角度看看研究教育社会学的先驱们是怎么说的。当然,我们不能限定于他们的说法,而应当结合学科的发展和实际情况的变化去审视这些观点,只有在此基础上,才能认识到教育社会学在今天应当发展成一门什么样的学科,即应具有什么样的特点和精神。

　　20世纪上半叶,围绕教育社会学的学科属性,学者们就这门学科的隶属问题产生了若干争议和分歧,焦点就是教育社会学是属于教育学还是属于社会学。这些争议和分歧,可以归为三类②。

　　(1)某些学者认为,教育社会学属于或主要属于教育学。此类观点在20世纪头三十年里比较多见。持这类观点的学者多为教育学者(如苏扎洛、古德等人),也有个别社会学者(如史密斯)。在苏扎洛看来,教育学(education)有四大基础学科,除学校卫生学、教育心理学、教育史外,便是教育社会学;教育社会学的宗旨就是,以一种专门的科学方式,去调查在很大程度上作为教育理论和实践基础的社会事实和法则。③ 史密斯则认为,教育学的基础学科有两个,除教育心理学外,便是教育社会学。④

　　苏扎洛、史密斯之所以认为教育社会学属于教育学,一个主要的原因在于,他们视教育社会学与教育心理学相同,学科对象都是来自教育领域且同属师资培训性质的。当然,从教育社会学发展史来看,教育社会学首先得到的是教育学界的认可和接纳。孟禄将"教育社会学"词条收入其主编的《教育百科全书》,便是佐证之一。

　　(2)另有一些学者认为,教育社会学属于或主要属于社会学。此类观点初见于20世纪20年代,在第二次世界大战结束后的一段时间里尤为流行。持此

---

　　① 详见潘懋元主编:《多学科观点的高等教育研究》,总论,第8—24页。

　　② 参见北京未来新世纪教育科学研究所主编:《中外教育研究》,远方出版社2006年版,第9—13页。

　　③ H. Suzzallo, "Sociology, Educational," in Paul Monroe(editor in chief), *A Cyclopedia of Education*, Volume 5, 1913, p. 361.

　　④ 参见尹蕴华编著:《教育社会学》,台湾书店1976年版,第20页。

类观点的有埃尔伍德(C. A. Ellwood)、安吉尔(R. C. Angell)、布鲁克弗(W. B. Brookover)等。埃尔伍德 1928 年在《教育社会学杂志》上撰文指出,教育社会学"主要应该是社会学,而不是教育学",它既是把社会学运用于解决教育问题,同时也是"社会学知识本身的新生和人性化"。[①] 同年,美国社会学家安吉尔在《教育社会学杂志》上发表《科学、社会学和教育》一文,认为教育社会学家应该是"专事教育过程研究的社会学家",教育社会学"仅仅是纯理社会学的一个分支"。到 1949 年,布鲁克弗在《美国社会学评论》上发表论文《教育社会学的界说》[②],非常明确地将教育社会学界定为"社会学的一个分支"。此后数年,虽然对教育社会学的界说在美国发生了"一些变化",但"大多数界说都类似于"布鲁克弗的这一界说。

(3)日本学者清水义弘质疑教育社会学是社会学的一个分支的观点,他认为教育社会学不是单纯的应用社会学。特别是,如果教育社会学的发展被社会学的理论成果所左右,则教育社会学就没有自主性了。另一方面,无原则地采用社会学的一般理论,就会否定作为一种社会现象的教育所具有的特殊性和固有属性。[③] 日本学者的这一观点有一定的代表性。如果从社会学与教育学的不同发展趋势来分析,可以看出社会学与教育学之间不和谐关系的主因。例如,在本质上,社会学是一门综合归纳的学问,教育学则为诊断教育现象及规划教育发展而做出预测性陈述。虽然二者都收集并解释资料,以建立理论体系,但是教育学的理论注重具体性、诊断性、预测性及应用性,而社会学家则偏重归纳、综合以建立理论,无意顾及其应用性。在这种情况下,教育学家对于社会学的理论可能不尽赞同,因为这方面的理论往往不适于付诸实际。社会学家不了解教育理论的实用性,也可能认为教育研究结果欠缺理论体系与科学性质。

上述争议和分歧一直持续到现在。这是因为,教育社会学里一直存在这三种倾向,而且它们的分歧在逐步扩大。认同教育学的教育社会学者,一直在从事

---

① C. A. Ellwood (1928), "What is Educational Sociology?," in W. G. Payne, ed., *Readings in Education Sociology*, Volume I, 1932, p. 15.

② 布鲁克弗在此文中以"sociology of education"表示教育社会学是社会学的分支学科,而以前的绝大多数学者都以"educational sociology"表示教育社会学是教育学的分支学科。这一学科性质的改变,使教育社会学得到了新生和快速发展。

③ 〔日〕新堀通也、加野芳正:《什么是教育社会学》,载曲则生等编译:《日本高等教育社会学文集》,百家出版社 1989 年版。

为教育理论与实践提供社会事实与法则的研究;认同社会学的教育社会学者,将教育现象纳入社会学的视野,进行一种学术研究;而认同独立学科的教育社会学者,总是在设法构建自己的学科方法论体系和话语体系。其实,在对教育社会学的学科性质还没有形成统一认识时,这门学科就像社会学一样,正在变成"剩余的社会科学"①。例如,社会学研究政治现象,不久,政治社会学便独立出去了;社会学研究经济现象,经济社会学就产生了;社会学研究文化现象,文化社会学日益成为热点学科之一;社会学研究家庭,家庭社会学门下聚集了一大批学人……社会学研究什么,就会生出一个关于研究对象的学科,就这样,社会学依然在发展着。② 当"现代性"进入社会学的视野后,这门古老又年轻的学科又焕发了朝气。教育社会学为什么不能有如此胸襟呢? 现在,教育经济学、教育政治学、教育文化学、家庭教育学、社区教育学,还有课堂教育社会学,不都产生了吗? 那么,教育社会学仍然抱着过去的研究主题不放,就有失去学科地位的危险。比如,研究教育与经济现象,教育社会学就不比教育经济学来得更专业,其他亦是如此。

在当今时代,科学技术快速发展,新鲜事物不断涌现,越来越多的科学问题和社会现象已经无法划归单一学科,而需要跨学科、交叉互助地开展研究,因此,新的交叉学科和边缘学科不断产生,教育社会学领域亦是如此。所以,我们倾向于认为教育社会学是一门综合学科,其他学科的成果包括理论与方法,可以为教育社会学所用,教育社会学的成果也可以为其他学科所取。只有这样,教育社会学才能在探索"现代性"问题上,开拓出新的研究领域,确立自己的范式与方法论体系。

---

① 社会学的这一处境与 19 世纪的哲学相同,许多学科包括社会学、心理学、政治学等纷纷脱离哲学母体,还有更早一点,自然科学也是脱胎于哲学的。哲学经受住了一次次阵痛,她仍然不失为一切自然科学和社会科学的灵魂,依然在指导一切学科的伟大实践。社会学为什么不能如此呢? 只是,社会学没有成为一切什么分支社会学的灵魂,却成为一切分支社会学的"四肢"。教育社会学是否也在步其后尘,或是只能成为教育学的婢女?

② 如果认为社会学科学分解为一系列独立的学科是既成的事实,那就不对了。法国进步历史学家马克·布洛赫对这种观点做了形象生动的批评。他说:"科学将现实化整为零,只是为了借助光束不断相聚和交叉的灯火来观察它。只有当每一台探照灯都开始自认为照到了一切,知识的每一条线都把自己想象成是整个国家的时候,才会产生危险。"转引自〔苏〕科兹洛夫主编:《社会学研究的方法论问题》,曹静、吴振海译,南开大学出版社 1986 年版,第 39 页。

三、教育社会学的方法论

如果说,在近代科学的黎明期,德国著名哲学家莱布尼茨（G. W. Leibniz）已经指出,数学的本质不在于它的对象,而在于它的方法,那么,在科学的作用已经渗透到人类活动的一切领域的今天,或许也可以断言,科学的本质不在于它的对象,而在于它的方法。① 由此看来,我们前面所谈到的对象与性质问题,只是做了一个铺垫,而方法论这一部分才是我们进行教育社会学反思的焦点。

在方法论上,社会学历来存在着自然科学取向与人文科学取向两种研究途径。② 在这两大范式下,理论家们各自建构着不同的社会学理论。③ 我们首先考察科学实证主义的奠基人涂尔干和社会科学解释学派的创始人韦伯的两种不同风格的方法论体系,以及这些方法论是怎样影响和进入教育社会学研究的。

涂尔干（又译迪尔凯姆）,法国著名社会学家,社会学的重要奠基者之一,是社会学实证主义的重要倡导者。正如他指出的:"我唯一能接受的称号是理性主义者。实际上,我的主要目的在于把科学的理性主义扩展到人们的行为中去,即让人们看到,把人们过去的行为还原为因果关系,再经过理性的加工,就可以使这种因果关系成为未来行为的准则,人们所说的我的实证主义,不外是这种理性主义的一个结果。"④

基于科学理性的构想,涂尔干构思的社会学要研究的是社会的基本现象,也就是用社会学的方法解释这些现象。因此,他的社会学概念是建筑在有关社会现象的理论上的。涂尔干旨在证明,能够而且应该建立社会学,这是一门与其他科学完全一样的客观科学,它的研究对象是社会现象。要建立社会学,必须做两

---

① 刘大椿:《比较方法论》,中国文化书院 1987 年版,第 2 页。
② 韦伯认为,社会(人文)科学是有别于自然科学的一系列学科,比如历史学、经济学、政治学、社会学、法学等的总称。详见〔德〕马克斯·韦伯:《社会科学方法论》,韩水法、莫茜译,中央编译出版社 1999 年版,汉译本序,第 2—7 页。
③ 这里需做说明的是,尽管有时候范式和理论可以交替使用,但两者还是有区别的。范式指一般框架或视角,字面含义就是"看事情的出发点",它提供了观察生活的方式和关于真实实体特性的一些假设。相比之下,理论指用来解释社会生活特定方面的系统化的关联性陈述。因此,理论赋予范式真实感和明确的意义。范式提供视角,理论则解释所看到的东西。见〔美〕艾尔·巴比:《社会研究方法(第 11 版)》,邱泽奇译,华夏出版社 2018 年版,第 44 页。
④ 见〔法〕E. 迪尔凯姆:《社会学方法的准则》,狄玉明译,商务印书馆 2017 年版,第一版序言,第 3—4 页。

件事:一方面,这门科学要研究的必须是专门现象,换句话说,它的研究对象和其他学科是截然不同的;另一方面,我们必须能够用其他科学观察和解释事物的同样的方法来观察和解释它的对象。这两个要求可以归纳为能够概括涂尔干思想的两句名言:必须把社会现象看作社会事实;社会事实的特征就是外在于个人并能对个人产生强制作用。①

涂尔干这种思想直接影响了教育社会学的研究方法,一直到现在还有许多人沉迷于涂尔干对社会的想象之中。按照涂尔干的思路,教育是一种社会现象②,也是一种"社会事实",是教育社会学的研究对象,可以用经验的方法加以考察。在谈到如何研究这一问题时,涂尔干指出,社会事实不可还原为个人的事实,社会事实在社会层次上有其独立的存在。诸如,"一种思想可以一再出现于个人的意识之中,一种动作可以反复发生于每个人身上,但并不能因此就说这种思想和这种动作是社会事实。如果我们满足于以这种特点来界定社会事实,那就错误地把社会事实同所谓社会事实在个人身上的具体表现混为一谈了。构成社会事实的,是团体的信仰、倾向和习俗这类东西,至于以集体形式表现在个人身上的那些状态,则是另一种东西"③。

教育也具有外在性、强制性和普遍性等特征,所以教育符合涂尔干的社会学研究对象的现象类型。在研究中可以发现,这些教育事实属于社会学研究的领域,如,义务教育普及率、升学率、毕业率、失学率、辍学率等。显然,这样的比率不能属于个人,而只能属于多数人。分析这样的比率,人们可以确定长期的趋势,或让一种比率的变化与另一种比率的变化相关联。这种方式可以增强我们对教育层次的理解。

确定教育作为社会事实的性质之后,许多教育社会学者都在按照涂尔干解释社会事实的策略,建构经验科学的教育社会学。④

---

① 〔法〕雷蒙·阿隆:《社会学主要思潮》,葛智强等译,华夏出版社2000年版,第245页。

② 教育作为一种社会现象是客观现实的,是脱离个人的生物或心理现象的存在。它有三种突出的特征:社会现象对于个人来说是外在的;社会现象对个人有制约作用;社会事实是共有的,它们不是唯一的个别特征。简而言之,社会事实存在着三个特征——外在性、强制性、普遍性。

③ 见〔法〕E.迪尔凯姆:《社会学方法的准则》,狄玉明译,第28页。

④ 涂尔干的两个方法论原则参见〔美〕D.P.约翰逊:《社会学理论》,南开大学社会学系译,国际文化出版公司1988年版,第223—224页。

涂尔干所强调的社会学原则之一是,一个社会事实必须用别的社会事实来解释。如,要对一个国家或民族的教育制度进行分析,一定要以这个国家或民族的社会结构来解释。涂尔干指出:"每一个民族都有自身的教育,这种教育不仅适用于该民族,也可以像它的道德、政治和宗教组织那样来界定该民族。换言之,这一民族的教育也是民族结构的一个组成要素。正因为如此,教育才会在时间和空间上发生如此大的变化;教育才会使个体养成习惯,让他的个性完全服从于国家,然而在其他方面却截然相反,教育努力使个体成为一种能够控制自身行为的自主存在;所以,教育在中世纪是苦行僧主义的,在文艺复兴时期是自由主义的,在 17 世纪以文学为取向,在我们的时代以科学为取向。"[①]教育的价值与行为取向并不能从教育制度本身找到原因,而必须通过社会结构的变迁才能得到正确的解释。涂尔干的《法国教育思想的演进》就是利用这一原则,分析出教育是社会变迁的结果,教育上所发生的一切变革都是因为人类生活的社会条件发生了变化。

涂尔干方法论的第二个基本原则(乃当代功能主义的基础)是,一个社会现象的起源与它的功能代表着独立的问题。即"当我们试图解释一种社会现象时,必须分别研究产生该现象的原因和它所具有的功能"。对于社会事实的原因和功能这两类问题,涂尔干认为,"不仅应该分别研究,而且一般说来应该先研究前者,然后再研究后者"。[②]这是一种社会学的因果解释。后来许多教育社会学家都采用了这种因果分析方法,对自己的研究对象做出因果解释和功能分析。如,在西方社会的学校教育中,存在着一种"反学校文化"。之所以会有这种反学校文化,是因为劳工阶级的孩子在学校教育(一种社会环境)中受到了不平等的待遇,成为学业上的失败者或学校环境中的不利群体,于是他们像自己的父辈一样团结起来,反抗学校权威,并常常以违反纪律、旷课、不交作业、吸烟、打架等方式表现他们的反抗精神(功能)。这种反学校文化使他们的自尊免受伤害,使他们团结成一个集体,别人因此不敢欺负他们。当然,这群处于反学校文

---

① 见〔法〕爱弥尔·涂尔干:《教育学与社会学》,载《道德教育》,陈光金、沈杰、朱谐汉译,渠东校,上海人民出版社 2001 年版,第 350—351 页。

② 见〔法〕E. 迪尔凯姆:《社会学方法的准则》,狄玉明译,第 109 页。

化中的"小伙子",能更顺利地过渡到他们父辈的地位和职业上去。①

通过上述例子,我们更加清楚涂尔干的实证主义方法论,涂尔干强调从社会环境而不是历史的角度说明社会现象。可以说,涂尔干认为社会环境具有的动力因果关系是科学社会学存在的条件。科学社会学的目的在于,研究外部社会现象,通过社会环境来解释特定现象。也就是说,社会是一个与个人性质截然不同的实在之物。任何社会现象的产生原因都是另一个社会现象,而不是某种个人心理现象。正是在涂尔干方法论的影响下,这一传统在教育社会学的研究中延续,形成了科学主义取向的教育社会学研究阵营,并不断地发展、演变和壮大。

现在我们再转向另一位社会学家马克斯·韦伯。他对当代社会科学和社会思想做出了巨大贡献,这种贡献相当重要的一部分就是他的方法论学说。韦伯的社会学可以看成是人文主义的。他与先前的社会学家不同,不是用社会结构的概念建构自己的理论,而是把分析的重心放在人类个体的行动上面。正像他所阐述的那样,在社会科学领域,人们或者试图仿效自然科学的方式建立某种可以从数量上来把握的合乎规则性,或者依照规律的设想借助历史归纳法从历史中寻找某些本质的东西,从而可以把其他事件都化简为这类基本的因素。韦伯承认,这样确立的规律的确能够发挥某种类似词典的作用,但也仅此而已。社会科学兴趣的出发点是围绕我们的社会文化生活的现实的,亦即个别的形态。社会文化生活的实在无论何时都不能从那些规律和因素中推演出来,凭借这些规律也无法使我们达到对于社会文化个体的认识。② 为此,韦伯把社会学定义为,"一门关注对社会行动的解释性理解并因此关注对社会行动的过程和结果的因果性说明的科学"③。

韦伯不像涂尔干对教育社会学有过长篇论著,但韦伯的社会学方法论对教育社会学者的影响是巨大的。他将微观解释带进教育社会学领域,促使人们探究行动者的自我定义、他们的目的或目标、他们对他人的分类,以及他们视为理

---

① 虽然这一分析案例被归入与平衡范式相对的冲突范式,但冲突论者的研究,仍然无法摆脱涂尔干功能主义的影响。他们标新立异的分析,一方面表现出对功能分析的拒绝,另一方面又会不自觉地运用功能分析说明问题。现在我们可以说,争论了近半个世纪的平衡范式与冲突范式,可以被看成同一系统工程(现代性)中的两个不同方面。

② 〔德〕马克斯·韦伯:《社会科学方法论》,韩水法、莫茜译,汉译本序,第6页。

③ 转引自〔澳〕马尔科姆·沃特斯:《现代社会学理论》,杨善华等译,华夏出版社2000年版,第19页。

所当然的假设——情境定义。他也考虑个人与个人之间的互动,如教师与学生的互动,被概念化为一种磋商的过程,或一系列由教师和学生操控的策略。因此,微观解释取向是要抽出行动者的"情境定义"①。

下面,我们来看看韦伯主义教育取向的三个主要代表人物——金(Ronald King)、柯林斯(Randal Collins)和阿彻(Margaret Archer)的作品,从而讨论这种取向的教育观点。②

金的某些作品采用了韦伯主义的观点。他认为以韦伯的社会学方法论研究教育不同于功能论者和冲突论者,因为后两者都尝试从较宽广的社会中寻找教育变迁的原因,相信教育是由社会定义的或由其他社会事物说明的,因此,两者都没有考虑到教育制度中人的行动及其与社会的关系。韦伯主义取向可以同时关照到微观和宏观的社会过程,并且可以了解它们之间的关系。③ 其实,这两者是互为存在、互相影响和制约的。

对柯林斯而言,韦伯主义社会学的注意力放在社会冲突和支配的过程上。他把社会生活看作一个竞技场。在竞技场里,各种团体为了获得财富、地位和权力,彼此斗争并设法控制和排斥对方。教育也被这些团体用作达成他们目的的工具之一,教育制度是社会中为经济利益、地位和支配而进行斗争的一部分。在《文凭社会》一书里,柯林斯正是在这一意义上扩充了他对当代教育制度的分析。④

阿彻近年来一直在韦伯主义传统里写作。她的主要作品《教育制度的社会根源》特别强调,教育是有关人类有目的的行动的事情,因为非常多的教育社会学文献都隐含一个信念:教育研究必须集中注意力在宏观和微观两种社会过程

① 如果我们只将焦点集中于行动者的情境定义,而没有分析什么或谁造成其情境(行动于其中发生),以及行动者的定义本身如何被构成,这是不够的;这种认识促使一些研究者检视团体如何互动以建构、维持和改变教育制度。这样的一种分析追随韦伯观念的学者已有尝试。见〔英〕布列克里局、杭特:《教育社会学理论》,李锦旭编译,台湾桂冠图书公司 1993 年版,第 411—412 页。

② 参见〔英〕布列克里局、杭特:《教育社会学理论》,李锦旭编译,第十三章"结论:韦伯主义的观点"。

③ 金在他的文章《中学的组织变迁》里,分析了韦伯主义这样一种取向的性质。转引自〔英〕布列克里局、杭特:《教育社会学理论》,李锦旭编译,第 414—417 页。

④ 在分析文凭主义的兴起以后,柯林斯开始思考追求学术和职业的资格对于社会阶层化的影响。他说,文凭制度的主要受益人一直是专门职业团体,以及那些在工业、政府、教育和同业公会的扩大性科层体制里工作的人。详见〔英〕布列克里局、杭特:《教育社会学理论》,李锦旭编译,第 420—423 页。

上,因为课堂中的互动甚至分组都隐含阶级意识和社会规范。阿彻认为,这样的一种取向本质上是韦伯主义的。①

总的来看,韦伯一直主张建立一种特殊的社会学方法论,这种方法论不同于日常生活中观察和确立意义的方式。在日常生活中,人们直接理解各种教育行动的实际意义,只要从实践角度考虑是充分的即可;但在社会学中,人们需对理性行动动机做出说明性理解,要求在因果和意义两方面都必须是充分的。②

埃米尔·涂尔干和马克斯·韦伯是属于同一历史时期的两个不同国家的社会学家。他们学识形成的途径各异,知识结构和观点也不同,因此,他们在方法论上表现出了极大的差异,但是他们都致力于同一学科的发展。在社会学理论的建设中,他们的方法论影响了几代社会学者。在庞杂多样的社会学理论中,这两位大师的思想可谓无处不在。在当代教育社会学的理论流派中,仍然可见这两位大师的思想印记。我们还会在以后有关方法、历史、理论的各个章节中,以及后面的研究中,反复提到这两位大师的思想和他们的影响。这是因为,超越了涂尔干和韦伯,会有好的教育社会学,略过了涂尔干和韦伯,只会有坏的教育社会学。

【思考题】

　　1. 教育社会学是研究什么的?

　　2. 教育社会学与社会学是什么关系?

　　3. 教育社会学与教育学是什么关系?

　　4. 涂尔干的教育社会学思想主要包括哪几个方面?

　　5. 韦伯的人文主义对教育社会学有怎样的影响?

---

　　① 韦伯主义的观点是解释社会学的观点,解释社会学关心微观和宏观两种社会过程。它企求解释个别人的行为,了解其行动的主观意义。但是,它也企图将个别人的行为置于其社会环境中。所有的行动都发生在一种社会和经济的结构里,并且就某种程度而言,此结构限制个人所能够做的事情。

　　② 韦伯区分了意义充分性标准和因果充分性标准。诸如,对于探讨教育变迁的一套理论,要确保其意义的充分性,确立其动机便足矣。当我们根据自己通常的思考方式和行为方式,把行为过程的各构成元素之间的关系认定为"类型化"意义丛时,意义的充分性就确立起来了。相反,当行为过程的各构成元素之间的关系能够显示出经常发生,或者毋宁说是恒常发生时,因果充分性就确立起来了。当这两个条件都满足的时候,即统计上成为常规的公开行动及其背后的动机之间确立起某种关系,才可以说对行动有了一个正确的因果解释。见〔澳〕马尔科姆·沃特斯:《现代社会学理论》,杨善华等译,第22—23页。

6.案例分析:有一次,我到一所小学访问了几个二、三年级的小学生,我问了他们一个问题,即在学校里最怕什么。这些同学的回答几乎是一致的:怕考试。我问到为什么时,有的同学说,考不好怕老师批评;有的同学说,考不好怕爸爸妈妈惩罚;还有的同学说,考不好感到丢人,没面子。(参见钱民辉:《学生实话实说》,中国人事出版社1998年版,第211—218页。)

你可以对这个案例做出一般分析,并将这些分析结果保留下来,等你看过这本书或者学完了这门课程,再做一次分析,并比较一下两次分析的结论。

【推荐阅读书目】

〔法〕E.迪尔凯姆:《社会学方法的准则》,狄玉明译,商务印书馆2017年版。

该书对社会学的对象和研究方法做出明确界定,提出了一套实证主义的研究程序。今天,我们在方法论上早已超越了涂尔干,但阅读这本书,仍有助于我们理解教育社会学的一种研究路径。

〔法〕爱弥尔·涂尔干:《道德教育》,陈光金、沈杰、朱谐汉译,渠东校,上海人民出版社2001年版。

该书收入了涂尔干的著名篇章《道德教育》和《教育与社会学》,基于社会第一位的立场,涂尔干明确声称,教育是社会的。

〔德〕马克斯·韦伯:《社会学基本概念》,胡景北译,上海人民出版社2000年版。

韦伯认为,社会学应当关注有主观意向的行动,对其进行解释性理解和因果性说明,这有助于我们从新的角度理解教育现象。

谭光鼎、王丽云主编:《教育社会学:人物与思想》,华东师范大学出版社2009年版。

该书以人物为轴,涵盖了当代18位重要的教育社会学思想家,使读者能对教育社会学理论渊源与架构有完整概览。该书各章内容均包括四部分:生平与重要著述简介、社会学思想背景与主要理论内容、对教育社会学理论与研究之贡献或启示、综合评述与结论。

第三章

教育社会学研究方法

引 言

教育社会学研究中的主要经验研究方法有定量和定性两种路径。教育社会学没有自己独有的研究方法,而是将社会学研究方法应用于教育领域,目的在于揭开教育现象令人迷惑的面纱,发现背后的一些基本规律,或深入阐释教育领域中个体的感受与行为的意义。本章主要介绍定量和定性(质性)这两种方法,特别是教育社会学研究经常采用的统计模型和实地调查方法。第一部分简述定量研究的基本逻辑,以及研究教育问题时常用的几种定量分析方法;第二部分探讨质性研究方法的一些问题与技巧;第三部分简介近年来采用最多的混合方法研究;第四部分进行简短小结。

一、定量研究的逻辑与方法

1. 定量研究的基本逻辑

法无定法,但万变不离其宗。虽然学者们仍在为定量和定性两种方法之短长而激烈争论,但对于好研究和坏研究还是存在一些基本共识。应星在《社会学经验研究的方法论反思》一文中指出:定量研究方法的技术性和操作性较强,按照其程序去做,至少可以看似做得中规中矩;而定性研究是手工活,一旦做得不好,往往是惨不忍睹,质量差得没有底线,甚至不如一篇新闻报道。[①] 这里点

---

① 应星:《社会学经验研究的方法论反思》,2016 年 4 月 20 日,微信公众号"北京大学社会学系"发布。

出了"差研究"的一个共同点，就是仅仅"说点情况"，无论定量定性皆是如此。定量研究虽然可以看着中规中矩，但如果仅仅是说点情况，那也不过看似七宝楼台，可能倏忽间坍塌灰飞烟灭。因此，经验研究绝不能舍弃理论，一项经验研究只有嵌入理论脉络，才能彰显其贡献并确立其价值。

彭玉生提出实证主义视角下的经验研究基本需要遵守"洋八股"的规范。简言之，一项研究从问题出发，综述相关文献和理论，讨论各种不同观点和可能的答案，进而从中整理出假设命题；之后是测量概念，收集数据，设计分析方案；最后分析数据并检验假设，在此基础上进行总结和讨论。① 其中，一个好的研究问题至关重要，张五常认为问题一般分三类，分别问的是"是什么"（what）、"如何"（how）和"为什么"（why）。② 例如，"自主招生"政策的相关规定是一个"是什么"的问题，而自主招生政策的实际操作可以看作一个"如何"的问题，至于农村学生在自主招生过程中被录取的概率较小的原因则是一个"为什么"的问题。对研究问题要进行细致拆分，确定是哪一类问题；还可以给问题加上特性和限制，问题问得越细越好。在社会学研究中，不少学者认为"为什么"是一个比"如何"更值得探讨的问题。③ 研究问题不仅要具体和集中，也必须有理论意义。研究问题所指向或内含的理论意义一般来自研究者前期对文献和理论的评述，因此对以往研究文献不能仅仅是整理归纳，也需要"评"，指出前人研究的贡献及缺憾之处。这一方面有利于研究者提出有意义的研究问题，另一方面也是为研究定位和确立理论价值，是二而一的问题。

提出研究问题、综述以往的理论和研究之后，很重要的一步便是概念的操作化与测量，这也是经验研究不同于理论研究的核心步骤。概念是抽象思维的产物，不可观察。操作化就是将概念层次和经验层次联系起来的认识论过程。④ 如我们看不到学生的智商或能力，但可以看到 IQ 分数、考试分数、学生答题的速度等表征。测量问题关乎一项研究的成败，但以往的社会学经验研究对此关注不足。布莱洛克几十年前便指出概念不清晰、定义不精确和测量不严格是社会

---

① 彭玉生：《"洋八股"与社会科学规范》，《社会学研究》2010 年第 2 期。

② 张五常：《卖桔者言》，香港花千树出版有限公司 2007 年版，第 253 页。

③ 〔美〕塞勒尼：《社会学的三重危机》，吕鹏译，《江海学刊》2015 年第 3 期。

④ 彭玉生：《"洋八股"与社会科学规范》。

学理论发展的主要障碍。① 提高测量的信度和效度的方法之一是"三角测量"（triangulation），即从多个角度来考察某个现象或问题，以求增进精确性。犹如教师在评判学生的学业表现时，要求学生回答论述题和选择题、做口头报告、完成一篇课程论文，这样教师就更有信心对学生的成绩进行较为全面精确的测量。② 在测量方面，不可否认，心理学者走在社会学者的前面，他们在量表设计和修正上所下的功夫值得社会学家借鉴。

测量之后，便是数据分析，具体的定量分析方法和模型将在第二部分探讨。通过数据分析，我们证实或证伪假设。接下来便是结论部分，该部分有三个任务：一是概括经验发现，即验证或证伪了什么假设，回答研究问题；二是探讨假设的证实或证伪有什么理论含义，对于大多数经验研究而言，这是结论中最重要的部分；三是进一步做理论上的推论。③ 第三个任务虽是一个较高的要求，却是我们理解中国社会的钥匙。

通过经验研究去捕捉中国社会的运作逻辑和机制，是诸多中国学者的最终关注点。例如，中国的教育不平等形成方式到底是怎么样的，与西方和其他社会存在哪些异同之处？中国社会中，教师与家长是什么样的关系？教育产业化、高等教育扩招、自主招生等政策对不同阶层家庭的决策会产生何种影响？城乡不同类型的学校中学生之间的同侪关系是什么情况？这些问题既可以借鉴西方的大量经验和理论研究，同时必须根植于中国的社会和文化土壤，给出切中肯綮的剖析。应星认为这一过程中的关键步骤是提炼理论概念，他提出了三种方式。④ 一是将西方概念直接应用于中国的经验研究，或从与西方概念的对话中获得重要的启发。二是研究者根据对经验现象主要特征的概括，自己创造概念。如果这种概念的提出是基于深厚的理论功底、丰富的社会学想象力以及敏锐的经验直觉，那无疑是对学界的杰出贡献。如费孝通提出的"差序格局"便是这方面的

---

① Hubert M. Blalock, "The Presidential Address: Measurement and Conceptualization Problems: The Major Obstacle to Integrating Theory and Research," *American Sociological Review*, Vol. 44, No. 6, 1979, pp. 881-894.

② W. Lawrence Neuman, *Social Research Methods: Qualitative and Quantitative Approaches*, Pearson Education, 2006, pp. 150-151.

③ 彭玉生：《"洋八股"与社会科学规范》。

④ 应星：《社会学经验研究的方法论反思》。

典范。① 但若只是为了创造概念或独树一帜，那往往不得不面对甫一提出便无人问津的尴尬局面，因为它于我们加深对社会现象的理解并无裨益。因此，从经验研究中提炼概念时需要不断审视其价值何在，是否言前人之未言，提出了新的分析视角，甚或发现了新的现象。三是对政策文件的术语或日常生活的说法的重新发现。譬如，"关系"（*guanxi*）一词源于中国人的日常生活，目前已成为国际学术界的一个专门术语。

2. 描述统计

在教育社会学的定量研究中，教育获得是核心变量，在这一部分，我们围绕教育获得变量来介绍相关的分析方法和统计模型。定量分析数据的来源一般是抽样调查或人口普查，前者更为常见。定量数据即把所有的资料都转化为数字，如性别被编码成数字可以是男性 = 0，女性 = 1；受教育年限则是接受教育的年数。然后，研究者才可以利用各种统计分析软件对数据进行分析，常用的统计分析软件包括 SPSS、Stata、SAS、R、Lisrel、Amos 等。

在进行分析之前，研究者首先需要确认所关注的核心变量属于什么测量层次。在定量分析中，我们一般区分三个测量层次：定类测量、定序测量和定距测量。这三个测量层次的差异本质在于所包含的信息量从少到多。以教育获得为例，如果只询问被访者是否接受过高等教育，那么我们得到的就是一个二分的分类变量，1 = 受过高等教育，0 = 未受过高等教育。假如某个被访者在该变量上的编码为 0，我们仅仅知道他未受过高等教育，却不知道他/她是小学毕业，还是初中毕业，抑或高中毕业。第二种方法是询问被访者的受教育程度，并进行如下编码：1 = 小学及以下，2 = 小学，3 = 初中，4 = 高中/中专/职高，5 = 大专及本科毕业，6 = 研究生及以上学历。这是定序测量，因为 1 至 6 代表了从低到高的受教育程度，存在一个序列，但我们也仅仅知道从低到高的次序而已，并不知道 1 与 2 之间的距离同 3 与 4 之间的距离是否相等，因此 2-1 并不等于 5-4。第三种方法是询问被访者的受教育年限，即上了多少年学，记录下数字，这是定距测量。如一般来说，小学毕业是 6 年，初中毕业是 9 年等；但以前有些地方小学毕业是 5 年；现在的硕士教育有些学校是 2 年，有些学校是 3 年。因此，定距测量包含的信息比定序测量更多，且变量取值是可加减的，换言之，2-1 等于 5-4。显而易

---

① 管兵：《命名方法论与社会科学创新：从"乡土中国"谈起》，《社会学评论》2016 年第 4 期。

见,教育的定距测量可以降维到定序和定类测量,定序测量可以降维到定类测量,但这些降维都损失了信息。

在单变量描述统计中,研究者为了对不同群体在某变量上的分布进行比较,需要测量变量的集中趋势和离散趋势,而这些分布测量都必须根据其测量层次来选取测量指标。所谓集中趋势,便是一个数值可用来平均或典型地代表一个数据集。而离散趋势则是描述数据如何围绕着分布的中心散布的指标。[①] 如表 3-1 所示,定类变量、定序变量和定距变量的集中趋势指标分别是众数、中位数和均值,离散趋势指标分别是异众比率、四分位差和方差。

表 3-1　不同测量层次变量的集中趋势和离散趋势指标

	定类变量	定序变量	定距变量
集中趋势	众数	中位数	均值
离散趋势	异众比率	四分位差	方差/标准差
实例 (以 CGSS 2013 数据分析城乡教育差异)	农村居民受教育程度众数是小学(占 49.1%),异众比率是 50.9% 城镇居民受教育程度众数是大专及以上(占 32.4%),异众比率是 67.6%	农村居民受教育程度中位数是初中,四分位差是高中—初中 城镇居民受教育程度中位数是高中,四分位差是大专及以上—初中	农村居民受教育年限的均值是 7.11 年,标准差 4.24 年 城镇居民受教育年限的均值是 11.25 年,标准差 4.16 年

注:受教育程度划分成四个类别,即小学、初中、高中(中专、职高)和大专及以上。受教育程度可用于定类和定序层次的分析,定距层次分析使用受教育年限。其中,农村个案数 = 6845,城镇个案数 = 4568。

我们以中国综合社会调查(Chinese General Social Survey, CGSS)2013 年数据来考察城乡之间的教育差距,各个测量层次的集中趋势和离散趋势指标都表明,农村居民的受教育水平明显落后于城镇居民的。在四分类的受教育程度中,农村地区比例最高的是小学程度教育,接近 50%;而城镇地区占比最高的则是大专及以上(32.4%)。中位数显示了处于中心点位置的受教育程度是什么。农村的中位数是初中,表明初中以下和初中以上者可能比例差不多;而城镇的中位数

---

① 〔美〕莱文、福克斯:《社会研究中的基础统计学》,王卫东译,中国人民大学出版社 2008 年版,第 74、100 页。

是高中。四分位差显示处于中间 50% 的个体主要是什么受教育程度,表明中位数的代表性,城乡比较可见农村地区的中位数代表性更好,因为城镇地区的四分位差是大专及以上—初中,涵盖的范围较高中—初中更广。如果以受教育年限来考察城乡教育差距则更为明显,均值比较显示城镇居民的平均受教育年限比农村居民多 4 年有余,实属悬殊。标准差比较则说明城镇和农村地区内部的差异或不平等程度相垺,无显著差别。可以看到,定距层次上的描述更为精确,这是因为定距层次包含的信息比定类和定序层次更多。描述统计分析就是提供一个简洁的指标来浓缩和囊括这些信息,尽量给读者一个简明扼要的数字来代表这些信息。

在了解了单变量的分布状况之后,研究者往往试图了解两个变量之间的关系,譬如受教育年限与收入之间、受教育程度与社会经济地位之间、性别与学业成绩之间的关系。这就涉及双变量的相关(correlation)问题,研究者试图用某个相关指标来表征两个变量之间的关联方向和程度。相关系数指标的选择也与两个变量的测量层次密切相关,不同测量层次变量之间的相关必须选取相应的相关系数,否则便是张冠李戴,毫无意义。表 3-2 列出了部分常用的相关系数指标及其适用的测量层次,相关系数的计算公式可参考社会统计学教材。[①] 如果要考察两个不同测量层次变量之间的相关,只能让高维测量变量降维,然后计算相关系数,譬如分析性别与受教育程度之间的相关性,我们就需要把受教育程度当作定类变量,然后从表 3-2 左上角的定类—定类变量方格中选取相关系数指标。对于定量分析而言,最重要的并非公式的数理推导,而是理解不同指标和公式背后的思想,掌握各自的适用情境,知道在什么情况下该用什么指标,运用该指标需要满足哪些前提假定条件。

表 3-2　不同测量层次变量间相关系数指标

	定类变量	定序变量	定距变量
定类变量	Phi(φ)系数、列联 C 系数、Cramer's V 系数、Lambda(λ)系数		

---

① 李沛良:《社会研究的统计应用》,社会科学文献出版社 2002 年版;〔美〕莱文、福克斯:《社会研究中的基础统计学》,王卫东译。

（续表）

	定类变量	定序变量	定距变量
定序变量		Gamma（γ）系数、Somers' d_y 系数、tau-b 系数、Spearman 等级相关系数	
定距变量			Pearson 相关系数 r

3. 推论统计及统计模型

描述统计是要获取数据的基本信息，而社会科学研究的根本旨趣在于发现不同变量之间的关系，以及背后所蕴含的社会运作机制。故而在定量分析中，推论统计是核心。[①] 推论统计的基本原理是运用中心极限定理和小概率原理，以假设检验为工具来考察某命题为假的可能性。参数估计和假设检验都源自上述基本原理，只是参数估计是从样本数据出发来推断总体情况，而假设检验则是从对总体的某个假设出发，用样本数据来对该假设进行检验。[②]

这一部分我们介绍与教育社会学研究密切相关的几种统计分析方法和模型，包括普通最小二乘法（OLS）、logit 模型、分层线性模型（HLM）和倾向值匹配分析。由于本书并非社会统计学教科书，因此重在阐述方法背后之基本理念，尽量减少统计公式的介绍与数理推导，感兴趣的读者可参阅相关方法类书籍和文章。

（1）一般线性回归（OLS）

回归（regression）是社会科学定量研究方法中最基本、应用最为广泛的一种分析技术。在现实生活中，影响某一现象的因素往往错综复杂，而社会科学研究又不太可能采取实验法，因此，为了厘清和解释现象的原因和规律性变化，就必须借助一些事后的数据处理来控制干扰因素。回归的优点即在于，以统计手段来控制干扰因素，从而帮助研究者发现自变量和因变量之间的净关系。

---

① 有人认为，在大数据时代，我们不需要推论统计，因为数据所呈现的相关便是全样本的情况。但问题在于，对于社会科学研究者而言，如果仅仅满足于相关，就过于故步自封和妄自菲薄了。其次，目前我们所能得到的一些"大数据"，如淘宝数据、微博数据、京东数据，都存在较大的选择性偏差，最明显的便是未包含因数字鸿沟而被隔离在互联网之外的社会成员。

② 对这些原理的详细阐释和数理推导参见〔美〕莱文、福克斯：《社会研究中的基础统计学》，王卫东译；〔美〕布莱洛克：《社会统计学》，沈崇麟等译，重庆大学出版社 2010 年版。

回归把观测值（代表因变量的实际取值）分解成结构项（表示因变量和自变量之间的结构关系）和随机项（表示观测项中未被结构项解释的剩余部分）两个部分。[①]

在一般线性回归中，经常采用普通最小二乘法（Ordinary Least Squares，OLS）估计，即找到一套拟合系数，使得观测值与拟合值之间的离差平方和最小。[②] 在教育经济学中，明瑟（Mincer）方程的基本表达式就是受教育年限（Sch）和从业经验年限（Exper）对收入（Income）对数的回归方程。[③] 该方程中的回归系数 a_1 表示在控制其他变量（从业经验年限及从业经验年限的平方）的情况下，受教育年限每增加 1 年，个体收入的对数变化（增加或减少）a_1 个单位。这里的收入之所以取对数，是因为研究者认为教育和从业经验年限对收入的影响并非一直是线性的，而是存在曲线效应，即到一定水平之后，影响幅度会减小。对收入取对数可以较好地体现这种影响。而之所以在方程中添加从业经验年限的平方，是研究者认为从业年限（其实也是年龄的一个指标）越长，个体收入就越高，但是当从业年限超过一定界限后，个体的收入可能会下降。简言之，个体的收入往往在中年达到峰值，然后收入很可能下降，尤其是在退休之后。而二次方就可以体现这种类似抛物线的关系。

$$\ln(Income) = a_0 + a_1 Sch + a_2 Exper + a_3 Exper^2$$

（2）Logistic 模型

在社会科学研究中，很多变量都是分类变量（如升学、毕业、晋升、离婚、迁移等），无法应用 OLS 模型来进行分析。[④] 对于二分类因变量的分析，需要采用 logit 或 logistic 模型，梅尔（Mare）的教育递进率模型本质上就是 logistic 模型。[⑤]

---

① 谢宇：《回归分析》，社会科学文献出版社 2010 年版，第 49—50 页。

② 详细的数理推导参见谢宇：《回归分析》，第 3 章和第 5 章。

③ Jacob Mincer, "Investment in Human Capital and Personal Income Distribution," *Journal of Political Economy*, Vol. 66, No. 4, 1958, pp. 281-302.

④ 因为 OLS 估计要求满足因变量是定距连续变量，以及自变量之间不能完全相关等一系列前提假定。当因变量是二分变量时，违反了方差齐性（homoscedasticity）假设，预测值往往会超过符合逻辑的概率范围(0,1)，以及模型设置错误，因此不能用 OLS 进行估计。参见谢宇：《回归分析》，第 332 页；郭志刚主编：《社会统计分析方法》，中国人民大学出版社 2015 年版，第 165—167 页。

⑤ Robert D. Mare, "Social Background and School Continuation Decisions," *Journal of the American Statistical Association*, Vol. 75, No. 370, 1980, pp. 295-305. Robert D. Mare, "Change and Stability in Educational Stratification," *American Sociological Review*, Vol. 46, No. 1, 1981, pp. 72-87.

我们可以把升学因变量看作概率从 0 到 1 的事件发生之可能性。虽然现实中只有两种可能性,0 = 未升学,1 = 升学,但是不可否认,就像在高考中,不同学生的成绩跟录取线的差距是不一样的,如学生甲差 2 分,学生乙差 20 分,那我们就认为甲升学的可能性要大于乙。事件发生的可能性是从 0 到 1 的连续变量,对概率进行一定的变换就能得到负无穷到正无穷的连续变量,符合这一变换的函数包括 logistic 函数与 probit 函数,社会学研究较多使用 logistic 函数,而经济学研究多使用 probit 函数,两者并无太大差异,仅是学科与学者偏好不同罢了。

Logistic 回归模型的基本表达式如下:

$$\text{logit}(p) = \ln[p/(1-p)] = \sum b_i x_i$$

其中,logit(p)叫作对数发生比(log odds),是事件发生概率 p 的一种转换单位。上述方程与一般的多元线性回归方程在形式上相同,是线性表达式。其中要注意的是系数的解释,与 OLS 回归不同,在 logistic 模型中,系数 b_i 测量的是自变量 x_i 的变化对连续变量 logit(p)的影响,而非对因变量 y 或 y 的期望值 p 的影响。但研究者真正感兴趣的是对事件发生概率 p 的影响。这就要用到发生比(odds)和优势比(odds ratio,也译作发生比率)。发生比 Ω 即 $\ln[p/(1-p)]$,代表一种相对风险。两个发生比的比就是优势比,或叫相对风险比,它等于以自然常数 e 为底、以 logistic 回归系数为指数的幂,即 $\Omega^*/\Omega = \exp(b_i)$。所以在解释对因变量的影响时,我们可以说 x_i 变化一个单位使原来的发生比变化了 $\exp(b_i)$ 倍。当系数 b_i 为正时,我们说使原来的发生比扩大了 $\exp(b_i) - 1$ 倍;当系数 b_i 为负时,我们说发生比下降了 $1 - \exp(b_i)$。[1]

以吴愈晓的《中国城乡居民的教育机会不平等及其演变(1978—2008)》一文为例,这一研究主要运用了关于升学的 logistic 模型。该文中的表 2 是估计小学升初中的可能性的 logistic 模型。在表 2 模型 4 中,父母受教育年限的系数是 0.115,这表示控制其他因素后,父母受教育年限每增加 1 年,子女升学初中的"几率"[2]增加 12%,exp(0.115) - 1 = 0.122。表 2 模型 5 中,兄弟姐妹数量的系数是 -0.077,这表示控制其他因素后,兄弟姐妹数量每增加 1 个,升学机会就下降 7%,

---

① 郭志刚:《社会统计分析方法》,第 173—174 页。
② 研究者往往把发生比较为模糊地称作几率,它不同于严格意义上的概率,但也表达了事件发生的某种可能性。读者需要注意这里的几率不是概率。

1-exp(-0.077)=0.074。[①] 可见，logistic 模型的系数解释和 OLS 回归模型是很不一样的，虽然我们从一般线性回归的角度来理解 logistic 回归，但是读者要注意两者间存在一些重要差别，并非所有可用于 OLS 回归的分析方法都适用于 logistic 回归，除了系数解释外，还包括系数比较问题。[②]

（3）分层线性模型（HLM）

在教育研究中，研究者除了关注家庭背景对孩子的教育获得的影响之外，也关注学校和班级因素的作用。很多研究把班级和学校层次的变量（如班级层次上的教师学历、教龄、教师性别、班级规模、班级学生的平均社会经济地位等；学校层次上的是否为重点学校、学校所在社区的环境、学校中流动人口子女比例等）与学生个人层次的变量一起放入回归模型，考察这些变量对学生学业成绩的影响。但本质上，学生个人层次变量同班级和学校层次变量处于不同的结构水平，同一班级的学生在班级变量上的取值是一样的，学校变量亦然，这就违反了常规线性回归（OLS）中的一个基本假定，即各观测之间相互独立。分层线性模型（Hierarchical Liner Models）正是为了解决这一问题而提出的。[③] 多层线性模型还是建立在线性关系和正态分布假设的基础之上，以组（班级或学校）为单位的模型还是线性模型，研究者假定在每个组内学生家庭背景对学生成绩的影响（斜率）与班级规模或教师特征等班级和学校层次变量存在线性关系。因此，研究者是在考察高一层次的变量对低一层次回归模型中的截距或某变量斜率的影响，从而解决了独立性假定问题，也避免了信息的浪费。

（4）倾向值匹配（PSM）

倾向值匹配（Propensity Score Matching）主要用于处理选择性偏误问题，在社会科学研究中，我们往往只能观察到已经发生的事实，无法知晓某条件不成立会带来的结果。[④] 譬如，要研究大学教育的收入回报，一般方法是比较上大学的人的收入与未上大学的人的收入，认为两者之间的差异便是大学的收益。然而

[①] 吴愈晓：《中国城乡居民的教育机会不平等及其演变（1978—2008）》，《中国社会科学》2013 年第 3 期。

[②] 洪岩璧：《Logistic 模型的系数比较问题及解决策略》，《社会》2015 年第 4 期。

[③] 〔美〕斯蒂芬·W. 劳登布什、安东尼·S. 布里克：《分层线性模型：应用与数据分析方法》，郭志刚等译，社会科学文献出版社 2007 年版。

[④] 胡安宁：《倾向值匹配与因果推论：方法论述评》，《社会学研究》2012 年第 1 期；〔美〕郭申阳、弗雷泽：《倾向值分析：统计方法与应用》，郭志刚、巫锡炜等译，重庆大学出版社 2012 年版。

问题在于,上大学与不上大学的人是两个非常不同的群体,即使我们控制了一些常用的变量(如性别、家庭社会经济地位、户口、区域等),两个群体之间的选择性问题仍无法解决。那些上了大学的人如果不上大学,仍然很有可能由于能力出众而获得较高收入,最极端的例子无疑是从大学辍学的比尔·盖茨和小学都未毕业的李嘉诚。因此,简单比较往往会高估大学教育的效应。为了解决这一问题,倾向值匹配方法首先通过一个 logit 模型来估计个体上大学的可能性(倾向值),然后比较那些倾向值接近的样本(倾向值匹配过程),看看上大学和未上大学两类群体之间的收入差异(对因果效应进行估计的过程),这一差异便是消除了一定选择性偏误后的大学教育的回报。

倾向值匹配这一基本思想与经济学家赫克曼(Heckman)提出的两步估计法(Two-step Estimator)的思想非常接近。[①] 如要考察妇女的教育回报率,第一步是要建立模型拟合女性个体进入劳动力市场的可能,如果妇女未进入劳动力市场,我们难以探究其教育回报率问题;第二步才是在控制参与劳动力市场可能性的前提下研究妇女的教育回报率,即教育对于收入的效应。由于妇女的劳动力市场参与率较低,如果不考虑这一问题,得到的教育回报率估计可能偏误很大:因为一些受教育程度高、社会经济地位高的女性可能自愿选择失业,在家照顾家庭;另一些受教育程度很低的女性则可能无法在劳动力市场上谋取一个职位,只能待业在家。

运用倾向值匹配方法中的分层匹配方法,布莱德与谢宇研究了到底谁能从上大学中获益更多。[②] 以往研究者认为,那些更可能进入大学的人能从大学教育中获益更多,即正向选择效应。但布莱德和谢宇运用倾向值匹配法对美国两个世代的数据进行分析后发现,无论男女,结果都更支持负向选择效应,即那些不太可能进入大学的人如果进入大学,他们能从大学教育中获益更多。因此,倾向值匹配方法可以澄清一些因选择性偏误而产生的错误估计和判断,但读者需

---

① James J. Heckman, "Sample Selection Bias as a Specification Error," *Econometrica*, Vol. 47, No. 1, 1979, pp. 153-161.

② Jennie E. Brand and Yu Xie, "Who Benefits Most from College? Evidence from Negative Selection in Heterogeneous Economic Returns to Higher Education," *American Sociological Review*, Vol. 75, No. 2, 2010, pp. 273-302.

要注意,该方法并非无往不利,它也存在局限和弊端。[①] 如倾向值的准确性就颇依赖 logit 方程所纳入的变量能很好估计个体在因变量上的倾向性,但研究者往往并不知道这一估计方程是否足够好,因为只能纳入已观察到的变量,对未观察到的干扰项无能为力。此外,匹配依赖大样本,可靠的估计结果要求实验组和控制组在倾向值匹配时有较高的重叠程度。

二、质性研究方法

20 世纪 60 年代以来,质性研究方法也取得了突飞猛进的发展。人们不断谈论它与定量研究方法的差异,而这一研究方法本身也越来越多样化。恰如卡斯皮肯(Phil Francis Carspecken)所说:"学习做社会研究就如同走进一间喧嚣吵闹的房间,这个房间挤满了各式各样的派别,每个派别都在夸示着各自的行话,还有自己专属的文化风格。"[②]现象学社会学、常人方法学、社会批判理论、女性主义、后结构主义、后现代主义等理论流派,在方法论层面并没有达成一致意见,但都丰富了质性研究的方法论。抛开这一层面不谈,人们在如何访谈和观察,如何做记录和分析,如何进行理论建构,以及如何成文上,也没有一致意见。

方法论的来源比较多样,甚至相互矛盾;研究的展开比较灵活,没有固定程序;成文方式比较多样,人们对如何评价研究成果也难以达成一致意见。但是,对于理解教育社会学的一系列议题,质性研究方法还是为我们提供了关键性的洞察。以教育不平等研究为例,质性研究就在教育机会不平等与地位获得研究之外,开辟出了新的研究领域。早在 1977 年,卡拉贝尔和哈尔西(Karabel and Halsey)就提出,阐释学(Interpretive)在解释社会不平等的过程中发挥着重要作用。[③] 不过,这一时期,相关的民族志作品还比较少。到了 20 世纪 90 年代,这一类型的作品不断涌现。梅汉(Hugh Mehan)评估了这一发展历程,认为阐释学研究对理解教育不平等有三个重要贡献:第一,引入文化因素,有助于改变宏大理论解释的决定论色彩;第二,人类主体性被应用于解释社会不平等;第三,学校教

---

① Gary King and Richard Nielsen,"Why Propensity Scores Should Not Be Used for Matching,"Working Paper,2015.

② 〔美〕卡斯皮肯:《教育研究的批判民俗志——理论与实务指南》,郑同僚审订,华东师范大学出版社 2005 年版,第 1 页。

③ Jerome Karabel and A. H. Halsey, eds., *Power and Ideology in Education*, Oxford University Press, 1977.

育过程的"黑箱"被打开,从而能够揭示制度性实践与学生生活之间的复杂关系。① 质性研究者注重以学校、家庭和社区为田野展开研究,致力于把握教师与学生、教师与家长、学生与家长之间复杂而又微妙的互动过程。社会实践中的各种调节机制、社会行动中的深层意义,以及教育过程复杂而又隐蔽的机制,都可以通过质性研究展现出来。

梅汉的总结,主要是针对教育不平等的相关研究。不过,质性研究面对教育社会学的其他议题时,其所具有的优势也不外乎这几个方面。质性研究提供了一种过程性视角,能够帮助研究者把握不同主体之间的复杂互动过程;它在特定情境中展开,注重案例的特殊性;它要在复杂的案例阐述中进行理论建构,力图超越个案的局限。在国家层次的大样本数据被不断生产出来、人们得以掌握教育现象的总体变动时,很多研究者以具体的学校、家庭或社区为田野,投入其中,如同在"小作坊"里生产出一个个故事。

提出研究问题,是任何一项研究的开端。但是,同样是提出研究问题,定量研究和质性研究却有着不同的要求:前者要尽可能明确,后者则比较模糊。这与两种研究方式的整体特征有关:定量研究遵循一条线性的路径,奉行一套固定的步骤和程序;质性研究则更多的是非线性和循环的。② 研究者在学校、家庭与社区中开展田野调查,这些研究现场可能都是研究者比较熟悉的,即便如此,我们也很难在研究之初就明确界定研究问题。研究问题的聚焦,往往在研究开始了一段时间以后才能真正完成,并且可能随着研究的深入展开而调整。

在提出研究问题的过程中,要避免用定量方法去研究质性研究的问题,也要避免用质性研究的方法去研究定量研究的问题。我们虽然都受过方法上的训练,在研究方法的教材上也都看到过对比定量与质性方法的表格,但是,在真正进行研究时,这种鲜明的对比常常处于模糊状态。随着田野调查的开展,我们必须明确自己要做什么,能否用质性研究的方式进行思考,这是成功的关键。以拉鲁(Annette Lareau)为例,她在《家庭优势》一书中,比较细致地回顾了她的研究

① Hugh Mehan,"Understanding Inequality in Schools: The Contribution of Interpretive Studies," *Sociology of Education*, Vol. 65, No. 1, 1992.

② 〔美〕纽曼:《社会研究方法:定性和定量的取向(第五版)》,郝大海译,中国人民大学出版社2007年版,第183页。

经历。在研究开始阶段,她想考察的问题是学习成绩的影响因素是什么。[①] 事实上,定量研究方法更有助于回答这一问题,随机抽样、测量及统计模型的使用,从技术上保障了对这一问题的回答的有效性。因而,拉鲁最后转变了研究主题,将焦点放在不同阶层家庭与学校教育互动的差异上,质性研究方法正好有助于我们认识,不同类型家庭所具有的文化优势,是如何在具体的互动过程中被激活的。

以恰当的方法来研究我们关注的问题,才能真正将质性研究方法的优势发挥出来。不仅如此,一些真正重要的问题,可能因方法使用不当而被遮蔽掉。以文化资本在教育不平等研究中的应用为例。迪马乔(Paul DiMaggio)将文化资本界定为高雅文化[②],从而引发了大量的定量研究。拉蒙和拉鲁(Lamont and Lareau)指出,这一研究方式会产生一个问题:权力去哪里了?[③] 而在布迪厄(Pierre Bourdieu)对文化资本概念的使用中,权力关系恰是最为核心的关注点。

从事质性研究,研究者要能够承受研究问题的模糊性和不确定性带来的忧虑,对即将遭遇的各种事件保持敏锐的关注,期待从"深不可测"的研究对象中有所发现。因而,质性研究者关注的问题,更像是一口"深井",在研究之初我们很难探究到它的底线到底在哪里,也没有办法明了我们究竟可以有什么发现。正像常人方法学家所提出的"索引性"概念标示的,社会行动本身并没有什么根基,一个意义总是关联到其他意义上,从而不断延伸下去。而质性研究关注的特质,也是要不断地挖掘社会现象的内在意义,这种不确定的状态或许正是质性研究的魅力所在。

在教育社会学研究中,人们经常选择学校、家庭和社区作为田野调查点,这是教育活动集中发生的场所,下面我们依次说明这三种空间中的田野调查是如何展开的。

1. 以学校为田野

作为研究者,我们一般都有从小学到大学的完整受教育经历,对学校的运作

---

① 参见〔美〕拉鲁:《家庭优势:社会阶层与家长参与》,吴重涵、熊苏春、张俊译,江西教育出版社 2012 年版。

② Paul DiMaggio, "Cultural Capital and School Success: The Impact of Status Culture Participation on the Grades of U.S. High School Students," *American Sociological Review*, Vol. 47, No. 2, 1982.

③ Michèle Lamont and Annette Lareau, "Cultural Capital: Allusions, Gaps and Glissandos in Recent Theoretical Developments," *Sociological Theory*, Vol. 6, 1988.

和课堂中的互动方式都比较熟悉。当我们要以学校为田野,理解学生们的成功与失败、课堂上积极或消极的表现、教师们的乐观与抱怨时,却并不是一件容易的事情。一方面,我们对学校中发生的事情多习以为常,我们自身、我们的父母、我们的子女以及周边的熟人,都或多或少受过教育,学校中发生的事情是人们经常挂在嘴边的话题,要想捕捉到这些现象的社会意义,需要经过专门的学术训练,这样才能拥有对此类习以为常现象的敏锐性。另一方面,在现代社会中,我们每个人的思维方式都受到学校教育的强烈塑造,学校传递给我们的那种眼界,往往构成正当的、合法的、合理的看待问题的方式,要想站在学校教育之外,按照另一种方式进行思考,本身就是非常困难的事情。

　　进入学校展开田野调查时,这种感觉可能非常强烈。学校是高度结构化的空间,教育管理者、教师、学生之间的互动,都按照常规展开,遵循着严格的规划和紧凑的节奏。若在村落或边缘地区这种开放的空间展开田野调查,人们一开始就可以期待有意外的发现,从陌生到熟悉的过程,更符合人们对田野调查的原初印象。可是,以学校为田野,可能要经过由熟悉到陌生的过程。无论是教室、办公室还是操场上的活动,都给人一种千篇一律的感觉。学校作为现代社会最重要的机制之一,本身就具有格式化的特征。虽然一些学校也会添加自身的气质、风格和文化,但学校总体上还是按照统一的、标准化的样式塑造自身的。即使乡村学校也是如此:"围墙内侧几乎贴得不留隙地的各种标语,使国家主流意识形态的话语闯入你的眼界,而学童们震耳的齐声朗读,更使这种话语生出声色。它是国家培育人才的工厂,它自身也是国家形象的一种展现。"①统一的课程,统一的教学计划,统一的考核方式,塑造了学校统一的面目。由于学校教育空间的这一特质,福柯(Michel Foucault)将其与工厂、军营、监狱、医院、精神病院等机构放在一起,视之为现代社会的规训机构。② 学校的格式化运作,是田野调查初期需要克服的研究障碍。

　　随着田野调查的深入,我们可能发现学校教育空间的某种特殊之处。虽然不同学校按照同一种模式定位自己,但是,特定地区的学校,因为教师与学生的来源都有其特殊性,所以在同质的外壳下还是有很多特异之处。可以说,正是由于教育空间中展开互动的教育管理者、教师和学生各有其背景和来源,特定的学

---

① 李书磊:《村落中的国家:文化变迁中的乡村学校》,浙江人民出版社 1999 年版,第 7 页。
② 〔法〕福柯:《规训与惩罚》,刘北成、杨远婴译,生活·读书·新知三联书店 2003 年版。

校产生了特殊性。中国的学校虽然都有明显的以成绩为主的导向，但是，一些学校可能更强调教师与学生之间的互动和交流，以及学生之间的合作学习，力图让学生更积极主动地表达自己的观点；与此同时，有些学校可能默认教师对学生的体罚，机械地讲述课程知识。

更为重要的是学生的行为表现，同样的教学方式在不同类型的学生那里，会产生不同的效应。就学生对学校纪律的反应而言，有循规生与违纪生的差异。威利斯对学生反抗文化的关注，就是其中具有典范性的研究。在学生初中毕业前一年及毕业后半年的时间内，威利斯对 12 名学生进行了持续的访谈，并且造访了学生所在学校及家庭。对学生、教师、家长的访谈，以及对数名学生同时进行的焦点小组访谈，是威利斯收集资料的主要方式。威利斯描述了学生中存在的反抗文化，他们反抗教师的权威，组成非正式群体，违反学校纪律等。[1] 威利斯使用民族志方法描述学生中普遍存在的反抗文化，恰好处于西方社会再生产理论发展的一个重要转折点，而他在《学做工》第二部分进行的理论讨论，也回应了这一议题。在教育制度设置的格式化面目之外，找到学校生活中的某种特异之处，是学校中的田野调查成功的关键。

学生的家庭与社区环境中所形成的文化，与学校中的主流文化之间的差异越大，这种特殊性就越能够凸显。阶级和族群是教育社会学研究最常使用的维度。赫斯（Shirley Heath）的研究显示，白人工人阶级和黑人工人阶级的儿童在早期家庭生活中形成某种语言习惯，而学校则倡导另一种语言风格，由此产生了矛盾。[2] 20 世纪 70 年代，在伯恩斯坦（Basil Bernstein）和布迪厄发展他们的社会与文化再生产理论时，不同阶级学生的习性及其与学校教育的差异正是他们理论的核心关切。

具体来说，在学校中开展田野工作，可以选择一个或两个班级做持续的跟踪调查。这种跟踪，又可以采用两种方式：一种是某个时间段内每天展开的持续跟踪；另一种是较长时间段内每周一到两次的周期性跟踪。具体采用哪种方式，取决于研究问题与研究者自身可以投入的精力。无论采取哪种方式，首先都要获得学校"守门人"尤其是校长的许可，并且尽力维系好这种关系。在研究中途

---

① 〔英〕威利斯:《学做工:工人阶级子弟为何继承父业》,秘舒、凌旻华译,译林出版社 2013 年版。

② Shirley Heath, *Ways With Words: Language, Life, and Work in Communities and Classrooms*, Cambridge University Press, 1983.

"守门人"拒绝继续合作,会给研究者造成巨大的损失。进入具体的班级时,与班主任建立良好的研究关系是关键。课堂上的活动以非常紧张的节奏展开,我们不可能捕捉到所有的活动细节,必须将关注点放在自己最感兴趣的话题或个案上,并且要在这种观察活动中不断凝练研究主题。卡拉尔科(Jessica McCrory Calarco)观察了一所小学四个班级中不同阶层学生的行为表现,其研究焦点放在了学生在寻求帮助方面(I need help)的差异上。① 这种聚焦过程有助于研究者从事无巨细的烦琐观察中解脱出来。除了观察,对学生、家长、任课教师、班主任、教育管理者的访谈,常常是在学校中进行田野调查时不可或缺的环节。围绕某个学生访谈相关人员,并将访谈与课堂观察资料相结合,是使个案资料尽可能丰富起来的重要方式。

2. 以家庭为田野

学校与家庭,是两种最重要的教育机制。前者以正式的社会制度设置为特征,虽然存在各种隐性课程(Hidden Curriculum)机制,但教师与学生的行为方式,总是被明确阐述。教育机构不断激发教师说出自己的教学方式,描述学生的行为方式,由此反思性地监控其行动,并且将其调整到与教育机制的目标和需要相匹配。与学校有所不同,家庭以潜移默化的方式对儿童产生影响,家长通常并不会明确陈述自己采取的教育方式,而只循例行事。当在家庭中展开研究时,除了对家长进行访谈外,还可以采取一些特别的方式收集资料。

拉鲁在对不同阶层家庭的教养方式进行考察时,采用了自然主义的研究方式,这便于了解家庭成员的日常互动是如何展开的,目前采取这种方式开展研究还比较少见。拉鲁和她的研究助理进入一些家庭观察一些日常事件:上学前的准备,下午或傍晚做作业,晚饭,周六早上的活动,去教堂,到亲戚家串门,看医生,家庭派对,有组织的活动,以及其他杂事,并试图在每个家庭都过上一夜。② 进入家庭这种私人化的生活领域进行观察,可能让调查者和调查对象都显得非常不自在。但是,获准进入别人的家庭,并且进行持续的观察,也可能没有起初想象的那么困难。调查对象熟悉了调查者之后,调查者就可以比较自然地观察到家庭的日常活动过程,而这种过程是事后的访谈很难捕捉到的。不过,任何方

---

① Jessica McCrory Calarco, "'I Need Help!': Social Class and Children's Help-Seeking in Elementary School," *American Sociological Review*, Vol. 76, No. 6, 2011.

② 〔美〕拉鲁:《不平等的童年》,张旭译,北京大学出版社 2010 年版,第 264 页。

法的选择都要依据研究问题本身的需要。在小学阶段,家长与子女之间相处的时间非常多,对子女的影响也非常大。进入中学阶段,直接的互动逐渐减少,就不一定非得采用自然主义的方式展开研究了。

值得注意的是,虽说家庭教育常常以不言自明的方式展开,但是拉鲁的研究又明确提示我们,不同阶层之间存在很大差异。一般而言,中上阶层更注重反思性地调控自己的教育行为,他们会对子女的教育进行系统规划,强化与学校之间的联系,送子女参加各种辅导班,因而在明确陈述自己的教育行为上相对比较容易,这也给访谈带来了便利。但是,农村地区、民族地区以及劣势阶层的家庭,往往不会明确地陈述自己的行为,更加遵从"只是这样做而已"的行动策略,采用自然主义的方式进行观察显得更加重要。

3. 以社区为田野

社区是教育活动发生的第三个重要情境。但是,很多研究者经常忽略社区所发挥的作用。原因是多方面的:学校与家庭的影响非常直接和显著,而社区的影响是间接的,并且不太容易进行观察,有时又是通过家庭和学校才发挥作用的。但是,要想全面考察教育发生的机制,社区也不应当被忽略。

城市社区的作用最难捕捉到。城市社区总是处于流动与变化之中,居住其间的人群也处于流动不居的状态。它没有明显的边界,也难以通过行政区划来界定,是个可大可小、伸缩自如的所在。但是,如果从城市空间分布的角度看,就可以明显地观察到城市中的资源分布、人群分布、权力结构对教育资源分布产生的巨大影响。学区房就是城市社区教育资源最典型的制度安排,也成为不断引发争议的公共话题,是展开一项调查时需要关注的重要因素。富人区与贫民区的分化是再明显不过的,贫民区中的家庭是社会学与人类学关注的恒久主题。刘易斯(Oscar Lewis)的《桑切斯的孩子们:一个墨西哥家庭的自传》,讲述了一个生活于城市贫民区的墨西哥家庭的故事,贫困文化的概念虽然饱受批判,却有助于洞悉社会底层的日常生活状态。从方法上来说,刘易斯让这个家庭的成员讲述自己的故事,寻求在家庭的背景下展示个体,在社区的背景下展示家庭,在国家的背景下展示社区。[①] 由此看来,不同家庭实际上共享了某种社区文化,这

---

① 〔美〕刘易斯:《桑切斯的孩子们:一个墨西哥家庭的自传》,李雪顺译,上海译文出版社 2014 年版,前言。

是以社区为单位进行研究的优势所在。

在农村社区展开研究则更为便利。村落社区界限较为清晰,可以成为独立的研究单位,村落对儿童的影响也显而易见。乡村中的学校是比较值得关注的研究议题。李书磊以丰宁满族自治县的一所乡村小学为调查点,以流畅的笔触描述了这所学校的日常运作、教师的生活状态以及课堂上的文化传承,讨论学校如何作为一种国家机制来运作。[①] 研究者还可以采用田野调查方法,研究乡村教育变迁,这是以往关注宏大教育进程的历史学家经常忽略的。司洪昌的《嵌入村庄的学校:仁村教育的历史人类学探究》,以华北地区南部一个村庄的教育变迁为对象,通过田野调查和口述史等方法,探讨了乡村学校和教育一百多年以来发生的变化,尝试为百年来村落中的教育和学校变迁提供一个微观的个案图景。[②] 在远离汉文化的民族乡村地区展开研究时,以社区为单位变得更为重要。不过,语言往往是研究者需要面对的最大障碍。

4. 理论建构的重要性

在教育社会学领域,开展质性研究最常面对的田野是学校、家庭和社区。但是,城市中巨大的补习市场、虚拟空间中的教育讨论等,都可以成为研究者的资料来源。不过,无论在什么场所展开调查,研究者面对的基本议题都是相似的。质性研究通常对三方面的事情感兴趣:社会生活的常规、事情发生的情境,以及参与其中的人们的主观经验。[③] 由此发掘的第一手资料,是一项质性研究能否成功的关键。

仅有资料并不能保证研究的成功。要从琐碎的经验材料中,编织出一个有趣的故事,可能比收集资料的过程更为艰难。对一些研究者而言,资料收集工作结束了,研究仿佛才刚刚开始。研究者要在具体的学校、家庭、社区中进行考察,呈现出一系列个案。但是,个案本身并不是目的。卡斯皮肯在《教育研究的批判民俗志——理论与实务指南》中,将质性研究区分为五个阶段:汇整基础记录,基础记录的重建分析,对话资料的产出,发掘系统关系,使用系统关系解释研究发现。[④]

---

① 李书磊:《村落中的国家:文化变迁中的乡村学校》。

② 司洪昌:《嵌入村庄的学校:仁村教育的历史人类学探究》,教育科学出版社 2009 年版,第 1 页。

③ Phil Francis Carspecken and Paula A. Cordeiro, "Being, Doing, and Becoming: Textual Interpretations of Social Identity and a Case Study," *Qualitative Inquiry*, Vol. 1, No. 1, 1995.

④ 〔美〕卡斯皮肯:《教育研究的批判民俗志——理论与实务指南》,第 58 页。

第四和第五个阶段的工作都与理论建构密切相关。从资料本身提取本土概念，并将其结合到理论讨论中，是这个阶段需要完成的任务。

在社会科学的研究中，质性研究所挖掘的经验资料本身的积累自有其价值，纯粹的理论探讨也能激发人们的思考。但是，大量的研究其实是穿梭于理论思考与经验材料之间的。这种研究状态，恰如王国维所描述的："诗人对宇宙人生，须入乎其内，又须出乎其外。入乎其内，故能写之。出乎其外，故能观之。入乎其内，故有生气。出乎其外，固有高致。"① 质性研究也是如此：入乎其内的观察和理解与出乎其外的分析和理论建构，构成了一项田野调查的两类核心要素。

三、混合方法研究

混合方法研究（Mixed Methods Research），即在学术研究中尝试综合使用定量和定性两种研究路径，强调两者的互补，以尽可能实现研究目的。这本质上是定量和定性两种研究方法的妥协与调和，因此也被称为"第三条道路"。②

混合方法主要体现在研究过程中的数据收集和数据分析两个方面。在进行数据收集之前，研究者就需要根据研究目的确定设计方案。研究动机主要有两类：一是验证性的（confirmation），即用其他数据来验证从某一类数据分析中发现的结果；二是互补性的（complementarity），不少学者强调混合方法的优势在于不同的方法取长补短。③ 根据研究者的不同目的和动机，克雷斯威尔认为有这样三种基础设计方案。（1）聚敛式设计（Convergent Design），即设计的意图是同时收集和分析定量数据和定性数据，旨在比较两种数据结果，因此最后是对定量和定性数据进行聚合分析。（2）解释性序列设计（Explanatory Sequential Design），即先收集定量数据，然后使用定性数据来更深入地解释定量研究的结果。（3）探索性序列设计（Exploratory Sequential Design），即先用定性研究探索研究问题，因为问题可能不那么明确，或者研究对象鲜被触及、大家知之不多，研究场域难以进入等。在这个初始探索阶段之后，研究者把定性研究发现用于第二阶段的定量研究，包括设计测量工具和数据收集、分析过程。④ 第一种和后两种设计的区

① 王国维：《王国维文学论著三种》，商务印书馆 2001 年版，第 43 页。

② 〔美〕克雷斯威尔：《混合方法研究导论》，李敏谊译，格致出版社 2015 年版。

③ Mario L. Small, "How to Conduct a Mixed Methods Study: Recent Trends in a Rapidly Growing Literature," *Annual Review of Sociology* 37, 2011, pp. 57–86.

④ 〔美〕克雷斯威尔：《混合方法研究导论》，李敏谊译，第 7 页。

别在于:第一种是共时性设计,即定量和定性数据收集同时进行;后两者是序次型设计,即定量和定性数据的收集和分析先后发生。

在解释性序列设计中,研究者还需要考虑定量数据和定性数据的嵌套问题。嵌套设计是指从定量调查的被访者中抽取一部分进行深入访谈,收集定性数据,因此,定性数据和定量数据可以说是相互嵌套的。一般而言,研究者都是根据一定的标准从抽样调查的被访者中抽取访谈对象的。譬如,笔者曾经参与一项关于重点大学学生在校经历的研究,研究者抽取了四所 985 工程大学,通过分层抽样设计在每所学校选择了约 500 名学生进行问卷调查,然后按照学生的性别、城乡来源、学业成绩和社会交往状况,从 500 名学生中抽取 20—30 名学生进行深度访谈,对他们的学习、生活和社会交往经历与体验进行深入挖掘和分析。而非嵌套性的设计则是定量和定性数据来源较为多样,例如在这项大学生在校经历研究中,我们可能对定量调查样本之外的学生进行深入访谈,因为有些学生的经验很丰富,或者很典型,但并未被问卷调查抽中。这些访谈数据可以对已有的问卷数据进行充实和验证。这便属于非嵌套设计。

在数据分析过程中,混合方法主要包括交叉分析(Crossover Analysis)和整合分析(Integrative Analysis)两类。交叉分析是指,运用定量方法来分析定性数据,或用定性方法来分析定量数据。对定性数据进行定量分析的实例包括社会网络分析及对小样本数据或叙事文本数据进行回归分析,其中的关键问题是编码(coding),即如何把定性资料转换成可进行统计分析的数字。对定量数据也可以进行定性分析,如有研究者把一项追踪调查数据中的部分样本数据转化成了生活史叙事,"被访者有 8 个兄弟姐妹……母亲上过八年学,被访者上高中时母亲没有工作……被访者上高中时并未计划上大学,那时她说父母并不在乎她是否上大学……她 1959 年结婚,并于 1975 年再婚"[①]。整合分析是研究者运用多种分析路径处理同一个数据,试图展现比单独使用某种分析方法得到的结果更为全面深入的图景。其中,定性比较分析(Qualitative Comparative Analysis,QCA)是最为成功的一种整合分析技术。定性比较分析试图克服基于个案与基于变量这两种分析路径的缺点,它把每一个案都当作一组特征的特定组合,然后寻找对于特定结果的发生来说是必要的那些特征集合。比如,为了研究族群政

---

① Butron Singer, Carol D. Ryff, Deborah Carr, and William J. Magee,"Linking Life Histories and Mental Health: A Person-Centered Strategy," *Sociological Methodology* 28, 1998, pp. 1-51.

治动员的原因,研究者会搜寻所有可能发生动员的个案,根据理论识别出其中的预测因素,如少数族群人数的增长或民主政府等,然后决定哪些因素的组合是发生动员所必需的。①

对混合方法研究中数据收集和分析的简要介绍,旨在鼓励研究者进一步有效地整合定量和定性两种研究方法,而非秉持门户之见相互指摘,或相互隔绝乃至老死不相往来。随着时代的发展,对于很多社会现象和问题,我们必须不同方法齐上阵,方能获得更深入的理解。当然,混合方法也不必局限于定量与定性,为了达致对教育现象更好的了解与理解,打破方法取向之间的界限,甚至打破学科界限,无疑都是值得和必要的。伯恩斯坦发现精致型编码和局限型编码乃源于一项实验研究,继而拉鲁在《不平等的童年》中展现的民族志研究,在一定程度上用更为丰富的数据和资料确证和深化了教养方式阶层分化影响儿童学业成就这一判断。

小 结

本章简要概述了教育社会学研究中常用的研究方法,包括定量研究、定性(质性)研究和混合研究方法。定量和定性研究方法在一些学者眼中是两种截然不同的资料收集和分析方法②,而另一些学者则认为无论定量还是定性方法,都遵循大致相同的研究逻辑③。我们的观点是,首先方法无高下,唯有针对特定研究对象和研究问题时,方面临何者更为契合的问题。因为"尺有所短,寸有所长",任何方法有其擅长,也有软肋,所以在研究方法领域绝无包打天下的"神功"。其次,方法是研究的工具,而非目的本身,因此方法旨在更好地揭示纷繁芜杂的社会现象背后的一些规律和机制,并帮助研究者以令人信服的方式进行论证和阐释。在教育社会学中,这两点同样适用。近些年来日益流行的混合研究方法试图克服定量与定性的区分,促使两者整合,从而更好地理解社会现象,回答研究问题。我们鼓励每一个研究者去了解定量和定性这两种研究方法,研究者必然都有自己的专长,但应该能够理解和欣赏使用其他方法写就的研究作品。

---

① Mario L. Small,"How to Conduct a Mixed Methods Study: Recent Trends in a Rapidly Growing Literature," 2011.

② Gary Goertz and James Mahoney, *A Tale of Two Cultures: Qualitative and Quantitative Research in the Social Sciences*, Princeton University Press, 2012.

③ 〔美〕金、基欧汉、维巴:《社会科学中的研究设计》,陈硕译,格致出版社 2014 年版。

【思考题】

1. 假设你要研究中国社会中的"学区房"现象对不同家庭的影响,请尝试从不同角度提出具体的研究问题,进而在此基础上寻找适合的研究方法进行分析,包括数据(资料)收集、数据分析、得出结论等步骤。

2. 采用质性研究方法研究教育不平等问题,其优势何在? 又有何缺陷?

3. 若选择一所小学的一个班级进行田野调查,你打算关注什么问题? 又如何具体展开调查?

【推荐阅读书目】

〔美〕莱文、福克斯:《社会研究中的基础统计学》,王卫东译,中国人民大学出版社 2008 年版。

该书对社会科学研究所使用的基础统计学分析方法的讲解深入浅出、细致入微,介绍了数据组织、描述统计和初级推论统计。该书的特色是对基础的公式推导进行了详细解说,侧重初学者对公式背后的统计思想和逻辑的理解。该书配有大量习题和社会学研究应用实例,并且所有的重点都有详细的统计步骤的演示。该书是初学者进入社会统计学大门的良师益友。

郭志刚主编:《社会统计分析方法:SPSS 软件应用》,中国人民大学出版社 2015 年版。

该书介绍了多元线性回归及其他多种中高级统计分析方法和模型,是社会统计学中级水平很好的入门书,每种方法的介绍都由相关方面的专家撰写,并结合了实例以及 SPSS 软件的操作,具有很强的实用性。

〔美〕唐启明:《量化数据分析:通过社会研究检验想法》,任强译,社会科学文献出版社 2012 年版。

这是一本由学术界公认的定量分析大师撰写的教材,精彩之处在于使复杂问题变得简单,而且提供了许多实用的建议和最优的处理方法,这是其他许多同类教材所没有的。这本书不只是讲授统计学,还讲授如何用统计学来回答社会问题,并提供了诸多具体数据分析的实例。它能教会学生运用统计开展一流的定量分析。

〔美〕麦瑞尔姆:《质化方法在教育研究中的应用:个案研究的扩展》,于泽元译,重庆大学出版社 2008 年版。

该书结合具体的教育研究案例,介绍了质性研究的研究设计,访谈、观察等资料收集方法，以及资料分析方法等，是一本比较好的入门书。

〔美〕卡斯皮肯：《教育研究的批判民俗志——理论与实务指南》，郑同僚审订，华东师范大学出版社 2005 年版。

该书通过展示作者自己实施的一项教育研究，详细描述了一项完整的质性研究是如何展开的。作者将质性研究区分为五个阶段：汇整基础记录，基础记录的重建分析，对话资料的产出，发掘系统关系，使用系统关系解释研究发现。

〔美〕克雷斯威尔：《混合方法研究导论》，李敏谊译，格致出版社 2015 年版。

该书旨在为读者提供一个关于混合方法研究的简短导读。作者曾任国际混合方法研究协会主席，是该领域的大家。该书简明扼要地阐述了混合方法研究的必要步骤，包括研究目的的确定、研究方案和设计、流程图的制定、数据的收集和整合问题、运用混合方法进行论文写作以及评估混合方法研究，是一本很好的混合方法入门书。

第四章

教育社会学的历史与发展

引 言

从历史上看,教育社会学是一门既古老又年轻的学科。为什么这么说呢?因为在教育社会学成为一门学科之前,许多哲学家、教育家就已经对教育与社会的关系问题有过思考和研究,提出了各自的学说。正是他们的研究,促进了教育学学科与社会学学科的成熟。教育学和社会学各自作为一门独立学科研究教育现象,也就决定了教育社会学这门新兴学科必然要从这两门学科的交叉中诞生。

我们知道,在孔德(Auguste Comte,1798—1857)用"社会学"一词命名一门知识学科之前,明确的社会分析意图就已体现在维科(Giambattista Vico,1668—1744)的文化史著作、亚当·斯密的经济学著作、孟德斯鸠的法学著作、卢梭的政治学著作、康德的哲学著作,以及其他许多作者的不同主旨的著作中。现代社会学的传统最初正是起源于这些著作,尽管把上述作者中的任何一个人确认为社会学的创始人都可能引起争议。[1] 教育社会学同样是这种情况。在社会学家沃德提出"教育社会学"这一概念之前,许多哲学家和教育学家对教育与社会的关系都做过深入的研究。例如,教育哲学大师柏拉图便曾对教育的社会功能做了深入的思考,提出了治理国家靠的是贤人政制,而贤人的智慧和美德是靠教育培养出来的,因此,教育具有实现理想国家的重要功能。其他多数先哲,如夸美纽

---

① 美国社会学家科塞(Lewis A. Coser)的社会学史名著《社会学思想名家》是从 19 世纪的孔德开始介绍的,而另一部同样声誉卓著的社会学史著作——法国社会学家阿隆(Raymond Aron)写的《社会学主要思潮》,则把 18 世纪的孟德斯鸠视为社会学的创始人。

斯(John Amos Comenius)、卢梭、裴斯泰洛齐(Johann Heinrich Pestalozzi)、费希特(Johann Gottlieb Fichte)、施莱尔马赫(Friedrich Schleiermacher)等人也曾深入探讨教育与社会的关系。因此,范格(J. H. Whang)便曾将德国教育社会学的起源与创立归因于裴斯泰洛齐、施莱尔马赫和冯·施泰因(Von Stein)等人的工作。[①]

一般认为,系统和专门的教育社会学研究出现于19世纪末20世纪初,人们对此并无异议,但却存在两种解释:其一,社会学学科体系建立后,形成了自己独特的研究方法和知识结构,因此,研究领域不断扩大,教育也被纳入了社会学的视野。在社会学家的眼里,教育是社会结构的一个重要组成部分,具有维持社会稳定的功能,同时也具有促进社会进步的功能。随着研究的深入和学科知识逐渐系统化,自然而然就产生了这门学科。其二,由于一些教育学家对赫尔巴特(Johann Friedrich Herbart, 1776—1841)教育学的批判,形成了一种社会本体论的、极具社会学精神的"教育科学"学派,他们反对赫尔巴特个人主义的教育学,批判个人主义的教育观和心理观,强调教育的社会性,等等。因此,我们在考察教育社会学学科史时,会从这两条解释途径出发,分别考察不同历史阶段的思想家对教育社会学的思考及其行动,特别是他们所建构的学科体系和知识基础。

一、教育社会学知识体系初期形成的两条途径

从历史文献来看,教育社会学知识体系的建立有两条不同的途径:一条是教育学家对赫尔巴特教育学体系[②]进行批判时确立的;另一条是社会学家将教育纳入社会学的研究领域而形成的。这两条途径不久便殊途同归,逐渐融合成教

---

① 参见〔日〕友田泰正:《教育社会学》,宋明顺译,台湾水牛图书出版事业有限公司1990年版,第2页。

② 赫尔巴特是德国的哲学家、心理学家和教育家,他的思想来源于德国唯心主义者G. W. 莱布尼茨和康德的哲学思想。后来接受了古希腊哲学家巴门尼德的认识论和瑞士教育家J. H. 裴斯泰洛齐的教学心理化的理论,逐渐形成了他的教育学知识基础,于18世纪提出了世界上第一个教育学理论体系,并试图让教育学发展成一门科学。但是,由于他在伦理学的基础上建立了教育目的论,在心理学的基础上构建了教育方法论,结果形成了个人主义的教育学。另外,他的保守主义表现在他把宗教和古典人文学科置于首要地位,这就使他的教育学研究与实践完全脱离了社会的发展,因而无法将教育学真正建成一门科学。但是,赫尔巴特教育学思想的影响遍及世界各地,在20世纪初由王国维、蒋维乔从日本介绍到中国,当时的教育理论界一度形成了赫尔巴特教育学热,至今仍有人在研究赫尔巴特教育学理论和方法。参见《中国大百科全书·教育》,中国大百科全书出版社1994年版,第122—123页。

育社会学的知识体系,并奠定了教育社会学作为一门学科的理论基础。

第一条途径源于 19 世纪末 20 世纪初。当时,西方社会的工业化引起了巨大的社会变迁,社会中的个体处处遇到如何适应社会变化的问题,但教育不能有效地解决这种问题,反而成为问题的根源之一。这就促使一些教育学家对当时流行的赫尔巴特个人主义教育学进行反思和批判,并设法构建出能够适应社会变迁的教育学体系。在教育学领域,有两个不同的学派对教育与社会的关系进行了考察。

第一个学派是思辨教育学派,以德国的纳托尔普(Paul Natorp)与勃格曼(P. Bergman)等人提出的"社会的教育学"学说为代表。他们批判了赫尔巴特教育学与社会的脱离,认为教育是社会的一个有机组成部分,应当强调教育与社会的关联性和相互作用。与此同时,与社会教育学相似的是德国的狄尔泰(W. Dilthey)、史普朗格(E. Spranger)与诺尔(H. Knoll)等人提出的"文化教育学"。他们认为,赫尔巴特教育学方法是从类似于自然科学的心理学中推导出来的,这种方法论并不适用于个别的文化,因为教育并不可能有普遍性的目的,而教育的目的和意义必须从文化方面获得解释,教育变迁的原因也应当从文化的独特性和历史性中找到。这是因为,教育是人类的一种文化传递活动,而不仅仅是人的心理活动。美国的实用主义教育家约翰·杜威(John Dewey)从另外一个方面呼应了德国的思辨教育学派。杜威在《学校与社会》[①]一书中指出:过去,"我们往往从个人主义观点去看学校,以为它不过是师生之间或教师和儿童的父母之间的事情……但是,眼界需要扩大……任何时候我们想要讨论教育上的一个新运动,就必须特别具有比较宽阔的或社会的观点",这是因为"教育方法和课程正在发生的变化如同工商业方式的变化一样,乃是社会情况改变的产物,是适应在形成中的新社会的需要的一种努力"。[②] 这种以社会文化的观点考察教育的本质,并进行推理和论证的思路,可以归为早期教育社会学的思辨学派。

第二个学派是实证教育学派,其代表是德国的克里克(E. Krieck)和罗荷纳(R. Lochner)树立的"教育科学"思想。他们认为,过去的教育学(指赫尔巴特教

---

① 约翰·杜威的著作《学校与社会》(1900),在日本教育社会学家新堀通也主编的《教育社会学概论》中,被列为教育社会学四本先驱性著作之一。国内有的大学也将杜威的著作列为培养教育学硕士生和博士生的必读书目,也有学者偏执地认为,不懂杜威就不能授予教育学学位。

② 〔美〕约翰·杜威:《学校与社会·明日之学校》,赵祥麟、任钟印、吴志宏译,人民教育出版社1994 年版,第 27—28 页。

育学）只注意到教育过程的极小部分，也就是说，只注意到教师对儿童的有意图、有计划的活动，而忽略了与人格形成有关的更为广泛、更为重要的过程，同时也忽略了教育的社会结构特点和教育的社会功能。① 为了揭示教育的社会结构特征，必须抛弃思辨性，要像实证主义社会学一样进行实际的调查研究，用科学的方法探讨教育与社会的关系，特别是教育具有什么样的社会功能，以及社会结构特征对于教育的影响和制约。研究的目的是要建立一种新型的兼具实证性与科学性的教育理论，因此，他们被看作实证教育学派。

第二条途径把学校看作一种社会制度，肯定教育的社会功能，用社会学的理论和方法阐释教育现象。早期的社会学先驱，如孔德、斯宾塞、沃德等人，均很重视教育的社会功能。社会学创始人孔德旨在创建一种自然主义的社会科学，用研究自然界的科学方法来研究人类社会。他的学说的两大支柱是社会动力学和社会静力学，即对于社会进步和社会秩序、社会变化和社会稳定的探讨。孔德本人对社会进步问题较为关心，曾提出社会进化的三阶段法则②。这一学说对之后社会学的发展产生了重大影响。由于教育与社会秩序、社会进步关系密切，所以早期的社会学家都没有忽略教育的社会功能。孔德研究社会的目的在于，实证地和科学地解释社会。他认为社会是集体性质的有机体，只有集体的所有成员同时得到发展，社会才可能得到发展。从这一观点出发，孔德提出教育体系是联系和组成社会的功能机构，教育的任务乃是协调社会，学校的普及乃是稳定社会的基础。

根据孔德对教育与社会关系的解释，社会学家沃德在 1883 年的《动态社会学》一书中，列出专章探讨教育与社会进步的关系。其中，"社会导进"的命题就是主张用有目的的社会行动来改革社会，强调教育具有导进功能，认为教育是改革社会、推动社会进步的重要因素。沃德在系统论述教育与社会的关系时，正式提出了"教育社会学"这一概念。但是，沃德并没有将教育社会学从一般社会学中分离出来，作为一个特殊的领域进行研究，他无意建立作为一门专门学科的教

---

① 参见〔日〕友田泰正：《教育社会学》，宋明顺译，第 3 页。

② 孔德认为："我们的每一个主要观念，我们的每一种知识，都相继经过三个不同的理论状态：神学的或虚构的；形而上学的或抽象的；科学的或实证的。" Auguste Comte, *The Positive Philosophy of Auguste Comte*, Volume 1, George Bell & Sons, 1896, pp. 1-2.

育社会学,人们因此并不认同沃德是教育社会学学科的重要创始人。

　　在教育社会学发展史上,人们一般公认法国社会学家涂尔干是教育社会学的重要创始人,因为他对教育做了长期的专门研究,形成了比较系统的教育社会学思想和方法。而且,他首次将教育社会学置于"教育科学"的名义下,明确了教育社会学的学科性质和研究内容。他将"教育"界定为"是年长的几代人对社会生活方面尚未成熟的几代人所施加的影响。其目的在于,使儿童的身体、智力和道德状况都得到某些激励与发展,以适应整个社会在总体上对儿童的要求,并适应儿童将来所处的特定环境的要求"。由此而推出:"教育在于使年轻一代系统地社会化。"①涂尔干从社会变迁与教育制度互动的角度,纵向分析了法国教育思想史,列举了大量的事实和数据来说明学校具有培养青少年公民道德和维持社会稳定的功能。涂尔干在《教育与社会》《道德教育》等著作中提出了系统、完整的教育社会学理论学说,特别是他的功能主义思想,对后来的教育社会学作为"教育科学"的研究与发展产生了巨大的影响。所以人们普遍认为,在教育社会学还没有制度化之前,涂尔干是教育社会学学科的真正创始人。

　　美国社会学家默顿(Robert K. Merton)指出,一门新兴学科要在学术领域赢得独立地位,方法倘若不是强调其在学术领域的独特性格,便是强调此学问的实际效用。从 19 世纪末至 20 世纪初,教育社会学一产生便出现了分野。欧洲的教育社会学者侧重教育与社会进步关系的研究,并强调教育社会学的社会学性格;而美国的教育社会学者则偏重社会秩序和解决社会问题的研究,他们更看重教育社会学的实际效用②。

　　由于美国教育学家对教育社会学的应用价值感兴趣,以及教育社会学理论与方法在教育领域的研究价值和实用性,已经有一定知识基础和研究方法的教育社会学便率先在美国大学中建立并发展起来。

---

　　①　〔法〕埃米尔·涂尔干:《教育及其性质与作用》,张人杰译,载张人杰主编:《国外教育社会学基本文选》,华东师范大学出版社 1989 年版,第 9 页。

　　②　由多元种族构成的美国社会,常面临犯罪、离婚、失业、贫困、越轨、卖淫等诸多社会问题;美国的学问也受到当时实用主义哲学的影响,注重实践性和有效性。其发展教育社会学并非纯粹出自学术动机,而是由于它反映了社会的需求才被从欧洲引进和建立起来。许多学者认为,通过"美国化"的手段,诸如教给新移民英语和美国文化等,可以解决诸多社会问题。教育具有整合作用,因而教育受到了高度重视。他们想通过教育达到对美国多元文化的整合和建立稳定的社会秩序的目的。

二、教育社会学学科制度化及其发展阶段

一门学科独立或制度化的标志是，在大学设立专门的讲座，有专业化的学会组织，有公开出版的专业性书报期刊等。就此而言，最早实现教育社会学制度化的是美国。美国与欧洲的情形不同，教育社会学在当时并未被纳入社会学研究领域，而成为教育研究的一部分。经过教育学家杜威的倡导，此一学科的课程在美国大学中普遍开设①。

教育社会学在美国"制度化"的过程可分为三个阶段。第一个阶段是 20 世纪头十几年。这一时期，大学的教师开始接触社会学，教育社会学的主要工作是将社会学的有关知识加以整理并传授给教师。由于教师接受了社会学的训练，开始形成对教育理论与实际问题的研究倾向，规范的研究风格，以及提供知识、规范实际政策和行动的目的。鉴于这一时期教育社会学的主要工作和特征，可以将其看作"为准备做教师者的社会学"（sociology for teachers）。这一时期与教育社会学制度化有关的重要事项，应该是 1910 年苏扎洛在哥伦比亚大学开设教育社会学讲座，以及 1916 年斯内登（D. Snedden）在该校设立了教育社会学系。

第二个阶段是 20 世纪 20 年代。这一时期的教育社会学通常被称为"规范的教育社会学"，也可称之为"为教育的社会学"（sociology for education）。第一次世界大战以后，欧美国家出现了儿童中心主义及进步主义的"新教育运动"。为了批判当时以心理测验为中心的"测验运动"，向新教育运动提供科学上的支援，这一阶段的教育社会学研究人员试图以实证方法和社会学视野，研究教育所要传递的文化，以及儿童所要适应的社会的实际情况，并在此基础上探讨教育的

---

① 英国当代教育社会学家班克斯（Olive Banks）对教育社会学课程的开设情况做了总结和分析：从 1910 年至 1926 年，美国开设教育社会学的大学从 40 所增加到 196 所；从 1916 年到 1936 年，出版了 25 种教育社会学的教科书。不过，到了 20 世纪 40 年代，开设这门科目的大学锐减，科目声望也有所降低。原因正如布里姆（Orville Brim）及科温（Ronald G. Corwin）的分析结论：由于教育学家与主要社会学研究领域的隔离，教育社会学均在教育学院开设，任教者很少具有社会学背景，他们仅对教育社会学的应用领域感兴趣。其时，选读者大多是师范生，也就加速了此一科目的下滑趋势。当时的教育学者对教育社会学的研究侧重问题的争议，讲求对于从业教师的实用性，研究技术手段很差。如果要使教育社会学声望上升，并获得很好的发展，非得由从事社会学研究者执教和研究不可，并任用能够应用社会学方法讨论学校及青年问题的教授。见〔英〕班克斯：《教育社会学》，林清江译，台湾复文图书出版社 1984 年版，第 1—2 页。

目标及内容。但是,这一时期的教育社会学研究表现出了明显的教育学性格,使得其影响与人们对此学科的热情有所减弱(具体原因下文有分析)。这一时期的代表性人物主要有斯内登、彼得斯(C. C. Peters)、史密斯(P. M. Smith)和查特斯(W. W. Charters)等人。他们主要做了三件事:一是在 1923 年成立了“美国教育社会学会”;二是在 1927 年该学会创办了机关刊物《教育社会学学报》;三是设立了教育社会学课程的大学及出版的教科书增多。① 这种“为教育的社会学”主张通过对社会成员的身体、职业、文化活动的客观调查和分析,决定教育的目的和形式;这些活动所需要的知识、兴趣、行为和能力应该组成课程的内容。

第三个阶段是 1930 年到 1945 年。鉴于这一时期的研究特点,可以称之为“关注教育问题的社会学”(sociology of educational problem)。这一时期的教育社会学虽然还没有产生较有体系的理论,但已渐渐向社会学靠拢,开始关心社会学研究中演绎出的教育问题和对问题的诊断,注重参考社会学应用研究的成果和实际调查的材料。在青少年“越轨”或教育与地区社会的关系等个别教育问题上有过不少卓越的研究。这一时期的教育运动有社区学校运动(community school movcment),布朗(F. J. Brown)、库克(L. A. Cook)等人秉持教育社会学的立场支持并参与了这项运动。②

教育社会学在美国制度化以后,经历了三个不同的发展阶段,于 20 世纪 20 年代至 30 年代确立了其存在的地位。但为什么会出现学科地位下降的现象呢?为什么人们称这一时期的教育社会学为“似是而非的教育社会学”? 有学者对前一个问题做了分析并认为,教育社会学作为一门学科,其两个内在特性在很大程度上限制了学问本身的发展和地位的提高。第一个特性是,当时的教育社会学家坚持这样一种观点,即对于任何教育现象都可以从社会学的角度取得更深的理解;第二个特性是,坚持实用主义的立场,倾向于利用教育社会学这门学问迅速有效地解决教育实践中出现的各种实际问题。这两个特性导致教育社会学

---

① 1923 年 2 月,史密斯被推选为美国教育社会学会第一任会长。美国教育社会学会的成立意味着教育社会学的发展进入了一个新的阶段。到了 1927 年,由纽约大学教育社会学教授佩恩(E. G. Payne)担任责任编辑的《教育社会学学报》应运而生。虽然美国教育社会学会在 1931 年宣告解散,但佩恩的学报却持续发刊至 1962 年的 12 月。在 1927 年到 1962 年的 35 年中,共刊出 36 期,代表了这一时期教育社会学制度化的发展水平及在学术内容方面的观点与成就。

② 参见〔日〕友田泰正:《教育社会学》,宋明顺译,第 7—9 页。

下降为辅助的和补充性的应用学科，这样其本身就不可能发展成一门具有严密的逻辑和独自的研究对象的真正的科学学科，也就是说，教育社会学不可能因其作为一门应用科学而在教育学领域获得特殊的地位。

在美国，教育学家从事的教育社会学研究被称为一种"似是而非的教育社会学"。这是因为，教育社会学作为一门学科一出现，在很长时间里都是在教育领域开展研究的，研究人员大都是教育学背景，而少有社会学背景人士参与；它的性质是教育学的而不是社会学的；其价值判断是"教育应该如何存在"，而不是"教育是如何存在的"；与科学价值相比，这种教育社会学更重视实践价值。正因如此，后人认为这一时期的教育社会学应当命名为"教育的社会学"（educational sociology），它与以后的教育社会学没有必然的连续性。

现代西方学者对"教育的社会学"的成果评价是比较苛刻的。卡拉贝尔和哈尔西在他们编著的《教育中的权力与意识形态》一书的序言中就辛辣地指出，虽然在20世纪初教育社会学就从涂尔干、马克思和韦伯那里接受了丰富的遗产——许多研究主题和启迪，但是一直到20世纪50年代，在教育社会学研究领域几乎没有出现过令人刮目相看的成就。有的学者甚至认为，到了20世纪40年代后期，这种"教育的社会学"几乎是处于一种"临终"的状态，没有生气，徘徊在"死亡线"上。他们指出，最好的例证便是1949年美国社会学会撤销了教育社会学分会，认为其已没有存在下去的必要。①

三、"新兴"教育社会学的确立与多元化取向

"教育的社会学"（educational sociology）在战后被一种更具社会学性质的"教育社会学"（sociology of education）所取代，为了与传统的教育社会学相区别，这种教育社会学也被称为新兴的教育社会学。② 其特点和性质是客观的、实证的、无价值判断的，属于社会学的分支学科。赞同这一观点的教育社会学者越来

---

① 钟启泉等主编：《教育科学新进展》，陕西人民教育出版社1993年版，第93—94页。

② 战后教育社会学最大的特征乃是从应用科学蜕变为纯粹科学，不再做出"价值判断"，不再将其使命局限于对事实的客观分析。虽然涂尔干曾以"教育科学"为名将此种见解公式化，但布鲁克弗（W. B. Brookover）不用传统的"教育的社会学"（educational sociology），而另创"教育社会学"（sociology of education），以强调教育社会学应当是社会学的下位学科这一观点。比布鲁克弗更鲜明地提出教育社会学应该是社会学的一个独立分支的主张的，是在哈佛大学讲授社会学的格罗斯（N. Gross）。

越多,逐渐占据了主流地位。虽然仍有一些教育学者继续传统的教育社会学研究,不赞成只重社会学理论而不解决实际问题的学术倾向,但从整体上看,这些人为数极少。这一时期,教育社会学逐渐被视为社会学(而非教育学)的一个特殊领域。活跃并具有创造性的教育社会学者开始将自己视为社会学者,许多大学将这一学科课程的开设反归到社会学系。很多知名的社会学家参与了教育领域的研究,并对理论社会学有重要的贡献。特别是战后以美国著名社会学家帕森斯(T. Parsons)和默顿为代表的"结构功能主义"(structural-functionalism)理论,给予教育社会学理论与研究方法很大影响。

战后,由于教育的社会作用被人们广泛承认,欧美各国集中大量人力、财力和物力发展教育,进行人力资源开发,同时,教育也被看成对于促进经济发展和维持政治稳定而言不可缺少的手段。另外,战后各国社会形势比较混乱,青少年犯罪、大学入学竞争、大众宣传媒体的发展等问题引起社会的普遍关注。人们开始对教育社会学的研究寄予希望并提出了新的要求。社会学、社会心理学、文化人类学等学科的研究成果进入了教育社会学的知识体系,为教育社会学确立新的研究方向和范围创造了可能,因此,教育社会学在20世纪五六十年代出现了三种研究途径,即文化人类学的研究方法、社会心理学的研究方法、历史及体制的研究方法。

(1) 文化人类学的研究方法。这种方法是以美国芝加哥大学为中心发展起来的。从历史上看,帕克(R. E. Park)与伯吉斯(E. W. Burgess)两人在第二次世界大战前的芝加哥大学创立了生态学派传统,以各种社会问题都较为突出的芝加哥城为研究对象而发展出了社区研究的理论方法,结果产生了都市社会学、犯罪社会学、社会病理学等各种"亚领域"的研究。青年和教育问题也是他们研究的一个重要方面,许多学者采用人类学方法考察学校中不同阶层与不同文化群体的行为特征,为解决教育问题提供人类学的支持和证据,其代表人物为思拉舍(F. M. Thrasher)等人。其中,英国人类学者拉德克利夫-布朗(Alfred Radcliffe-Brown)应聘到芝加哥以后,对美国社会学的影响是非常大的,他为美国社会学的集大成者帕森斯的结构功能理论提供了人类学的功能思考。文化人类学与弗洛伊德的精神分析学一样,将文化与人格引入生态学领域,发展了与教育社会学有密切关系的各种理论,诸如,精神科学的哲学、文化教育学和现象学①等。

另外,不同社会阶层的育儿方式对人格形成的不同影响受到了学界的重视,教育社会学借助文化人类学的视野,开始研究社会阶层与教育的关系、教育机会均等与社会公正的关系、教育与社会流动、教育的权力结构与冲突、文化与人格等问题。华纳(L. Warner)便是这一时期的主要代表。他发展了参与评价法、社会特性指标等概念,用以客观地分析地区社会中的社会分层。华纳在其著名的有关"Yankee City"的共同研究中,培养了众多优秀的教育社会学者,如哈维格斯特(R. J. Havighurst)、加德纳(B. B. Gardner)等人。

(2)社会心理学的研究方法。这是战后教育社会学者对社会学的亚领域进行研究所采用的微观研究方法,从而形成了微观研究学派。这一学派一般被认为发展于美国的东部,特别是以哈佛大学为中心,其先驱性研究可以沃勒(W. Waller)的社会分析为代表。社会心理学家选择学校或班级等社会单位为研究对象,产出了一大批社会心理学的研究成果。这一时期的主要理论是:库利(C. H. Cooley)的初级群体(primary group)理论,米德(G. H. Mead)的符号互动(symbolic interaction)理论,勒特利斯贝格尔(F. J. Roethlisberger)及梅奥(Elton Mayo)的人际关系(human relations)理论,勒温(K. Levin)的团体动力学(group dynamics)理论,莫雷诺(L. J. Moreno)的社会测量学(sociometry),谢里夫(M. Sherif)、默顿、斯托弗(S. A. Stouffer)的参照团体(reference group)理论,贝尔斯(R. F. Bales)的互动关系分析,卡茨(E. Katz)、拉扎斯菲尔德(P. F. Lazarsfeld)的两级传播理论,霍曼斯(G. Homans)的小团体分析等。另外,社会学家帕森斯基于功能主义发展了研究社会制度的最微观的一般理论,重点探究社会的整合与共识,《作为一种社会系统的学校班级》《社会系统》等著作成为教育社会学结

---

① 胡塞尔(E. Husserl)开创了被称为"现象学"的理论传统。现象学在德国的知识史上源远流长,但胡塞尔赋予了它全新的形式。在胡塞尔看来,现象学就是指现实世界是由感知构成的。他提出,知识不是直接源于对世界的感受经验,而是源于意识中积极的建设性能力。因此,胡塞尔的现象学被认为是"先验的"。舒茨(A. Schutz)将胡塞尔的现象学由"先验的"转为"世俗的",他把先验的意识活动置于特定的文化秩序背景,试图说明两者是怎样发挥根本性作用的。由于现象学建立在一种个人主义的基础上,无法真正解释社会现象的实质,舒茨的一个重要的学生加芬克尔(H. Garfinkel)尝试解决个人主义现象学所遇到的困境,在现象学中创立一个社会的、超个体的依据,从而使之摆脱偶然性和不确定性。他提出了"常人方法学"(ethnomethodology),致力于对日常生活中例行性的平凡活动进行直接的经验研究。后来,教育社会学家威利斯采用这一方法对学校中的不同文化群体进行了研究,成为教育社会学中的一个经典研究范例。

构功能主义微观研究的奠基之作。总的来看,这一学派运用实验、控制观察及统计问卷法等微观社会学的研究途径,考察人际关系的结构、角色体系、团体规范、学校文化、传播过程等问题。作为社会心理学研究途径代表的教育社会学者主要有美国的格罗斯、布鲁克弗,以及英国的奥塔韦(A. K. C. Ottaway)等人。

(3)历史及体制的研究方法。这种研究方法产生于欧洲,因为欧洲教育社会学者关注教育在整个社会中所起的作用,并用历史的材料分析教育的社会功能。这一学派的理论基础可以追溯到克里克和罗荷纳的"教育科学"。当然,影响最大的还是社会学家的研究。如法国社会学家涂尔干的研究,特别是他曾以《道德教育论》说明教育发挥社会统合功能的意义。他还通过具有古典意义的法国教育史研究,阐明了教育的思想及其内容受到更大的社会体制条件规定的事实。韦伯曾以科层制理论为基础,分析了在不同时代、不同社会中教育所具有的选拔功能和促进社会分化的功能。马克思关于社会如何变迁及社会各部分如何彼此关联的"历史唯物主义"分析法,对后来的教育社会学影响巨大。在今天的新涂尔干主义、新韦伯主义、新马克思主义的研究中,都可以发现与社会学先驱的思想的因袭关系。这一学派对教育与社会的宏观研究,逐渐扩大到社会的方方面面,形成了教育社会学与多学科交叉的趋势。1950年以后,这一学派的代表人物有英国的弗劳德(J. Flood)、哈尔西、班克斯,美国的科温、科尔曼(J. S. Coleman)等,其他国家如联邦德国、日本也有很多人从事这类研究。①

四、教育危机时代的教育社会学

20世纪60年代是西方教育发展史上的一个非常时期,被称为"教育的危机时代"。教育危机出现的直接原因是教育激增(educational explosion)现象和世界范围的学生抗议运动。② 作为危机本质的教育与社会发展之间的不平衡表现在许多方面:陈旧的课程内容与知识增长及学生现实需要之间的不平衡;教育与社会发展需要之间的不适应;教育与就业之间日益严重的不协调和社会各阶层

---

① 参见〔日〕友田泰正:《教育社会学》,宋明顺译,第9—15页。

② 教育危机从20世纪50年代开始出现,随后愈演愈烈,直至1968年5月爆发。当时法国巴黎大学的学生为抗议大学只求数量上的发展,而不对巴黎大学长期沿袭下来的陈旧、保守、不适应时代发展需要的种种陋习进行改革的做法,举行了大规模的示威活动。巴黎大学的学生对传统教育制度的抗议,不仅得到本国学生和工人的支持,而且波及欧洲其他国家,以及美国、日本。这场震惊世界的学潮后来被称作"五月风暴"。详见陆有铨:《躁动的百年——20世纪的教育历程》,山东教育出版社1997年版,第470页。

之间显著的就业不平等；教育费用的增加与各国将资金用于教育的能力和愿望之间的差距；等等。从教育社会学的观点来看，教育危机出现的社会原因是，在以往社会变化缓慢的时期，教育的任务往往是培养适合某种职业需要的具有特定能力和技能的人，而在目前社会—经济、科学技术发生迅猛变革的时代，教育仍然一成不变，没有反映社会的需要，引导人适应这种变化，乃至促进这种变化。如果说这种教育模式在过去尚能发挥一定作用的话，那么，到了社会飞速发展的今天，这种关于教育功能的观点显然与社会的发展不相符。[①]

教育的危机引起了许多教育社会学研究者的关注，也给传统的教育社会学研究领域提供了新的研究对象。大多数教育社会学者都对教育危机现象和危机出现的社会原因做了研究，并用大量的实证数据和经验事实予以说明。他们的研究结果受到了政府的关注和认可，政府为他们提供了大量的研究经费，让他们进入政府有关机构任职，参与评价和制定教育政策和规划，以恢复教育秩序及效率。

在教育危机时期，教育社会学者的研究卓著，他们的研究和报告具有很大的影响力。如，英国有关于后中学时期教育的《科劳塞报告》（1959），有关入学考试制度的《贝罗报告》（1960），有关初等教育的《伯劳顿报告》（1967），有关中等教育的《纽森报告》（1963），有关大学课程及教学法的《黑尔报告》（1964），有关高等教育的《罗宾斯报告》（1963）等。在美国有关于综合高中教育的《科南特报告》（1959—1963），有关教育机会均等的《科尔曼报告》（1966）等。在德国和日本等国家，都有一些教育社会学者发表的关于教育政策与学校教育改革的研究报告。这些研究多数利用全国性的统计资料进行现状分析和未来预测，具有明显的社会学性格。由于计算机技术及统计技术的进步，大规模的研究成为可能，这也极大地促进了教育社会学的发展。日本学者新堀通也整理了到 20 世纪 60 年代为止的教育社会学发展动向，可归纳为以下五个方面：

（1）趋向政策科学。这一时期，越来越多的教育社会学者进入政府机构，如德国的达伦多夫（Ralf Dahrendorf）等人参与政府的教育规划、全国性的人力计划及与教育最适配的投资计划的研究，制定科学发展政策和教育改革方针，进行国际合作与拟定发展规划。

---

① 参见陆有铨：《躁动的百年——20 世纪的教育历程》，第 470—472 页。

（2）跨学科趋势。随着社会经济发展,社会其他系统与教育之间的关系更为密切,越来越多的经济学家、政治学家对教育表现出极大的兴趣。然而,在20世纪50年代,仅仅是社会心理学家和文化人类学家与教育社会学家合作,到了60年代,教育社会学从经济学、政治学等学科中吸收了相关理论和研究方法,形成了教育政治学领域①,对学生的政治角色和大学的结构进行分析和研究。

（3）比较研究。教育的国际交流趋势为自身的发展和教育社会学的研究提供了新的契机和课题,因此,教育社会学开始侧重国际比较方面的研究。由于联合国教科文组织及经济合作与发展组织（OECD）对教育研究的支持与帮助,比较教育学与教育社会学的合作研究趋势日益加强。

（4）研究领域扩大化。多学科研究与比较方法的介入极大地丰富了教育社会学的内容,拓展了其研究的视野。诸如,对教育与社会阶级之间的关系进行调查研究,借助角色—地位理论和统计分析技术对学校进行社会心理学分析,以及教育机会均等研究、对塑造精英的高等教育的作用的考察、对制度化的学校进行教育社会学分析。同时,教育社会学把研究的领域扩大到初等教育、中等教育和传统的高等教育与职业教育领域。作为教育社会学分支学科的教育经济学已经建立并得到了快速发展,在这种形势下,更多的学者和研究人员开始关注教育社会学的微观研究与宏观研究。

（5）世界范围的传播。最早在美国制度化的教育社会学形成了学科中心,开始向其他国家逐步扩散。由于各国的社会经济、教育制度不同,教育社会学在其他国家的发展进程与方式是不一样的。欧洲的教育社会学同样受到了美国教育社会学主流理论的影响,但是到了20世纪60年代,面临与传统分裂的局面,特别是在英国形成了与美国教育社会学不同的研究范式。他们以一个理论群的形式出现,在20世纪70年代将教育社会学的理论研究推向了一个新的历史阶段。②

综上所述,可以看到,20世纪60年代教育社会学的发展是非常突出的,其在组织体制方面的进展也同样令人瞩目。1960年,美国社会学会又决定重新设置教育社会学分会,这意味着教育社会学不仅在学术内容方面,而且在组织体制

①　有关教育政治学的说明和内容,可以参看班克斯的《教育社会学》。

②　Michiya Shimbori,"Educational Sociology or Sociology of Education?," *International Review of Education*, Vol. 18, No. 1, 1972.

方面也开始重建。同样意味深长的是，1963 年美国社会学会从教育学家手中接过了主编《教育社会学学报》（*The Journal of Educational Sociology：A Magazine of Theory and Practice*）的工作，并把它改名为《教育社会学》（*Sociology of Education*）。这一时期，参与教育社会学研究的社会学家增多，研究领域也更为广泛，研究者对教育制度与社会其他制度的关系做了进一步研究。如，安德森（C. A. Anderson）、鲍曼（M. J. Bowman）的《教育与经济发展》一书，专门探讨经济制度与教育制度的关系；哈尔西、弗劳德和安德森合编了《教育、经济与社会》一书，成为教育社会学的重要读本；科尔曼主编的《教育与政治发展》一书，专门探讨教育与政治发展的关系。①

根据美国社会学会 1972—1973 年出版的《社会学大学研究生院指南》一书中的资料，可以知道教育社会学在各大学的课程开设情况。在拥有社会学研究生院的 159 所大学中，以教育社会学为研究和教学重点的有 30 所，有能力为研究生开设教育社会学这门课程的达 80 所。这就是说，有一半以上的大学具有讲授教育社会学的师资力量。虽然从事教育社会学教学的人员素质还不算高，但是考虑到一些著名大学，如哈佛大学、耶鲁大学、普林斯顿大学、斯坦福大学、芝加哥大学、威斯康星大学、华盛顿大学和约翰斯·霍普金斯大学等，都把研究和教育的重点放在教育社会学上，这一事实足以说明教育社会学在组织体制方面的成熟度。②

20 世纪 60 年代前期，活跃在教育社会学领域的大都是一些持结构功能主义立场的学者，他们的思想来源于涂尔干有关社会秩序的构想和帕森斯的结构功能理论。这一时期的功能主义学说把教育与经济、社会流动及社会秩序联系起来，同时通过角色理论把功能主义的分析方式运用于考察学校的组织结构及师生互动，使教育社会学的理论与现实教育和社会问题更为紧密地联系起来。功能主义者相信教育具有促进社会进步、带来社会平等的功能。但是到了 60 年代后期，西方许多国家发生了剧烈的社会动荡，潜藏的社会问题相继爆发。由于结构功能主义理论未能有效地说明并解决出现的社会问题，自身也存在缺陷，同

---

① 参见鲁洁主编：《教育社会学》，人民教育出版社 1990 年版，第 16 页。

② 参见钟启泉等主编：《教育科学新进展》，第 98—100 页。

时受到了"冲突学派"①与微观理论群的批判,教育社会学的理论由此开始出现分化。在当时的学派论争中,英国的"新"教育社会学异军突起,一度引领了教育社会学研究领域的新潮流。

五、社会学微观革命与新教育社会学的崛起

20 世纪 70 年代,社会学界出现了一股"微观革命之风",形成了"激进的社会学派"②。他们认为,功能主义一方面以社会的整合性本质为前提,另一方面又忽略了社会变迁的事实,而现代社会的特征却在于冲突与变动,因此功能主义理论无法正确地分析现代社会。功能主义主张价值中立的客观性,在意识形态对立状态下想站在中立的位置,正因如此,它对现存体制的维持发挥了一定的作用。还有,宏观取向经常把人类看成社会化的产物,人的创造性似乎被忽略了,即人的自由不存在。接着的批评是,说到人类生活的丰富性与复杂性,这些宏观取向几乎没有告诉我们任何事情:它们未能抓住学校生活的实际问题,且没有帮助我们了解教师与学生在时间的"滴答滴答"声中做了些什么。它们充其量不过是给我们一个用来分析教育的概括性架构,但是就日常教室里的遭遇和所发生的事情而言,那是一个几乎没有用的架构。③

批判社会学认为,依靠功能主义无法正确理解教育的本质,教育并不能促进社会的变革或革新。事实上,在 20 世纪 60 年代的教育危机中,以功能主义为主的教育社会学理论的作用是十分有限的,因此,人们对功能主义的乐观主义及保守的意识形态日益持怀疑的或批判的态度,"新"教育社会学的理论于 20 世纪 70 年代开始影响整个教育社会学的研究与应用领域。

1971 年,英国著名社会学家和教育理论家迈克尔·扬(M. Young)出版了一部重要著作——《知识与控制:教育社会学的新方向》。书中宣称,教育社会学

---

① 冲突学派产生于 20 世纪 60 年代末期,它的出现动摇了结构功能主义的垄断地位,揭开了欧美教育社会学史上的学派论争的序幕。这一学派的共同理论特征是,以社会冲突为基本线索来考察教育现象,其主要代表人物有美国的柯林斯(R. Collins)、鲍尔斯(S. Bowles)与金蒂斯(H. Gintis)等。

② 激进社会学也叫作"新社会学",它由于反对主流的传统社会学而被称作"批判的"。不论在理论层次还是在方法论方面,其均要求对社会学的社会功能及社会学家的社会角色从根本上加以检讨及反省。这一派尤唯法兰克福学派马首是瞻。

③ 见〔英〕布列克里局、杭特:《教育社会学理论》,李锦旭编译,第 299 页。

必须从以帕森斯为代表的功能主义式的实证主义及客观主义中自我解放出来。其主要论点是:过去的教育社会学盲目地承认教师、教育行政官吏、教育学者所界定的诸观念,而新教育社会学则需要研究合理性及科学的教条性质。新教育社会学须探求知识的社会性组织问题,也就是说,须追究为何某些知识或标准成为支配教育的主流知识、其形成过程又是如何等问题。因此,新教育社会学把以下三个分支领域作为自己的主要研究课题和对象。

(1)教育课程,尤其是新教育知识的选择决定和分配过程。

(2)教师的教学方法和评价标准。

(3)班级里的教师与学生之间、学生与学生之间的交互作用。

通过对这三个方面的研究,新教育社会学试图从学校内部来解释教育与社会不平等之关系这个问题。[①]

侧重微观教育问题的研究促进了另一种新研究范式的出现,它们尤以符号互动论(symbolic of interactionism)、现象学社会学(sociology of phenomenology)及常人方法学(ethnomethodology)为代表。新范式企图将"新"教育社会学的理论与方法应用到教育领域。

符号互动论最早是受到了德国社会学家齐美尔(Georg Simmel)的影响。齐美尔主张,社会学应该致力于研究互动的形式,可以把它们定义为不断重复的普遍行为模式,各种内容正是经由它们才得以表达。社会心理学家乔治·赫伯特·米德对齐美尔理论的解释形成了一个理论传统的核心基础,这个理论传统就是后来所称的符号互动论。符号互动论认为,社会是由代表心理过程的姿态和语言(符号)的交换构成的。教育社会学家引入了符号互动论,对学校课堂和日常生活进行观察和思考。

现象学这一研究途径的起源除韦伯外,还包括胡塞尔的"先验的"现象学[②]

---

① 钟启泉等主编:《教育科学新进展》,第 121 页。

② 胡塞尔的现象学是一门"先验的科学",它研究的是意识为使一切显得真实所需要遵循的原则。胡塞尔认为,现实世界实际上是由各种微小事件组成的一条毫无联系的事件流。现象学分析就是要说明意识是怎样通过"潜在的活动",把客观现象转变成大不相同的某种东西,变成一种先验的、客观的、可信的和综合的事物形象。为了揭示这种意识活动的规则,胡塞尔努力去发现"一种唯意识所独有的组合方式"。见〔美〕杰弗里·亚历山大:《社会学二十讲:二战以来的理论发展》,贾春增等译,华夏出版社 2000 年版,第 182 页。

和舒茨的"世俗的"现象学①,最后形成了知识社会学的一个流派。现象学社会学把日常现实的社会构成作为分析的对象,认为不应当只是研究理念性的知识,而是应当更多地研究与日常现实有关的知识。这一派主张探讨:知识本质的多样性——在日常生活中什么被看成不言自明的知识;人们将日常现实作为既成事实来承认和接受时,使用的带有普遍性的方法形式。这种从知识社会学的视野出发,重视语言及课程的社会学研究,尤以伯恩斯坦与凯迪(N. Keddie)的研究最为典型。

常人方法学又叫本土方法论,这一取向在本质上脱胎于舒茨的现象学。舒茨相信"反思性注视"在为行动提供意义方面发挥了至关重要的作用,而常人方法学则把它提升为社会学研究的中心。加芬克尔(Harold Garfinkel)是这一传统的奠基人,他致力于对日常生活中例行性的平凡活动进行直接的经验研究。他认为,这些活动的核心特征是它们的"反身性"(reflexive)特质。他的意思是说,人们组织自己的社会安排并付诸行动的方式,与他们为那些安排提供说法的步骤是一致的。所谓给出一种说法,就是要对行为进行反思,努力使其成为对自身和他人来说都是可理解的,或者说是有意义的。常人方法学家主张,人类是在一种持续的基础上这样做的,并且在其中不断地通过实践创造和重塑这个社会世界。在这一过程中,人类被认为本质上能够胜任并熟练地就日常社会经验的场景给出说法。常人方法学寻求运用这种"资格能力"(competence),将有关社会如何运作的理所当然的理解暴露出来,他们认为其他社会学家没有解释这个问题。② 这一方法在教育社会学中尤以威利斯对学校的民俗学/民族志研究为代表,如《学做工》。

新教育社会学的研究尽管开辟了许多微观研究领域,但是并未忽略传统教育社会学的研究领域,如社会阶层、教育机会、文化剥夺等,不过其分析的角度和运用的方法截然不同。新教育社会学强调主观的解释或意识形态等内在要素,持一种带有哲学及批判色彩的悲观论调,因而其主张如果没有彻底的社会变革,

---

① 阿尔弗雷德·舒茨对胡塞尔的理论进行了研究和修正,他指出,"我们日常经验世界,从一开始就是一个存在于主观之中的文化世界"。舒茨发展了他称之为世俗的而不是先验的现象学。他把先验的意识活动置于特定的文化秩序背景下,试图说明两者怎样发挥根本性的作用。见〔美〕杰弗里·亚历山大:《社会学二十讲:二战以来的理论发展》,贾春增等译,第186页。

② 〔澳〕马尔科姆·沃特斯:《现代社会学理论》,杨善华等译,第41页。

任何教育革新都不可能成功。

当然，新教育社会学在美国也有许多学者予以呼应，如鲍尔斯和金蒂斯、格罗斯，而德国和其他国家亦有新教育社会学的代表人物。可见，作为批判的新教育社会学在20世纪70年代引领了教育社会学研究的发展趋势。但是，与此同时，美国教育社会学的主流仍在发展，其理论日益精致化、精密化、数量化、实证化，其研究领域也更趋分化。传统上的重要主题，如社会分层与社会流动，教育机会与社会分层，家庭背景与学生学业成就，受教育意愿与教育期望，少数族群与多元文化教育，学校组织、班级、教师和学生，青少年文化与青少年越轨，种族歧视与文化冲突等，也成为教育社会学偏好的研究领域。除此之外，高等教育、教育科层制、教育经济学、比较教育等方面也吸引了越来越多的研究者。

从这一时期的研究情况看，美国的教育社会学与英国的新教育社会学在研究对象上相差不大，但是研究观点与基本方法论相差甚大。一般而论，新教育社会学希望通过社会学研究以促成根本的改革，而美国实证主义及分化的教育社会学研究的目的在于发展作为精密科学的教育社会学。① 美国的教育社会学开始由重实用转向重理论的建构，强调理论与实践的结合，从而也出现了众多的理论分支。

1977年，卡拉贝尔和哈尔西把20世纪70年代以后出现的研究流派，就其主要理论和研究课题分为五类，分别是教育的职能主义理论、人力资本理论、实证主义（主要是在教育不平等方面的实证研究）、教育冲突理论、教育研究的相互作用和"新"教育社会学的挑战。

1985年，全10卷的《国际教育百科词典》出版，其中承担项目的梅杰里班克斯（K. Marjoribanks）提出了与上述学者不同的分类，同样是五个流派：职能主义、政治—社会算术、解释社会学、再生产理论、教育批判论。

由此可见，教育社会学在20世纪80年代呈现出学派林立的状态。1980年以后的学派之争，集中反映在：美国的功能主义者与马克思主义者之间；美国的"传统"教育社会学与"新"教育社会学之间；教育社会学的宏观研究取向与微观研究取向之间；微观研究取向的心理学主义与社会学主义之间；教育社会学方法论上的价值判断与事实判断之间、定量分析与定性分析之间。80年代后期，

---

① 参见〔日〕友田泰正：《教育社会学》，宋明顺译，第28页。

"新"教育社会学的影响开始衰落,在论争中分化,进入了反思时期,一种"教育的社会分析"学派取代了"新"教育社会学的地位。随着后现代思潮发起挑战,教育社会学的传统理论和当代理论开始被"消解"、质疑,教育社会学的所有理论都被纳入"现代性、后现代性和全球性"的工程中进行重构。

六、当代社会学趋势与教育社会学的综合

当代社会学理论并不是反功能主义的,而是可以看成后功能主义的,功能主义已经被超越和取代了,至少在历史范畴上是如此。一个新的社会学理论发展阶段似乎开始了,各流派之间的论争渐渐少了,人们仿佛已经将派别认同于"perspectives"而非"schools"。社会学家中出现了一种默契,即社会现象(包括教育现象)如同其他现象一样,都需要从不同的角度去观察,每一个角度都只能看到事物的一部分,并不存在一种可以看到事物的所有方面的角度。这些不同的理论流派就是从不同的角度进行观察的结果。换句话说,每一种理论的形成过程就是:特定的人,在特定的情境与时空条件下,从特定的角度对某一事物进行观察、分析,并在此基础上予以抽象和归纳,从而提出特定的理论。每一种理论都有其合理性和特定情境性。当时空条件、观察的角度改变后,就无法找到这种理论的合理性。所以也不能盲目地用一种理论的合理性去否定另一理论的合理性,而应当本着这样的态度,即一种理论是否能合理地解释事物,要看这个理论话语是否与这个事物所处的情境匹配。例如,教育社会学中的再生产理论在资本主义制度下能够很好地对教育现象做出合理的阐释,而在社会主义制度下这种理论就有很大的局限性或不适应性。

当代社会学理论家已经清楚地看到,过去的理论常常是在对功能主义的批判中走向另一个极端。新一代的理论家有条件对先前互相争辩的理论进行思考,汲取各种理论的精华,发展出一个包容当今各学派理论的综合理论来结束这场"学派之争"。这种综合理论的努力表现为两种形式:对古典作家理论的体系化和重新解释。新的理论的取向往往是建立或恢复"微观"与"宏观"之间的联系。交换理论、互动理论和本土方法论具有"微观"理论传统的特点,因为这些理论关注的总是细小的个体单元;冲突理论、马克思主义理论和功能主义理论,相对而言是"宏观"理论,因为这些理论关注的是规模较大的单元,如制度或整

体社会。①

在社会学理论领域中，最早进行宏观与微观理论整合的理论家是罗伯特·默顿，他提出了一种"中层理论"（theories of middle range），宣称能够包罗社会的所有事件，在宏观与微观两种研究立场中取得中和。默顿对其理论主张做了如下的概括：

（1）中层理论主要关注能够从中推出具体假设的有限领域。

（2）中层理论原则上可以在日后实现合并，整合到更广泛的理论框架中去。

（3）中层理论的抽象程度足以超越具体事件和构造。

（4）中层理论跨越了微观—宏观之区分。

（5）中层理论可以提供所谓一般性理论或宏大理论所未能提供的说明，因为后两者与其说是说明，实际上不如说是一些概念图式。

（6）中层理论与这些宏大概念图式有所契合，因此可以将它们贯穿在一起。

（7）许多中层理论是经典传统的遗产。

（8）中层理论最重要的作用体现在阐明为社会学所忽视的一些领域上。②

默顿认为，社会学建立宏大理论体系所必需的理论和经验基础尚不具备，因此理论家应当关注经验研究，"将具体的理论同更为一般的概念和命题融合起来"，从具体理论对一般理论的贡献出发，来阐述社会学的具体理论。尽管默顿的中层理论并没有取代帕森斯宏大的功能理论，但他对帕森斯功能理论的批评对于当代社会学家有不可低估的影响力。

如果说默顿对社会学的综合是在同一范式内进行的，那么，新社会学理论家则要跨越不同范式进行理论综合。如冲突理论最重要的倡导者柯林斯从 20 世纪 60 年代末期开始尖锐批判文化论、唯意志论和帕森斯的理论。而现在，这种斗争的锋芒几乎不见了。柯林斯正全力以赴地把结构理论与本土方法论、弗洛伊德和涂尔干的思想结合起来，甚至承认帕森斯在这方面做出了重要贡献。柯林斯在 1985 年出版的《社会学三大传统》一书中提出，应该重新综合冲突论、涂尔干思想和微观互动论传统，这样可以将更多合理性的解释结合起来，从而更具说服力和多维性。

安东尼·吉登斯曾站在反帕森斯的立场上来论述古典理论，但是经过对古

---

① 〔美〕杰弗里·亚历山大：《社会学二十讲：二战以来的理论发展》，贾春增等译，第 278—279 页。

② 〔澳〕马尔科姆·沃特斯：《现代社会学理论》，杨善华等译，第 372 页。

典理论的整理后,他开始从帕森斯与反帕森斯的争论中脱身。正如他所说,冲突与秩序之间的差别完全被误解了。他在 20 世纪 70 年代和 80 年代初出版的一系列著作中,坚持主张社会学应该转到将"行为"与"结构"联系起来这个任务上。为了完成这个任务,吉登斯像柯林斯一样逐渐吸收本土方法论和现象学理论,并试图将其与马克思主义对结构的关注联系起来,也尝试在它们与某些文化论著作之间建立关联。

　　哈贝马斯的新马克思主义理论也有类似的发展趋势。随着 20 世纪 70 年代社会的进步,哈贝马斯对主观能动性和行为动机的兴趣更浓和更清晰。最终,他走向完全否认把马克思主义与其他社会学理论割裂开来,并重新解释了古典理论和冲突理论,使两者更加接近。他吸收了韦伯的理性道德理论,从互动论、现象学及涂尔干那里汲取了有关直觉、激情和自然民主"生活世界"的理论。"沟通理性"(communicative rationality)是哈贝马斯学说的中心概念,从这一概念的提出和阐释可以看到哈贝马斯综合社会学理论的努力。从纵向的角度看,他跟随帕森斯早期的研究路向,试图基于西方社会理论的发展指出沟通理性或沟通行动论的可能性。其中,对他这方面的理论影响特别深的,首先是韦伯的西方理性化发展理论,其次是涂尔干、米德以及帕森斯和马克思有关个人行动和社会结构的分析。在横向层面上,哈贝马斯引用了"日常语言学派"(ordinary language approach)的分析,以建立他的"普遍语言学"(universal pragmatics)理论,同时跟随了皮亚杰(J. Piaget)和科尔伯格(L. Kohlberg)的结构发展心理学,以此来进一步说明西方理性化的过程。之后很长时间里,哈氏的理论引起了广泛的注意和讨论,其中最受争议的地方是他试图综合出一个具有普遍性的"规范基础"(normative foundation)来描述、分析和批判现代社会的结构。[①]

　　亚历山大在早期一系列研究中回顾了古典理论,并试图为发展新的、更加综合性的集体主义理论奠定基础。建立这种理论的目的在于,克服过去理论界对立造成的困难,从多维的视角出发建立微观理论与宏观理论的联系。如亚历山大认为,无论现象学还是互动论中的"个人主义传统",都包含了重要的集体主义意向,而且这些方面可以与集体主义传统的主观性方面加以整合。之后,亚历山大特别强调:"多维性是彻底、系统和有效解释人类社会和世界的唯一正确的

---

　　① 参见〔德〕哈贝马斯:《沟通行动论》(1981),载谢立中主编:《西方社会学名著提要》,江西人民出版社 1998 年版,第 548—576 页。

立场……这是唯一的做法，从这种观点出发，竞相争鸣的丰富多彩的社会学理论才能得到正确的理解，而不至于从外部扼杀各派的理论兴趣偏好。"①

上述社会学理论发展的趋势影响了所有社会学分支领域，教育社会学也不例外。在对传统的教育社会学理论的批判中形成了各学派，这些学派正在寻找一种综合的道路。这种综合的努力是困难的，但却充满了希望。综合的形式有两种。一种是对传统的教育社会学理论重新判读，在反思中找到与时代结合的新的生长点，如里科夫斯基（Glenn Rikowski）对新马克思主义教育社会学理论（鲍尔斯与金蒂斯的社会再生产理论、威利斯的反抗理论）进行了重要的分析，并指出，这些理论并没有过时，它有新的生长点，而且具有复兴的意义。② 同样，英国社会学家吉登斯在他的一部作品中，集中分析了新马克思主义教育社会学者的作品，如鲍尔斯与金蒂斯的再生产命题、伯恩斯坦的语言编码与学业成就的关联、伊利奇（I. Illich）的"潜在/隐性课程"蕴意。吉登斯对这些理论并不像以往一样提出批评，而是采取一种赞许的态度来说明他所关注的教育现象。③ 他的这种努力恰好与我们将在下面提到的另一种教育社会学家的工作相符合。

另外一种努力体现在，研究一种教育现象时，可能采取两种形式。一是探究某一教育现象时，寻找一种可以提供解释的理论，这种理论可以是跨范式的，也可以是跨学科的。如关于教育与经济关系的研究，有的学者从教育经济学的视角出发，探讨全球化背景下的教育与经济发展，新知识工作，教育、技术规格与经济发展，人力资本的新概念等。关于教育与政治、经济关系的研究，有的学者从政治学和经济学的角度切入，探讨政治、市场与学校组织结构的关系，教育、民主和经济，集权制与非集权制下的教育制度差异，教育与政府的角色等。还有学者从知识、课程和文化政治学的角度开展研究，他们的注意力集中在知识与课程的政治（权力）意义上，如多元文化与政治社会化（整合）的关系，文化资本和官方知识，教育与现代主义、后现代主义和女权主义等。

另外一种形式是，在教育社会学没有形成一个综合的理论架构之前，有学者就各种不同的研究加以选择后整理成册，使人们能够系统地读到不同理论家出

---

① 〔美〕杰弗里·亚历山大：《社会学二十讲：二战以来的理论发展》，贾春增等译，第 281—282 页。

② Glenn Rikowski, "Left Alone: End Time for Marxist Educational Theory?," *British Journal of Sociology of Education*, Vol. 17, No. 4, December 1996.

③ Anthony Giddens, "Education," *Sociology*, 4th ed., Polity Press in association with Blackwell, 2000.

版的著作。这种综合性的工作最早出现于 20 世纪 60 年代,《当代社会学》一书就对欧洲和美国的社会学做了评估;在 70 年代,充满挑战性的"新教育社会学流派"总结了一批不同理论家的研究,将教育社会学的目光引到了学校中的微观领域;90 年代末,哈尔西等人合编了一本《教育:文化、经济与社会》,收入了一些教育社会学著名研究者,如布迪厄、伯恩斯坦、科尔曼、库曼、吉诺斯等的最近研究成果,不但让我们看到了他们运用理论的不同视野,而且发现了他们不同的研究兴趣和领域——既有传统的研究领域,又有当代的研究趋势[①]。这些使我们看到,教育社会学的综合研究正被纳入现代性、后现代性和全球性的工程。

　　后来,又出版了一部大文集,名叫《教育社会学主题》。这部文集系统地收集了几乎所有教育社会学研究的经典之作和新近的研究动向,内容涉及教育社会学的理论和方法、教育中的不平等与压迫、教育制度与教育过程、教育与国家政治和政策。收入论文近 100 篇,可以看作当代教育社会学最具综合性的集大成之作。[②] 这些教育社会学理论家的贡献,成为教育社会学工作者进行全面系统的理论整理和综合的基础,而这些经典之作与研究的最近趋势正在进入大学的课堂,传统的教育社会学课程内容正在发生变化,传统的研究主题正在被赋予新的意义。教育社会学的研究队伍迅速扩大,研究主题也在延伸和扩展。教育社会学正在成为一门综合性的学科,在方法论上已经超出了教育学与社会学的范畴。其他学科领域的最新研究成果成为教育社会学方法论和学科知识体系的源泉,而教育社会学的研究也为人文社会科学提供了学科发展的基础和条件。当然,教育社会学学科的发展,还有待更多的专业人士与非专业人士的共同参与,从前景来看,这门学科是大有作为的,也是充满希望的。

【思考题】

　　1. 在教育社会学学科形成的初期,分别出现了哪两种路径?

　　2. 教育社会学在美国制度化的过程中,经历了哪三个阶段?

　　3. 20 世纪 60 年代,西方处于一个"教育危机时代",教育社会学是如何阐释和应对这一危机的?

---

① A. H. Halsey, Hugh Lauder, Phillip Brown, Amy Stuart Wells, *Education: Culture, Economy and Society*, Oxford University Press, 1997.

② Stephen J. Ball, ed., *The Sociology of Education: Major Themes*, Routledge, 2000.

4. 当代社会学的综合趋势对教育社会学有什么启示？

5. 案例分析:20 世纪 70 年代，英国学者威利斯开展了一项经典的民族志研究，写就了《学做工》一书。他分析了 12 名劳工阶级家庭的孩子，他们就读于伯明翰地区的一所学校。在学校中，孩子们反抗老师的权威，通过幽默、戏谑、挖苦质疑权威。这些孩子都是具有一定知识的行动者。在反抗老师的过程中，他们建立起了自己的玩笑文化。恰恰是孩子们对学校权威采取的反抗态度，导致了影响他们命运的意外后果。这些孩子最终延续了父辈的职业。（参见〔英〕吉登斯:《社会的构成:结构化理论大纲》，李康、李猛译，生活·读书·新知三联书店1998 年版，第 418—422 页。）

结合威利斯的研究案例，请你想一想:研究者针对这一特殊群体的研究有什么样的目的和价值？ 在我们的学校中，是否存在一个反主流的学生群体和一种反校园文化？

【推荐阅读书目】

〔美〕刘易斯·A. 科瑟:《社会学思想名家——历史背景和社会背景下的思想》，石人译，中国社会科学出版社 1990 年版。

该书介绍了孔德、马克思、涂尔干、齐美尔、韦伯、米德、默顿、帕森斯等早期社会学家的理论，将他们的思想与其社会历史背景结合起来，通俗易懂，引人入胜。

〔美〕莫琳·T. 哈里楠主编:《教育社会学手册》，傅松涛等译，华东师范大学出版社 2004 年版。

该书对学校的分析既有理论深度，经验上也很严格，探究了教育社会学的理论和方法论、教育发展与扩张、受教育机会、学校组织、教育产出等六个方面，有助于扩展我们的研究视野。

〔美〕珍妮·H. 巴兰坦:《教育社会学:一种系统分析方法》，朱志勇、范晓慧主译，江苏教育出版社 2005 年版。

该书以一种开放系统的理论视角审视教育现象和学校问题，有助于我们理解教育社会学的不同视野，是一本很好的入门读物。

第五章

教育社会学的理论取向

引　言

在社会学研究中,许多社会学家都对教育极为重视,特别是作为社会学奠基人之一的涂尔干,他专门强调社会学家的主要任务就是开展教育研究,因为教育是社会系统的重要组成部分,其中道德教育是团结社会成员、稳定社会的重要因素。教育与社会之间存在一种关系,丝毫不是偶然的,而是内在的、必然的。每当教育制度有所变化,就是因为它受到了作用于整个集体生活的某种重大社会趋势的影响。① 同时,他也强调教育研究必须结合社会研究,才能真正揭示和阐释教育和社会的关系问题。正是基于这种认识,他通过教育学把社会学学科引进法国学术界,并开展了教育社会学方面的研究。社会学与教育学这种历史上的因缘关系,使得任何社会学家在研究中都非常重视作为社会现象之一的教育现象。我们也可以从任何一本社会学家的著作中找到篇幅不短的教育论述,有些社会学家甚至出版了教育社会学的研究专著和专论。早期的不论,当代社会学家布迪厄的《教育与社会、文化再生产》、吉登斯的《当代社会学》等都有专章专论。从社会学家对教育现象的关注和研究来看,他们会选择不同的视角,采用社会学的方法对教育现象的不同层面进行研考,并做出自己独到的阐释,形成独具特色的社会学理论。这就是社会学理论庞杂繁复、既有内在联系又存在对立关系的主要原因。

---

① 〔法〕加斯东·米亚拉雷、让·维亚尔主编:《世界教育史(1945年至今)》,张人杰等译,上海译文出版社1991年版,第496页。

那么,从事教育现象研究的教育社会学家主要关注哪些具体问题呢? 通过对教育社会学研究文献的检索,可以把研究问题大致归为这几个方面:

(1) 教育与社会制度和社会变迁的关系,教育在社会流动和社会分层中的作用。

(2) 教育系统与社会亚系统之间的关系为什么会影响到学校中师生的互动、学生的学习和课程的设置。

(3) 学校与社区之间的关系:社区怎样将自己的要求传递给学校,以及怎样影响学校教育的改革、教育政策和决策的制定,特别是关于年轻一代的社会化问题。

(4) 在学校的混合班级与能力分组这两种教学组织类型中,采用什么样的教学技术、学习方式和课堂组织才会收到好的教学效果。

(5) 教师职业团体怎样影响到学校系统? 教师精通考试会提高教学质量吗?

(6) 教育机会均等和建立综合学校的趋势是怎样影响到学校系统的? 少数族群学生在混合制的学校里会取得好的学习效果吗?

(7) 在学历社会中,学生是否必须经历"过度教育"和学历升格才可能在劳动力市场中找到工作? 那样做的话,得到工作的机会有多大? 应聘的各种职位是否都需要较高的学历?

(8) 受教育程度与劳动力的收入是一种什么样的关系? 高收入群体与低收入群体是否在受教育程度上存在差异? 可否通过提高受教育程度来改善收入情况?[①]

对上述这些问题的不同关注和研究就形成了不同的理论阐释。诸如,有些理论关心整个社会的或者是与社会上大多数人有关的教育。这就是宏观理论的关切,包括教育与社会变迁、社会分层的关系,教育与社会内部主要机构间的互动,如与政府、宗教和家庭等。宏观理论将目光投向社会中规模大且综合性强的实体,甚至是整个社会的事物。另一些理论则主张更具体地分析教育这种社会现象,因此形成了微观理论,用来专门分析学校生活中的个人和小群体的互动。这些研究很接近心理学领域,不过,心理学家感兴趣的是挖掘人的内心状况,特

① Jeanne H. Ballantine, *The Sociology of Education—A Systematic Analysis*, Prentice-Hall, 1997.

别是个体的情况,而社会学家则把焦点放在人与人之间所发生的互动及其背景上,特别是群体的情况。

以下将要讨论的理论既有宏观的,也有微观的,但有些理论是贯穿宏观与微观的,如冲突理论。总的来说,教育社会学在早期研究中并不是这种多元化的取向,而是以一种理论为主逐渐发展出多视野、多层次、相对立、相融合的教育社会学理论体系。下面,我们循着教育社会学理论发展的脉络,了解一下教育社会学在不同历史时期和特定阶段的理论图像。

一、教育社会学的功能取向

功能主义起源于 19 世纪英国社会理论家斯宾塞的学说,他第一个提出社会很像一个生物有机体。这个社会已经演化到相当的程度,其每一个组成"器官"都对社会的生存和维持发挥着正面的作用。然而,关键性的、最有影响的功能主义奠基人还得算涂尔干,这位法国理论家对斯宾塞的观点重新加以分析。涂尔干的核心命题是:社会的各个组成部分经由一套共享意识(他称之为"集体意识",conscience of collective)而整合在一起。我们可以通过分析社会行动对于这种宗教性或道德性的共享意识所起到的作用,来对这些社会行动做出说明。[①]

功能主义在 20 世纪中叶的显著发展就是结构功能主义,它发端于美国社会理论家帕森斯对早期社会学理论家思想和作品的理解和综合,其使社会学的理论建构具有了现代性特征,将人们的分析视野转到了现代社会上。

早期的社会理论家留下了一个问题,他们没有系统地回答如何使社会系统处于均衡状态,帕森斯因此意欲构建一种解决这一问题的理论,即结构功能主义理论。

但是,帕森斯的目的不是简单地创造一个能更好地解释社会问题和冲突的理论,而是希望创建一种使社会概念化并对社会有贡献的理论,确保社会不再经常处于危险之中。这种努力可以从以下几个方面看出来。

1. 教育的社会化功能

帕森斯对教育的说明,主要可见于两个地方:《当代社会制度》这本薄书

---

① 〔澳〕马尔科姆·沃特斯:《现代社会学理论》,杨善华等译,第 9 页。

里的一章，以及《作为一种社会系统的学校班级》这篇论文。他的研究赋予了教育两种基本的功能，即社会化和选择。但帕森斯认为，学校教育的主要功能是社会化。

一套着重社会化、表现性行为、娱乐和价值担当之内化的社会安排，包括宗教、家庭、教育、艺术和体育等方面的社会结构。按马克思主义的术语，这些安排所执行的功能可称为社会再生产功能，或在哈贝马斯的著作中可称为社会整合功能。但是，帕森斯的出发点是，一个社会系统总是包含对一个价值文化系统的内化。必须通过对价值取向的建构与重构，或将价值取向的变化有效地转化为新的实践，保证其社会实践与普遍的价值取向相适应。因此，必须有连接社会系统与文化的社会过程，而人的社会化过程在此也扮演着重要角色。①

帕森斯认为，人的社会化是社会系统得以运作和稳定的重要因素，而社会化的过程包括分配和整合。通过分配，社会化应当造就训练有素的工作人员；通过整合，社会化能使有效分配必然产生的不平等报偿被视作平等而接受。

学校是家庭和职业生活的中间站，因此，无论是在分配还是在整合的意义上，它都是社会化的典型现代环境。在一篇著名的论文即《作为一种社会系统的学校班级》中，帕森斯阐明了小学课堂的特点以及小学生活的整个秩序是如何适应这些功能任务的。他认为，在学校课堂里学生所学的真正重要的不是事实性的知识，而是社会知识。有效社会化的水平就是他们认同和内化教师价值观的程度。由于这种内化是可能的和连续不断的，所以教师的角色应当以中间站的位置来定义。一方面，教师像一个家庭的家长，提倡诸如感情交流、个人人格至上、不拘小节和玩耍等家庭价值观；另一方面，教师必须教授职业生活所要求的价值观，如抽象、理性、控制与合作。第一部分价值促进认同，第二部分价值有助于对成人角色的认同。

为了使学生适应和认同成人角色（这种成人角色也许是强加给学生的），教师不仅要坚持有效的智力训练，帮助学生学会运用理性和控制，而且要求他或她能够合作，承认权威，做一个好公民。因为社会有分工，就需要有一种社会的人事分配制度，好公民无疑是服从这种人事分配制度的。但是，在实际生活中，存在破坏有效的人事分配的某些压力。帕森斯指出，它们影响到报偿的分配。而

---

① 参见〔澳〕马尔科姆·沃特斯：《现代社会学理论》，杨善华等译，第121页。

报偿分配对协调资源和人事分配的不平均结果起到一种整合作用。

在许多方面,学校是发挥这个功能的一种理想工具,因为它通过寻求获得报偿的高分这个标准进行人事分配。高分是获得有利地位和巨大财富的工具性手段,分数也是以一种文化价值的方式表现出来的符号性奖赏,如同人们用符号表示普遍性成就那样,因为分数分配是随着它被有效地合法化为对个人能力、成就、地位、财产的公正评价后才被接受的。①

2. "AGIL"模型与学校教育的功能交换

帕森斯对社会的研究发展出了一种理论模型,即"交换模型",他的学生称之为"AGIL"模型,即以每个子系统名称的首字母组成的缩写。这个 AGIL 模型将社会系统分成四个不同的方面进行描述,其中任何一个方面都不完全符合现存的某一制度,但每一个方面都既与稳定性相连,也与变化性相关。这四个方面代表了与思想和物质不同的接近程度。

"适应"(A:adaptation),代表的是社会中与物质世界最接近的力量,即强制的、"条件的"力量,无论人们是否喜欢它,都必须面对并适应它。经济是与适应最接近的领域。"达到目标"(G:goal attainment),代表这样的力量,由于这种力量深受物质的适应关系的影响,更受制于思想的控制,组织是通向这种子系统的关键,它企图控制外部力量的冲击以达到精心确定的目标。政治与政府是明确与"G"相联系的社会领域。"整合"(I:integration),代表由导向团结的内推力形成的力量。团结是从群体内部发展出的被称为我们的情感,它是一种特殊的群体,它受规范而不是更广泛的价值观支配。因此,尽管整合很少受客观的物质条件的影响,更不受适应或达到目标的影响,但它受纯主观方面的支配比最初设想的可能要少。"维持模式"(L:latence),代表社会中最纯粹的主观力量,它是普遍性价值的领域,尽管这些价值与制度化的客观关系有很强的联系。"L"毕竟是社会系统而不是文化系统的一个方面,因此,它也受物质的强制因素支配。这四个方面用图表示如下,其中每个子系统都需要相邻的子系统提供的东西,而相邻的子系统也需要它提供的东西,它们之间是相互依赖的关系。②

---

① 参见〔美〕杰弗里·亚历山大:《社会学二十讲:二战以来的理论发展》,贾春增等译,华夏出版社2000年版,第53—63页。
② 同上书,第67—68页。

适应(A)	达到目标(G)
经济资源	政治目标
维持模式(L)	整合(I)
价值观	规范

根据帕森斯的 AGIL 模型,教育可以看作"L"向"A"和"G"的输出。在学校中,孩子们被教授符合社会要求的价值观,在进入劳动力市场(在"L"和"A"与"G"组织之间的边界)后,被分配到不同的社会位置,并最终接受成人的组织责任角色。① 由此,我们可以进一步推论,教育的存在和发展受到了社会适应系统和政治目标系统的影响和限制,这是因为教育系统同社会其他子系统一样,必须具有四个结构:教育的存在与发展需要一定的资源投入,即物质资源、文化资源与动机资源,它们可从社会环境中获得(A);它们必须在教育系统运作中对各种资源进行加工(G);它们必须保证活动得到组织和协调(I);它们还必须保证参与者始终保持积极性(L)。② 作为社会子系统的经济系统,在向教育系统输出的同时,也会要求教育系统为经济系统输出,特别是要满足经济系统对人才的不同需求及符合相应的意识形态;而政治系统通常以政府权力的形式向教育系统输出,以一定的政策、意识形态、法律法规等引导教育系统,这就要求教育系统按照政府的规划,灌输国家的意识形态,培养合格的公民。这就是为什么帕森斯说教育属于模式维持系统,因为它最大的功能就是让人们将社会文化价值系统内化,即人的社会化。

为了保证经济系统的稳定和发展,教育的分化与选择是必然的,这是因为经济系统需要不同层次的劳动力。帕森斯并没有强调教育的选择功能,但他认识到了这一点,于是有些功能主义者开始将注意力集中到教育的选择功能上,这方面比较著名的研究来自特纳(R. Turner)与霍普(E. Hopper)。特纳采用比较方法,分析两个社会如何尝试在一种高度阶层化的情况下解决秩序维持问题。为此,他审视了英国与美国精英分子被选择的方式,发现这两个国家对于这一问题采取了相当不同的解决办法。霍普则试图进一步引申特纳的观念,提出了这样的观点:教育的制度根本上是选择的制度。各个社会,在如何选择、何时选择、选

---

① 〔美〕杰弗里·亚历山大:《社会学二十讲:二战以来的理论发展》,贾春增等译,第 70—71 页。
② 〔澳〕马尔科姆·沃特斯:《现代社会学理论》,杨善华等译,第 122 页。

择谁以及为什么选择等方面都有不同。①

　　在帕森斯建立社会学宏大理论的同时,有许多社会学家却在做一些"中等或小"的研究,并试图将帕森斯在研究中选出来的某些部分运用到经验研究中去。当代最重要的社会学家之一默顿在批评帕森斯抽象宏大的理论的基础上,提出了一种"中程理论"②(亦译为"中层理论")。

　　如果说帕森斯大量的功能分析是以解释社会系统的稳定和秩序为目的的,默顿的功能分析则将注意力放到了社会问题和社会变迁上。默顿认为,反功能的概念是非常有用的。反功能的结果是系统的适应能力降低,并且最终导致明显的紧张和瓦解。

　　如果把功能结果和反功能结果的区别同显功能和潜功能的区别结合起来,功能结果和反功能结果的区别就可以获得最有效的应用。

　　例如,在传统上,上大学是美国社会中人们向上流动的一条主要途径。在特定时段,上大学和从大学毕业的青年人的数量有了惊人的增长。这种增长部分受到政府的支持,它有计划地提供补助金、奖学金和低利率贷款的保证。发展这些计划是把教育作为向上流动的一种手段,并且也是为了教育本身,因而被赋予了较高的价值。每个大学生可能有一个或几个动机,包括开阔眼界、获得与学位相联系的声望、进入更有可能向上流动的通道,也可能是为了取悦父母或和上大学的朋友们在一起。

　　如果这些个人目标得以实现,那么它们将是预料到的个人结果。但也有一些未预料到的个人结果,比如大学教育可能促进一种更自由的社会或政治观,或者是刺激职业目标的转变。另外,当上大学和从大学毕业的青年人数量有了巨大增长时,必然会有一些更大范围的社会结果。这些社会结果有的可能是教育政策制定者想过的,而不是每个学生能预料到的。某些大范围的社会结果可能会损害人们达到他们目标的能力。如人们看到的,随着从大学毕业的青年人越来越多,大学学位的社会和经济价值可能会降低,即取得大学学位不再像早先那

　　①　详见〔英〕布列克里局、杭特:《教育社会学理论》,李锦旭编译,第100—117页。
　　②　默顿把中程理论定义为处于两者之间的理论:一方面是日常研究中产生了大量的微观且有必要的研究假设;另一方面是发展统一理论的全面系统的努力,这种统一理论可以解释"所有"被观察到的社会行为、社会组织和社会变迁的一致性。对于默顿来说,功能分析方法不是综合的统一理论,而是一种分析的策略。转引自〔美〕D. P. 约翰逊:《社会学理论》,南开大学社会学系译,国际文化出版公司1988年版,第550—551页。

样具有很高声誉,也不再保证能获得体面、收入不错且稳定上升的职业。确实,大学毕业生在今天要想找到工作可能比以往任何时候都难。这种分析的结果使我们意识到:成千上万的人决定通过上大学改善他们的生活境遇,实际上得到的结果恰恰相反,即作为通向上等生活的途径被破坏了。① 关于这种分析我们将在以后章节中做专门的介绍。

由帕森斯建立起来的结构—功能分析一直到 20 世纪 60 年代都是社会学的主导理论,人们无法摆脱帕森斯的分析范式,有一些理论虽然也有影响,但只是对功能分析的修修补补而已。只是到了 60 年代后期,随着社会变迁的加剧,功能理论已经无法提出有效的分析策略来解决当时的社会问题。于是,人们开始对功能理论进行反思和批判。主要的批评集中在以下几点,在回应这些批评的过程中,出现了一批新功能主义的代表②。

最常见的批评主要是,作为社会学主流的功能理论不能有效地处理社会变迁问题。根据功能主义者的论述,在任何社会制度下,都会有"朝向平衡的紧张"(strain towards equilibrium),即社会系统有重新调适以维护系统功能稳定状态的倾向,这是因为社会中存在一种"秩序的法则"(law of order)。当然,这种解释并没有也不能揭示社会变迁的真正原因,特别是在 20 世纪 60 年代,西方社会出现了许多社会问题并引起了巨大的社会变迁,这足以使人们对功能理论的解释产生怀疑。结果是,人们已经不认为"工业社会处在一种平衡状态之中"。在功能主义式微时,人们开始寻找另外的理论途径,以便能够真实地反映并阐释当时的社会问题。

社会学理论的反思与争鸣同样反映到了当时的教育问题研究领域。在摆脱了功能分析的局限后,人们对教育发展和变迁有了新的认识。这集中体现在:教育作为一个社会亚系统,就像其他社会亚系统一样,其结构不可能总是处在一种

---

① 见〔美〕D. P. 约翰逊:《社会学理论》,南开大学社会学系译,第 555—558 页。

② 当大多数社会学理论家激烈批评功能主义时,亚历山大(Jeffrey C. Alexander)提出了新功能主义。在多元化的学术环境中,新功能主义代表了一种"学术倾向",即抛弃帕森斯分析方法中的功能需要观念,保留其他有用的部分。新功能主义论者认为,社会学理论应当描述作为系统的社会中各部分之间的相互关系,文化、社会和人格体系的特色,把文化当作社会现实范畴,考察导致社会秩序整合和解体的力量,并且确认社会分化是社会变迁的核心特点。另一位新功能主义者是卢曼(Niklas Luhmann),因为他倾向于用功能主义的方法来分析系统过程:如何满足重要的功能条件,即减少环境的复杂性。详见〔美〕乔纳森·特纳:《社会学理论的结构》上册,邱泽奇等译,华夏出版社 2001 年版,第 5、6 章。

稳定状态。于是,教育与社会变迁的关系促使人们将注意力放到变迁的原因、条件和结果上。在今日的社会发展中,特别是进入知识经济时代后,社会向教育不断提出新的要求和挑战,必然会造成这样的现象:教育系统的变迁是持续的,而稳定则是暂时的。对这种趋势的阐释需要有新的理论产生,随着冲突理论和激进的微观理论的出现,教育社会学中的功能分析失去了主导地位,不过是对社会现象的阐释的一个方面而已。

另外的批评主要集中在:功能分析建立了一种宏大的理论模型,它关注社会大系统之间的关系,而忽视了构成大系统的各个小系统之间的互动,也不能有效地分析社会行动者的主观意图和动机。在对教育系统的分析中,特别是对课堂内部一致性的分析中,没有充分考虑到群体之间存在着阶级阶层现象、文化冲突、敌对甚至校园暴力现象。因此,功能分析在这里变得无意义。面对这种理论困境,新功能主义不是对功能主义无选择的继承,而是抛弃它的无意义方面,使功能分析更接近实际。与新功能理论不同的另一理论派系,其目的并不是要对功能理论进行修正或补救,而是要彻底否定和推翻功能理论的分析架构。于20世纪60年代后期出现的这种理论是继功能主义之后的教育社会学主流理论派系,这就是下面将要介绍的冲突取向的理论。

二、教育社会学的冲突取向

从社会学理论的渊源上看,冲突理论是社会学最初的理论取向之一,与功能主义及隐含于功能主义的生物生态理论一同形成发展。冲突理论发端于马克思,但它在20世纪中期的发展以及成为主流则归功于两位早期的德国社会学家——韦伯和齐美尔。他们都清晰地阐明了冲突理论,提供了对当今冲突理论仍有启发意义的核心概念。[①]

当代的"冲突理论"作为术语首先出现在刘易斯·科塞(Lewis A. Coser)1956年出版的《社会冲突的功能》一书中,不久,拉尔夫·达伦多夫在其《工业社会的阶级和阶级冲突》一书中也采用了它。而约翰·雷克斯(John Rex)1961年出版的《社会学理论的关键问题》一书,可以看成冲突理论的典范。雷克斯最初研究社会学是在南非这样一个极不平等、统治残暴、社会冲突严重的社会里,他

---

① 详见〔美〕乔纳森·特纳:《社会学理论的结构》上册,邱泽奇等译,第163—169页。

的著作表达了对社会意识形态方面的关切和对帕森斯功能理论的批判。①

冲突论与功能论的针锋相对正是集中在关于社会的总的观念上。冲突论认为,社会秩序不是建立在对共同价值的一致认可上,而是建立在统治阶级的控制权力上,统治阶级利用学校来再生产与其特殊利益相符合的统治地位。因此,学校不再是进步和个人流动的一种工具,而是社会控制和再生产的机构。②

20世纪60年代以后,一些教育社会学家运用这种观点分析教育制度的功能、学校组织的社会过程和相互关系等方面的问题。著名的研究成果有鲍尔斯和金蒂斯的"社会再生产理论",其可以分成三个部分:教育做什么——"社会再生产";教育如何实现——"符应原则";支持再生产的力量——主要是"资本主义制度和相应的经济结构"。他们的基本观点是:强调教育是社会的一个组成部分,它的存在和发展必然会受到社会的基本经济制度的影响,成为维护或增强经济制度的社会制度之一;因此,教育不可能成为促进更大平等与社会正义的改革力量。要理解这种教育,就必须将教育放到广阔的社会经济背景中去考虑。与此相近的冲突理论是布迪厄的"文化再生产理论"。这一理论提出了许多专有名词,诸如"文化专断"(cultural arbitrary)和"文化资本"(cultural capital)等。在他看来,所有的文化都有"文化专断"的特点。教育制度也有它自己的"文化专断",这是支配阶级文化专断的变种。文化资本的概念是指,运用经济学法则分析社会各阶级及个体所拥有的总的文化背景、知识、气质和技术,特别是个体在社会中由遗传而得的一种可以促进教育成就的"语言与文化能力"。

布迪厄为了证明文化是一种资本,首先指出,像上剧院看演出、参观博物馆、听音乐会、读报纸之类的实践活动,在人口中的分布都是随不同阶级而定的。这种分布可以还原为教育成就和文化实践之间的关系——参与文化实践的能力是在教育经历中获得的。情况似乎是,特定的文化实践被符码化,只有那些可以解读这种符码的人才可能有这些文化实践,而解读的钥匙又是通过教育授予的。教育的钥匙的分布随着社会出身的不同而定。布迪厄认为,只有出身有教养的家庭即高品味家庭的人,才能获得这把钥匙。③ 布迪厄分析的基础特征明显地

---

① 〔美〕杰弗里·亚历山大:《社会学二十讲:二战以来的理论发展》,贾春增等译,第94—95页。

② 〔法〕玛丽·杜里-柏拉·阿涅斯·冯·让丹:《学校社会学》,汪凌译,华东师范大学出版社2001年版,第64页。

③ 〔澳〕马尔科姆·沃特斯:《现代社会学理论》,杨善华等译,第210页。

区分了两种不同的文化属性：高雅文化和低级文化。① 这两种文化中的人在教育经历和成就获得方面是完全不同的，因为学校教育的结构和制度会维持或再生产这两种文化的特征和属性，不同的文化群体或不同阶级的成员具有不同的生活方式和态度。为了进一步证明这一点，布迪厄确定了"文化再生产"和"社会再生产"之间的关联。经济支配阶级能够根据其通向高雅文化的途径证明自身的优越性，使自己居于高位合法化，而从属阶级的成员不仅受到物质方面的约束，在文化上即在评价上也是处于劣势的。社会和教育不平等体制的种种事实也因此得以合法化。

必须强调的一点是，布迪厄也承认教育具有相对自主性，对于任何一个阶级来说，都不存在有组织的"共谋"（conspiracy）以控制教育。事实上，与文化资本的继承相比，经济资本的继承能够更为牢固地确保社会再生产。为此，支配阶级的个体成员通过教育获得文化再生产的手段，以此保证社会再生产。例如，在商业管理中，大学文凭被认为是从事管理工作必备的资格，因而管理者的孩子进入大学修学此课程的比例相对较高。

教育系统的再生产功能可以总结为："教育系统以及其相对自主性所孕育出的各种意识形态和效果，对现阶段的资产阶级社会所发挥的功能，相当于其他形式的社会秩序合法化以及特权世袭传承对（其他）社会形态所发挥的功能……今天，资产阶级特权的继承人必须诉诸学院的资格认定，这可以证明他德才兼备……这种资产阶级社会正义论的特权工具，授予特权者一种不把自身视为特权者的至高特权，能够更容易地使被剥夺特权者确信，他们应该把自身的教育命运和社会命运归于缺乏才智与德行，因为在文化的问题上，绝对的剥夺使被剥夺者全无自觉意识。"②

如果说社会再生产与文化再生产理论对社会制度的批评代表了教育社会学中冲突理论的主流倾向，那么，反抗理论（resistance theory）则代表了教育社会学中冲突理论的一个新的分支。为此，我们先用迈克尔·阿普尔（Michael W.

---

① 就不同的文化群体，布迪厄区分出了三种品味圈（组织化的文化偏好）：合法品味（legitimate taste）是获取支配阶级中文化程度最高的集团成员资格的钥匙；中产阶级品味（middle-brow taste）普遍存在于中产阶级，他们有特定的文化消费，如古典和高雅文化等；大众品味（popular taste）普遍存在于工人阶级，但与教育资本呈负相关，因此它在支配阶级中的非知识集团中也相当普遍，例如热衷和欣赏流行文化等。转引自〔澳〕马尔科姆·沃特斯：《现代社会学理论》，杨善华等译，第210页。

② 转引自〔澳〕马尔科姆·沃特斯：《现代社会学理论》，杨善华等译，第211页。

Apple)的《意识形态与课程》这本书中的主要观点予以说明，也许阿普尔的思考对我们分析教育与社会的关系更具有启发性。

阿普尔的研究将我们的注意力从社会制度分析转到了意识形态上。在《意识形态与课程》这部著作中，阿普尔从关系学的角度对教育进行了两方面的分析：①教育做什么——他认同社会再生产与文化再生产理论的解释，即教育在社会的经济领域充当了再生产不平等的重要方面的工具；但是他对从中引出的问题做出了自己的解释，即②教育在其中怎样运作——他认为这里不仅有经济资本，而且存在学校保存和分配的符号资本，即文化资本。我们因此能够理解，像学校这样的文化保存和分配的机构是如何创造和再造意识形态的，这些意识形态使社会控制得以保持，统治集团也就不再需要借助显性的控制机制。他指出，作为研究者，我们必须认识到教育机构确实对分配意识形态价值和知识产生作用。学校既"加工"知识也"加工"人，从本质上讲，正规的与非正规的知识常常通过阶级被当作加工人的复杂过滤器。

同时，不同的倾向和价值观又常常通过阶级（还有性别与种族）被教授给不同的学生。[1] 这一分析使大多数教育社会学家开始关注学校文化中的"隐性课程"，这种课程通常采用一种未被意识到的、潜移默化的方式将"有效主流文化"强加给学生。其实这是一种"霸权行为"，按照威廉斯（R. Williams）的说法，学校充当了文化和意识的霸权机构，充当了选择性传统和"合并"文化的机构。[2]

阿普尔在《教育与权力》(1982)和《教育中文化与经济的再生产》(1982)两书中针对上述观念提出了一种修正概念。他主张，只从学校再生产社会的生产关系这种角度来思考问题过于简单。尽管再生产确实发生了，但是这种说法并没有公平地评判"学校生活的复杂性"，而且忽略了学校中的斗争与矛盾，学校并非无情地将学生塑造为被动的人，使他们能够热切地适应一个不公平的社会的机构。[3] 隐性课程也不是直接起作用，而是经由学生的次级文化间接地被接受的。这种情形好比工业中的工人一样，学生带有一种与他的阶级相符应的价值与规范的文化，也许有些学生的价值规范与学校中流行的传播主流文化或支

---

① 〔美〕迈克尔·W. 阿普尔：《意识形态与课程》，黄忠敬译，华东师范大学出版社 2001 年版，第 36 页。

② 同上。

③ 〔美〕阿普尔：《教育与权力》，第 14 页。转引自〔英〕布列克里局、杭特：《教育社会学理论》，李锦旭编译，第 230 页。

配文化的价值规范相冲突,这些学生常常会发展出一种挑战学校控制制度的策略。

因此,在学校学习的劳工阶级子弟,他们对于正式的与隐性的课程,充其量只是部分接受,而且往往公开拒绝。这些学校是"反抗"、冲突与斗争的"场所"。虽然反抗的结果可能是不确定的,但它的存在表明学生在学校中的学习和行为并不能全然说是由社会经济力量决定的。其实,学校和学生文化在许多方面是相对自主的。

阿普尔认为,这种观点不仅符合学校中的实际情况,更为重要的是,这种观点也给教育制度的变迁提供了某种希望,不像再生产理论忽视了人的自主性,只反映广大的社会而无力改变它。[1] 正是相对自主和反抗理论的出现,使人们开始对再生产理论的解释感到不甚满意。

20 世纪 70 年代以后,再生产理论受到了批评和冷遇,主要的批评指责这些理论刻板、缺少历史感,另一些人则质疑它内隐的解释社会现实的范式。研究者开始将关注的重心从教育结构或体制转到行动者身上,并且看重情境、交互作用及其产生的过程。这种导向使因果关系分析从结构走向个体,结果产生了诸多的理论思想。

三、教育社会学的解释学取向

总的来看,解释学取向是一个理论群,这个理论群有一个共同特征,就是围绕人类行动[2]开展研究、建立理论。概括来说,人类行动理论的主要特征如下:

(1)把人类看作具有理解力和创造性的主体,最重要的是,他们控制着影响其社会生活的条件。

(2)人类赋予行为意义。社会学的重要任务之一就是洞察和理解这种意义。因此,社会学必须成为一门研究"行动"的"解释性"学科。

(3)人类行动是由动机驱动的:个体为了实现目标,在内心长时间筹划行动,根据这种筹划的方式,意义被赋予个体行动。分析人们所说的自己为何如此

① 〔英〕布列克里局、杭特:《教育社会学理论》,李锦旭编译,第 230—231 页。

② 人类的特定活动,都是一种有意识的行动(agency),即人们为自己设置目标,并且有意地朝向目标行事。在朝向目标行事的过程中,他们赋予自己的行动以意义。因此,与一套意义、理由或意图相关的行事过程可被称为行动。

行事,社会学家就可以理解这些动机。

(4)组成社会世界的是人类的互动,这是主体之间使用语词、姿态手势和其他符号进行意义协调的一个持续过程。

(5)人类的互动当中会产生一些固定模式,因此,不是意义的所有部分都必须不断重新协调。这种突生的模式构成了社会生活中理所当然的、大规模的安排。

(6)不过,行动理论通常还是从特定个体或个体类型的角度看问题,强调对直接的、日常的社会经验给出描述和说明,而不是在理论上阐述持续的、大规模的结构安排。①

关于行动的社会学观点,其源头可以追溯到 19 世纪晚期德国知识分子中的知识讨论。其中,韦伯的社会行动分析,以及他所阐述的探析和理解人类行动的方法,是行动理论陈述的经典源头。一开始,韦伯就把社会学定义为“一门关注对社会行动的解释性理解(interpretive understanding)并因此关注对社会行动的过程和结果的因果性说明(causal explanation)的科学”。显然,这里提出了解释性取向的方法,意欲建立一种解释性社会学(interpretive sociology),因为只有从行动者行动的意义当中才能发现行动真正的原因。为了判断行动者的主观意义及其行动是否具有社会性,韦伯提出了一个有关可能发生的社会行动的类型体系。该体系区分出四种类型的社会行动,可以用于微观教育研究中的人的行动分析。

工具理性行动:这种行动是个体借以实现其精心计算的短期自利目标的方式。个体在教育方面的投入(时间、金钱、精力、推迟工作而造成的经济损失等),或者延长受教育年限获取更高的学历,选择大学的专业和导师,接受专业性的学术训练或者职业性的技能训练等,都属于这种行动。

价值理性行动:这种行动基于对真、美或正义之类较高等级的价值或宗教力量的一种有意识的信仰和认同。在许多国家,教师的经济地位并不高,但仍然有很多年轻人愿意接受低薪而从事教育工作,这是源于社会对教师职业的认同:教师是人类灵魂的工程师,负有教化人类的使命。如果教师仅仅把教育当作一种谋生的工作,就不属于这种行动。

---

① 〔澳〕马尔科姆·沃特斯:《现代社会学理论》,杨善华等译,第 18 页。

情感行动:这种行动是由感觉、激情、心理需要或情感状态决定的。在传统的教学实践中,我们知道教师不仅是知识的传播者(传道、授业、解惑),而且会言传身教,还有教书育人的责任。育人通常伴随着情感,可以说是一种情感行动,包括"爱、恨"的情感体验和"快乐、愤怒"等情绪状态。这种情感行动对事件记忆有一种很强的选择和判断功能,因此多为一些教师所用,诸如"动之以情,晓之以理",或采用"体罚"等。

传统行动:这种行动是习惯使然。之所以这样行动,就在于个人总是以这种特定的方式行事。中国是一个统一的多民族国家,每一个民族都有自己的文化和历史传统,在民族仪式中,固定程序的表达、人们交往的规则、年长一代对年轻一代的教导和训练、音乐与舞蹈的式样和风格等都属于这种行动。但是在今天,这种传统行动发生了"强制性"变化,具有现代性特征的学校教育正在改变所有少数族群的"固定表达",将现代化以同一性的方式传递给每一个人,个人由此养成具有现代性特征的习惯,按现代方式来行动。[①]

上述四种行动类型可以看成一种分析的策略。在实际的行动中,情感行动与传统行动的解释基于"直接观察性理解"(direct observational understanding),而价值理性行动较为少见,社会学家的主要兴趣在于工具理性行动。要判断工具理性行动的原因,必须对行动者的行动动机做出"说明性的理解"(explanatory understanding),要求在因果和意义两方面都必须是充分的。[②]

韦伯的行动理论确实为解释学取向奠定了一定的理论基础,但是这一理论也有巨大的缺陷,如主观性所导致的判断不符合事实、武断等。但这一理论缺陷也可从积极的方面来看,就是说给了其他行动理论家更大的思考空间,从而建立起不同的解释学理论。

符号互动理论(symbolic interaction)是社会行动理论中最具影响的理论之一,它起源于社会心理学家对"自我"的分析。哈佛大学的心理学家威廉·詹姆斯(William James,1842—1910)应该是最早明确提出自我概念的社会科学家之一。詹姆斯的"社会自我"概念,说明人们关于自我的感知源于同他人的互动。库利(Charles Horton Cooley)进一步认为,自我是以群体为背景,在互动中产生的。杜威提出了"心智意识",并论证了心智意识只有通过人们在社会中的互动

---

① 〔澳〕马尔科姆·沃特斯:《现代社会学理论》,杨善华等译,第21页。
② 同上书,第22页。

才得以形成和延续。但是，这个理论学派的真正创立者当推在社会心理学方面最有影响的理论家米德。如果说詹姆斯、库利和杜威是互动学派的早期奠基者，将他们的相关概念和工作合成一体的则是米德。米德是从两个基本的假设出发开始他的综合工作的：首先，人类机体的生理弱点迫使他们与群体中的他人进行协作，谋求生存；其次，人类机体内和机体间的那些有利于合作，从而有利于生存或适应的行动将会被保存下来。正是从这两个假设出发，米德重新组织其他思想家的概念，将心智、社会自我与社会的出现和延续进一步贯穿互动之中。①

符号互动论在教育社会学领域的应用主要是分析课堂中的人际关系。哈格里夫斯（David Hargreaves）的《人际关系与教育》一书是这种取向的一个例子。该书的核心概念是"自我""有知觉的人""角色"。在哈格里夫斯看来，自我是一种反身性的东西，它既是主体又是客体。在互动中，一个人学会像他人看待他那样来看待自己，利用别人对他的看法和评价来获得某种自我。在课堂中，学生对自我的认识和评价正是基于老师和同学对他的看法。因此，互动中的个体都是有知觉的人，在与他人互动时，我们承认他人有目标、有自己解释世界的方式及某些自由，并由此建构他自己的反应行动和他人的概念。互动中的个体都会扮演不同的角色，教师、学生、校长、父母、同学、同事等形成了一个"角色丛"，这个角色丛中的成员对我们有所期望，同样，我们也对该角色丛的其他成员有所期望：我们期望同事与学生表现出某些行为与态度。为了担任某种角色，我们必须承受期望，同时也必须拥有期望。②

在研究学校中的师生关系时，哈格里夫斯区分了教师的三种不同角色，他称之为"驯狮手"（liontamers）、"招待者"（entertainers），以及"浪漫者"（romantics）。③对"驯狮手"来说，教育是使学生从蒙昧、野蛮走向文明化的过程。教师是知识

---

① 〔美〕乔纳森·特纳：《社会学理论的结构》下册，邱泽奇等译，第2—5页。

② 关于人际互动的研究很多，颇有影响的是贝尔尼（E. Berne）在其《大众的游戏》一书中提出的一种分析人际相互作用的理论，这种理论建筑在心理学的"自我状态"上。每一个人在心理结构上有三种自我状态：父母自我状态、成人自我状态和儿童自我状态。在发生人际相互作用时，有两种互动的类型：一种是平行的互应的交往，即当学生处于某种自我状态与教师进行交流时，教师总是以这名学生所期望的相应的状态予以反应，在这种情况下双方的对话可以无限制地进行下去；另外一种类型是，如果教师与学生进行交流时，学生得到的不是适当的和预期的反应，就是说教师并没有以学生所期望的自我状态予以反应，就可能出现互动中断，双方无法继续交流和相互理解，这种类型叫作交叉的互动。见孙彤主编：《组织行为学教程》，高等教育出版社1990年版，第127—132页。

③ 〔英〕布列克里局、杭特：《教育社会学理论》，李锦旭编译，第312页。

的权威,学生应当按照教师的意愿和安排去学对他们有用的东西。扮演学生的角色就是要学习、复习和参加经常性的考试。"招待者"有着很大的不同,他们会用各种教改和新鲜的教学法吸引学生的注意力,如用"发现教学法""快速记忆法"等来提高他们的学习兴趣。他们与学生的关系是友善的、非正式的。"浪漫者"从一种不同的观点出发。这类教师认为,学习是人类的本性,学生本来就有学习的需要。教师的角色就是一位引导者,学生应该自由选择他们想要学习的。课程应当由教师与学生一起来建构,而不是事先由教师为学生确定。教师与学生之间的关系必须基于信任。教师的重要职责不是用分数或成绩来标识学生,重要的是要让学生"学习如何学习"。

从学生的观点看,在学校中最重要的事情是"取悦教师"。但这样做是讲究策略的:一方面,学生要知道教师的需要和偏好,以便投其所好,这样可以保证自己在学校过得愉快和不丢丑;另一方面,要避免因取悦教师而付出代价,如招致同学们的议论和嘲笑。

在课堂中,教师与学生的互动渗透着双方各自的策略和目的,表面上的和谐与实际的冲突是一种"磋商"的结果,这样的和谐是暂时的,因此,磋商不断发生。当和谐能够掩盖实际的冲突时,课堂气氛和学习效果比较好,否则便会出现违反课堂纪律的现象,引起课堂混乱,使教学不能有效地进行。

一名有经验的教师必然懂得学生为什么要采取这样的行动,这种分析往往要对这名学生的个性特点、习惯性的行为及家庭背景等方面进行考察。只有这样,才能获得对这名学生行动的真正理解,并给予适当的反应,使其能够提高认知水平,调整行为。这样做似乎已经超出解释取向的范围,如果我们能综合各种取向进行互动分析,解释取向会让我们关注行动者的动机和行动意义,也许这是对学生行动做出说明的最基本的途径。

为了获得对行动者的动机和行动意义的真实理解,加芬克尔提出了"常人方法学"[1],其主题就是"解释"。这种解释性的研究一般遵循五点方针[2]:

(1) 所有的社会背景,不论是琐碎不堪还是自视重要,都是可以调查研究

---

[1] 加芬克尔所说的"常人方法学"是指这样一种研究,即把索引表达和其他实践行动的理性特质,视为日常生活中那些组织有序、富于技艺的实践的成就,而且是带有或然性的持续不断的成就。转引自〔澳〕马尔科姆·沃特斯:《现代社会学理论》,杨善华等译,第43页。

[2] 参见〔澳〕马尔科姆·沃特斯:《现代社会学理论》,杨善华等译,第43页。

的,因为其中每一个都是其成员的实践成就。在学校和课堂上并不比街头偶遇具有更大的真实性,这也就可以解释为什么教育的统计数据有时并不比随意看到的事实更接近真实的情况。

（2）主张、论证、统计等呈现出的只是一种或然性的成就,有赖于产生它们的那些社会安排;它们只是一种"假象",或者说是前台的交谈,掩盖和保护潜在的麻烦、问题和妥协;常人方法学在任何方面都必须识破这些假象;否则的话,实际的教育研究只能是以源于假象的材料得出不真实的结论或推理。

（3）判断一项活动是否具有理性、客观性、有效性、连贯性等,依据的并不是从另一个情境(比如说科学、社会学或形式逻辑)引入的标准,而是随活动产生于其中的情境而定的或然性标准。这其实是提出了一个"一元与多元"判断的问题,多元判断引入了"情境"定义,不同的情境应当有不同的标准。这对我们反思"现代性"的学校教育制度与多元文化的关系很有帮助。

（4）只要参与者能够给出有关情境的相互可理解的说法,就可以说这个情境井然有序。

（5）所有形式的探问都在于组织有序、富于技艺的实践,因此,在社会学的说法和日常说法之间并无原则上的不同。

从加芬克尔的五点方针看,他要求研究者"渗入自然社会情境或创造社会情境,以便在其中观察人们是如何试着确认、建构、维持和变革规则的"。可以看出,常人方法学者发现了一系列符号互动论者不曾阐述的人际过程。人们在有关社会秩序感的沟通中使用的潜在方法,是社会互动和社会组织极为关键的领域,而常人方法学的理论目标则是具体化个体所用的世俗方法的一般条件。[①]

总的来看,常人方法学者融会了其他解释社会学家的许多假设,他们非常重视"主观意义"取向,特别是把对意义的了解看成重要的。常人方法学者把每一次互动都视作一个独特的事件,与先前发生的一切无关。明显地,行动者并不会把每一次互动都看成一个独特的创造物。人们利用他们"有组织的策略"或"有方法的实践"（methodic practices）将诸多行动联系在一起。联系的过程中语言是至关重要的。[②] 这就是说,说话者一定要给听话者线索或话语背景,听话者将

---

① 〔美〕乔纳森·特纳:《社会学理论的结构》下册,邱泽奇等译,第94页。
② 〔英〕布列克里局、杭特:《教育社会学理论》,李锦旭编译,第357页。

说话者的背景与意义相连,这个过程叫作"索引性"①。根据加芬克尔的常人方法学,许多研究者在学校中对师生关系进行了有趣的分析,而且的确指出了教师和学生所使用的语言可以被理解成什么意思②。

常人方法学在社会学理论中并没有占据过主流地位,部分原因可能在于,在反帕森斯的过程中,常人方法学者像其他现象学者一样,又陷入了个体主义的困境,这种困境束缚了这一学派。尽管如此,许多社会学家还是吸收了常人方法学的那些经验性很强的研究概念和一些案例研究,同时,也将常人方法学推到了社会学理论的边缘。

四、对教育社会学三种理论取向的判读

上面我们介绍了教育社会学的三种理论取向,虽然这三种取向在当代有了更多的变式,但万变不离其宗。现在,也许我们需要做的并不是对这些传统的理论进行批判,也不是整理那个时代的理论家对这些理论的批评,而是通过对这些理论的了解,获得理论家思考问题的视角和方法。因为世界上并没有一个大而全的角度,每一个理论(包括宏大理论)都是从某一角度出发,采用特定的方法进行专门分析,从而建构特定的话语体系,对特定事物做出独特阐释。因此,我们可以得出结论,功能主义的分析范式之所以普适化和主导化,那是因为它"生逢其时"。在传统社会学中,新理论的产生总是建立在对旧理论的批判上,这样做其实造成了理论界的混乱,也延缓了社会学理论的发展。理论家应当做的事情也许是,从旧理论中找到承接点或新生点,因为学术是需要传承的。无视"历史性"和"时代性"而进行研究,只会让人迷惑不解,也许当今一些令人眼花缭乱的术语玩弄者的出现,正是缺乏学术的历史感的表现。

1. 功能论的传统

教育社会学的理论最初奠基于涂尔干的研究和工作,在对"社会性"进行研

---

① "索引性"是胡塞尔引进的一个范畴。所有新出现的事物都被当作先前的知识"标记"或索引。加芬克尔高度重视索引性,也就是说,成员与特定背景和情境相联系。加芬克尔注意到,一个发言,其索引必然多于实际所说;它还包含着只有在情境的上下文中方可明白的含义。因此,加芬克尔的著作首次强调了人际暗示的索引性,也首次强调了人们搜寻所能用以创造现实感的行为。引自〔美〕乔纳森·特纳:《社会学理论的结构》下册,邱泽奇等译,第90页。

② G. Payne, 1976, "Making a Lesson Happen." 转引自〔英〕布列克里局、杭特:《教育社会学理论》,李锦旭编译,第358页。

究之后，涂尔干确立了教育社会学的功能研究传统，即探寻一个社会事实的功能，始终应该看它与某种社会目标的关系。因而，教育的功能可能就是为专门化的社会角色提供训练有素的能力。从这句话来看，教育的功能可以是"社会化"和"选择"。对个体来说，教育促进社会化，学校教育则是最快的途径，使个人能够适应道德生活与社会生活。对社会来说，教育一方面行使社会整合的功能，通过道德教育唤起人们的集体良知和共识，达成团结；另一方面，教育促进社会分化和分工，将具有不同能力的个体输送到各个领域。在学校中的运作是这样的：教师"教授"帮助学生适应成人规则的"游戏"。教师不仅要坚持有效的智力训练，使学生学会理性和控制，而且要求他或她能够合作，承认权威，做一个好公民。帕森斯遵循涂尔干的传统，专就"人事分配"做了研究并指出，学生在学校中能否成功，部分取决于个人无法控制的遗传智商因素，但更多地依赖学生内化学校普遍价值的能力。对于成功内化学校价值的一个决定性威胁是同伴（伙）群体。一旦内化失败，它就成了一个可依赖的群体。在学校里，儿童竭力寻找同伴群体，部分是为了逃避学校的价值。

因此，帕森斯认为，同伴群体和青年文化是个体偏离"现代成人角色"的重要原因。人事分配成功与否取决于青年最初认同的情况：是认同同伴群体和青年文化，还是认同教师和学校的教育。一般来看，下层阶级出身的学生更可能认同同伴群体，从而导致低成就，而中产阶级的孩子容易形成学校要求的成功的价值观念，从而获得高成就。

在许多方面，学校教育是一种理想工具，因为它按照分数标准进行人事分配，鼓励学生追求可获得报偿的高分。高分是取得有利地位和巨大财富的工具性手段。分数是以一种文化价值的方式表现出来的符号性奖赏，如同人们用符号表示普遍性的成就那样。分数分配是在它被有效地合法化为对个人能力、地位、财产的公正评价后才被接受的。这样，人们对于成功与失败的评价只能从个人身上检讨，而不能对学校的价值和标准产生怀疑。

教育社会学的功能分析尽管受到了来自社会学界各方面的批评，诸如太过宏观和机械，以及有许多无法被接受的假设和逻辑，但这种分析无疑向我们展示了一种宽宏的精神和包容的态度，提示我们从整体上认识事物，避免单一和片面地认识问题。更为可贵的是，帕森斯提出了"结束各学派论战"的途径，为恢复自由的基本社会秩序做出了贡献。在综合社会学的努力方面,当代的一些理论家谁也没有能够绕过帕森斯和功能主义。

2. 冲突论的观点

正如我前面谈到的,我非常赞同社会理论中的每一个新观点都是在先前理论的基础上提出来的。但是,当代理论的每一个分支都以一种特殊的方式"解释"帕森斯,因为只有揭示出他著作中的具体弱点,挑战性的理论才可能是合乎情理的。冲突理论恰是作为功能理论的对立面出现的,在挑战功能理论的同时,将自己推向了另一个极端。

在教育社会学领域,冲突理论主要涉及"新马克思主义"和"新韦伯主义"两个派系。这两个理论派系在许多方面与功能论者的教育社会学类似。除了宏观分析外,它们都承认教育是社会的一部分,认为不能撇开社会去了解学校教育。这些论证我们已经在前文做过介绍了,如再生产理论、符应理论、反抗理论和相对自主理论等。与功能理论不同的是,冲突理论对于教育制度的分析偏好以冲突和斗争为线索,因此,这种理论的主要风格就是秉持一种"批判的精神"。如法兰克福学派的社会学家在透视文化时,根据马克思批判资本主义的风格和韦伯有关理性化的论点,论证了批判理性与工具理性的关系。他们认为,批判理性正逐渐为工具理性所取代。工具理性塑造的文化是一种手段文化,而不是一种目的文化,也就是说,更注重的是取得结果的方式,而不是结果本身。柯林斯的《文凭社会》一书正是以这种韦伯的方式,揭示和分析了学校教育与职业社会之间的矛盾关系,以及学历贬值和过度教育的现象。

3. 解释学的途径

解释学取向在教育社会学中被称为"人本主义"和微观的取向。它将人们的视线从宏观的社会制度引到了具体的学校课堂,引到了人与人之间的互动上。我们在许多方面非常赞同微观解释取向,特别是它尝试去理解行动者赋予互动的意义。这个取向引出教师和学生所使用的分类和类型,的确能够帮助我们了解人们都在做些什么。诸如在课堂上,教师与学生的互动有时是动态的,有时却是静态的。如果说使用"语言"和手势的互动可以更直接地了解互动双方的行动意义,那么,贴"标签"是一种更加隐蔽的互动,这种互动表面上看是静态的。在社会学中,标签理论曾被有效地运用于对"越轨者"的研究。但在教育研究中,标签理论直接与心理学的"期望理论"①相结合。这里,教师活动的必然结果是显而易见的。教师对学生的评价(这一评价也许会形成"聪明""迟钝"等标签)常以第一手信息为依据,这类信息来自教师与学生在班级内共同度过的时光中的直接互动。但是,教师对学生做出评价所依据的大量信息是第二手的。比如,其他教师的评价、测验分数、以前的报告卡、常设记录、家长会议或者福利机构及心理诊所的评价,这些都是潜在的信息来源。大量的研究已经证明,学生的学业成绩如何不仅仅是学生天赋能力的问题,而且直接和不可避免地同教师有关。② 因此,现在我们也有理由说,学生在学校的表现以及他的学业成就,也许不是学习的结果,而是"贴标签"的结果。一旦学生被贴上标签,就会形成一种"自我指认",就会按照教师的期望去行动并最终达到教师的"期望"。

对于教师来说,不管个人在头脑中所具有的具体目标是什么,也不管他达到这个目标的动机是什么,他的兴趣始终是控制他人的行为,特别是控制他人对他的反应。这种控制将主要通过影响他人而逐渐形成限定来实现,而且他能够借助给他人某种印象的方式达到目的,他给人的这种印象将引导他人自愿地根据他的意图而行动③。

不管怎样,大多数解释学派的理论都是持一种个人主义的立场,这与以前的理论形成了鲜明的对比。所有的解释学派的理论中没有一种做过综合的努力,以至于这些理论在后期不得不在帕森斯早期的理论中寻找最终的要素——价值要素的源泉,形成一种多维视野的"文化社会学"。其代表人物格尔茨(Clifford Geertz)正是想建立一种全新的社会科学理论,一种以符号为重点的理论。它涉及文体,不是用来简单地阐释相互作用的论题,也不是建立符号或符号模式的科学,而是符号行动的科学。也就是说,引导人们将文化分析放到一个更加一致的多维框架内进行。这种努力已经引起了一批社会学家对社会学理论进行知识研究的兴趣。

教育知识问题是 20 世纪 70 年代英国"新"教育社会学的重要研究领域,这

---

① 这一理论来自罗森塔尔和雅各布森所写的《课堂中的皮格马利翁效应》一书,书中所强调的"自我实现的预言"成了一种获得重要支持的解释。大量的研究都聚焦于精确解释教师对学生形成某些期望的机制,以及这些机制如何在课堂中发挥作用,以至产生教师最初设想的结果。

② 详见张人杰主编:《国外教育社会学基本文选》,华东师范大学出版社 1989 年版,第 539—556 页。

③ 参见〔美〕杰弗里·亚历山大:《社会学二十讲:二战以来的理论发展》,贾春增等译,第 171 页。

一学术共同体的共同之处是，从知识社会学的观点出发[1]，关注教育领域中课程与文化、知识与社会、意识形态与权威的关系。这涉及什么样的知识可以进入学校的课程，这些知识是由什么人选择的，用什么标准选择的，为什么要选择这些知识而不是那些知识等问题。各个年龄组的儿童就是通过这些课程和相应的教育形式，获得关于在他们周围的生活共同体（家庭、氏族、国家、民族或者文化单位）中流行的文化状态的一般知识的。在这样的学校中，从社会的角度来看必不可少的一般知识，仅仅是以因社会等级、社会地位及阶级不同而不同的方式，一代又一代地流传下来的。[2] 具体来说，知识社会学本身主要研究群体的"精神"，它追溯知识从社会最高层（精英所具有的知识）向下扩散所经历的各种法则和节律，以发现知识本身如何在各社会群体和社会层次之间及时分布，以及社会如何调控这种知识分布过程：部分通过诸如学校和出版社这样的传播知识的机构，部分通过诸如秘密、教廷禁书目录、审查制度以及禁律这样的——禁止特定的社会等级、社会阶层或者阶级获得某些知识——限制过程，来调控这种过程。[3] 由此看来，学校组织传授的知识是同特殊阶级和专业团体的利益产生关联的，学校课程的设置有利于这些阶级的儿童，而不利于那些阶级的孩子。教师是特殊阶级的代言人，他以压迫者的身份让特殊阶级的意识形态渗入课程，并使其合法化。教育的成就与失败是有价值偏向的教师对于能力和智力的定义或设定标准的一种结果：如果这些标准被修正，那么一种不同形态的成就和失败将会出现。[4]

新教育社会学是一群被贴上不同社会学派标签的学者对"知识问题"展开的研究，这种研究一度影响了教育社会学的发展趋势。虽然这种影响已经减退或开始消失，但它将研究者的兴趣引到了综合社会学理论的工作上，并且这种工作已经初见成效。

---

[1]　卡尔·曼海姆（Karl Mannheim）把知识社会学定义为研究思想的社会条件或存在条件的理论。他认为，所有知识和思想都不可避免地在某种程度上是某个社会结构或历史进程的产物。存在决定知识是曼海姆知识社会学的根本观点，他认为这一理论的确立需要证明"获取知识的过程并非必然依据其内在规律发生在历史过程中；也并非必然产生于'事物的性质'或'纯逻辑推理之中'，更不是来自'内在的辩证法'"。相反，知识的获取是由理论外的因素，即存在因素决定的。详见〔美〕刘易斯·A.科瑟：《社会学思想名家》，石人译，中国社会科学出版社1990年版，第477页。

[2]　〔德〕马克斯·舍勒：《知识社会学问题》，艾彦译，华夏出版社2000年版，第21页。

[3]　同上书，第62—63页。

[4]　〔英〕布列克里局、杭特：《教育社会学理论》，李锦旭编译，第375页。

结语：社会学理论研究的最近趋势

在社会学的研究中，被观察到的现象显然就是社会现象。社会现象是由一定社会中人与人之间的关系和互动构成的。从这个意义上看，教育与经济现象和文化现象一样，都属于社会现象。社会学对教育现象的研究一般从两个方面入手，即静态的结构方面和动态的变迁方面。由于研究者的兴趣和侧重点不同，在每一方面都形成了一分为二的研究脉络，即宏观的静态研究和动态研究，微观的静态研究和动态研究。随着研究的不断分化，现在已经形成了多种多样的理论与流派，交织着许多脉络和主题。

许多社会学理论家发起了一场新社会学运动，他们并不对抗传统，而是试图为这些迷宫般的社会学理论群整理出个头绪，或者提出一个从宏观到微观的整合理论。① 这些理论家的努力可以在柯林斯、吉登斯、哈贝马斯和亚历山大等人的著作中见到。② 诸如，柯林斯曾致力于将结构理论与本土方法论、弗洛伊德理论和涂尔干的思想结合起来，使自己的理论更具多维性。吉登斯像柯林斯一样吸收了本土方法论和现象学理论，试图与马克思主义对结构的关注取得联系，而且尝试建立起它们与某些文化论著作的关联。哈贝马斯完全否认把马克思主义与其他社会学理论割裂开，并对古典理论和冲突理论重新做了解释，使两者更加接近。他的理论建构借鉴了韦伯的理性道德理论，从互动论、现象学及涂尔干那里吸收了有关直觉、激情和自然民主"生活世界"的理论。亚历山大也试图为发展新的、更加综合的集体主义理论奠定基础，并开始对社会学理论体系进行重构和重新解释。

新社会学理论家尝试弥合微观理论与宏观理论之间的鸿沟，思索并综合个体行动和互动与社会结构，这种理论发展趋势必然对传统教育社会学理论体系

① 社会学知识体系最初成熟于美国社会学家帕森斯的结构—功能理论，并于20世纪五六十年代在社会学界确立了霸主地位。与此同时，社会学理论界掀起了一场"反帕森斯运动"，结果出现了冲突理论、交换理论、互动理论、本土方法论、解释学和新马克思主义理论等。到1980年，这些理论运动形成了社会学理论的主要力量，但是，这些理论在挑战帕森斯的片面性时，自身的研究也明露出了片面性。于是，一个新的社会学理论发展阶段随之出现。这种新理论的发展表现为两种形式：对古典作家理论的体系化和重新解释。社会学理论家开始弥合微观理论与宏观理论之间的鸿沟，对个体行动和互动与社会结构进行理论思考的综合，传统教育社会学理论研究在这方面也有努力。我尝试从新社会学理论的两种表现形式中重新建构教育社会学的理论体系，为教育社会学研究提供最新的社会学理论研究成果。

② 〔美〕杰弗里·亚历山大：《社会学二十讲：二战以来的理论发展》，贾春增等译，第277—282页。

造成冲击。教育社会学的理论体系基本上还是按照社会学早期的理论体系建构起来的,分为"功能主义、冲突理论和解释学派"三种取向。许多教育社会学者还是在传统的研究领域采用这些传统理论进行研究,大学的教科书也是按照传统的社会学理论体系编写的,教育社会学的理论发展明显落后于社会学理论的发展。这种情况使我们感到很难用传统的社会学理论去研究不断变化的教育与社会之间的关系,也无法解释教育与全球性、现代性和后现代性的关系等。

　　传统社会学理论正在被重新加以系统阐述,这种阐述建立在反思传统社会学理论的基础上。新社会学者对构成世界的要素有两种看法,要么认为组成社会世界的是思考着、行动着的主体的那些创造、解释、意义及观念(主观的),要么认为人类处境的特征就是人处在一套不可改变的共有约束之下,没有机会做出选择或表达意图(客观的)。这种对主观与客观、个体论与整体论的思考,形成了四种理论类型,即建构主义(constructionism)(主观的/个体论的)、功利主义(utilitarianism)(客观的/个体论的)、功能主义(functionalism)(整体论的/主观的)、批判结构主义(critical structuralism)(整体论的/客观的)。这四种理论类型中的每一个都可以具体划出三个发展阶段:经典阶段,确立了所关注的基本主题;现代阶段,详尽阐述和发展了各自的理论立场;当代或后现代阶段,充斥着对传统的修正、模仿和拼凑。①

　　社会学理论中的建构主义脉络可以追溯到 19 世纪晚期和 20 世纪早期的两位德国理论家:齐美尔和韦伯。他们依据德国哲学中自然科学与文化科学的区分,提出了大体相似的主张。他们坚持认为,人的行为和自然客体的行为有着根本的不同。人是积极主动地建构社会现实的行动者,其行动方式则要看他们是以什么方式理解其行为,以什么方式赋予其行为意义的。因此,社会学的观察者必须对参与者确立的意义做出解释,即赋予意义。

　　齐美尔影响了 20 世纪早期的美国社会学思想,其中最突出的便是由芝加哥大学的乔治·赫伯特·米德发展起来的那种建构主义传统。源于米德的思想流派被称为"符号互动论"。在 20 世纪中叶的欧洲社会学中,特别是在舒茨的著作中,可以看到韦伯更深刻的影响。舒茨从与柏格森和胡塞尔相联系的欧洲现象学哲学传统的立场出发来阅读韦伯的著作,创立了一种"现象学社会学"

---

① 〔澳〕马尔科姆·沃特斯:《现代社会学理论》,杨善华等译,第 6—7 页。

（phenomenological sociology）。20世纪70年代，在美国发展出了一种极端的现象学形式，即常人方法学，强调社会学家必须以与行动者的做事方式完全相同的方式来解释社会世界。在当代或后现代时期，英国社会学家吉登斯提出了"结构化理论"，主张社会学应该转到将"行为"与"结构"联系起来这个任务上。①

功能主义的传统基于19世纪英国社会理论家斯宾塞的工作。斯宾塞认为社会与生物有机体存在着一定程度的相似，进而提出"必要条件功能主义"的思想，这是今天功能分析的基础。当然，最有影响的功能主义奠基人还得算涂尔干，这位法国理论家对斯宾塞的观点重新加以分析，除了大量应用与生物学有关的术语外，他的基本假定也反映了有机体论者的假设。

功能主义在20世纪中叶的显著发展就是"结构功能主义"，它源于美国学者帕森斯对韦伯、涂尔干等人著作的解读。帕森斯起先是以一种建构主义的方式提出观点，后来移向涂尔干的立场，认为如果社会作为一个系统想继续存在下去，它就需要一定类型的结构发挥功能性作用。他进一步指出，结构变迁的方向是由文化内涵即社会的共同规范体系决定的。在帕森斯之后，结构功能主义一度销声匿迹。到了20世纪80年代晚期，这种研究途径在美国理论家亚历山大的努力下又经历了某种程度的复兴，人们把他对结构功能主义的重新解读称为"新功能主义"。新功能主义致力于建立一种多维的社会理论，在多元化的学术环境中，新功能主义代表了一种"学术取向"，即抛弃帕森斯分析方法中的功能需要概念，保留其中有用的部分。②

19世纪的英国古典经济学奠定了功利主义社会学思想的基础，马歇尔（T. H. Marshall）从"需求"、个人欲望或目标等入手来说明人的活动，并且引入效用这个关键概念，以之点明一个行动者可能追求的各种社会对象的相对价值。同时，意大利政治经济学家帕累托（V. Pareto）的学说则为功利主义奠定了更具社会学味道的基础。他第一次具体阐述了这样一个问题：对个人满足的追求能否生发出集体性的安排。

上述观念在社会学"交换理论"（exchange theory）中得到了体现，美国历史学家兼社会心理学家霍曼斯（George Homans）概述了社会组织是如何同基本交换过程相联系的，从而提出了一个有趣的观点，分析社会组织的形式是如何建

---

① 〔澳〕马尔科姆·沃特斯：《现代社会学理论》，杨善华等译，第7—9页。
② 同上书，第9—10页。

立、维持、改变以至消亡的。

晚近的理论发展集中在帕累托指明的问题上,人们称之为"理性选择理论"(rational choice theory)。它有两个分支:一是"博弈论马克思主义"(game-theoretic Marxism),另一个是"公共选择理论"(public choice theory)。将这两个理论分支联系在一起的则是这样一个共同的问题:如何才能说服理性的个体投身可能需要他们个人付出代价的集体事业。①

批判结构主义的奠基人是马克思和恩格斯,在他们的理论中可以找到两条彼此相关的社会学思想脉络。第一条是,人类社会的历史就是作为社会基础的物质关系结构的历史。第二条是,人类就其本性而言,是富于表现力和创造性的,但是这一真实的本性却被物质生活的重压扼杀了。物质生活历史既重新塑造了普遍的观念,也重新塑造了个人的意识。

在 20 世纪中叶,以阿尔都塞(L. Althusser)和普兰查斯(N. Poulantzas)为代表的法国"结构主义的马克思主义",将第一条思想脉络和第二条思想脉络的理论发展到了相当的高度。

然而,盛极必衰,之后不久结构主义就被激进的"后结构主义"所取代。后结构主义起源于法国,在社会学中与福柯的著作联系在一起。但是,最详尽的阐述还是德里达(Jacques Derrida)的文学理论。后结构主义实际上是在激进的和批判的方向上重新塑造出建构主义。②

上述新社会学理论对传统社会学理论体系进行了重新安排,主要用意是对传统的、现代的和当代的社会学理论进行反思性的建构和重新解释,为晚近出现的社会学理论找到早期的线索和发展脉络。特别是将微观研究和宏观研究放到现代性工程中的整合努力,使我们看到社会学理论走向了一个新的阶段,同时也为我们将教育社会学理论纳入现代性工程进行重构确定了理论基础和思想源泉。

【思考题】

1. 帕森斯的教育社会学思想主要体现在哪几个方面?

2. 简述布迪厄的文化再生产理论。

---

① 〔澳〕马尔科姆·沃特斯:《现代社会学理论》,杨善华等译,第 10 页。

② 同上书,第 10—11 页。

3. 请从微观的角度分析课堂上的人际关系。

4. 请简要评价教育社会学的三种研究取向。

5. 请回忆在你的受教育经历中，教师是如何运用期望理论或标签理论，成功地塑造了"好学生"与"坏学生"的。

6. 案例分析：校园"枪手"，主要是指这样一群人，通常是受过高等教育、在外语及计算机方面比较突出的大学生，他们专替别人参加各种考试、代写论文，进行钱学或权学或情（友情）学交易。"枪手现象"在社会学中可以有三种不同的解释途径，即功能主义的、冲突理论的和解释学派的。每一种解释途径都只看到了问题的一部分，因为世界上没有一个大而全的角度，如果有那就不叫"角度"（perspectives）了。请你尝试运用这三种理论对"枪手现象"做出分析和解释。

【推荐阅读书目】

〔法〕雷蒙·阿隆：《社会学主要思潮》，葛智强等译，上海译文出版社2015年版。

这本书按时间先后分章论述了孟德斯鸠、马克思、涂尔干、韦伯等七位社会学家的思想及其主要著作，既是一本教材，又是一本专著，有助于我们深入理解不同社会学思想的内在差异和关联。

〔美〕乔纳森·特纳：《社会学理论的结构》，邱泽奇等译，华夏出版社2001年版。

该书介绍了社会学的七种基本理论取向，每种理论取向中，又依浮现的传统、成熟的传统、延续的传统介绍了经典理论家的思想，有助于我们了解每种理论取向的来龙去脉。

〔美〕史蒂文·塞德曼：《有争议的知识——后现代时代的社会理论》，刘北成等译，中国人民大学出版社2002年版。

作者在后现代框架中对社会学理论进行了梳理和诠释，指出社会学思想不是既定的、无可置疑的，而是充满了争议的，或许，这正是社会学的魅力所在。

〔美〕文森特·帕里罗、约翰·史汀森、阿黛斯·史汀森：《当代社会问题》，周兵等译，华夏出版社2002年版。

该书是一部应用社会学专著，对发生的社会现象或社会问题先从常识入手进行描述，然后再用不同的社会学理论和视角予以分析和说明，并提出可能的建议。学生选读这本书有助于进一步了解社会学理论和理论家是怎样对实际社会问题进行思考和分析的。

第六章

现代性与教育社会学理论建构

引　言

　　20 世纪 80 年代以来,西方教育社会学领域出现了普遍追求"多元综合"的倾向,新的理论不断涌现出来。这些理论主要是围绕现代社会中教育的现代性问题而展开反思和探究的。特别是进入 90 年代后,不断强化的各种后现代思潮和全球化趋势,在为教育社会学理论研究的扩展提供契机的同时,也给传统的教育社会学理论带来了巨大的冲击和挑战。其实,无论是功能主义的教育社会学理论,还是冲突论的教育社会学理论,或解释学派的教育社会学理论,在全球化的背景下,都在一定程度上显露出了理论自身的不足和对于解释现实教育问题的乏力。这就促使教育社会学家将自己的研究视野从传统单一的"民族""社会""社会间"扩展到国际区域乃至全球社会,并突破以民族国家中心论、人类中心论、西方中心论为主要特征的"现代性研究范式",使得建构一种适应全球社会的教育社会学概念和理论体系日益紧迫和必要。①

　　可以说,教育社会学从诞生伊始,就面临历史困境、自身的矛盾和对社会学的依赖,现在又面临着后现代的质疑、批判,以及向全球性转型的巨大挑战。在这一挑战下,西方教育社会学的理论危机更为明显。正所谓"有病乱投医",许多理论家想恢复教育社会学理论的昔日辉煌,或者尝试建立各种有用的理论,以

---

　　①　文军:《历史困境与现实挑战:当代西方社会学研究面临的主要危机》,载〔英〕安东尼·吉登斯:《社会学方法的新规则———一种对解释社会学的建设性批判》,田佑中、刘江涛译,社会科学文献出版社2003 年版。

应对全球化时代的教育危机。但他们几乎都是无功而返，或者说都被自身的建构和破坏中和了。这种情形正像社会学者莫兰（Edgar Morin）所说的那样，理论家既是神话的破坏者，又是神话的生产者，他们具有双重使命。一方面，知识分子具有批判精神，能够打碎神圣的思想和权威的判断，尊重传统；另一方面，专业的知识分子又在生产新的神话，形成新的意识形态。① 现代性—后现代性—全球性的理论难道不都是具有这种双重性的特点吗？正因如此，本章试图从教育社会学研究的核心主题——现代性切入，在当代教育社会学理论研究从现代性、后现代性到全球性的延伸与扩展的脉络中，理解和厘清教育社会学理论是怎样被建构、解构和重构，并获得了新的发展——回归学问的。

一、现代性：教育社会学理论建构的逻辑起点与核心主题

为什么说现代性是教育社会学理论建构的逻辑起点与核心主题呢？有许多教育社会学家对此进行了讨论，但大家有一个共识，即教育社会学属于社会学的下位学科。若问为何，那还得先从社会学说起。英国学者斯马特（B. Smart）认为，"社会学研究领域的界定、学科主题的建构和适当方法论的发展，都是为了系统说明现代社会的现象，说明社会技术——这种技术既是为社会生活现行形式的规则或统治而提供的，又对它们会有一定程度的'合理性'控制。正是基于这些术语和假定，社会学才在现代事物的秩序中以及在'现代性方案'中占有一席之地"。这种情形也正如法国社会学家雷蒙·阿隆所说："社会学可以解释为社会现代化的一种意识。"②其实，这已经点出了社会学研究的核心主题——现代性。

那么，何为"现代性"（modernity）呢？我们先从现代性的起源来看，据说在公元5世纪就有了"现代"的字眼，但无从考证。有人说"现代性"出现在13世纪，结束于17世纪，这种说法是指某一个方面，并不确切。还有人说，现代性反映了19世纪具有美学特征的现代生活——短暂性、瞬间性和过渡性，这可以看成现代性的一个方面。③ 然而，在学术界，人们普遍认同的现代性指涉15世纪

---

① 〔法〕艾德加·莫兰：《社会学思考》，阎素伟译，上海人民出版社2001年版，第36页。
② 转引自〔英〕安东尼·吉登斯：《社会理论与现代社会学》，文军、赵勇译，社会科学文献出版社2003年版，第1—2页。
③ 〔法〕波德莱尔：《波德莱尔美学论文选》，郭宏安译，人民文学出版社1987年版，第485页。

末至 20 世纪初，其时，一个对未来意味久远的世界经济体产生了。沃勒斯坦（Immanuel Wallerstein）解释道：它不是一个帝国，尽管它像一个大帝国一样幅员辽阔，并带有某些特征。它既是不同的，又是崭新的。这是世界上前所未有的一种社会体系，而且这正是现代世界体系与众不同的特点。它有异于帝国、城邦和民族国家，因为它不是一个政治实体，而是一个经济实体。事实上，它的范围（很难说是边界）囊括了帝国、城邦和正在出现的"民族国家"。沃勒斯坦预言，这个世界经济体各部分之间的基本联系是经济的，尽管这种联系在某种程度上是由文化联系加强的，并且最终将由政治安排甚至联盟结构加强。① 现在，这个预言已经实现了。

接着，我们再来看现代性的概念。与现代性有联系的现代化（modernization）概念我们接触得比较早，中国早在 20 世纪 50 年代就提出了"四个现代化"的构想，之后又明确了"把我国建设成为社会主义现代化的强国"的目标，因此，现代化这个词早已家喻户晓。但现代性的概念较为陌生，它最早出现在我国学术界可能是 20 世纪 80 年代初，但很难确定是谁先将"modernity"翻译成"现代性"的。我碰巧在当时买了一本题为《现代化问题探索》的书，译者是从 1981 年开始翻译的，他们当时就将"modernity"译成"现代性"，这比很多学者说的要早。书中提到了人类学家曼宁·纳什（Manning Nash）早期对现代性和现代化所做的区分和解释，他是研究民族、农民以及前工业社会和工业社会的。诚如他所说，"现代性"是一种社会和心理结构，它促进科学技术运用于生产过程。"现代化"是指社会、文化和个人各自获得经过检验的知识，并把它们运用于日常生活的一种过程。② 阿兰·图海纳（Alain Touraine）也对这两个概念做了说明，他认为：现代性是指社会组织的一套属性和相应的意识形态；而现代化是一种运动，一种以人的意志去追求的东西，是一场动员，无论它依靠什么力量，追本溯源，进行这场动员的终归是国家。③ 这样我们清楚了这两个概念是不同的，就理论建构而言，我们要研究的是"现代性"，即现代社会制度的属性、人的社会心理结构和相应的意识形态。

---

① 〔美〕伊曼纽尔·沃勒斯坦：《现代世界体系（第一卷）》，尤来寅等译，高等教育出版社 1998 年版，第 12 页。

② 〔美〕瓦尔马：《现代化问题探索》，周忠德、严炬新编译，知识出版社 1983 年版，第 12 页。

③ 〔法〕阿兰·图雷纳：《现代性与文化特殊性》，程云平译，载中国社会科学杂志社编：《社会转型：多文化与多民族社会》，社会科学文献出版社 2000 年版，第 3 页。

其实,在社会学中,现代性作为理论建构的逻辑起点和核心主题有特定的历史渊源。举例来说,在现代性的语境(转型)中,马克思和涂尔干分别考察了传统社会与现代社会,并讨论了社会整合体与经济发展带来的功能分化这两者之间的紧张关系。马克思将这一关系看作矛盾的,并将分析置于他的历史辩证法理论之中。与此不同,涂尔干认为社会和它的功能之间的关系是有机的,这一分析依据的是他在传统社会与现代社会的社会团结形式之间所做的区分。从方法论上看,涂尔干的现代社会理论考察了社会各部分的相互联系,即它们的相互作用和它们对社会整体发展的贡献。这种阐释体现了一种明显的功能分析取向,也为后来的功能主义提供了方法论上的思考和内容,为功能主义成为社会学的主流理论奠定了基础。而马克思对于现代社会批判的规范论点之关键是社会阶级概念,正如马克思所认为的那样,阶级冲突界定了现代社会(资本主义)的性质,这是压迫和不平等的关系,而不是什么社会适应不良的症状。马克思的方法论是以冲突为线索的,如,要解决社会结构矛盾(阶级压迫)就必须进行社会变革,重新确立财产关系。这种分析给予了冲突理论论证的基础,对于马克思主义与新马克思主义理论继功能理论之后成为社会学中最有影响的主流理论,也起到了奠基作用。

正因“现代性”是社会学的研究主题,我们只有将教育现象放入“现代性”这一语境中,社会学家才会感兴趣,才会去研究。教育是嵌入现代社会结构的,所以教育受社会其他方面的影响,同时也直接或间接影响到社会其他方面的功能。这在美国社会学家帕森斯的结构功能主义的“AGIL”模型分析中就有所说明。例如,教育向经济领域(A)输送人才和知识资源,以适应社会变迁之需要;教育向政治领域(G)输送意识形态化(社会化)的人,是为了达成和忠于政治目标;而教育自身(L)又是维持现代社会秩序的力量,通过规范(I)培养新成员的社会道德、集体认同和对规则的服从。但是在教育功能问题上,教育学却是想方设法让教育从现代性中“脱嵌”,回到过去培养有教养的人而不是专家上;而社会学则是将教育紧紧嵌入现代性,认为其是社会的一个组成部分,发挥服务于社会的功能。正是由于现代性既作为主题也作为桥梁,将教育社会学与社会学紧紧联系在一起,在美国才有从(教育学的)“教育的社会学”(educational sociology)转向(社会学的)“教育社会学”(sociology of education)之说。

随着社会学家对教育问题的研究和介入,越来越多的人认同教育社会学是社会学的应用学科,对它的研究领域的界定关乎社会学而不是教育学。因此,构建现代的教育社会学理论,一定要探索和反映现代性与社会之关系这个主题。

早期教育社会学的理论大多建立在社会学家的工作基础上。涂尔干最先将教育纳入"现代性工程",围绕现代性与有机团结社会的主题,明确了教育的目的与功能,使得后来的社会学家在研究现代性与社会时都无法摆脱这种功能的分析倾向。而马克思对现代性与社会制度的阶级分析取向,直接为教育社会学中的冲突理论提供了依据,如社会和文化的"再生产理论"、"反抗理论、相对自主与意志论"等都有着浓厚的马克思主义色彩,从而形成了教育社会学中的新马克思主义学派。

就现代性与人的理性化的主题而言,齐美尔与韦伯的著作具有重要意义,这两位理论家都探讨了工具理性对于现代文化的影响。齐美尔依据心理学来看待理性的特点,认为作为人类,我们的与众不同之处是,我们具有一种以有意识的、讲究策略的方式来追求目标的能力。文凭在现代社会中的出现便是其中一个结果,文凭像货币一样是理性的、有目的的行动最常见的表达方式,它们都是纯粹的符号工具,具有不可或缺的应用价值。如长期以来,美国人一直认为教育是获得经济成功的手段和解决社会问题的灵丹妙药。在美国人的生活中,根深蒂固的主张是普遍的受教育机会及坚持地方社区对教育的控制。教育问题与贫困、种族关系和城乡经济等问题相互交织。是故,在美国社会,教育的扩张和文凭变得日益重要是理性化的思想和行动增长的结果。韦伯认为,理性是分析人类行动的基本要素,他提出了四种类型的社会行动:工具理性行动、价值理性行动、情感行动与传统行动。工具理性行动可被界定为计算性行动,目的是通过最有效或最高效率的方式来获得特定的结果;价值理性行动可被定义为一种由压倒一切的理想所支配的行动;情感行动是由感觉、激情、心理需要或情感状态决定的行动;传统行动是一种约定俗成的习惯了的行动。①

齐美尔与韦伯有关现代性与人的理性化的理论阐释,对社会学的解释学派的影响很大。符号互动理论主要得益于齐美尔的"形式社会学",而对现象学影响更多的是韦伯的行动理论。在教育社会学理论中,韦伯的行动理论仍然是研究教育现象的主要理论,特别是在一些宏观与微观研究中,如教育组织与制度的

---

① 〔澳〕马尔科姆·沃特斯:《现代社会学理论》,杨善华等译,华夏出版社 2000 年版,第 21 页。

变迁、文凭社会和班级中的人际互动等方面尤为突出。

韦伯主义的观点是解释社会学的观点，解释社会学关心宏观与微观两种社会过程。它企求解释个别人的行为，了解其行动的主观意义。为了获得真正的理解，必须将个别人的行为放到行动的社会环境中去考察，因为所有的行动都发生于特定的社会和经济结构，如在另一种社会与经济结构中去理解就不能获得真正的意义。在教育社会学理论界，采用韦伯取向的分析有柯林斯的《文凭社会》，正如书中所说，文凭贬值的意义在缺少大学的国家里是无法被理解的。

现在我们再回到教育社会学理论建构的逻辑起点和核心主题上，似乎可以从两个方面进行总结：一方面，教育社会学的三种理论取向无不是在现代性工程中建构起来的，这是因为教育组织最能反映现代社会制度的属性和特征。在现代社会中，教育变迁的动因基本是来自现代性的外力作用。另一方面，教育社会学研究的是现代的学校教育体制和具有现代性特征（理性）的人与人之间的互动。这样看来，现代性作为教育社会学理论建构的逻辑起点应是成立的，而且今后的研究依然是围绕现代性展开的。只不过现代性正在向世界范围扩展①，同时，现代性的普遍性和矛盾性特点也招致后现代主义的有力抨击，甚至现代性所建立起的一切都在被解构。在这种背景下，教育社会学已有的三种现代性理论当然也面临消解和质疑，建立一种新的教育社会学理论的努力正在进行中。

二、后现代性：教育社会学核心主题的延伸与反思

综上所述，我们知道教育社会学理论的建构起源于现代性，因此，它必然包含并反映出现代教育制度与社会发展之间的关系，反映出现代社会与传统社会在教育理念和课程变迁上的趋势，反映出文化上的"一元与多元"之间的关系，反映出个体在学校教育中是如何"去地方性（民族性）"和接受现代性知识的，等等。现代性是以理性的张扬为特征的，西方自启蒙运动以来的现代化运动实为以理性克服神话思维，这使得人类对于永恒进步充满憧憬。19世纪以来，随着西欧殖民主义的扩张，这种以理性思考为中心的现代化运动扩展到世界各地。将教育知识置于严格的统一科学法则框架内来加以探讨，基本是建立在欧洲人的理性逻辑思考上的，诸如现代社会所形成的一整套学校教育制度和知识体系，

---

① 吉登斯把现代性看作由三种相互强化的动力因素组成，它们是时空的分离、脱域机制的发展和知识的反思性运用。而且这种共同巩固和形塑世界的力量正慢慢地增长和传播。

以及教育问题研究的科学化和教育社会学理论的建构,无不如此。现代性不仅仅像鲍曼(Zygmunt Bauman)所说的将一切传统的固化物"液化"掉,更像一个能熔解万物的"大熔炉",出炉后便可赋予新的标签和意义。因此,现代性让所有人丢掉过去拥抱未来,或者说进入了一个单行的时光隧道。

狄更斯在《双城记》开篇就说:"这是一个最好的时代,也是一个最坏的时代。"现代性的来临并不像人们想象的那样美好,科学的发明和发现给人类社会带来了生产力的解放和生活品质的改善,也带来了生态的破坏和核战争的危险,以及人与人之间关系的疏离;民主的实行让人类社会致力于政治权力平等,但也带来了现代国家管理的难题和民粹主义的兴起;自由和公平理念的觉醒让人们更加重视人权和自主性,但也带来了均等主义的泛滥和低效率的后果。正是现代性的矛盾性以及负面增长,让人们越来越困扰和担忧,社会学家开始专注于对现代性进行反思和批判。韦伯曾将现代性称为最高文明的幻觉——表现为"专家没有灵魂,纵欲者没有心肝"。"铁笼"冷静超然,逻辑严密,等级森严,庞大无比,它最终要无情地吞噬一切:"国家生活的整个生存,它的政治、技术和经济状况绝对地、完全地依赖于一个经过特殊训练的组织系统。"而这一切源于"理性",这是"铁笼"的内在脉络。[1] 韦伯最终也没有找到摆脱"铁笼"的方案,因此他是悲观的。另一位学者查尔斯·泰勒(Charles Taylor)对"铁笼"的内在脉络也进行了分析,指出现代性将会给人们带来三个隐忧:第一个是生存意义的丧失。主要表现为,现代性的"祛魅"彻底消解了人们保留和依赖的传统、信仰和道德体系,以及感性和神秘世界。第二个是人生理想的丧失。现代性一方面与过去即传统决裂,另一方面又将未来变成可计算、可预测的,这就使人们重视活在当下,一切按照可行的目标和规划行事,于是工具理性盛行。第三个是人的自由的丧失。由现代性建构起来的"科层制"(铁笼)是一种高度的形式理性,它使工作具有高效率、组织具有严格的等级性、任务具有明确的目标性、行动具有非人性和非情感性,所有的人都依附这个制度,人困在其中而无法摆脱。[2] 马克思则对现代性这个"铁笼"(资本主义)的内在脉络进行了更加深刻的剖析,指出了资本主义(现代性)本质上存在着剥削和压迫的社会事实,以及社会不公平和不平等之制度和机制。

---

① 转引自汪民安:《现代性》,广西师范大学出版社 2005 年版,第 39 页。
② 〔加〕查尔斯·泰勒:《现代性之隐忧》,陈炼译,中央编译出版社 2001 年版,第 12 页。

综上所述，我们可以看到，在所有社会已具有普遍意义的"现代性"开始受到一些理论家的质疑，20世纪70年代以后出现的一个反理性逻辑的新概念——"后现代"——越来越广泛地在学术界流传。有人试图说明，我们已经越过"现代"时期而处在"现代之后"的时期。有人认为，"后现代"标志着一个多方面的变化过程，它不仅涉及美学或建筑学领域，同样冲击着社会学、经济学、教育学、科学技术和哲学等领域。"后现代"主张用一种新的世界观看待世界，反对用单一的、固定不变的逻辑、公式和原则以及普适的规律来说明和统治世界，倡导变革和创新，强调开放性和多元性，承认并容忍差异。"后现代"使"三大神话"①破灭和统一中心丧失，用后现代语言，如开放性、多义性、无把握性、可能性、不可预见性等，替代了以总体性、普适性和统一性为代表的现代语言。有学者提出，后现代是一个彻底的多元化已经成为普遍的基本观念的历史时期，它的基本经验是完全不同的知识形态、生活设计、思维和行为的不可剥夺的权利。并且，具有真正的批判性。②

鲍曼认为，现代社会理论由概念（如社会、整体和系统）和隐喻组成，它们不适于后现代状况。正是对现代社会中社会互动的规则模式特征的假设，填充了"社会学概念的语义领域"，因而，后现代社会理论的首要任务是生成一个全新的语义领域。

总的来看，后现代是一个正在兴起的社会表现形式，体现了一种与现代性相关的阶段转变。正如吉登斯所认为的，后现代性只不过是现代性的延伸，是一种"激进化"形式或者说"高"形式的现代性。③ 这说明，后现代性实际上并不意味着现代性的断裂，关于后现代性的对话，可以看作现代性内部发生了某种转换的征兆。因为后现代主义提出的所谓全新的语义系统，都是建立在现代主义的对立面之基础上的，尤其是与这些观点相关——理性、真理、主观性与进步。

在教育领域，普遍有效的教育知识面临严肃的挑战。因为现代主义总是从

---

① 过去的时代创造了三大神话：启蒙运动关于人性解放的神话，唯心主义哲学关于精神目的论的神话，历史主义关于意义阐释的神话。后现代主义就是要对这三大神话进行批判和消解。后现代性的出现既是对现代性的反动，也为多种文明参与全球化提供了机会。

② 〔德〕沃·威尔什：《我们的后现代的现代》，载〔法〕让-弗·利奥塔等：《后现代主义》，赵一凡等译，社会科学文献出版社1999年版。

③ 〔美〕罗兰·罗伯森：《全球化：社会理论和全球文化》，梁光严译，上海人民出版社2000年版，第201页。

智力和认识活动出发,而未将注意力放在实际的日常生活上。后现代主义认为,教育的要义之一便是在日常生活中教会人们怎样与自然世界和谐共生,而不是想方设法将自然世界变成我们所设想的那个样子(现代性令人与自然对立)。因此,后现代教师并不是作为知识权威走进教室,不是通过教科书或课文让学生获得永恒不变的客观真理,而是让学生自行体验其信念与价值的暂时性;不是让学生形成逻各斯中心式现代主义的等级森严、傲慢、顽固不化、好争辩、自成一体等特点,而是让学生具有讲究关联性、生态论、谦逊、对话性、神秘性等特征,坚信事物的表面之下亦有一个深层结构,而要真正理解事物的表面,必须研究这个深层结构。① 在教育中,须让学生感受到和认识到其本身所处的文化遗产实为人类众多文化遗产之一。任何文化遗产也不单纯是知识或价值的累积,而应是在历史过程中开发出来的一种"形构世界"(configuring the world)的方式。由此,课程内容不应是累积的知识或价值的储存,而应是一种结构化的"境遇"(encounters),教育的目的是使学生亲历各种不同的"形构世界"的方式,从而扩展视野,觉知自己视野的局限性。

为了更好地理解和说明"后现代社会"中教育与社会和人之间的关系变化,后现代主义者正致力于构建一种后现代教育社会学——"批判性教与学",并且重新构造教与学同社会政治的关系,这关系到民主运动和社会变革,后现代教育社会学更像是一种教育政治学。我们可以从以下几个方面了解到后现代教育社会学的主要观念。②

(1)教育观念需要变革。传统的教育观念过多地关注学生的学业成就和教师的教学成就,而后现代教育社会学认为这些成就应当包括身份的再造,以及对秩序、象征和特定形式的知识与权力的认同。"批判性教与学",不仅要否定这些具有政治意图的成就,而且要发展一种大众哲学,即学校应该成为民主化的大众场所。衡量成就的标准不是分数和纪律,而应是学生的自主性和知识、民主生活的习惯、风格和社会关系、批判性公民的技巧等。

(2)对道德的关怀。后现代教育社会学家主张对不同道德话语和实践进行

---

① 〔加〕大卫·杰弗里·史密斯:《全球化与后现代教育学》,郭洋生译,教育科学出版社 2000 年版,第 148 页。

② Henry Ciroux, "Crossing the Boundaries of Educational Discourse: Modernism, Postmodernism, and Feminism," in A. H. Halsey, Hugh Lauder, Phillip Brown and Amy Stuart Wells, eds., *Education: Culture, Economy, Society*, Oxford University Press, 1997.

理解,这就是说,要分析不同文化背景下的学生怎样受到了不同道德话语的影响,并形成了相应的观念。在教与学的术语中,致力于道德话语的构建需要考虑到权力、主体地位和从事的社会实践这三者之间的关系。它既不是本质主义的也不是相对主义的道德观,而是植根于历史斗争并关注建立公正的社会关系的道德观。它关心同一历史时期不同文化背景下的道德的差异性,也关心不同历史时期同一文化中道德发展的差异性,揭示正义是如何在具体的历史背景和公众斗争中产生的。

(3) 关注道德挑战与政治改革的差异问题。这里有两个差异问题需要考虑:首先,尝试理解学生的身份与主观性是如何通过多重的和矛盾的方式建构的。即学生的性别、种族和阶级的身份及其经历是通过何种历史和社会方式获得和形成的。其次,理解群体之间的差异性是怎样发展的,群体之间的关系是怎样形成或结束的。在社会学中,差异性是区分社会群体的重要标志,在教与学的活动中,差异性应该与反种族主义者、反父权主义者、多元化和环境保护行动相连,这也是民主社会的主要议题。

(4) 批判的教育社会学需要建立一种独特的政治话语,不会将特权、公正、斗争和不平等之类的词语降低为一种统治叙事体,即一种不允许偶然性、历史性和将日常问题作为严肃主题的研究体系。这就意味着,不将课程知识看作神圣的,而是视之为可以重读、重新形成的知识。它们连接不同叙事体和传统,知识必须经常被审视和重新定义,个体应肯定叙事体的多样性并认识到这些叙事体并不是永恒的或不变的话语。新的教育实践须有观念的自由交流、对话渠道的通畅和广泛、自由表达个人和社会的客观条件。

(5) 批判的教育社会学需要创造一种新的知识形式,致力于消除科目界限并创造出可以生产知识的新疆界。就此而论,批判的教育社会学可以称得上一种文化政治和一个社会记忆库。前者将围绕知识的创造与生产的斗争建立一种大众文化的领域,与大众文化对立的文化是由不对称的权力关系构成的,因此这种文化是权力与不平等话语的一部分。需要弄清的是不平等的文化来自哪里,是如何合法化的。后者将日常及特殊问题作为学习的基础,这里强调的是为学生提供知识、技术并培养他们的习惯,以使他们能够在建构更民主、更公正的生活中重申他们的身份。需要弄清的是,学校是如何在形成特定身份、价值观和历史中发挥其作用的,即如何形成并使特定文化叙事体与资源合法化的。这些关注使得政治与"教与学"活动之间的关系更为密切且相互影响。

（6）理性的启蒙观念将在批判的教育社会学中得到重构。后现代理论家试图在批判理性的基础上建立后现代理论,这种颠覆社会学整个理论体系的行为使他们成为激进派。后现代教育社会学家认为,所谓的真理是值得推敲和怀疑的,理性并不是纯真的,我们决不能模仿或持有任何无须批判与对话的全部理性观念。应当清楚地看到,课程从本质上讲就是一种介绍特定理性的文化文本,它牵扯到特定经历与生活方式,理性在这里与权力、知识和政治缠绕在一起。而后现代课程观就是要了解人们如何在具体社会中学习,个体如何通过习惯与知觉、欲望与情感来为自己定位。

（7）需要发展这样一种理论,即认为教育与文化工作者是社会改革的主要力量,他们应该拥有特定的政治和社会地位。教师不能仅仅作为狭隘的语言专家,他们必须在意识形态与社会实践中发挥重要作用;作为知识分子的教师,需要发展一种非总体性政治,使部分的、特殊的、代表不同利益的团体都感兴趣。在这种背景下,教师可以借助道德与政治话语进行社会批判,并赋予他们工作的情境以意义,通过知识体系连接地方与全球的关系,这样做是必要的。因为,有些问题,如人权、生态、种族、教育、军事、劳动力市场、商业等,是跨区域的,并且是全球性的。在这些方面,后现代主义教育学者都变成了批判的教育社会学者,他们是积极的建设者,而不是要传播某种特殊的生活方式。更重要的是,作为改革的知识分子,他们能为自己、学生和听众提供更大的想象空间,来重新思考"现代性"所带来的各种问题。

（8）批判的教育社会学的一个中心议题是,将后现代的差异性与女性主义对政治的重视结合起来,重新考虑自我的建构与认同。在教与学的活动中,首先,将对自我的分析看作政治化的头等重要的阵地,也就是说,自我是如何通过复杂多样的方式建构的,身份是如何在社会、文化、历史中形成的。因此,对自我建构的分析必然涉及历史、文化、社会、语言、性别、种族与阶级等问题,也就是要倾听学生的声音,了解他们是怎样在教与学的实践中以对话的方式进行确认、询问,并延伸对自我的理解和对全球背景的理解,从而创造公正、可信的社会秩序,减少或消除等级社会制度所带来的不平等现象。其次,在教育与政治的关系中,要肯定社会的、集体的、个体的重要性。社会关系形式是需要集体合作建立的,而集体合作要依靠个体的意识与认同来实现。在倾听学生诉说的过程中,教师要从谈论个人经历转变到个人身份以及与此相连的社会、文化、历史和政治。

上述批判的教育社会学为我们提供了这样一种景象:有自由主义所崇尚的个人自由,有后现代所关注的特殊性存在,有女性主义对日常政治的注重,也有民主社会主义对团结、公众生活的历史挂念。根据后现代主义的陈述,我们生活在一个公民责任跨越国界的年代,旧的现代主义关于中心与边陲、家庭与流散、熟悉与陌生的观念在瓦解。地理的、文化的、道德的界限让位于权力、社区、空间与时间。不能再将公民权归于欧洲中心主义和殖民主义的话语,新的空间、关系和身份不得不产生出来,使我们可以越过边界,看到差异性与其他事物,并使它们成为公正、民主的话语。知识分子应当走出书斋和教室,将其工作与更广阔的社会问题结合起来,这样才有利于民主社会秩序的建设。而这一切思考和工作,如今都已经被纳入全球化的讨论。

三、全球性:教育社会学核心主题的扩展与强化

20 世纪 90 年代以来,全球化的趋势不断增强,其中一个突出特征就是人类社会的结构正在日益跨国化和全球化。这使得一贯以宏观研究著称的宏观社会学、发展社会学、比较社会学等现存范式都受到了极大的挑战,同时也引发了人类在思维方式上的革命。

那么,什么是"全球化"呢?许多社会学家认为,准确地界定这个概念有着困难和局限。① 不过,人们至少可以从六条主要线索去辨认,即时空概念的变化、文化互动的增加、所有世界居民面对的共同问题、相互联系和相互依存的增加、强大的跨国行动者和不断扩展的组织网络、全球化中全方位的一体化。② 由

---

① 当代讨论中有多种全球化定义,其中包括:"不断增强的相互依存",指的是国民经济和社会卷入国际活动的强度不断提高,因此一个国家中发生的事情会直接或间接影响到其他国家;"距离遥远的行动",指的是在当代全球化条件下,社会能动者(个人、集体、公司)行动的方式,一个地方的能动者的行动对于"距离遥远的其他人"能够产生有意或无意的重要后果;最后是"时空压缩",指全球化似乎缩短了地理距离和压缩了时间,在一个即时沟通的世界中,距离和时间似乎不再是人类社会组织或者交往模式的主要约束。在回答是什么推动了全球化过程这一问题时,现有的分析可以归纳为两种不同的解释:一种认为,全球化有单一的或者首要的动力,如资本主义或者技术变革;另一种认为,全球化是诸多因素共同作用的结果,这些因素包括技术变革、市场力量、意识形态以及政治决策。参见〔英〕戴维·赫尔德等:《全球大变革——全球化时代的政治、经济与文化》,杨雪冬等译,社会科学文献出版社 2001 年版,导论。

② 〔英〕罗宾·科恩、保罗·肯尼迪:《全球社会学》,文军等译,社会科学文献出版社 2001 年版,第34—35 页。

于社会学家对这些因素有不同的关注,对全球化的定义也就难以统一。不管怎样,围绕全球化这个总的概念已经形成了一股分析和研究潮流。①

在学术界,尽管人们对全球化问题的兴趣激增,但对于它的表述是很分散的,特别是关于全球化的分析与研究一直存在争论。这些争论涉及三个基本理论:其一是"趋同化"理论。正如阿尔布劳指出的,全球化主要是指"所有那些世界各民族融合成单一社会、全球社会的变化过程"②。这也可以理解为,经济全球化会带来文化的趋同,以及在任何一个地方看起来都一样的文化符号。如许多城市的建筑风格、购物商场、模特的服装看起来都非常相似,一些流行的词,如世界的"可口可乐化""麦当劳化",似乎也反映了这样的一个观念,那就是全球文化紧跟全球经济,趋同因此也就等同于"西方化",甚至"美国化"。这是关于全球化的极端观点。其二是"多极化"理论。趋同化理论的极端性使得人们转而寻找其他的解释途径。有学者认为,目前这个时代的基本特征是民族主义而不是世界大同主义,非西方文化在本质上不同于西方文化。为什么非西方文化要参照西方文化来改变与建构呢?为什么非西方社会要服从于西方权力和统治的欲望呢?因此,全球化与文明的冲突会同时存在。其三是"混合化"理论,也可以称为不同学说或信仰的融合理论,它表明全球化通过穿越国界的交换活动,推动了不同文化的融合。③

虽然任何一种可能性都没有持续地占据压倒性优势,但是,趋向作为单一系统的世界的运动多多少少已经不可抗拒,全球相互依存和全球意识——全球性——正在成为事实。④ 正像现代化运动一样,事实上,其已成为全球的现代

---

　　① 全球化理论并不是一种理论,而是一个理论群,有广狭二义之分。广义的全球化理论,实际包括了所有涉及全球化及其问题的观点,分布在社会科学各个领域。而狭义的全球化理论,则是把全球化作为分析的对象,按照严格的学术规范进行构建的一种系统思想。

　　② 转引自〔英〕罗宾·科恩、保罗·肯尼迪:《全球社会学》,文军等译,第34页。

　　③ 参见〔澳〕罗伯特·霍尔顿:《全球化的文化影响》,载中国现代国际关系研究所全球化研究中心编译:《全球化:时代的标识——国外著名学者、政要论全球化》,时事出版社2003年版。

　　④ 全球化理论认为,全球化过程本身——使世界成为单一场所——便制约着各种文明和社会。全球化包含了特殊主义的普遍化,而不只是普遍主义的特殊化。因此,"全球性"在目前场合下被定义为认为世界是单一场所的一种意识——看来正日益渗透到世界上所有社会和人群之中。参见〔美〕罗兰·罗伯森:《全球化:社会理论和全球文化》,梁光严译,第8章。

化,现代性已经成为全球性①,任何一个国家如果不卷入以经济为特征的全球化运动,也许就无法在当今这个世界中生存下去,更不要说发展了。因此,我们逐渐接受了这一事实,尽管有些人是不情愿的。

如果说全球化不可避免,全球性是现代性的扩展,那么我们就必须认真思考:建立在现代性基础上的教育理论、教育制度和教育实践,会面临全球化的哪些挑战和冲击? 已经建立起来的现代教育理论、制度和实践,应当怎样在快速到来的全球性面前进行调整和重构? 如此等等。这些问题确实摆在了我们的面前。

对于每一个社会来说,如今全球化已经成为社会变迁的巨大动因,经济的全球化导致经济竞争新规则的产生,国际化的经济竞争归根到底是人才的竞争,因此,一国的竞争力越来越取决于其教育和培训质量。有研究指出,全球化对国家教育和经济发展的意义可以归结为三个规则的变化:合格性规则、管理规则和财富制造规则。② 所谓合格性规则的变化,即战后经济竞争的范围由一国之内扩大到国际。经济竞争不再是国内经济组织的竞争,而是全世界范围内经济组织之间的竞争,跨国组织的力量由此不断增强。像 IBM、Ford、ICI 等这些原来属于某一国的经济组织,现在已经在全球范围内展开投资、技术和市场的竞争。经济竞争的参与者,不再局限于一国的"本地人",游戏规则面向全世界所有的竞争参与者。所谓管理规则的变化,即全球化导致在国家、雇主和工人之间的管理规则失效。这种管理规则实际上就是凯恩斯主义所采取的国家保护工人利益,调节雇主和工人之间的利益分配,保证充分就业、社会稳定和社会福利等措施。然而,美国和英国采取了市场管理规则,即国家负责维护宏观的市场环境,市场负责具体操作,由市场来调节国家和劳资双方的利益关系。依据这一管理规则,在全球化的市场中,工人要依靠他们自身的知识、技能而生存发展,国家不再保证充分就业。所谓财富制造规则的变化是指,西方资本主义社会的转型催生了财富制造新规则。这些规则导致福特主义的生存能力降低,尽管国家的繁荣曾建

---

① 吉登斯认为,全球化是现代性的四种制度从社会向世界的扩展。具体而言,社会的监督演化成民族国家体系;社会中的资本主义发展成世界资本主义经济;社会的军事力量演变成世界的军事秩序;而社会中的工业主义则变成了国际劳动分工。全球化进程中产生的问题都可以归因于现代制度的扩展。转引自杨雪冬:《全球化:西方理论前沿》,社会科学文献出版社 2002 年版,第 65 页。

② Phillip Brown and Hugh Lauder, "Education, Globalization, and Economic Development," in A. H. Halsey, Hugh Lauder, Phillip Brown and Amy Stuart Wells, eds., *Education: Culture, Economy, Society*, Oxford University Press, 1997.

立在福特主义大规模、标准化的产品和服务生产的基础上。但是，源于泰勒制科学管理的福特主义理论无法解释和预判当今的经济形势，因为现代社会经济财富的新规则依托于国家、公司在技术、知识方面的创新能力和工人的综合素质。

为了应对这些经济竞争的新规则，西方社会在国内经济和国外事务中，不得不调整社会机构和人力资源方面的政策以应对全球化的挑战。日本等的经济发展显示，企业的人力资本是赢得全球经济竞争的至关重要的因素。知识、信息、学习、技术竞争力成为国际商务的新要素。正是一国教育和培训系统的质量决定了一国在国际分工中的位置、国际地位和整体繁荣，各国之间实际上正在进行的是一场知识经济的战争，而保证人才和创新就可能赢得这场战争的先机。

各国面对知识经济全球化所采取的策略各不相同，相应地，在教育和培训系统中所采取的政策也就不同。总的来看，这些策略可以归为两种类型：新福特主义和后福特主义。①

新福特主义的教育观念是：面对全球化背景下的知识经济战争，国家在教育方面也应该采取市场化，实行双向选择。让公立学校和私立学校在教育市场中彼此竞争，通过市场机制促进学校优胜劣汰，以优质教育满足国家经济发展的需求。教育市场化可以促使消费者选择那些胜任劳动力市场上的工作岗位所需的培训课程，并最终解决人才和技术短缺问题。这样做可以保证劳动力市场的供求平衡，确保劳资双方为各自的利益积极投入培训资金。

有许多批评家质疑新福特主义的教育观念，认为教育如果实行市场化的竞争和选择机制，受益最大的是那些中产阶层。这是因为，并不是所有的社会群体都可以平等地进入教育市场，在教育市场中竞争，除了经济资本外，文化资本和社会资本也是重要的影响因素。双向选择和学校间的竞争必将催生一个依据社会阶层进行分类选择的隐蔽标准，学校系统也会根据社会阶层、种族、信仰而划分出不同类型的学校。有能力的劳工阶层的孩子将会因所在学校的教育质量差

---

① 新福特主义的经济发展策略的特征可以描述为：通过削减工会权利和裁减企业的管理费用创造出更大的市场弹性，鼓励公共设施和福利国家私有化，鼓励个人竞争主义文化。相反，后福特主义建立在产品客户化和服务多元化的基础之上。日本、德国、新加坡等国家采取后福特主义发展战略。英国和美国采取新福特主义策略。

而失去继续进入大学受教育的机会,从而造成人力潜能的大量浪费。而高收入和社会精英阶层的孩子由于占据各种资本的优势,可以进入好的学校接受优质教育。从结果预期来看,教育市场化在名义上提供效率和弹性的同时,实际上"生产"出为数众多的低技能学生。在全球化背景下,教育市场化改革可能催生大量不具有人力资源价值的社会群体。

对以市场为导向的教育培训系统更进一步的批评是,劳工阶层和社会底层的学生不仅仅要支付培训成本,而且面临双重风险:首先,有可能学生接受了某一培训后进入市场,但市场的需求变化了;其次,现在的热门产业很可能在未来几年消失,针对热门产业的培训是短期的、不确定的。

一些学者给新福特主义贴上了"新右派"的标签。作为对新右派学者观点的回应,"左派"即后福特主义思想逐步发展起来,这一派主张兼顾效率和公平,发展高技术、高工资的磁性经济,认为知识、技能、民众素质是繁荣经济的关键。对西方国家来讲,保持经济繁荣的方法就是要发展能够吸引高技术、高工资雇员的磁性经济,因此应当在教育和培训方面加大投入。但是对社会成员来讲,并不是人人都能获得高技术、高报酬的工作机会,建立弹性工作制度可以形成更高的职业流动率,这样就会调节就业和失业。如果每个工作者都有获得高技能、高工资工作的机会,一时的失业和低技能、低工资的工作就是可以被接受的。

对左派学者的批评主要集中于他们的四个观点:其一,高技术、高工资的磁性经济促进教育的发展。许多国家的经验证明,扩展教育特别是高等教育的结果是造成了新的人才浪费,在毕业的大学生中,只有极少数的人能够找到高技术、高工资的工作岗位。一些企业家认识到了人力资本对企业成功的重要性,但与此同时,还有许多企业家认为雇用低技能、低工资的劳动者也会给自己带来丰厚的利润。在大学生聚集的地区,高技能、低工资的现象同样盛行。其二,全员培训能够解决失业问题。从现实来看,高技术、高工资的经济发展路线,是以高失业率为代价的。所有的人经过培训都掌握了高技术,但是,高技术、高工资的工作岗位没有变化或很少变化,同样解决不了失业问题。在经济全球化的背景下,一国经济的增长并不能确保本国就业率的提升。这是因为,一国经济的增长很可能是进出口贸易拉动的,国内需求的增加或许是为另一国创造了就业机会,而不是本国。失业问题是西方社会的结构性问题,无论是新右派还是左派学者都没能解决失业问题。左派学者也没有提出足够的理据令所有人都能分享到教育投资和全员培训的好处。其三,收入的差异反映了劳动者自身的知识、技术和综合素质的差异。左派学者认为高技术应当有高工资,收入的分化是劳动者知识、技术和自身素质高低的反映。真实的情况并不是这样的,在许多国家,高知识、高技术并没有与高工资挂钩,收入与知识技术之间的关系会受到一个国家的文化、政治、经济和社会因素的制约。比如,日本人的收入水平建立在雇员为公司服务时间的长短和忠诚度的基础之上,而不是取决于雇员知识、技术水平的高低。其四,所有的社会成员都被保证有平等的机会发挥潜能和实现人力资本更新。左派学者提出,有必要扩大高等教育规模并建立终身教育体系,这样做从理论上看似乎为每个人提供了平等的受教育机会,强调了经济全球化对全体社会成员的提高素质的要求。但在实践中该怎样操作?事实证明,一味强调提高雇员的受雇水平反而增强了工作的不稳定感。在没有一定的物质条件和社会稳定的基础,仅强调个人竞争主义的文化背景下,偏重受雇能力的提高就会导致霍布斯所讲的"一切人反对一切人的战争"。地位竞争问题不解决,教育的"马太效应"就会愈演愈烈。因此,国家必须介入调节受教育机会竞争,这不仅是经济效益问题,而且是后福特主义经济时期的社会公正问题。左派学者认为,只要对教育和人力资本的培训进行适当的投资,就会减少社会不平等,这种想法也许是没有认识到隐藏在背后的权力、地位、受教育机会不平等这些事实。国家若不解决这些问题,就不可能实现高技术、高工资的后福特主义经济战略,也不能保证大多数社会成员都享有平等开发他们潜能的机会,实现人力资本的更新。

　　总的来看,当代全球化的中心逻辑就是市场逻辑,对于国家来说,要想独自制定一套教育与培训的新规则,保护国内劳动力不受国际竞争的强大力量的影响,几乎是不可能的。教育社会学研究者对全球化的思考是无法脱离市场逻辑的,建构一种全球化的教育理念和制度,是需要进行长期研究的。每个学者对于同一现象的关注,都是基于自己的理解力和知识结构,因此,全球化的理论探索就表现出不同的取向。但不管怎样说,全球化理论是多维度的、多视角的,并且对全球化问题的阐释也不能局限于过去的某一种理论。在当今的教育社会学研究中,不管是"新福特主义"还是"后福特主义"的理论陈述,都存在理论阐释的局限,但是,它们都是从经济学、政治学、教育学和管理科学等方面进行跨学科和交叉学科的探究,理论阐释并不限于"功能主义"或"冲突学派"。这是因为,教育社会学所研究的核心主题——现代性,已经成为全球性的问题,并且在各个方面都呈现出多元化的趋势。在这种背景下,教育社会学像其他社会科学一样,在越来越专门化的同时,其理论建设开始朝着"跨学科"和"整合化"的方向努力,这种景象已经初露端倪。

余 论

(一) 总结与反思

综上所述,可以很清晰地看到一条叙述逻辑线索:首先,教育社会学理论产生于西方社会对教育与现代性之关系的研究中。事实说明,现代性是教育社会学关注的核心主题,也是其理论建构的逻辑起点。教育社会学的三大理论取向尽管被界定为不同的范式,但它们都高扬"理性"的大旗,对教育与社会制度、教育与社会变迁、人的社会化以及知识社会学等问题进行研究和阐释。在现代教育社会学理论中,有关现代教育的起源、出现与发展的理论关注的是教育系统的分化,或教育功能专门化。这是一种理性化和科层化,它在理性和工具效率之间建立起了直接的联系。我们可以看出,现代教育体制(科层制)完全是现代性的产物,现代教育社会学理论都可以追溯到现代性这个源头。

其次,在后现代批评者看来,现代性工程已经不适合当今社会的发展要求,现代教育社会学理论的概念、范畴和解释方式应该被搁置,它们表达的是已经过去了的教育与社会和人的关系。那种工具理性的、规定性的、强迫性的、监控的、非人性的、对未来不确定的、统一的现代教育体系应当有所改变,我们应该转而研究教育与后现代社会的关系问题。所谓后现代社会,涉及一种社会制度和社会生活的重组方式;这些社会制度和社会生活方式于 20 世纪 60 年代晚期开始出现,它们主要是由信息技术、全球通信和服务部门的增长、消费主义和金融市场中交换关系的膨胀以及文化多元主义的增长所构成。① 在后现代社会中,教育应当通过为人们提供人与人之间新型的巧合(coincidence)而开拓出创造性的新天地。就学校和课堂而言,教师和学生不受教条主义束缚的一大好处是,他们能够建立新型的师生关系,即教师和学生之间的一种互惠式教学关系,而不是像从前那样的传授式和控制式关系。过去的教学关系把大家愈发禁锢在各自主体的囚笼里,个人找不到历史、哲学或语言的手段来与他人建立深刻的、有意义的

---

① 〔英〕尼格尔·多德:《社会理论与现代性》,陶传进译,社会科学文献出版社 2002 年版,导言。

联系,丧失了与人亲密交往的能力。① 从后现代理论对现代性的批判来看,可以把现代性和后现代性看作同一规范工程中的两个对立方面。正如吉登斯所认为的,后现代性并没有使现代性发生断裂,而是一种"高"现代性或现代性的一种延伸。实际情况也就是这样,因此,教育社会学理论经历了后现代主义学者的"解构"之后,反思性代替了理性,重组代替了建构,多元化代替了"中心说"。

再次,当后现代教育社会学理论成为一种思潮时,全球化的趋势已经在所有的人文和社会科学领域出现。全球性可以被看作现代性向全世界的一种扩展,是西方文化向非西方世界的传播,西方的教育理念和制度向非西方国家的灌输和移植。这种现象尽管出现很早,但是成为学术研究特别是教育社会学研究的焦点则只是晚近的事情。这使得以田野调查为主的教育社会学研究面临升级和扩展的困境,过去的理论无力再解释全球化现象,新的理论还没有建立起来。于是,人们只能尝试根据"全球化现象"谨慎地提出自己的观点和主张。"新福特主义"和"后福特主义"力图阐释全球化背景下的教育与经济发展之间的关系,但都有自身无法克服的"短板"。后现代主义和女性主义对现代性的批判,使西方文化权威消失,这才有了诸多的"新"理论开始阐释"全球化"现象。教育社会学开始将目光转向"教育的全球性与地方性的关系问题""文化的传播与重新选择的问题""教育在国际竞争中的地位与作用问题""知识创新与制度建设问题",以及"人力资本的更新与适应问题"等。这些研究,已经开始生成不同的论点和阐释,新型的教育阐释学或阐释学教育学正在形成②,也许它属于新的全球文化阐释学的一部分。全球性问题已经使任何一门人文学科和社会科学的独自解释面临困境和变得无助,它的扩展带来的是"整合性"的理论思考和强化了的全球现代性意识,以及跨越学科的具有批判意味的"大阐释学体系",这种理论也许能更贴切地说明全球化现象,但要走的路还很长。

最后要强调说明的是,本章将教育社会学理论建构的核心主题确定为"现代性",大大拓宽了原有的学科界限。教育与社会之关系的研究在传统上是规范的、应然的和实用主义的,这就限制了教育社会学与其他社会科学学科,特别是与社会学之间的联系。而"现代性"却是社会学、政治学、经济学、人类学和文

---

① 〔加〕大卫·杰弗里·史密斯:《全球化与后现代教育学》,郭洋生译,第198—199页。
② 同上书,第88页。

化学等社会科学研究的共同主题，这样，教育社会学就容易与这些学科发生联系，也能从这些学科的研究中获得养分，使得研究领域多元化和日常化，极大地丰富自身的知识体系和经验研究。

（二）转向与回归

其实，自 20 世纪 80 年代以后，教育社会学研究始终围绕着对"现代性"进行反思这一主题展开，无论是宏观领域的教育与现代社会结构、社会秩序和社会变迁的研究，还是微观领域的教育知识社会学研究、课堂互动与班级人际关系研究、家庭背景与学生教育获得研究，都呈现出快速增长的趋势；在中观领域，将学校作为一个社会组织进行研究，又形成了学校社会学这一分支学科。随着学科研究领域的拓宽，与社会学的联系变得更加紧密，极具社会学特征的批判的教育社会学成为主流。在这一时期，最有影响力的学者是布迪厄、福柯、弗莱雷等人，他们的作品都涉及对现代性整体的反思与批判。

需要说明的是，教育社会学兴批判之风并形成一个批判的教育社会学阵营，是源于马克思对现代性——资本主义制度及相应的意识形态的批判，以及结构主义的马克思主义者阿尔都塞对教育功能的解释（他将教育看作国家意识形态的统治机器的一部分，社会生产关系的再生产是利用国家机器中的国家力量实现的）。之后，鲍尔斯、金蒂斯二人持马克思的观点和结构主义的学说，对资本主义制度下的美国学校教育进行了剖析，指出教育是国家的一部分，是受国家基本的经济与社会制度束缚的。而马克思主义学者葛兰西（Antonio Gramsci）提出了"文化霸权"（cultural hegemony）概念，将注意力集中到了学校教育的文化选择和传递上。此后，迈克尔·阿普尔引用这一概念探讨了学校教育与国家权力之间的关系。正如他所说的，霸权既是话语的（discursive），又是政治性的。它包括有权界定社会需要的"合法性"、有权界定社会形势的权威性，还包括有权界定什么是被认可和不被认可的"合法化"知识。由此，阿普尔问道："谁的知识最有价值？"而这涉及学校课程知识由谁来选择、如何组织、如何教、如何评价，以及谁应当提出和回答这些问题。① 对教育与现代性的多元批判断断续续进行了十几年，教育社会学已经将自己学科的特质看作批判的或者政治的，学者也认同

---

① 〔美〕阿普尔等：《国家与知识政治》，黄忠敬等译，华东师范大学出版社 2006 年版，第 5—7 页。

自己是批判者。但是在东欧剧变以后,批判的教育社会学与社会学批判学派一样,突然就集体沉默了。

进入 21 世纪,一些复苏性的研究慢慢又出现了。由于现代性使社会和人的活动日益碎片化,片段和细节对人的影响和制约甚至是控制开始吸引批判的教育社会学者。于是发生了批判对象的转变,一种反"整体性"、反"事实"的研究方法出现,人们热衷于从小数据、小事实和小事件中去重新发现事实,寻找特殊性与普遍性的关系、微观与宏观的关系。许多研究发现,学校教育中一直存在着被忽视的特殊弱势群体和特殊的小群体,这对他们是不公平的。因此,这样的批判提醒学校教育避免利用常态化、均化和整体化伤害这些特殊群体。这样的做法,也符合社会学是对个体与社会之间的关系以及差异性后果的系统研究这一界定。[①]因此,关注由现代性带来的社会、文化、群体和个体的差异性、碎片性成为当代批判的教育社会学研究的趋势。

当今的批判的教育社会学研究者,已经不再是激进的、革命的、愤怒的一代人,他们与上一代研究者最明显的区别就是将"批判"看作研究。他们也不再将自己的研究看作有用的或能解决现实问题的,而是看作严谨的、符合学术规范的、回答学术问题的一项学术志业。研究者有着极强的反思能力,认为从以往的研究教训看,致力于解决现实问题的研究是功利主义的,甚至是文不对题的。造成这种情况不外乎有四种原因:一是学术研究与现实问题都有各自的脉络和遵循的规则;二是研究者是受学术训练的,并不是现实问题的当事人或经历者;三是按照学术规范做研究,其结果是回答或验证、解释最初的问题假设;四是研究已经从现实问题中"脱域"[②],而研究者最终的研究结果主要是要受到同行的评价。如此来看,研究者科学规范地做好自己的研究才是本分,而研究的成果是可以为实践者或解决问题者提供应用的参考依据与可能的解决之道的。这样看来,对那些理论家来说,很多人具有改革社会和批判社会不平等的理论抱负,如今多多少少又开始回归学问了。

---

① 〔美〕乔恩·威特:《社会学的邀请》,林聚任等译,北京大学出版社 2014 年版,第 35 页。

② 研究的脱域(disembedding)问题是指,研究者的社会关系从互动的问题情境关联中,从经由对不确定的时间无限穿越而被重构的关联中"脱离出来",而成为分化或功能专门化的专业系统。参见〔英〕安东尼·吉登斯:《现代性的后果》,田禾译,译林出版社 2000 年版,第 18—19 页。

【思考题】

1. 为什么说现代性是教育社会学理论建构的逻辑起点与核心主题?

2. 后现代教育社会学的主要观念是什么?

3. 全球化对教育社会学的研究构成了怎样的挑战?教育社会学是怎样回应的?

4. "现代性"是批判的教育社会学产生的主要原因吗?请简要描述一下其理论渊源和历史演变脉络。

5. 案例分析:通过学校,国家的主流意识形态和现代性的观念被传递到地方,哪怕是最偏远的乡村。有学者曾对乡村学校做了以下描述:"围墙内侧几乎贴得不留隙地的各种标语,使国家(现代性)主流意识形态的话语闯入你的眼界,而学童们震耳的齐声朗读,使得这种话语生出声色。从操场眺望可以看见不远处的荒山,与学校比邻而显得有些凌乱的农舍,对比之下使你感到这小学就是在自然散漫的村居中人为设置的国家环境。"(李书磊:《村落中的"国家"》,浙江人民出版社1999年版,第7页。)

请结合个人的教育经历,思考一下学校场域中的现代性与地方性(民族性)的关系,现代性的观念是怎样被接受并在你的行动中发挥作用的。

【推荐阅读书目】

汪民安、陈永国、张云鹏主编:《现代性基本读本》,河南大学出版社2005年版。

该书收集了与现代性有关的经典作品六十余篇,有助于我们把握一些经典人物关于现代性的核心观点。《步入现代性》这篇导言,更是有助于我们理解现代性的基本面貌。

〔美〕瑞泽尔:《后现代社会理论》,谢立中等译,华夏出版社2003年版。

与后现代主义有关的社会理论内容庞杂,有些甚至晦涩难懂,瑞泽尔却为我们展示了一个清晰连贯的脉络。相信该书所呈现的一些观点可能挑战我们固有的教育观念。

〔英〕拉雷恩:《意识形态与文化身份:现代性和第三世界的在场》,戴从容译,上海教育出版社2005年版。

该书力图探讨三个重要概念之间的联系,即意识形态、理性和文化身份,这是目前现代性和后现代性讨论中的核心问题。作者的思想在与第三世界的现实展开对话中体现出来。

〔美〕迈克尔·W. 阿普尔:《文化政治与教育》,阎光才译,教育科学出版社 2005年版。

该书聚焦于教育与经济、政治和文化权力之间的复杂关系及运作方式,以社会学的理论分析了美国教育为何处于危急之中。作者抨击了保守主义和右翼势力控制美国教育话语权及其主导的一系列教育改革,如教育市场化和商业化。

〔美〕迈克尔·阿普尔:《官方知识:保守时代的民主教育(第二版)》,曲囡囡、刘明堂译,华东师范大学出版社 2004 年版。

在西方社会,批判的教育社会学之所以关注课程,是因为课程设置中充斥着种族主义、性别歧视以及阶级偏见等不平等的社会现象。为此,这部书的作者建议通过适当的政治途径和社会运动,而不是通过教育者或研究者的工作,来减少和减轻体现在这些方面的偏见、歧视与社会的不平等现象。

朱洵:《西方教育社会学近著导读》,社会科学文献出版社 2015 年版。

这是一部对教育社会学领域新近发表的成果进行解读和引导的作品,主题依然是"教育与阶级、种族和性别的不平等关系",作者分别从"批判、理论、问题、政策、改革"这五个方面展开介绍。引人注意的是,一些文章讨论了"'反'实证主义方法论"和"反事实研究",并由此区分了"'传统的'批判的教育社会学"和"'新的'批判的教育社会学"。这对我们把握教育社会学的动态和研究转向很有帮助。

第七章

从研究问题看教育社会学的
话语实践与解说体系①

引　言

在本章,我将教育社会学研究的各种问题整理成如下几个方面(问题丛)进行讨论。从对问题的各种回应可以看出,虽然教育社会学研究围绕"教育"展开,但由于其与社会学的特殊关系,对社会学的问题是不能回避的,理应像经济社会学、文化社会学和法律社会学一样,从自己学科的角度回答社会学问题。因是之故,本章先由外围的问题如社会学的问题到社会学中的教育问题,逐渐聚焦到学科核心领域的研究问题,即教育中的社会学问题上。不论是传统的教育社会学还是现代的教育社会学,不外乎都是围绕着这些问题丛展开讨论的,随着研究的深入和分化,形成了不同的话语实践和解说体系。为了便于理解和厘清教育社会学问题和解说体系,我将每一问题丛分成古典的、现代的和当代的话语实践。当然,这一划分并非根据历史学编年法,也非纯粹按照时间,而是根据教育社会学学科发展史的脉络归纳出来的。这样划分是否合适,我认为可以进行商榷,但本章的重心并不在此。下面分而叙述。

一、社会学的问题

(1) 古典社会学问题:什么是一个好的社会? 一个好的社会如何得以维持?

---

① 本章为 2016 年北京大学教育社会学暑期课程讲义,全文发表在《清华大学教育研究》2016 年第 6 期;有修改。

可以说,社会学起源于对这些问题的思考与回答。面对这些问题,早期的社会思想家给出的是不同的答案,诸如柏拉图在《理想国》中提出,一个好的社会是由哲学家统治的由最好的公民组成的社会,只有哲学家的智慧与政治权力合而为一,才能管理好国家并让好的国家维持下去。柏拉图认为,教育的最高乃至最终的目的,是根据天赋能力造就具备最高智慧,能够管理好国家、公民个人和他们自己的哲学家。这个学说无疑是促进西方社会能人统治的一个主要动因。亚里士多德在《政治学》中写到,一个好的社会应是由类似今天的中产阶层的公民所组成的共和政体,公民的素养和善德是维持一个好的社会所必需的品质。至于教育,主要应在公民的天赋、习惯和理性上循循善诱、向善而为,即实行公民教育。孟德斯鸠在《论法的精神》里认为,一个好的社会是实行君主立宪制或共和政体的社会,由于行政、立法和司法的分权制衡限制了专制权力,人们摆脱了对专制政体的恐惧并拥有了真正的自由。然后通过教育培养人民热爱自己的国家,热爱法律与自由,将公共利益置于个人利益之上,这样个人方成为公民。只有这样做,这个社会才得以很好地维持下去。[①] 托克维尔在《论美国的民主》中十分推崇美国的这种由温和的公民构成的共和制度,他认为尽管政府的形式是代议制的,但人民的意见、偏好、利益甚至激情对社会的经常影响,都不会遇到顽固的阻碍。这种共和制度怎么能继续存在和繁荣呢?答案是民主立法的制度和美国的公共精神。[②] 当然还有美国的国民教育,如美国人总会把公共生活的习惯带回到私人生活之中。在他们那里,陪审制度的思想,在学生的游戏当中就有所体现;而代议制的方法,甚至被学生们用去组织宴会。[③]

　　上述这些早期的社会思想家对古典社会学问题的回答确定了社会学的学科基础和思考方向,宽泛而言,所有社会学家的著作,其实都是在努力回答这些问题,只是各自采取了不同的视角、思考路径、方法和理论而已。诸如,涂尔干的回答开启了社会学实证主义的方法和结构功能主义的思考路径;马克思的分析将社会学引向对社会现实的批判和阶级冲突理论的激进取向;韦伯的人文主义将社会学带进了人的社会行动的微观世界,并形成了拥有最多元理论思考的解释学派。

① 〔法〕孟德斯鸠:《论法的精神》,张雁深译,商务印书馆 2006 年版,第 23 页。

② 〔法〕托克维尔:《论美国的民主》(上卷),董果良译,商务印书馆 1996 年版,第 263—271 页。

③ 同上书,第 354 页。

(2) 现代社会学问题:何谓现代性? 现代性是社会变迁的主要动因吗? 但凡翻开社会学理论书就可以发现,现代社会学大理论都发端于对这些问题的回答。对于法兰克福学派来说,现代性是指文化工业以及由此而持续扩大的理性化。他们认为马克思的批判重心放在了现代性的初期阶段,那时工业社会中的经济关系是促发社会变迁的根本动因。而现代社会最重要的方面正由经济转向文化,即文化工业,人们更可能被其所控制。人们在解放了自己的同时又被囚禁在文化工业各种元素所形成的现代性"铁笼"之中。教育的作用是帮助完成由文化工业向知识工业的转变,协助文化工业培养技术专家的思维,而且在过程中压抑理智,充当加固"铁笼"的帮凶。在哈贝马斯眼里,现代性是"生活世界的殖民化"(colonization of the lifeworld),这让生活世界里的沟通变得越来越僵化、困窘、片段;生活世界本身也被推向崩溃的边缘。解决之道在于,生活世界及系统都必须以各自的方式理性化。教育应当培养理性化的人,即受教育的人能够自由、开放沟通,让更好的论辩主张被采用,然后实现系统理性化。只有这样,生活世界与社会系统才可以相长,进入理性化世界。吉登斯将现代性视为一种难以驾驭的庞然大物(juggernaut),它引发的社会变迁是巨大的,现代性会无情地铲平横亘在它面前的所有事物。人们虽然试图驾驭它,但它根本不会受到人们的控制。由于时空观的改变,居住在现代世界的人们只好被迫发展出一种对系统以及控制并操作系统的人的信任感,同时也产生了不安全性和风险。教育的作用在于提高现代社会的人具有的反身性思考的能力,能时时检视大的议题如核子技术、生态危机和基因研究,以及世俗性的日常生活活动。鲍曼提出,现代性是一个从起点就开始"液化"的过程,溶解液体中的"固形物"。这就是说,现代性就是将对立的文化不加选择地快速抛弃或碎片化,对生活世界的殖民就是现代性的推动力。[①] 为了解决生活世界被殖民的难题,教育的作用在于培养现代社会的专家和专家知识。而碎片化的社会使得专家知识也只能通过零碎的方式对社会整体性的发展做出贡献。由此来看,现代性一方面在改变多元文化的传统社会;另一方面,多元文化的传统社会也在借助现代性发展自身的文明。近一个世纪以来,文明之间的不同和差异反而加深了,矛盾和冲突构成了今日世界难以解决的问题。

---

① 〔英〕齐格蒙特·鲍曼:《现代性与矛盾性》,邵迎生译,商务印书馆 2003 年版,第 15—16 页。

（3）当代社会学问题：文明的冲突是源于现代性还是文化的多样性？这个问题是由亨廷顿（Samuel P. Huntington）在《文明的冲突与世界秩序的重建》一书中提出来的，但在他之前，很长时间里社会学家都在思考现代性与文化多样性之间的关系，即多元文明与现代性难以兼容以及文化之间的不可通约性所引发的各种冲突和矛盾。[①] 从他所列的参考书，就可以看到有库恩和波普尔这些社会科学家的思想，还有涂尔干、韦伯这样的社会学家的著作，以及当代社会科学家的论著。但不管怎么说，亨廷顿汇总了这一历史时期人们关注和研究的焦点问题——文明的冲突。从构成这个焦点问题的层次上看，这种冲突与矛盾既可以是全球范围内的，发生在不同文明之间，也可以是一国之内的，出现在不同文化的民族之间、阶层之间、群体之间，甚至可以是社会个体心理层面的，表现在不同文化对于认同和印记的差异上。

在全球视野中，亨廷顿发现，"在这个新的世界里，最普遍的、重要的和危险的冲突不是社会阶级之间、富人和穷人之间，或其他以经济来划分的集团之间的冲突，而是属于不同文化实体的人民之间的冲突"[②]。亨廷顿认为，"在冷战后的世界，文化既是分裂的力量，又是统一的力量。人民被意识形态所分离，却又被文化统一在一起"。所以，遍及世界大部分地区的宗教复兴正在加强这些文化差异。因此，他所称的当代世界文明的冲突源于文化的差异性。[③] 基于对文化差异的认识，联合国教科文组织倡导开展尊重多元文化差异的教育，实现全球和平。但教育如何处理全球化与多元文化之间相融或非此即彼的关系问题，至今尚在探索之中。

从国家的视角看当代的文化冲突，移民的、多民族的国家，一直存在着或潜藏着文化差异与冲突的问题。因此，对于任何一个现代国家来说，对多元文化的同化与整合就成为必需的政治手段。在美国，教育一方面存在着种族歧视，另一方面又在实行"大熔炉计划"。为了保护族群文化和获得文化尊重，20 世纪 60

---

① 雷纳·鲍姆（Rainer C. Baum）检验了一系列可以得到的关于"不变性的假设"的证据后，得出如下结论："人们不断地寻求有意义的权威和有意义的个人自主的情况，发生在各种独特的文化模式中。在这些方面不存在走向跨文化的同质化世界的趋向。相反，在发展的历史阶段和早期现代阶段以独特形式发展的模式中似乎存在着不变性。"见〔美〕塞缪尔·亨廷顿：《文明的冲突与世界秩序的重建》，周琪等译，新华出版社 2002 年版，第 68 页。

② 同上书，第 7 页。

③ 同上书，第 7—8 页。

年代,非洲裔美国人开展了多元文化教育,旨在推动学校课程尽快纳入非洲和非洲裔美国人的历史及文化。由于过分强调族群意识和文化保护,抗拒被同化,结果因非洲裔学生无法融入美国主流社会而不得不以失败告终。① 这进一步促进了美国教育消灭差异实现同化的历史进程,并成功地将所有的人纳入了"美国梦"。

从社会个体心理的角度看文明的冲突,其实它反映了人们内在的心理逻辑以及由差异带来的冲突。作为心理逻辑,它既反映了人们的认知过程、心理活动过程,又反映了人们特有的个性心理品质和内在结构化的东西。根据心理逻辑的不同,如果粗略地分,可以将地球人分为东方人与西方人。曾经有学者对这个问题做了专门的研究,总结出了东方人与西方人由于心理逻辑不同而存在的50种差异,具体表现在人的观念、态度、做人、行事、情感、生活等方方面面。② 美籍华人学者孙隆基认为,中国人的心理逻辑不同于西方人甚至不同于近邻的日本人,如中国人对二人或群的态度是"贵人而贱己,先人而后己","推己及人"。与人交往是"内外有别",人际关系是"差序格局"。③ 这与西方人的个人权利优先、法治约束、公共空间和团体格局是完全不同的,因此,东西方人通过接触常常会发现对权利、道德以及社会问题的看法存在差异。很长时间里,各国的教育改革都在适应寻求对话这一国际化趋势,突破不同文明间的对话与交流的文化差异障碍和心理定式将会有效地缓解现存的紧张与冲突。

二、社会学中的教育问题

(1) 古典社会学中的教育问题:什么样的教育有利于社会秩序的形成和维持? 也就是教育应当为社会培养什么人的问题。对这一问题的回答最早出现在古典哲学中,但凡翻开经典就可以看到古希腊的哲学家都在思考这一问题。苏格拉底认为,没有经过教育的人的生活是未经省察的,这样的生活就不会有善,也就是缺乏正义和美德。因此,教育是培养具有社会善的人。而柏拉图将注意力放到了培养社会精英的教育上面,认为良好的社会秩序是靠精英管理和维持

---

① 〔美〕威廉·F.派纳、威廉·M.雷诺兹等:《理解课程》,张华等译,教育科学出版社2003年版,第368—369页。

② 参见秦培龙:《东方人与西方人的50个思维差异》,哈尔滨出版社2009年版。

③ 参见〔美〕孙隆基:《中国文化的深层结构》,广西师范大学出版社2004年版,第64—83页。

的,教育应当根据天赋能力为社会培养高级管理者和统治者。系统地回答了这个问题的是亚里士多德,他在《政治学》里提出了道德教育是保证良好社会秩序的前提,教育的目的就是为社会培养具有美德和教养的社会公民。德国哲学家康德也非常重视道德教育,他认为人应该按照道德原理养成道德社会所需要的性格,因为这是建立一个理想的政治社会所必需的过程,他对此解释说:"因为有些按照对道德律的理解行动的人,从而也想要有一个使所有理性的人的自主性都得到尊重和实现的事态,这样一种事态就是有着与道德要求一致的法律的政治社会。"①在洛克看来,教育在本质上是我们现在所称的道德教育,它的目的是培养德行,即让儿童从小学习自己国家的习俗和生活方式,适应这个社会对一名青年的要求,这样社会就会有序。因此,从这方面说,教育的目的是培养17世纪的青年绅士。

而将这一问题纳入早期社会学思考的应是法国社会学家涂尔干。在他看来,社会秩序其实就是道德秩序,两者之间有着密切的关系。这是因为,在社会发生变迁时,道德的内容和性质会有所变化。因为道德来自人类的共同生活,正是这种人类生活使我们从自身中摆脱出来,迫使我们考虑自身以外的他人利益,并使我们学会支配自己的情感和本能,学会用法律来控制自己的情感和本能,学会约束自己、克制自己并做出自我牺牲,学会使我们个人的利益服从更高的整体社会利益。② 因此,通过道德教育,我们就会成为康德所描绘的一个所有能力都得到完美发展的人。涂尔干所说的这种道德区别于宗教道德和世俗道德,因为宗教道德以神学旨意凌驾于个人与社会之上,而世俗道德是一种为个人谋幸福的功利主义。因此,这两种道德都不是学校教育所要承接的。真正的道德教育是为了满足社会需求,即教育应当根据社会的需要来塑造个体。这一社会事实其实已经得到历史证明,也就是道德与社会本性紧密关联的事实。通过涂尔干关于道德教育的论述,以及对教育的性质与功能的分析,我们有理由相信涂尔干谈到的教育的目的是人的社会化,其实就是人的道德化。

(2)现代社会学中的教育问题:教育正在趋向民主化吗?民主化运动又促进教育发生了哪些改革与改变?据西方社会学史资料记载,民主化运动起源于

---

① 参见〔英〕乔伊·帕尔默主编:《教育究竟是什么? 100位思想家论教育》,任钟印、褚惠芳译,北京大学出版社2014年版。

② 〔法〕爱弥儿·涂尔干:《道德教育》,陈光金等译,上海人民出版社2001年版,第313—314页。

西方社会，是西方文艺复兴运动和启蒙的产物，以追求人的权利、自由和平等为鹄的。在这一运动中教育起到了重要的作用。正如美国民主进步教育运动之父杜威所说，"由于民主社会实现了一种社会生活方式，在这种社会中，各种利益相互渗透，并特别注意进步或重新调整，这就使民主社会比其他各种社会更加关心审慎的和有系统的教育"。从更加广泛的意义上看，"民主主义不仅是一种政府的形式，它首先是一种联合生活的方式，是一种共同交流经验的方式"。在一个民主社会里，大家都接受教育，培养自己自愿的倾向和兴趣才能抗拒和否定外部权威的压制，各社会群体之间才能更加自由地相互影响。① 由此看来，基于平等、公平观念的民主化运动促进了教育走向民主化和平民化，这也是 20 世纪以来西方社会学校教育迅速普及的根本原因，这比什么读经运动及工业化发展需要有知识和技术的工人之类的理由更充分。面对教育的普及和发展，美国社会学家帕森斯在《当代社会体系》一书中指出，最近有一种教育革命（民主化运动），其重要性和 19 世纪与 20 世纪的社会民主化运动及工业革命一样，使原有的受教育机会极大地增加了。但是，纵使机会是均等的，学生成就上的差别仍是不可避免的。成就上的差异还是取决于能力、家庭偏好和个人动机。正是教育成就上的差异决定了一个人在社会职业结构中的收入、地位与声望。结果是，在教育推进民主化之后，即达到一种普遍的教育公平时，却带来了新形态的不公平。但是，这种不公平是人们能够接受的，精英经过层层教育选拔获得了高的社会经济地位。于是，民主化社会就变成了一种能人（英才）统治的社会。② 因能人统治的社会涉及社会流动和社会分层问题，人们自然会关注社会流动的开放性和公平性。通过布劳—邓肯（Blau-Duncan）的路径分析，人们已经发现现代社会的家庭阶级背景对学生的受教育机会和文凭获得有着越来越重要的影响。与此同时，教育与学生首次职业获得特别是收入的联系也越来越紧密。教育对个人的重要性不言而喻，这就导致在受教育机会增加后，人们将对教育不平等的关注转移到了教育的过程和结果上。

（3）当代社会学中的教育问题：教育是推动社会进步的力量吗？教育能实现社会整合的目标吗？前一个问题是动态社会学的，美国早期社会学家沃德曾

---

① 〔美〕约翰·杜威：《民主主义与教育》，王承绪译，人民教育出版社 2007 年版，第 97 页。
② 谭光鼎、王丽云主编：《教育社会学：人物与思想》，华东师范大学出版社 2009 年版，第五章。

经在《动态社会学》一书中将教育看作推动社会进步的力量。[①] 后一个问题是静态社会学的,斯宾塞、涂尔干、帕森斯等人都将教育看作整合社会的力量。我们知道,今天的社会学已经将发展与秩序放到一个体系中了。所以社会进步涵盖了发展与秩序,具体衡量它涉及一个综合指标,即除上文已经提到的"一个好的社会如何得以维持?"及教育与人的道德发展(社会化)的关系外,主要还应包括与经济发展和政治发展的关系这两个方面。

首先,教育促进经济发展的观点主要源于美国经济学家、芝加哥大学教授舒尔茨提出的"人力资本理论"。该理论将教育看作一项投资人力的事业,对人的投资(即人力资本投资)包括教育与培训支出、健康与保健支出、劳动力国内流动及移民入境的支出等,因为提高人口的质量会对个人产生持续的影响,继而对国民经济的发展做出贡献。[②] 该理论提出后,许多研究者进行了实证研究,纷纷证明了教育投资对于经济发展的积极作用。而人力资本理论被实证研究证明的另一个结果是,各国都将该理论作为本国教育发展规划的一个理由和依据。当国家将巨大的资金投入教育时,结果却是急剧增长的成本、低质量、教育与经济不匹配造成的人才供需失衡、毕业即失业、预算赤字以及政府资助教育的能力受到严重影响等问题。[③] 因此,在 20 世纪 70 年代,制度经济学及新制度经济学都对这一理论提出了质疑和批判。批评者认为,教育培养人的能力继而促进生产效率的提高,还应当考虑到是否与个人从事的工作相匹配,这同时受到社会制度、工作环境、企业结构、管理方式等各种因素的影响。所以到现在,在制订教育规划时,人们开始综合考虑教育的发展问题,也因此明确了教育促进经济发展并不是单方面发挥作用的。

其次,教育促进政治发展早期已为涂尔干、马克思、韦伯等社会学家所重视,其后又被许多研究者论证。检索当代文献,大致可将观点归纳为以下三个方面:①学校是政治社会化的主要机构,目标是让所有的年轻人通过系统的教育融入国家的政治文化[④];②学校是选择及训练政治精英的主要机构;③教育有协助达成政治整合及树立国民政治意识和国家文化认同的目标以及功能[⑤]。最近几十

[①] 钱民辉:《教育社会学概论(第三版)》,北京大学出版社 2010 年版,第 37 页。

[②] 厉以宁主编:《教育经济学研究》,上海人民出版社 1988 年版,第 465—467 页。

[③] 〔法〕雅克·哈拉克:《投资于未来:确定发展中国家教育重点》,尤莉莉等译,教育科学出版社 1993 年版,第 25—26 页。

[④] 参见谭光鼎:《教育社会学》,台湾学富文化事业有限公司 2010 年版,第 125—129 页。

[⑤] 转引自羊忆蓉:《教育与国家发展》,台湾桂冠图书公司 1994 年版,第 76 页。

年,出现了与整合政治相对的"身份政治"(identity politics)这一概念,这主要是受现代社会人们多元身份的影响,包括个人、移民和难民、妇女、男女同性恋者、语言、民族、文化、地区,以及宗教少数派、民族国家体系中的国家、原住民,还有非洲文化和反对西方文化霸权的宗教。身份政治所涉及的政治活动范围,涵盖一系列斗争,旨在以适当形式让身份在法律、政治以及宪法方面获得承认和接纳。① 无疑,这样的身份政治对教育也提出了新的挑战。教育是会促进身份政治的合法化,还是会消解身份政治以实现多元整合呢? 前一个问题并没有得到文献上的支持,而后一个问题的相关文献则汗牛充栋。在西方社会,人们多支持在尊重文化差异的基础上的整合模式,代表作如《社会中的多元主义:在多元化的美国创建一体化》②;中国社会则强调教育促进文化融入与整合,具有代表性的是滕星的"多元文化社会与多元文化整合教育"学说③。从这方面看,一个普遍的现象是,教育的政治功能更侧重社会整合,或更倾向保守。

三、教育中的社会学问题

(1) 古典教育中的社会学问题:什么知识最有价值? 对这一问题的探索和讨论源于古希腊的哲学诸家,而在随后的人类历史中,科学知识、技术的发明创造,使人们在认识自然、改造自然以及获取人类的利益方面越来越突出,并日益主宰人类社会的历史进程。因此,17 世纪英国著名哲学家弗兰西斯·培根系统地研究和总结了人类知识进步的历史,提出了"知识就是力量"这一著名的格言,充分彰显了人类的理性精神、科学精神和实践精神。而在教育中专门探讨这一问题的是英国社会学家斯宾塞。19 世纪是科学知识爆发的世纪,也是各种知识滥觞的世纪。然而,学校教育竟然以与世隔绝的古代语言和古代著作为主导,这种教育以培养完美的个体为终极目标。但是,科学知识已经改变了社会的需求和人们的生活方式,这种格格不入的教育显然在阻碍社会的发展。在这种情况下,斯宾塞以"什么知识最有价值"发问,分析并据理批评了当时传统教育的保守、无用,痛斥学校中教的知识只是为了个人炫耀,而不是为了实用,不是为了

---

① 〔英〕詹姆斯·塔利:《身份政治》,载〔美〕特伦斯·鲍尔、〔英〕理查德·贝拉米主编:《剑桥二十世纪政治思想史》,任军锋、徐卫翔译,商务印书馆 2016 年版,第 441—453 页。

② 参见〔美〕肯特·科普曼、李·哥德哈特:《理解人类差异——美国的多元文化教育》,滕星、朱姝等译,中央民族大学出版社 2011 年版,第 467 页。

③ 哈经雄、滕星主编:《民族教育学通论》,教育科学出版社 2001 年版,第 558 页。

满足社会的真正需求。之后,他在著作《教育论》中,通过类比举证,用"科学知识最有价值"回答了这一问题。诚如斯宾塞所说:"这是从所有各方面得来的结论。为了直接保全自己或是维护生命和健康,最重要的知识是科学。为了那个叫作谋生的间接保全自己,有最大价值的知识是科学。为正当地完成父母的职责,正确指导的是科学。为了解释过去和现在国家生活,使每个公民能合理地调节他的行为所必需的不可缺的钥匙是科学。同样,为了各种艺术的完美创作和最高欣赏所需要的准备也是科学。而为了智慧、道德、宗教训练的目的,最有效的知识还是科学。"①在斯宾塞等人的推动下,学校教育的改革无一例外地把科学和技术的教育提到首位,使其在课程中占有较大的比重,增设科学教育的选修课,在课程计划中增加若干科学教育方面的新学科。特别是 20 世纪以来,在规划未来教育时,许多国家都把科学和技术列在议事议程上。例如,美国在科学技术教育方面可谓不遗余力;有人文教育传统的英国也开始将科学教育列入核心课程;法国则加强了科学技术教育目标,并将其实实在在地体现在各级教育改革方案中;北欧一些国家,如丹麦、瑞典,还有许多发展中国家,都将振兴科学教育作为发展民族经济和促进社会进步的必由之路。② 在 20 世纪初,中国兴起的新学潮也都是以西方的科学技术为主导,从最初的器物层次,再到制度的移植和建立,逐渐形成了如今的现代国民教育体系。由于科学能够促进生产力的提高从而大大加快经济发展的速度,因此成为评价教育的价值和大学水平的重要标准。

(2) 现代教育中的社会学问题:人的知识最有价值? 人是万物之尺度,这在古希腊哲学中得到了充分肯定。西方文艺复兴运动以来,人文主义兴起,教育也由神学统治走向了世俗化,成为人的教育。但是在科学主义盛行的时代,教育开始由人的教育走向了实用主义、国家主义与科学主义的教育。由于科学主义教育忽视了人的价值理性、道德性和精神性的发展,不仅让教育堕落成一种实用主义的工具,而且让接受教育的人成为工具理性的操弄者。再加上人们对科学主义的崇拜,也导致社会上普遍存在物质主义和科学拜物教。这样的社会加速了分化,但是在处理整合即社会秩序的恢复与重建上却出现了问题,这个问题归根到底是人的问题。于是,在 20 世纪 30 年代,西方社会兴起了一股永恒主义教育

①　〔英〕赫·斯宾塞:《什么知识最有价值》,载任钟印主编:《世界教育名著通览》,湖北教育出版社1994 年版,第 823—839 页。

②　李玢:《世界教育改革走向》,中国社会科学出版社 1997 年版,第 72—73 页。

思潮,其代表人物有芝加哥大学前校长哈钦斯(Robert Maynard Hutchins)、哲学教授阿德勒(Mortimer J. Adler),以及保守主义者麦基翁(Richard McKeon)和布坎南(Scott Buchanan)等,他们共同开启了科学与人文主义之争,这贯穿了整个20世纪。"永恒主义者强调,教育的中心应该是体现在'名著'之中的西方伟大传统和智慧,而它们之所以重要,是因为可以给人们提供一个关于人性、人的价值、人的命运的永恒的真理,可以引导我们解决当前社会存在的问题,并可避免错误与混乱。永恒主义者认为,虽然不能绝对排除科学和科学方法,不能将它们从学校的课程中全部勾销,但它们必须从属于人文主义的传统并要采用获得真理的理性的方法。"[①]这样的提法无疑是智慧的,只有人的知识,即人的理性和心智成熟及道德约束,是决定人们如何正确使用科学的关键。如果人被科学所奴役和驱使,那么科学就有可能危害别人和社会。德国法兰克福学派的马尔库塞就曾经说过,在科学带给人们越来越多的便利和先进的同时,其对人所造成的种种限制也随之建立起来。在科学拜物教的社会,最终只有物质生活,人们都追逐物质利益,而没有精神生活,更缺少精神追求,人人就都变成了单向度的人。所以,在现代社会里,科学正与商业和资本结合起来,强迫人们改变生活方式,人们之间的关系不再是由规范、道德和价值观所决定,而是通过交换价值或有用无用来确立,社会交往的活动领域已经物化。这就是哈贝马斯所说的生活与系统之间的分化,其结果直接引发了人们"生活世界殖民化"的危机。对此,永恒主义者认为,化解危机最有效的办法就是恢复西方的伟大传统,即社会以哲学而不是科学为定向。教育则应当是自由的教育,通过对话、交流、辩论探索永恒真理。

我国学者潘光旦先生早年曾经对西方社会唯科学马首是瞻这一现象进行了深刻的反思。他针对斯宾塞的科学知识最有价值这一观点提出了反驳,呼吁人文学科东山再起,其观点与法兰克福学派对资本主义社会的批判有着异曲同工之妙。例如,潘先生在论及"童子操刀"时解释说:"但三百年来,科学尽管发达,技术尽管昌明,却并没有发达与昌明到人的身上来……结果是,我们窥见了宇宙的底蕴,却认不得自己;我们驾驭了原子中间的力量,却控制不了自己的七情六欲;我们夸着大口说'征服'了自然,却管理不了自己的行为,把握不住自己的命运。"[②]这样的观点不无道理,但这些思想家连同永恒主义并没有改变以科学作

---

① 陆有铨:《躁动的百年——20世纪的教育历程》,第63—79页。
② 潘乃谷、潘乃和编:《潘光旦教育文存》,人民教育出版社2002年版,第319—327页。

为主导的教育实践。随着科学对于国家的政治、经济和文化的作用越来越突出，继科学主义之后出现了国家主义教育。在这样的背景下，各国的教育改革都是在此岸，不停地处理与国家政治、经济和文化的关系，从而也结束了教育中的科学主义与人文主义之争。由于教育要应国家与社会之需，而不是个人之发展需要，因此国家开始对课程知识的选择与控制拥有权力。国家采取了一种"文化霸权"的方式，即课程体系中的官方知识被承认具有合法性和唯一性，于是人的知识也被赋予了政治性。

（3）当代教育中的社会学问题：谁的知识最有价值？当知识与权力结合起来时，知识的客观性和中立性就已经失去了。迈克尔·阿普尔因而提出了这一社会学问题。他的分析认为，国家主义教育一经确立，官方知识就取得了唯一合法化的历史地位。① 所有公立学校课程所传授的知识，不论是科学的还是人文的，都具有官方的政治属性，课程与教科书完全成为知识与权力结合的文本。诚如阿普尔所说，不管我们喜欢与否，差异性权力已侵入学校的课程、教学和评估的核心部分。具体地说，学校教育中哪些内容被算作知识？它是以何种方式被组织的？谁有权力教授这些知识？什么能够表明你已经掌握了这些知识？同样重要的是，谁被允许提出和回答这些问题？如此等等。所有这些问题其实都是社会中统治与服从是如何被再生产和改造的这一问题的重要构成部分。② 阿普尔的分析直接指向了"官方知识"最有价值这一答案，并认为以官方知识代表国家似乎混淆了一些概念，或掩盖了一些实质的问题。马克思分析的西方国家是阶级的产物，因此，这样的官方知识就具有了阶级性，也就是说，统治阶级对文化和知识的合法性拥有话语权，学校教育也就成为统治阶级文化的一部分。那么，知识的选择与传递就被统治阶级文化所控制。如意大利马克思主义代表人物葛兰西认为，加强某些阶级在意识形态上的统治（文化霸权）的关键在于，对保存和产生特定社会机构的知识进行控制。③ 这在鲍尔斯与金蒂斯的研究中也得到

---

① "官方知识"指的是国家在教育制度中建构和分配的教学知识，目的是利用其合法性质建立一种特殊的甚至是多方面的国家教育认同。转引自〔英〕巴兹尔·伯恩斯坦：《教育、符号控制与认同》，王小凤等译，中国人民大学出版社 2016 年版，第 68 页。

② 〔美〕迈克尔·W. 阿普尔：《文化政治与教育》，阎光才等译，教育科学出版社 2005 年版，第 24—25 页。

③ 〔美〕迈克尔·W. 阿普尔：《意识形态与课程》，黄忠敬译，华东师范大学出版社 2001 年版，第 29—30 页。

了证实。他们指出,学校是资本主义制度的一个附属机构,它采用相应于这个制度的层次与结构、支配与被支配的关系及统治阶级需要的方式,在学校的每一个层级上进行着"社会再生产"。这项研究可以被看作在教育社会学领域最具影响力和冲击力的奠基之作,因为之后在社会学界爆发了关于"知识与控制"的大讨论。阿普尔提出"谁的知识最有价值?"的问题,无疑也是受到了这两位学者的启发与影响,他从意识形态与课程、教科书与政治、潜在课程等方面深刻剖析了所谓的"官方知识"之实质。布迪厄与伯恩斯坦分别基于"文化专断"与"符码理论"(code theory/thesis)分析和论证了统治阶级对于学校教育的全程控制,由此可以看出学校教育是怎样以学业的"优异"和所谓的学习条件来对低阶层背景学生加以排斥的。威利斯则从反事实的角度,指出了学校文化与"工厂—地板"(shop-floor)文化的冲突,对一些反学校文化的、最后子承父业的"小伙子"进行研究,证明了知识的阶级性与学校所具有的自主分化功能。这些对学校教育的知识社会学研究,都从不同方面揭露了学校课程结构中的阶级差异,证明了知识权威来自社会(官方)权威,知识其实是依据社会(官方)权威的价值观而发展起来的组织结构。由此可以看出,教育社会学研究的问题在当时已经发生了向知识社会学的转移,20 世纪 70 年代兴起的"新教育社会学"研究无疑代表了这一趋势。

虽然在最近几十年,有人总结了"新教育社会学"由盛及衰(断裂)的过程①,还有所谓"新马克思主义教育社会学"终结说②,但这两位作者的评述却是客观的,甚至是否定的。他们都认为,一个学派或大理论都会经历这样的盛衰和扬弃,但是,集中讨论"谁的知识最有价值?"这种教育知识社会学的研究还在延续,并丝毫没有减弱的趋势。诸如"批判""反思""平等、差异、剥夺、解放"的话语实践仍在继续。只要检索一下相关研究就会发现,人们依然喜欢采用布迪厄、伯恩斯坦、威利斯的解说理论去分析教育与社会流动及社会分层的关系。此外,他们的底层视角无疑对今日中国的学者影响深远,针对处境不利群体和底层民众的社会公平和教育机会均等研究,也在影响今日国家的教育政策和教育实践。

---

① 参见杨昌勇:《新教育社会学:连续与断裂的学术历程》,中国社会科学出版社 2004 年版,第 231 页。

② Glenn Rikowski, "Left Alone: End Time for Marxist Education Theory?," *British Journal of Sociology of Education*, Vol. 17, No. 4, 1996, pp. 415-451.

结　语

教育社会学作为一门学科,已经走过了一百多年的历史,其研究也经历了三个问题丛,即由社会学家提出和回应的社会学问题,到社会学家与教育学家共同参与研究的社会学中的教育问题,再到以教育社会学者为主的研究者专门探索的教育中的社会学问题。这三个问题丛应该说既有交叉,也有平行,还有递进;每个问题丛都分为古典、现代与当代三个时期,每个时期都涉及不同的问题以及对问题思考的方法论。诸如,古典时期的科学实证主义,现代的定量研究与质性研究并驾齐驱,当代的分析学派与批判学派异军突起。这些方法论反映了教育社会学不同的理论取向和实践旨趣,诸如宏观的社会进化论的、结构功能主义的、新制度主义的和社会批判论的,以及微观的社会心理学派的、建构论的、功利主义的、后结构主义的和解释学派的,等等。当然,每一种方法、每一种理论、每一门学科都不能对问题给出一个全面的回应。所以在当代,在话语实践中,人们倾向于混合所有的方法,结合所有的理论,甚至融合可能的学科如文化、政治、经济学等,这样对问题的综合性思考与解说才能更加深入、全面与系统。

本章之所以通过研究问题看教育社会学的话语实践和解说体系,目的不外乎是超越争执已久的学科归属问题——是教育学的教育社会学,还是社会学的教育社会学? 今天来看,这样的学科之争似乎没有什么意义了。如今,随着科学的发展与社会的进步,人们探索和研究的领域更加宽广了,跨学科合作催生了大批的新型学科,如生物化学、医学人类学、人文地理学等。一门交叉学科,一旦产生绝不能依附哪一门学科,而是要独立地发展出自己学科的话语实践与解说体系。既然谈到体系,就是说所有的交叉学科当然存在着边缘研究与核心研究领域。对于教育社会学来说,一般社会学的问题是边缘性问题,就像社会学认为教育社会学研究的问题并不是核心问题一样。那么,对社会学中的教育问题进行研究就开始接近核心了,但研究的目的是要解决社会问题而不是教育问题,因此可说是亚核心问题。只有教育中的社会学问题才是核心问题,而核心问题才是确定和建立学科话语实践和解说体系的纲,纲举才能目张。举例来说,"什么知识最有价值?"的问题,如答案是"科学知识最有价值",那么我们可以看到,从 19世纪以来,教育中的科学话语实践盛行,其解说体系就是科学主义的。如答案是"人的知识最有价值",在教育中就出现了以人为中心的话语实践,以及要素主义、永恒主义的解说体系。当社会中阶级分化,产生了话语霸权和国家主义,阿普尔提出了"谁的知识最有价值?"这一问题。人们将注意力集中到了"官方知识"上,教育社会学话语实践发生了从结构功能的研究到知识与权力研究的转向,解说体系也从"能人统治"这种传统的教育社会学向"知识与控制"这种"新教育社会学"转变。可以说,"新教育社会学"之后,教育社会学已经成为一门真正意义上的独立学科,因为它具备了独有的话语实践与解说体系。

【思考题】

1. 本章是怎样通过研究问题揭示教育社会学的话语实践和解说体系的?

2. 我们知道教育社会学是一门交叉性学科,即借助社会学来研究教育现象。那么,作为一门学科,它的独立性和特殊性又体现在哪里呢?

3. 社会学家感兴趣的是社会学中的教育问题,还是教育中的社会学问题?为什么?

4. 为什么说"新教育社会学"之后,教育社会学已经成为一门真正意义上的独立学科了?

5. 关于知识价值的讨论,是怎样综合了宏观社会学和微观社会学的视野的?

6. 从教育社会学的话语实践中,你如何评价人文主义教育与科学主义教育?如何处理两者之间的关系?

7. 如果说教育的主流话语是国家主义的,即官方知识主宰教育,那么,为什么大学同时培养出了一些"精致的利己主义者"?

8. 案例分析:任何一项研究都是从问题开始的,虽然问题多种多样,但对研究者来说不外乎是事实问题和价值问题。社会学将价值问题看作哲学的、信仰的和个人偏好的问题,而事实问题则是客观的、普遍的、不受个人主观影响的问题。价值问题有高低好坏之说,但不存在真假之说,事实问题既有好坏之说,又有真假之说,所以社会学研究后者——立事实为研究对象。从应然上看事实问题应该说是客观存在的本真问题,从实然上看事实问题只是一种表象。因此,透过本质看,问题可能并不是所表现出来的那样,既可能是真问题,也可能是假问题。所以我们说,事实问题可以是真问题,也可以是假问题,也就是说真问题和假问题都可以是客观存在的事实问题。

请做出分析:上文提出的假问题(或虚假现象)是一种事实问题是否成立?

研究中应当排除假问题,还是应当重视对假问题的研究? 对假问题或根本不存在的现象进行研究有何意义? 能举例说明吗?

【推荐阅读书目】

〔英〕乔伊·帕尔默主编:《教育究竟是什么? 100 位思想家论教育》,任钟印、褚惠芳译,北京大学出版社 2014 年版。

这部书之所以值得一读,就在于这一百位教育思想家从不同的角度对教育的本源问题提出了真知灼见,有助于我们正确认识教育到底指什么、是什么的问题,这些思想家对教育问题的提出和解释,使我们能够在研究和实践中具有理论素养和正确导向。

〔美〕约翰·杜威:《民主主义与教育》,王承绪译,人民教育出版社 2007 年版。

不管你是从哪个学科角度研究教育,你如果没有读过这部书就先停止正在进行的研究吧。这是一部与柏拉图的《理想国》、卢梭的《爱弥儿》并重的教育经典,其影响遍及全球,至深至远。在教育社会学中,也就是这部书可与涂尔干的《教育思想的演进》比肩。因此我们推荐这部书。

陆有铨:《躁动的百年——20 世纪的教育历程》,山东教育出版社 1997 年版。

十几年前读了这部书,我不仅系统完整地重温了西方教育思想史,而且能将所有教育思想家、所有参与教育活动的主体都联系起来,对教育的本源、发展和未来走向有了清晰的认识。这点很重要,作为教育社会学者,你很可能是一个批判者,如果你对批判的对象不了解,那就成了无的放矢。如今社会上很多对教育的批判和批评概莫如是,因为这些不适之音缺乏"教育性"。

〔美〕肯特·科普曼、李·哥德哈特:《理解人类差异——美国的多元文化教育》,滕星、朱妹等译,中央民族大学出版社 2011 年版。

虽然这部书谈的是美国的多元文化教育,但是我们生活在一个越来越多元的社会和世界中,越来越有可能与不同文化的人相处,所以理解人类的差异、提高文化的敏感度、增进共处的能力就变得越来越重要。

潘乃谷、潘乃和编:《潘光旦教育文存》,人民教育出版社 2002 年版。

潘光旦先生这部文存集中对教育问题进行了深刻的思考和分析,特别是关于"位育"的思想,对人文主义教育与科学主义教育之利害关系的分析,句句中肯、鞭辟入里、警醒世人。其对教育之积习、滥用和工具主义的批判直指今日。

杨昌勇:《新教育社会学:连续与断裂的学术历程》,中国社会科学出版社 2004 年版。

这部书让我们了解了"新教育社会学"产生、发展及演变的全过程,作者对文献的梳理极下功夫,问题意识非常清晰,评述论证似有"乾嘉学风"。

〔英〕巴兹尔·伯恩斯坦:《教育、符号控制与认同》,王小凤等译,中国人民大学出版社 2016 年版。

这部书是伯恩斯坦的巅峰之作,在他从语言符码理论到教育符码理论,再到教育论述理论的递进中,渗透着文本层次、传递层次和宏观制度层次的研究,使我们能通过符码理论看到在微观中论证宏观的再制,在宏观中看到微观的规约。

〔美〕迈克尔·W. 阿普尔:《意识形态与课程》,黄忠敬译,华东师范大学出版社 2001 年版。

阿普尔为什么要提出"谁的知识最有价值?"这样的问题,相信这部书可以给你答案。他将政治性引入了教育研究,这对于我们重新审视什么知识最有价值和谁的知识最有价值具有根本的意义。

第八章

教育与社会变迁的关系

引　言

　　教育与社会变迁的关系是现代性研究主题之一,也是教育社会学核心研究主题下的一个重要领域。早在社会学建立之初,马克思、涂尔干、斯宾塞、沃德、帕森斯等社会学前辈就对这一现象有过不同程度的关注,并建立了研究的方法论和概念体系,形成了两大对立的宏观教育社会学研究范式——平衡范式与冲突范式。在这两大范式下工作的理论家,都从各自的研究兴趣出发,提出了教育的社会功能问题。对这一问题的研究涉及社会学、哲学和教育学等诸多人文社会科学领域,学者都对教育与社会变迁的关系给予了不同的阐释和评价。有许多学者倾向于涂尔干的命题:教育是社会变迁的结果,教育的目的和功能总是反映一定社会的要求和规范的。也有一些学者强调教育具有相对自主性和独立性,教育的发展不总是作为社会变迁的结果,在一定条件下,教育可以作为社会变迁的条件或原因。这两种倾向导致持不同理论见解的教育社会学理论家展开了论战,结果产生了关于教育的社会功能的诸多阐释。他们的研究一直影响着后来的教育社会学研究者,以至于教育社会学在解释教育与"全球化"的关系及如何定位教育的功能时,已经感到以前的理论是那样的苍白无力。于是,寻找一种新的解释成为当今理论家的主要任务。这是因为,理论家的任务关系到教育改革的历史使命,关系到历史上任何一项重大的教育改革。从传统社会向工业社会到后工业时代的社会变迁中,人们在观念上的启蒙运动总是先于社会行动,诸如"文艺复兴运动"和"现代化思潮"。在知识经济来临和全球化的今天,如果我们还用过去的理论去看待和解释重大的社会变迁现象,那我们只能陷入迷茫和困惑。所以，我们需要在新的时代重新探究教育与社会变迁的关系，尝试找出两者之间真正的内在联系，既不夸大也不低估教育的社会功能，只是把教育的社会功能放到特定的情境中予以说明，从而建立能够阐释教育与社会变迁之关系的理论基础，为寻求适应知识经济社会转型和全球化趋势的教育改革提供可参照的理论研究框架和实践基础。

一、教育与社会变迁的关系理论

教育与社会变迁的关系理论可以从两个大的方面看。其一，是对两者关系的一种界说。从现有的文献来看，教育与社会变迁的关系理论一般存在三种不同的界说，每一种界说都会有一种社会学理论的阐释，这可以看作教育社会学家对同一现象的不同关注，或对同一结果存在不同的理解方式和观念。其二，基于教育的社会功能进行界说。阐释教育对社会变迁的积极作用的有"人力资本理论"（human capital theory）和"现代化理论"（modernization theory），这两种理论基本肯定教育对社会变迁特别是经济发展的"正功能"（positive function）；与这两种理论相反的是"配置理论"（allocation theory）和"合法化理论"（legitimation theory）。① 关于教育功能的这两对相对的理论我们会在下文中引用，这里仅对教育与社会变迁之关系理论做一简单介绍。

1. 教育与社会变迁的"结果说"

在早期的教育社会学研究中，人们一般接受功能主义的假设，即认为教育是社会系统中的一个有机组成部分，它的功能就是与其他社会系统一起，协调并供养整个社会生命体，如果它的功能不能正常发挥，就被视为一种"功能失调"，就需要进行调整以适应整个社会系统的需要。社会生命体的每一次变化都会对它的各个组成部分提出新的要求，从而引起各个亚系统的调整。教育也一样，每次

---

① 人力资本理论的重点在于教育对经济发展的贡献。现代化理论则是从社会心理学的角度，讨论教育促进社会现代化的功能。质疑教育的社会功能的理论主要基于两种观念：（1）现实的社会问题多半源于经济和政治结构，并非教育系统所能解决；（2）社会学者认为教育制度受到结构性的限制，其真正发挥的功能并非如人力资本理论、现代化理论所推断的。配置理论最基本的论点是：教育制度是一个过滤器（filter），教育真正具有的是选择、分类、配置的功能，而非社会化。合法化理论同样认为，教育的主要功能并非社会化，而是通过教育制度将个人安置于社会的某个位置上，并让他安心于这个位置，认为这种安排是合法化的。由于教育中的不公平进一步复制了社会中的不公平，在许多发展中国家，教育不但没有改善"发展"问题，反而是进一步导致低度发展的原因之一。

的教育改革都是为了适应社会变迁的需要。例如,现代化运动使人类社会从农业/游牧社会迅速向工业社会和后工业社会转变,社会对人的识字率和具备科学知识的要求也越来越高。为了满足这种需求,不仅中等教育日益扩充,培养专门人才的高等教育也普遍受到重视。当今社会的信息化是一种客观的社会变迁事实,这种事实影响着人类关系及职业结构,同时也影响着教育措施。当今社会变迁速度极快,往往可以改变教育的内容及方法。发明是导致社会变迁的重要因素,而信息时代的发明与日俱增。在某些科学领域,知识的总量大约在 10 年间增加了 1 倍;人类知识的总量则大约在 25 年间增加了 1 倍。这种社会变迁的事实,使学校和教师都有了新的功能。学校的主要职责不再是教授已知的事物,而是教导学生探索未知的事物,并将已知的事物和原则用在未知的环境之中。教师不再特别重视权威、稳定性及同质性,而是强调流动、适应、知识生产和创新,以及社会、自然与人之间相辅相成的关系。这些教育的措施和变化都可以看成社会变迁的结果,因此教育的发展和变化应当从社会变迁中寻找。在今天看来,这种"结果学说"只是对传统社会向现代社会转变时期的教育功能进行了阐释,已经不适用于当今的社会情况。其实,人们在现今的社会变迁中,不用去寻找教育与社会变迁之关系的解说,因为可以更加明显地看到这种关系的变化,正如下面的学说所提到的。

2. 教育与社会变迁的"条件与原因说"

随着社会的进步,教育越来越显示出在社会、经济、文化发展中的重要作用,长期的教育具有显著效果,能够促进社会变迁。从政治方面看,任何一个国家都在运用教育的力量,发挥其政治功能,实现其社会目的。例如,美国社会可以比喻成一个"大熔炉",通过教育,不同移民的子女实现美国化,享有美国人共同的语言、习俗、政治信念或意识形态。美国的学校教育特别强调政治生活的重要性,学校文化不是以传授知识为主体,而是以美国生活方式的学习和民主意识的形成为重点。在这种教育方式下,学生不特别重视学业成就,而是特别重视社会化过程中的人际关系和政治关系。美国在建国之后二百多年间,能够形成目前的社会形态,教育是其中一个主要的变迁条件或促成因素。

从经济方面看,当社会进入工业化时代,生产领域和市场需要大批训练有素的技术工人,于是教育迅速普及化。当教育提升了人的素质并创造出新的技术条件时,人的生产能力大大提高,从而推动了经济的增长。在全球化的今天,越来越多的国家已经把教育的质量和人才看作国际竞争力的重要指标。对于经济而言,教育已经由引起结构性变化的间接条件变为直接条件,因此也日益成为社会变迁的必要条件或主要原因。

从文化方面看,我们知道,文化是教育的源泉,文化的传承、理解、应用与发展需要通过教育达成;而教育并不是对所有的文化都发挥作用,它有自主选择性,也有对经过选择的文化进行创造和扬弃的功能。在这种条件下,历史上所发生的教育变迁,不论是文艺复兴时期的还是工业革命及以后时期的,都不可避免会对一定社会的文化形成冲击,甚至引起重大的文化变迁。以批判教育社会学的观点看,教育不仅是一种文化再生产的工具,也是各种文化冲突的场所,教育领域里的文化冲突也可能导致一种文化变迁现象,这种文化变迁通常会与政治需要联系起来。总的来看,人们已经承认,教育在一定情况下可以成为社会变迁的条件或原因,只是在今天的社会发展中,教育对社会的功能已经由潜在的、间接的变成外显的、直接的而已。

3. 教育与社会变迁的"交互说"

当人们看到教育在社会变迁中已经成为一种重要因素时,有些学者便认为教育与社会变迁的关系应是交互的,即社会变迁与教育发展是互为因果、交互影响的。当社会发生变迁时,可以对任何领域造成冲击和改变,教育也不例外。然而,教育领域的变化或发展,也可以影响到社会变迁的强度、速率和广度,甚至能够再形成某种社会变迁或导致另一种社会变迁。例如,信息时代所发生的社会变迁对教育提出了新的要求,教育因此进行了适应性改革,不但生产出大量符合经济变迁要求的知识和课程结构,而且在方法和技术上进行了大规模革新,同时也在积极探索与新经济形态相适应的教育结构和制度。这些发生在教育领域的变化,使人才的知识结构和素质特点发生了很大的改变。新的人才进入新经济形态的社会后,一方面,促进了高效率的生产;另一方面,由于这些人具备新经济社会所需要的知识结构和素质,也改变了过去的生活方式和思想观念,他们的思想和行为成为引导社会生活观念和方式变迁的主要因素,所谓的"时尚"恰是这些"先锋"人物创造出来和引领的。其实,社会朝向文明发展本身就是一场大的社会变迁,教育培养文明社会的公民,当大众受过教育具有了文明人的素质后,必然会推进文明社会的发展,同样也会改变现行的政治、经济和文化状况。因此,我们可以认为,教育与社会变迁是互为因果的,当社会变迁为原因时,教育发展是社会变迁的结果,而当教育变迁作为一种原因时,社会变迁则是教育变迁的一种结果。这种理论的积极意义是,承认教育对社会的功能是重要的,在某些条件下,教育的作用是主要的。因此,应当承认教育的发展对整个国家甚至人类社会有着重要的意义。那么,我们同样会认为,这种理论存在着另外一种危险,就是过分夸大教育的作用,导致教育迅速扩张,其结果会对社会形成一种负功能。关于教育的功能问题我们将在下面的部分分析。

二、教育在社会变迁中的地位与功能问题

20 世纪 70 年代第一次石油危机之后,西方国家经历了一个社会、政治和经济的转型时期。这场转型的核心是形成了全球经济一体化的格局,导致各公司、地区和国家间的经济竞争加剧。经济全球化是作为一种社会变迁率先出现在西方社会的,在对西方民族国家的角色重新定位和如何确保经济增长及分享经济增长的利益等方面提出了新的课题。人们也开始重新评估教育在经济全球化中的地位与作用。

其实早在西方诸国变成工业化社会以后,教育的作用就逐渐被认识到。①很多社会科学家长期以来一直认为教育是解决许多社会问题的最好途径,诸如生产效率低下、不平等、经济增长困难、健康状况不佳、人口膨胀、政治参与不足、犯罪率高以及福利依赖等问题。教育被看作人力资本投资,这种回报对个人或社会是巨大的。20 世纪 80 年代,改革教育成为美国复苏经济的重要措施,由美国教育部组织的国家专门研究小组的报告甚至指出,"我们的国家处在危机中,教育变革势在必行",因为美国没有培养出能够适应其他国家学校教育体制的严谨教育要求的学生。这一报告在结论中强调,除非提高美国学生标准化考试的成绩,否则美国的经济将不能与西欧、日本相匹敌。教育促进经济复苏的途径

---

① 第一次工业化浪潮中,英国等西欧国家的经济增长和教育之间的关系非常松散,教育对经济的发展几乎没有什么重要性可言。因为早期的工业几乎都是技术和知识含量很低的工业,对劳动力的需求仅仅由一些非技术性劳动力或中世纪学徒体系残余所能提供的劳动力就可以满足。在整个教育体系的发展与生产体系的发展之间没有或者很少有联系。等到第二次和第三次工业化浪潮到来时,情况发生了巨大的变化。教育体系与生产领域已经建立起越来越紧密的联系,国家和企业界都开始重视教育与培训,制定了一系列保障机制和教育政策,以确保教育和培训体系迅速发展并能直接回应政府的贸易和工业政策及形势的变化。David N. Ashton and Johnny Sung, "Education, Skill Formation and Economic Development: The Singaporean Approach," in A. H. Halsey, Hugh Lauder, Phillip Brown and Amy Stuart Wells, eds., *Education: Culture, Economy, Society*, Oxford University Press, 1997.

是建立高水平的中学毕业考试、增加课程、延长学习时间和年限。[1] 从美国对本国教育的忧虑，可以看出经济全球化对美国本土造成的压力和提高国家经济竞争能力的要求。于是，教育在国家优先发展战略中具有特殊地位，其作用可能被夸大了。

教育被经济学家视为一种投资，具体来说就是，学校教育的生产价值在于它是对未来进行生产、获取收入的能力的一种直接投资。这种假设的结果必然是夸大了教育对社会变迁和发展的作用。为了对这种假设进行证明，许多学者纷纷论证教育的经济价值及教育与经济发展之间的关系。

当代西方人力资本论的奠基者西奥多·威廉·舒尔茨在《教育的经济价值》一文中，肯定了投资教育对于个人成长和社会经济增长的作用，特别是将教育看作经济增长的主要源泉。舒尔茨为此提出了教育机构的五个主要功能[2]：

（1）研究是教育机构的传统功能之一。研究对经济究竟有多大价值呢？格里利克斯（Griliches）进行的一项典型研究表明，在杂交玉米研究上的投资使美国经济获益不小，每年的利益率达700%（以1955年计）。丹尼逊（Denison）把美国1929—1957年经济增长率的18%左右（净）归因于"知识的进展"。但是，研究在"知识的进展"中占多大份额，现在还没有准确地估算出来。然而，人们已经广泛地接受了这样一个直观信念：基础研究是许多极为有用的知识的主要源泉，其收益率很高。

（2）教育机构发现和培养人的潜能。学生的各种能力只有经由教育机构发现并加以培养，才能看得到。因此，建立教育制度来发掘人的潜能，这种投资是合算的。

（3）学校提高人的能力，使之适应随经济增长而来的工作机会上的变化。在各种极为不同的情况下，具有小学八年级学历的人确实比只读过四年或更少

---

[1] 这一观点引自美国劳工部的报告《2000年的劳动力：21世纪的工作和劳动者》，它不仅代表着美国劳工部、教育部以及许多国家级的教育改革委员会的观点，也代表着美国的商业领导者的观点，他们认为美国的劳动力所受的教育不如德国、日本的劳动力所受的教育，那么美国在世界经济中就不能有效地同这些国家竞争。同时，他们还把美国学生的考试成绩比他国学生低作为证据来说明他们的观点。Henry M. Levin and Carolyn Kelly, "Can Education Do It Alone?," in A. H. Halsey, Hugh Lauder, Phillip Brown and Amy Stuart Wells, eds., *Education: Culture, Economy, Society*.

[2] 〔美〕西奥多·威廉·舒尔茨：《教育的经济价值》，操宏高译，载张人杰主编：《国外教育社会学基本文选》，第314—335页。

书的人更可能变换工作,更善于适应新的工作要求。同理,受过中等教育的人在处理这类适应问题时,又要比尚未读完小学的人好得多。

(4)学校招收学生,培养学生,使其从事教学工作。即使整个学校教育都只是为最终消费服务,也还是需要教师的。就是说,那些具有专业知识的人,包括哲学家、科学家、从事高校教学活动的学者以及中小学教师都是我们需要的。

(5)满足未来社会对于具有高级知识和技能人员的需要,是一个国家教育制度所承担的一部分责任。哈比森(Harbison)强调了"高级人力"在经济增长(特别是低收入国家的经济增长)中所起的关键作用。

持人力资本观点的研究者在教育社会学和教育经济学领域著述颇多,人们纷纷循着舒尔茨对教育抱有的乐观分析思路,将有关教育对经济增长的作用的观念扩散到具体的领域,特别是将学生的学业成就、考试成绩与未来的收益率和生产率联系起来。这些观点一出现就遭到了一些学者的质疑,只是当时并未引起注意。20世纪80年代以后,人们并没有看到教育对经济增长的持续作用,而且不能挽救经济的衰退。于是,批评意见逐渐被人们所注意和接受。当时持批评意见的人对于教育的经济价值之肯定结论至少从两个方面进行了询问:首先,学校教育中的考试成绩从未表现出与收入和生产率有紧密的联系,理论上的可行并不等于实践中的可行;其次,研究中对教育作用的夸大,忽略了其他补充收入的成本,结果是不可预测的,也是危险的。下面我们可以通过事实证明这两种情况。[1]

第一种情况是关于考试成绩与生产率的关系。也许人们总是容易被这样的观点所吸引:纯粹提高劳动者的考试分数,或至少提升那些刚就业的劳动者的考试分数,将对生产率有很大影响。正如《国家处于危机中》报告所指出的那样,联邦德国和日本的经济之所以呈现强劲的态势,肯定是由于这些国家的学生的考试成绩在世界各国中发展度是最高的,而且它们的学生在学校学习的时间和年限比美国的学生要长得多。用这两种直接的证据来表达这样的命题,即考试成绩与生产率有着正相关的关系,显得太狭窄和空洞,不具有普遍性。其实,对于这样的命题,经济学家已经能够估算将工人的考试成绩作为解释变量纳入的收入函数。几十年来的研究已经表明,在一定的教育水平之下,工人的考试成绩

---

[1] Henry M. Levin and Carolyn Kelly, "Can Education Do It Alone?."

与收入只有非常有限的联系。更典型的是，即使是在同样教育水平和种类的条件下，考试成绩有极大差异的工人之间的收入差异也很小。如果用考试成绩选择雇员，进而对由此产生的国民经济收入进行总的评价，并以此支持人力资本论者和工业心理学家对于经济增长的解说，这种做法是有缺陷的，而且是极端夸张的。

例如，美国雇用服务部门使用"普通能力倾向成套测验"（General Aptitude Test Battery, GATB）来归类将来的受雇者。这种测试已经作为直接的预测手段，来预估几种职业中工人的生产率水平以及几百个工作岗位中对工人的管理分级。这种测试基于一些分类测评，包括智力、语言表达能力、数学能力和其他范围的测验。根据国家研究委员会小组对 GATB 相关研究文献的调研，即使在对抽样的误差和可靠性进行调整之后，GATB 与雇员的收入分级在不同的工作中的相关度只有 0.25。这表明，管理者所观察到的生产率变异只有 4%—9% 与考试成绩有关，这不能有力地说明将来劳动生产率的提升只能依赖学生学习成绩的提高。

当然，对雇员的实证研究表明，工人确实需要达到一种最低限度的能力水平，以便更好地适应工作，但是这种限度到底是多少还不得而知。总之，用考试成绩作为标准与他国学生竞争，从而保证美国经济处于竞争性地位的观点多少是幼稚的，而且几乎难以得到实证数据的支持。

在当今社会有一种流行的看法，即"信息经济"时代的工作对劳动者认知能力的要求越来越高。与之相反的是，大部分对于工作技能要求变化的综合研究并不支持这样一种观点。学者豪威尔（Howell）和沃尔夫（Wolff）已经对 1960 年到 1985 年美国对于劳动力技能要求的改变做出评价，他们主要是通过职业构成的细微变化以及《职业资格词典》中的技能要求进行研究。他们发现，职业所要求的经济中的认知技能的平均年增长率从 60 年代的约 0.7% 下降到 70 年代不到 0.5%，而到 80 年代前半期还不到 0.3%。

第二种情况是提出教育能独自解决美国工厂的生产率和经济竞争问题的观点是危险的。如果忽略了其他补充收入成本，只强调考试成绩与收入及生产率之间的关系，这样的研究不具有统计学上的意义。这是指什么呢？诸如，新的投入无疑是利用更先进的生产方式和生产技术所必需的，美国的新投入率和资本构成率只是其竞争力的一小部分；新的工作组织方法对于让受过教育的工人发挥最大的生产能力也是必需的,如参与方式的革新,让工人在决策方面有一定的自主性,以及通过信息、积极性和责任心来支持这些参与方式;新的管理方式在为职工提供参与管理的机会的同时,也可以寻找研究、培训、产品开发、销售、生产和财政方面的一体化、综合化的途径。

一直以来,美国的公司还在相信它们成功最主要的障碍是劳动力受教育不够。这不仅会导致它们不去考虑为使公司有竞争力而采取改革措施,而且会产生一种自我满足的想法,那就是只有在其他国家进行生产才能使跨国公司获得高生产率的劳动力。把提高受教育水平和考试成绩作为提升生产率的唯一途径,不仅是危险的,而且是毫无根据的。应该认识到,提高生产率需要全范围的改革,要把教育看作整个改革策略中的一个相关的、补充的因素,教育的改革应与其他方面的改革相结合,不应片面地认为教育的作用大于其他环节的作用。

其实,早在20世纪60年代,非洲一些发展中国家刚刚获得独立便开展了雄心勃勃的振兴和发展经济计划,教育被纳入优先发展战略。许多国家纷纷建立起高等教育体系,重点扶持大学机构,增加培养经济人才的专业。结果在短短几年间,迅速培养出大批工程博士、医学博士,然而这些高级人才不但没有推动经济发展,而且自身要找到合适的工作岗位也成为问题,不得不接受"依次降格使用",工程师从事技术员的工作,技术员被迫从事技术工人的工作,技术工人或半技术工人只得失业。这种情况不仅引发了社会问题,而且使刚刚建立起来的高等教育陷入危机。① 所以,片面夸大教育的作用不仅是投资的浪费,而且会造成社会问题。关于教育对社会的功能问题我们在下面进行分析。

三、中层理论对教育与社会变迁关系的分析框架②

在分析教育与社会变迁的关系时,人们一般倾向于线性描述,即教育发展对社会变迁有正功能,能促进一定社会的政治、经济和文化的变迁。有学者聚焦于

---

① 参见钱民辉:《发展中国家高等教育的危机、改革策略及启示》,《高等教育研究》1995年第5期。

② 由于功能主义社会学存在两种极端现象,或是追求宏大的理论体系(哲学体系),或是喜欢创建低层次的经验命题(实证研究),因而默顿建议,在社会学中应采用"中层理论",将具体的理论同更为一般的概念和命题融合。尽管中层理论是抽象的,但是同经验世界是有联系的。按照中层理论的研究方法,社会学理论的概念和命题应该被更加紧密地组织起来,原因是:理论关注经验研究,迫使人们对每一中层理论的概念和命题进行澄清、阐述和表达。见〔美〕乔纳森·特纳:《社会学理论的结构》上册,邱泽奇等译,华夏出版社2001年版,第23页。

任何一项社会行动都可能具有"反功能"（又称负功能，dysfunction）的社会学命题，开始将注意力放到教育对社会变迁的"负功能"方面，对教育与社会变迁的关系提出了一些富有启发性的思考命题，诸如：

（1）有条件——教育正功能的履行并不是自动的，而是必须具备先决条件的；

（2）有限度——教育正功能并不是无限的（因此，既不应该把社会变迁或社会稳定完全归功于教育，也不应该把社会弊端全部归咎于教育），而是有一定限度的；

（3）双重性——教育并非只有正功能，而是既有正功能又有负功能。①

负功能抑或反功能的概念源于功能主义社会学家默顿的研究，正是"反功能"的概念开始将人们的注意力引到社会变迁的原因上。

如何从社会学的视角看待教育与社会变迁的关系，也许这是一个方法论问题。对此，功能主义社会学提供了一个非常宽泛的视野和分析架构。在针对社会问题和社会变迁提出一种功能方法时，反功能的概念是非常有用的。反功能的后果是减少系统的适应能力，并且最终导致系统明显的紧张和瓦解。反功能后果积累的一种结果可能是，要建立补偿机构，来中和或消除反功能的后果。这实质上就意味着结构的变迁。这些新建立的结构可能逐渐产生它们自身的反功能后果，这就会刺激另外的结构变迁，依此类推。

当把功能后果和反功能后果之间的区别与显功能（manifest function）和潜功能（latent function）的区别结合起来的时候，功能后果和反功能后果之间的区别就可以获得最有效的应用。我们可以举出大量的例子，其中某些显功能或者某类行动路线或制度性结构的明显目的，是要有利于系统或系统的一部分或它自身。除去这些显功能（实际上可能是有意完成的），常常有没预料到的反功能的副作用，这些作用对同一个系统或对别的有关系统则是反功能的。② 根据上述理论命题，对教育在社会变迁中的功能问题我们可以用一分为四的立体观点来

① 参见张人杰：《教育与社会变迁的关系的理论之质疑——兼论教育的负功能》，《华东师范大学学报（教育科学版）》1992年第3期。在该文中，张人杰教授将社会学对"负功能"或称"反功能"概念的重视引到了教育研究中，就教育的负功能问题提出了几点讨论，目的是使教育的负功能有所减弱，并且使教育与社会变迁的研究产生的负效应减少到最低限度。

② 〔美〕D. P. 约翰逊：《社会学理论》，南开大学社会学系译，国际文化出版公司1988年版，第555—558页。

分析,即用"正功能和反功能""显功能和潜功能"十字相交构成的四个维度的变化,来说明教育在社会变迁中的社会后果和未来的效用。其目的是为教育决策部门和研究人员提供一种较为全面、长远、客观的分析思路和方法。这里需强调的是,对任何社会事实的分析,包括对教育的社会功能的分析,一定要注重教育的"潜功能"①,这是一种对现行的政策或制度在未来可能出现的结果的预期。

第一个维度是"显—正功能"。正是从外显的、积极的功能研究教育与社会变迁的关系,给决策部门提供了信心支持,使决策成为可能。从各种媒体中我们不难找到这类信息,诸如,经济增长需要大力发展高等教育,于是,作为一种社会行动的高校扩招在最初十几年势头很猛。这样做被认为:可以适当地解决人们接受高等教育的需要与高等教育不能满足这种需要的矛盾;高校扩招将会拉动内需,刺激经济增长;满足知识经济时代对高素质人才的需求。面对如此巨大的市场需要,许多学者从这一维度出发,采用定量经济学的方法研究高校扩招,许多研究成果都具体预测到未来某一时期将出现由高校扩招带来的经济效果,但是,我们却无法从这种乐观的景象中预见到将会出现什么样的社会后果——一种负功能效应。但在教育史中,高等教育发展的负功能也许还能被记起来。20 世纪 60 年代以来,独立后的一些非洲国家扩展高等教育带来了持续性社会后果,特别是对反功能效果估计不足,因此,各种社会问题在 80 年代爆发出来,使高等教育处在危机中。② 这种已经暴露出来的负功能我们在下面的维度中再做分析。

第二个维度是"显—负功能"。这种分析并不是消极的,而是一种对已经暴露出来的问题的探究。许多学者已经开始注意这方面的研究,诸如,高校扩招带来的直接问题就是"容纳"趋于紧张,于是出现了许多"床铺生"与"非床铺生";教师、教室与教学设备紧张,导致教学质量滑坡,这在许多发展中国家特别是独立后的一些非洲国家中已有先例。再说,一名大学生的成长,深深受到校园文化的熏陶,其人格与行为都会烙上校园文化的印记。但是,校园文化功能无法辐射"非床铺生",因为他们只是走读,有课来学校,没课就可能在家里或社会上。从另外一个方面看,高校扩招使正在发展中的职业教育,特别是高等职业教育受到

---

① 在我国,有社会学者提到了教育具有潜在的社会功能,包括这样几个方面:控制人口的功能、法制的功能、调整和协调社会职业体系与社会分层体系的功能、缩小收入差距的功能、吸收剩余劳动力的功能,以及有助于妇女问题的解决。参见李强:《论教育的潜在社会功能》,《社会》1989 年第 6 期。

② 参见钱民辉编译:《发展中国家高等教育的危机——焦点、问题、策略与改革》,《外国教育资料》(沪)1994 年第 6 期。

了一定的影响,同时也将高考的压力推向了中考,使中小学生的课业减负难以进行,如此等等。这种"显—负功能"是显而易见的,在决策中,如果对这一维度估计不足,就会产生许多问题。研究"显—负功能"就是为了处理好或有效地解决这些问题,增强正功能的效果。

第三个维度是"潜—负功能"。在任何一项决策中,都不应忽视对这一维度做深入细致的研究,因为这一维度的负功能效应具有隐蔽性和延迟爆发性。诸如,高等教育的扩展应与社会经济发展相适应,高校扩招如果不考虑社会经济发展水平和对人才的实际需求状况,就会加剧劳动力市场和职业场所的紧张;在学位贬值的情况下,会出现"有学位的失业者"和工作场所"依次降格使用人才"的现象,于是,大学毕业生竞相攻读更高的学位以获得找到好工作的资格等,导致过度教育与教育投资的浪费。从另外一个方面看,学校教育生产的学历与实际的工作岗位数不成比例,势必造成不需要学历资格的岗位也有所增长,导致有学历的人从事半技术或非技术的工作,无学历的工人失业,城市贫困人口再度增加,最终形成恶性循环并加重社会负担。教育对经济发展不仅可能只有少许的贡献量,而且可能有许多未见到的或潜在的负功能。因此,这种潜—负功能的研究就显得格外必要。社会学中对潜—负功能的研究是根据既有的社会经济的发展趋势对未来可能出现的各种偏差做出的一种推测,目的是将社会行动的负功能效应降到可控制的范围。

第四个维度是"潜—正功能"。这是从潜在的、预期的和积极的方面看待教育与社会变迁的关系。对这一维度的研究将有利于增强"显—正功能"的效果,许多教育决策都没有忽视这一维度的研究。诸如,高校扩招将有利于大众化高等教育的实现;有利于进一步增加公众接受高等教育的机会;提高国民的认知能力、掌握科学技术的能力和人文素养;促进人才合理的社会流动;提高国家经济竞争能力。从大学内部来看,大学扩招可提升高校的内部经济效益,提高高校教师的生活待遇和改善工作环境;减轻政府在教育投入方面的压力,使高等教育能够走内源型改革发展之路。这种潜—正功能的研究将有一种预期的积极效果,会对社会行动的正功能起到强化作用,有利于积极的社会行动的产生。

结语:教育的作用是有条件的

关于教育与社会变迁的关系,似乎经济学家给予了更加肯定的评价,例如托达罗(Todaro)指出,"大多数经济学家可能都会同意,最终决定一个国家的经济和社会发展的特性和脚步的,不是其资本或物质资源,而是这个国家的人力资源……而开发人的技能和知识的主要制度化机制,是正式教育系统"①。为此,经济学家试图从理论上证明教育能促进社会变迁(国家发展),最先为这个命题提供支持的理论是"人力资本理论"②。如果说人力资本理论的重点在于承认教育对社会变迁特别是经济发展的贡献,那么与此理论相映的是"现代化理论"。该理论从社会心理学的角度,讨论教育所具有的促进社会现代化的功能,重点是教育如何增进现代化个人的特性——或称"现代性"。③ 这两种理论分别从不同的方面论证了教育在社会变迁中的积极功能,直接为"教育是社会变迁的条件与原因说"和"交互说"提供了理论支持。

对上述两种学说的质疑一般认为是从 1980 年开始的。其实,相关质疑早在20 世纪 60 年代末的教育危机中就出现了,如菲利普·库姆斯(Philip Coombs)在 1968 年出版了《全球教育危机》,并在二十年后用同样的名字出版了另一本书,只是副标题改为"80 年代的观点",该书指陈他在二十年前提出的问题并未改善,教育对社会的负功能依然未得到政府的重视。但在学术圈内,教育对社会的负功能已经被许多学者看到,伊万·伊里奇(Ivan Illich)和保罗·弗莱雷在 70 年代后相继出版了《去学校化社会》和《被压迫者教育学》两部影响极大的著作,这两位作者都对教育的社会功能提出了质疑和批判。后来许多经济学家也开始对教育与经济发展的关系进行反思和再探究,诸如学业成绩与收入的关系、学历与生产率的关系等。

在美国,经济学家一直试图表明教育在社会变迁中具有巨大潜力,社会和科

① 转引自羊忆蓉:《教育与国家发展》,第3—4 页。

② 人力资本理论的创始者是经济学家舒尔茨。他在 1960 年作为美国经济学会会长发表的讲话中,提出了"投资于人力资本"的理念。近二十年后,他在获得诺贝尔经济学奖的演讲中重申了这个理念。他认为,教育应该被视为一种投资,可以期待它的回收效益。对个人而言,教育可以拓展人的选择机会(特别是就业选择)。对社会整体而言,教育可以提高生产技术水准,使得生产力提高。

③ 现代化理论在 20 世纪 50 年代开始出现,不只是描绘工业化社会的现况,更重要的是说明许多传统社会如何在工业化的浪潮中改变了原有的面貌。这引起了学术界的广泛讨论,例如政治学者讨论变迁中社会的政治现代化,社会学者从文化变迁的角度讨论传统社会如何现代化。但更引人注意的是有关个人的现代性的研究,就是个人心理特征及行为与社会制度之间的关系。他们发现教育是影响个人现代性的最主要因素,学校教育能够帮助学生在现代社会中生活。人力资本理论与现代化理论一起促进了教育变迁,教育开始为进入普及化阶段而持续努力。

学界都充满热情。因为国家给出的信号是,国家权威部门的政策预测:提高考试成绩将挽救国家经济的衰退。很显然,对考试成绩与生产率之间联系的研究直接推论教育对于经济增长有促进作用,这种假定存在很大问题。克拉克·克尔(Clark Kerr)对于教育有助于保持国家竞争力的观点进行了广泛的研究,他得出这样的结论:在美国制定政策的过程中,很少有像这么多确定无疑的信念(教育促进经济发展)建立在毫无证明的基础之上。[①]

当然,我们还相信事物总有它的两面性,正如中层理论所提出的分析框架一样,任何社会行动都会有正功能和负功能、潜功能和显功能。在分析具体事物时,一定要考察事物的特殊性和背景。诸如,日本和新加坡的例子告诉我们,教育可以促进经济发展,也可能不会促进经济发展。在工业社会里,特别是在 20世纪 90 年代以前,教育对于日本和新加坡的经济发展确实有明显的影响。而在其后的知识经济时代,人们的思想观念、生活方式和生产实践都发生了巨大的变迁,进而影响到了整个教育领域。教育并没有及时跟上这一变化,教育的经济功能没能有效地发挥,教育一直在进行各种改革。[②] 由此可见,教育改革的主要动因是社会变迁,更具体地说,是经济领域发生的变迁引起了教育领域和其他社会领域的变迁。如果从普遍性来看,任何一种社会经济变迁都会对教育的改革与发展有双重功能。因此,对双重功能的分析不能少,只有这样,研究者才可能为教育改革提供客观、合理和科学的依据。

为此,提供一种中层理论分析教育与社会变迁的关系,就是为了更加全面地、有预见地看待这对关系。特别是负功能的概念,使我们注重对教育行动自身的检审和修正,同时将教育的社会功能只看作一种社会因素,也许是重要因素。

---

① Henry M. Levin and Carolyn Kelly,"Can Education Do It Alone?."

② 在当代,教育是经济发展最为重要和积极的促进因素(正功能),好像已成为人们的共识,同时也能从一些国家的发展经验中找到证明。不过,不同的国家必须采取适合国情的教育改革和策略才能在教育体系和经济发展之间建立密切的联系。即使如此,我们也必须注意到,在知识经济时代,所需人才和教育模式是与工业时代不同的。这种不同,不仅表现在数量、质量和层次结构上,而且表现在教育指导思想、培养模式、宗旨和目标上。就是说,只有当教育与其所依托和关联的社会经济发展阶段相适应、相协调的时候,教育才会在社会变迁中发挥正功能,促进经济发展和生活方式的变化。如果只是笼统地断言,教育是社会变迁的条件和原因,能够推动科学技术和社会经济的发展,这是不科学的。教育促进社会经济变迁一定是有条件的,政府和教育界应当努力提供、创设这些条件,教育与社会变迁的交互作用才有可能实现。David N. Ashton and Johnny Sung,"Education, Skill Formation, and Economic Development: The Singaporean Approach."

诸如在经济变迁的事实面前,对于教育功能的辨别,一定要从决定生产力和经济竞争水平以及犯罪、公共资助、政治参与、健康和医疗保障等方面的综合条件来考虑。如果有合适的支持条件和投入资源,那么教育有潜力对这些领域产生有力的影响。即使这样,教育也仅是社会变迁的条件之一,不论社会发展到何种程度,教育也是与其他领域共同作用于社会变迁的,同样,社会变迁也会对教育和其他领域发生影响。现在我们需要纠正的是,由于在政策制定和研究中都忽视了这样的事实,我们夸大了教育在改善社会方面的潜力。教育只有在一定的条件下才能发挥提升社会、促进变迁的社会功能。同理,教育发展也需要其他条件的支持。总之,如果夸大教育的社会功能,就会出现脱离现实的教育发展,其结果只能是加强了对社会的"负功能"。总的来看,教育与社会变迁的关系理论可能还会有许多种,但不管怎样,忽视了对限定条件的分析是不能客观、合理地说明这对关系的。

【思考题】

1. 教育与社会变迁是什么关系?

2. 教育在社会变迁中承担着什么功能?

3. 教育对社会变迁可能产生什么样的负功能?

4. 在分析教育与社会变迁的关系时,中层理论为何有效?

5. 案例分析:19 世纪的德国引领了第二次工业革命,站在了世界科学技术发展的前沿。德意志从濒临亡国的绝境发展成一个令人瞩目的强国,采取了种种措施。在这些措施当中最为重要的一条,就是它高度重视对国民素质的培养,并以此作为国家振兴的基础。"普鲁士的胜利早就在小学教师的讲台上决定了。"年轻一代从一开始就要学会不只为自己活着,而是为整个民族。普及全民教育的同时,德国建立起教学与科研并重的现代大学。(引自电视纪录片《大国崛起》)

德国崛起的经验可以说明什么问题?这对中国又有什么启示?

【推荐阅读书目】

〔英〕安迪·格林:《教育与国家形成:英、法、美教育体系起源之比较》,王春华等译,教育科学出版社 2004 年版。

这本书主要以法国、英国、美国为例,考察了国家在教育变革中所起的作用,有助于我们理解教育与国家之间的关系。

〔法〕爱弥尔·涂尔干:《教育思想的演进》,李康译,上海人民出版社 2003 年版。

涂尔干将法国的中等教育放在社会和历史脉络中进行探究。他指出,教育思想的演进主要是环境刺激的结果,因此,教育是社会变迁的结果。

〔美〕戴维·查普曼、安·奥斯汀主编:《发展中国家的高等教育:环境变迁与大学的回应》,范怡红主译,北京大学出版社 2009 年版。

在社会变迁中如何定位高等教育? 该书提供了很多实际案例,并提出了发展中国家的高等教育在应对环境变化时必须解决的几个关键议题。

第九章

教育与社会分层

引　言

古人云，"学而优则仕"（《论语·子张》）。自隋唐时期开始的科举考试制度为整个中国社会提供了最为直接有效的向上流动渠道，尤其是对于那些出身较低社会阶层的人。因此，科举制不仅仅是一种教育体制，同时也是一种重要的精英和社会团结再生产机制①，并推动形成了崇尚教育和知识的观念，即"万般皆下品，唯有读书高"。目前，这种观念在中国很多地方依然根深蒂固，虽然经历了高校扩招和大学毕业生求职形势紧张，但很多家长仍然把通过高考上大学当作"鲤鱼跳龙门"——向上社会流动的一个重要途径和必然阶梯。

在现代社会，教育经历无疑已经成为个体向上社会流动和发财致富的最重要资本和资源之一。那么，哪些人更可能受教育，尤其是优质教育？为什么？本章将围绕这些问题考察教育与社会分层之间的关系，探讨不同社会阶层家庭子女的教育获得是否存在差异，以及这一差异产生的过程与机制。

一、为什么会产生社会分层？

在历史的长河中，任何社会都存在穷人和富人、成功者和失败者、发号施令者和服从者等，概莫能外。换言之，社会是分层的。"分层"（stratification）一词来自地质学，原指地壳的不同层次。因此，社会分层（social stratification）是指人们的社会地位像岩石一样层层叠加，按照高低顺序排列，形成一个固定化或制度

---

① 孙立平：《科举制：一种精英再生产的机制》，《战略与管理》1996 年第 5 期。

化的不平等体系,这一社会关系结构决定谁得到什么,以及为什么得到。[①] 社会分层体系是一个结构,不同的人占据不同的社会结构位置,并获取不同的社会报酬。相应的规则体系"解释了"报酬是如何分配的,以及为什么以这样的方式来分配。社会分层的实质是社会资源在社会中的不均等分配,即不同的社会群体或社会地位不平等的人占有、使用和控制那些在社会中被认为有价值的事物,如财富、收入、声望和受教育机会等。[②]

当社会阶层地位首先来自世袭时,我们把地位获得方式称为先赋(ascription),即人们在社会分层体系中的地位取决于他们不可控制的特质,例如种族、性别、出身。当阶层地位首先是由个体自身可控制的特质来决定时,我们把这种地位获得方式称为自致(achievement),如个体拥有优良品质、努力或遵循某种成功法则等。[③] 在大多数社会中,阶层地位获得都是先赋因素和自致因素相互作用的综合结果。

一般来说,可以把阶级(class)定义为在分层体系中拥有相似地位和相近政治经济利益的个体的聚合。[④] 马克思虽然从未给阶级概念下过明确定义,但其阶级理论认为社会不平等根源于社会的物质生产方式,对生产资料的不同占用方式形成不同的阶级,即有产阶级和无产阶级、统治阶级和被统治阶级。韦伯则将阶层描述成由财富、权力和声望三个维度组成的概念,分别对应于个体的经济地位、政治地位和社会地位,从而形成阶级、党派和地位团体三类社会分层群体。[⑤] 国内通常用"(社会)阶层"(social strata)来替代"阶级",一方面是因为"阶级"常常与你死我活的斗争关联;另一方面,改革开放后强调个人的理念也使得人们更倾向于使用韦伯意义上的阶层概念。[⑥]

---

① 〔美〕克博:《社会分层与不平等》,蒋超等译,上海人民出版社 2012 年版,第 13—14 页。

② 李路路:《论社会分层研究》,《社会学研究》1999 年第 1 期。

③ 〔美〕克博:《社会分层与不平等》,蒋超等译,第 14 页。

④ 同上。

⑤ 李路路:《论社会分层研究》。

⑥ Ann Anagnost, "From 'Class' to 'Social Strata': Grasping the Social Totality in Reform-era China," *Third World Quarterly*, Vol. 29, No. 3, 2008, pp. 497-519. 也有一些学者呼吁重新回到"阶级分析",利用马克思和马克思主义流派的阶级分析方法研究中国社会存在的一系列社会不平等。参见冯仕政:《重返阶级分析? ——论中国社会不平等研究的范式转换》,《社会学研究》2008 年第 5 期;李路路:《社会变迁与阶级分析:理论与现实》,《社会学评论》2016 年第 1 期。

为什么会产生社会分层？学术界有两种基本的解释取向，即社会功能论和社会冲突论。在诸多理论解释和庞杂文献中，我们主要选取与教育相关的观点和视角进行简述。

功能主义理论认为，社会的每一个部分都与其他部分相联系，为了维持各部分运转的平衡，整个社会必须在主流价值观和规范上保持总体一致性。在功能主义看来，社会犹如一个生物有机体，其正常运转和生存必须满足系统自身的特定需求。涂尔干和帕森斯都从功能主义视角分析过社会分层现象，但最具代表性的功能主义理论解释当属戴维斯和莫尔于 1945 年发表在《美国社会学评论》上的文章。他们清晰地阐述了功能主义的社会分层观，以及教育在其中扮演的核心角色。[①] 该理论的基本逻辑可以简单概括为以下五点：

（1）社会中总是存在某些职位比另一些职位更重要，而且要求具有特殊技能者来任职。

（2）只有少数人具有天赋，能经过训练获得这些特殊技能。这里所说的训练也就是教育。受教育需要一段较长时间，这被认为是某种牺牲。

（3）为了补偿这种牺牲，或诱导有天赋者接受此类教育，就必须给予这些职位一定特权和社会稀缺资源。

（4）不同的社会职位享有不同的社会报酬，包括物质和声望等方面，从而形成制度化的社会不平等，即社会分层。

（5）因此，社会分层具有积极功能，而且不可避免。

所以，从功能主义分层论来看，一个人受的学校教育越多，就越具有生产能力，应该获得更好的社会位置。教育体系是一个让社会成员各尽其才、各安其位的配置器，是社会分层形成和再生产过程中不可或缺的环节。

这一功能主义解释也受到诸多批评。一是意识形态和前提假定上的批评。批评者认为功能主义反映了保守的观点：总是支持现存的社会秩序和权力结构；人们必须满足系统的需求而不是相反；相信学校或其他培训机构能发现最有才

---

① Kingsley Davis and Wilbert E. Moore, "Some Principle of Stratification," *American Sociological Review*, Vol. 10, No. 2, 1945, pp. 242-249.

能和上进心的个体。这些假设都是有问题的。① 后面我们会看到,大量经验研究显示,学校教育体系进行着社会阶层地位的再生产。另一方面,什么是社会上最重要的职位这一问题也是充满争议的。公司高管的收入是垃圾清理工的数十倍,就意味着前者比后者重要数十倍? 此外,社会分层和不平等对于社会也并非总是发挥积极功能,也存在负功能,如激化社会矛盾,催生社会冲突和动荡。②

　　与功能主义理论相对立的是冲突理论。冲突理论是个大家族,包括经典马克思主义、新马克思主义、"批判理论"以及再生产理论等。在冲突理论奠基人马克思看来,生产资料占有的模式决定了上层建筑,教育体系无疑属于上层建筑,而且是其重要组成部分。因为正是通过教育,统治阶级才能把反映其思想和观念的社会主流价值观灌输给下一代社会成员,从而维护资本主义体制和统治阶级的社会地位。马克思之后的冲突论者揭开了功能主义者把社会看成和谐系统的遮羞布,侧重分析社会中不同阶层和集团之间的冲突与斗争。

　　鲍尔斯与金蒂斯在《资本主义美国的学校教育》一书中提出了社会再生产理论,指出学校是"再生产"资本主义社会生产关系的机构,从而维持资本主义体系的运作。③ 学校和家庭犹如经济生产部门,在诸多方面存在对应关系,有些学生获得了更多成功所需要的"文化资本",而其他人则没有,因此再生产了社会的阶层结构,这被称作符应原则(correspondence principle)。他们认为教育政策体现了支配阶级的两个主要目标,即劳动力生产及将劳动力转换成利润的制度和社会关系再生产。具体而言,一是学校教育生产许多工作所需的技术性和认知性技能;二是教育制度协助将经济不平等合法化,通过客观取向和绩效主义,减少社会成员对层级分工以及职位获得过程的不满;三是学校生产、奖励层级职位制度所需的个人特质;四是教育通过对身份/地位群体区分形态的培养,强化了阶层化意识,不利于经济阶级的形成。④ 鲍尔斯与金蒂斯在二十五年后

---

① 〔美〕巴兰坦、海默克:《教育社会学——系统的分析》,熊耕等译,中国人民大学出版社 2011 年版,第 46 页。

② Melvin M. Tumin, "Some Principles of Stratification: A Critical Analysis," *American Sociological Review*, Vol. 18, No. 4, 1953, pp. 387–394.

③ Samuel Bowles and Herbert Gintis, *Schooling in Capitalist America: Educational Reform and the Contradictions of Economic Life*, Routledge & Kegan Paul, 1976.

④ 钱民辉:《论美国学校教育制度的实质》,《北京大学学报(哲学社会科学版)》2001 年第 2 期。

的文章中进一步确证了他们的论断,认为高学历者获得高收入并非学校教育促进认知能力发展,而主要源自家庭经济地位的传承。[①]

自迈克尔·扬于1971年出版《知识与控制》[②]一书之后,社会学家开始关注学校里和班级内部的文化知识与课程"分层"同外在社会分层与再生产的联系。布迪厄和伯恩斯坦等人的文化再生产理论则强调知识的组织和传递形式、知识地位的评价是资本主义社会中文化再生产的决定性因素。[③] 布迪厄等人认为,教育行动本质上是在强加一种"文化专断"的权力,并以集团或阶级之间的权力关系为基础。在教育传递过程中,"符号暴力"(symbolic violence)决定了不同阶层文化的地位,同时完成了对文化专断的灌输,顺利实现文化再生产,从而有助于作为产生这种专断权力基础的权力关系的再生产,即社会再生产。[④] 文化再生产主要依赖家庭的各类资本,包括经济资本、社会资本和文化资本[⑤],而学校的作用则是按照家庭资本的结果让学生分流到不同等级的学校和教育层级。

再生产过程并非一帆风顺、波澜不惊,而是充满了矛盾与冲突。"反抗理论"便揭示了较低阶层学生抵制社会再生产的现象。威利斯研究了一群英国劳工阶级家庭出身的男孩("小伙子")在学校中的反学校文化现象。[⑥] 他挑战了以往的冲突理论把教室看成社会再生产结构中的一个中介变量,并假定教室内发生的一切都附属于学校再生产功能的观点。威利斯发现这些劳工家庭的男孩拒绝学校教育中的主流中产阶级价值观和规范,欣然接受父辈的态度、行为和价值观,并在这一过程中采取多种形式反抗学校和教师的文化霸权。虽然他们是劳工阶级的少数,但体现了一定的阶层自主性,而非人们通常想象的那样是一群等着被灌输意识形态的孩子。然而,具有讽刺意味的是,正是"小伙子"的反抗文

---

① Samuel Bowles and Herbert Gintis, "Schooling in Capitalist America Revisited," *Sociology of Education*, Vol. 75, No. 1, 2002, pp. 1-18.

② 〔英〕扬主编:《知识与控制:教育社会学新探》,谢维和、朱旭东译,华东师范大学出版社2002年版。

③ 〔美〕巴兰坦、海默克:《教育社会学——系统的分析》,熊耕等译,第47页。

④ 〔法〕布尔迪约(布迪厄)、帕斯隆:《再生产——一种教育系统理论的要点》,邢克超译,商务印书馆2002年版。

⑤ Pierre Bourdieu, "The Forms of Capital," in *Handbook of Theory of Research of the Sociology of Education*, edited by J. E. Richardson, Greenwood Press, 1986, pp. 241-258.

⑥ 〔英〕威利斯:《学做工:工人阶级子弟为何继承父业》,秘舒、凌旻华译,译林出版社2013年版。

化和行为使得他们无缘教育成功和向上流动的机会,只能继承父辈的体力劳动职业,从而顺利实现了阶层的再生产。基于这一视角,周潇对我国城市农民工子弟学校的调查发现,农民工子弟中也盛行类似的反学校文化,但又存在本质差异,即农民工"子弟"的反抗更多的是一种因为自身难以通过受教育向上流动而自我放弃的表达形式。①

二、教育获得与教育分层

功能论和冲突论解释了社会分层的产生与维系,以及教育在这一过程中所扮演的重要角色。教育分层(educational stratification)是社会分层研究的核心领域之一,教育分层有两层含义:一是教育会影响人们的社会分层后果(财富、声望、权力等);二是教育获得又是诸多社会因素作用的结果。② 教育在现代社会中的作用愈发重要,教育机会平等因此成为社会政策的核心目标之一。一般认为,机会平等是指,所有人,无论社会地位高低、财富和收入多少、性别和族群身份为何,都可以平等地拥有在社会中获得较高社会经济地位的机会。③

胡森提出,教育获得上的不平等包括三方面内涵:教育起点不平等、教育过程不平等和教育结果不平等。④ 科尔曼探讨了教育机会平等观念的发展历程。第一阶段是前工业社会时期,教育是家庭事务,因此根本不存在教育机会平等这一问题。第二阶段是工业革命之后,公立教育专为平民子女设立,上层阶级进入精英教育和大学,教育机会因阶级背景不同而形成双轨制。第三阶段强调为所有儿童提供相同的受教育机会和教育课程。第四阶段则考虑因材施教,认为最适合儿童的教育才是平等的,并开始意识到问题在于受教育的结果,而非起点。⑤ 因此,"激进"观点认为,仅有入学机会上的平等是不够的,社会应该采取措施缩小儿童在学业成就上的差距,对家庭背景较差的孩子进行补偿。科尔曼

---

① 周潇:《反学校文化与阶级再生产:"小子"与"子弟"之比较》,《社会》2011 年第 5 期。

② 郝大海:《中国城市教育分层研究(1949—2003)》,《中国社会科学》2007 年第 6 期。

③ 〔美〕巴兰坦、海默克:《教育社会学——系统的分析》,熊耕等译,第 48 页。

④ 〔瑞典〕胡森:《平等——学校和社会政策的目标》,张人杰译,载张人杰主编:《国外教育社会学基本文选》,华东师范大学出版社 1989 年版,第 193—217 页。

⑤ James S. Coleman, "The Concept of Equality of Educational Opportunity," *Harvard Educational Review*, Vol. 38, No. 1, 1968, pp. 7-22.

甚至设想,最为公平的做法是孩子一出生即由国家抚养,从而消除家庭环境的影响,但他指出这在当前的人类社会中是不可能被接受的。^① 因此,虽然当前大多数工业化国家都实行了强制性的初等和中等义务教育,以保障所有人的受教育机会,但教育不平等仍然不可避免,因为从孩子的出身、家庭养育和生活环境,直到学校制度条件,都会影响孩子的学业表现和教育获得。

那么,随着社会发展和教育系统的扩张,教育分层状况会发生什么变化?对于这一问题存在两种不同观点。现代化理论认为,现代化对教育有一种功能性需求,现代化的推进必然引发教育系统的扩张,并日益按照"绩效主义"(meritocracy)原则来进行教育选拔,从而减少社会经济和文化特征对教育获得的影响,最终降低教育不平等程度。而前述的再生产理论则主张,教育扩张虽然实现了低水平教育上更大的平等,但无法减少高水平教育的不平等,因此较低阶层家庭的子女依然被排斥在优势的职业位置之外,从而维持了统治阶层的地位和特权。^② "最大化维持不平等"(MMI)理论和"有效维持不平等"(EMI)理论即是再生产理论脉络下发展出来的两个论断。

教育的一个重要特性是累积性,前一个阶段的学业成绩会影响下一个阶段的受教育机会和获得。在义务教育基本普及的现代社会,升学成为重要的教育转折点。"最大化维持不平等"理论认为,现代社会中与一定社会阶层结构相关联的教育分层模式具有明显的稳定性,除非较高阶层在特定教育层次的入学已达到饱和状态,使得教育的进一步扩张只能通过增加较低阶层者的入学机会来实现,否则阶层背景对教育获得的影响不会发生变化。^③ 该理论可具体化为如下四条假设^④:

(1)在其他条件相同的情况下,中等和高等教育容量的增加,将反映出人口增长和随时间逐渐上升的社会阶层结构对教育需求的增加。在这种情况下,特定阶层的入学转换率不随时间发生变化。

(2)如果入学扩张比社会阶层结构重新分布产生的需求快,那么所有社会

① James S. Coleman, "The Concept of Equality of Educational Opportunity," *Harvard Educational Review*, Vol. 38, No. 1, 1968, pp. 7-22.

② 郝大海:《中国城市教育分层研究(1949—2003)》。

③ Adrian E. Raftery and Michael Hout, "Maximally Maintained Inequality: Expansion, Reform, and Opportunity in Irish Education, 1921-1975," *Sociology of Education*, Vol. 66, 1993, pp. 41-62.

④ 郝大海:《中国城市教育分层研究(1949—2003)》。

阶层的入学转换率都会增加,但在所有转换中各阶层间的优比(odds ratio)保持不变,即阶层转换率之间的比值不变。[1]

(3) 如果较高阶层对特定教育层次的需求饱和了,即其升学转换率接近或达到了100%,那么该教育层次各阶层间的优比将下降。不过,只有在入学扩张没有以任何其他方式出现时,这种情形才会减少机会不平等。

(4) 平等化也可能逆转。假如某个同期群中较低阶层的青年较多地申请高等教育,会使成功实现高等教育入学的条件概率下降,进而导致社会阶层对高等教育入学的影响增大。[2]

郝大海对我国城市教育1949—2003年不平等状况的研究发现,改革开放以来我国教育分层正在显现MMI理论的诸项特征,文化资本差异对加剧高等教育阶段的分层具有十分显著的促进作用。[3] MMI理论主要考察入学机会在不同阶层之间的分布及其变化。而EMI理论则进一步指出,在同一教育层次上,即使不同阶层都拥有入学机会,他们所接受的教育依然存在显著差异。

EMI理论认为优势阶层家庭会竭力保持其教育优势,不论是在受教育年限还是教育质量上。EMI理论强调家庭阶层背景对学生不同课程与学轨(track)选择的影响,认为即使在普遍入学和升学的情况下,家庭背景对孩子的教育获得仍存在显著影响。[4] 在某种程度上,我们可以借鉴这种思路进行教育考察。教育质量在我国的体现就是重点学校和一般学校之间的分野。改革开放以来,我国教育机会总体呈不断增长趋势,但城乡教育差距加剧、优质教育资源分配不均衡问题仍然严峻,教育路径的选择也日益呈现阶层分化。[5] 学生的家庭经济地位越高,就越有可能进入重点学校,更可能选择学术教育轨道而非职业教育轨道;而前一阶段的重点学校就读对获得下一阶段的重点学校教育机会有重要影响。[6]

MMI和EMI理论侧重探讨教育扩张背景下不同阶层子女教育获得差异的

---

① 比如,中产阶层子女从初中升入高中的转换率从40%增长到60%,工人阶层子女相应的转换率从20%增长到30%,虽然转换率都有所提升,但增长之后阶层之间的转换率比值保持不变,仍然是2∶1。

② 转换率的计算是以申请者或参加入学考试者的人数为基数的,因此那些未接受高中教育或未参加高考的学生不会进入转换率的计算。

③ 郝大海:《中国城市教育分层研究(1949—2003)》。

④ Samuel R. Lucas, "Effectively Maintained Inequality: Education Transitions, Track Mobility, and Social Background Effects," *American Journal of Sociology*, Vol. 106, No. 6, 2001, pp. 1642-1690.

⑤ 李春玲:《"80后"的教育经历与机会不平等》,《中国社会科学》2014年第4期。

⑥ 吴愈晓:《教育分流体制与中国的教育分层(1978—2008)》,《社会学研究》2013年第4期。

变化趋势,较关注宏观层面,对微观层面个体和家庭进行教育选择和决策的过程未有深入探究。其他一些学者则致力于在微观层面揭示具体情境下的教育不平等产生机制。布东(Boudon)区分了首属(初级)效应(primary effect)和次级效应(secondary effect)。① 首属效应是一种总体性的、社会阶层之间的文化不平等,家庭为子女直接提供各种重要的学习资源、文化资本和经济支持,促使子女获得更好的学业成就,从而导致不同阶层儿童之间的分化。次级效应是指不同阶层家庭在升学选择偏好和激励方式方面的差异,当一个家庭对儿童的入学或升学等进行教育决策时,家长总是根据其所处社会经济地位和条件做出理性选择。首属效应关注家庭资源对儿童能力分化的作用,而次级效应更关注阶层地位在教育激励和教育机会选择中的重要性。②

理性行动理论(Rational Action Theory, RAT)在微观层面的次级效应方面着力颇深。该理论认为,个体是否选择接受教育或升学主要取决于本人及家庭对教育成本收益的理性计算。他们主要考虑以下三个要素:一是继续升学的成本,包括学杂费和生活费等;二是成功升学的概率,取决于学业成就和竞争程度;三是以现有受教育程度进入劳动力市场的预期收益。③ 该理论指出,不同社会阶层对这三个要素的权衡和应对策略是不同的,其中一个主要的机制是"相对风险规避机制"(Relative Risk Aversion)。该机制假定所有社会阶层都会采取策略避免向下的社会流动,但是上层阶级和下层阶级所采取的具体策略是不同的。社会上层采取的策略是,即使子女的学业成绩不是很好,也会投入大量的资源来保证教育上的优势;而下层采取的策略是,将有限的资源投入可以获取短期向上流动的机会,除非其子女的学业成绩非常优异,才有可能把资源投入教育。④ 理性行动理论假定家庭和个体完全从成本收益角度来看待教育,这对持守"万般皆下品,唯有读书高"等观念的中国人是否适用值得商榷。我们认为,教育观念在家庭教育实践中的作用不可忽视,是教育决策的背景和前提。

---

① Raymond Boudon, *Education, Opportunity and Social Inequality: Changing Prospects in Western Society*, Wiley, 1974.

② 刘精明:《国家、社会阶层与教育:教育获得的社会学研究》,中国人民大学出版社 2005 年版。

③ Richard Breen and John H. Goldthorpe, "Explaining Educational Differentials: Towards a Formal Rational Action Theory," *Rationality and Society*, Vol. 9, No. 3, 1997, pp. 275-305.

④ John H. Goldthorpe, "Rational Action Theory for Sociology," *The British Journal of Sociology*, Vol. 49, No. 2, 1998, pp. 167-92.

三、家庭环境与教育平等问题

进入现代社会之后,家庭在社会中扮演的角色以及与其他社会机构的关系发生了很大变化,其中包括家庭的教育作用。前现代时期的家庭比现代家庭更像一个经济单位。工业化以前,多数家庭依靠农业生产过活,所有家庭成员都从事生产,包括孩子。大多数孩子所受的教育主要是学习怎样像其他家庭和社区成员那样洒扫进退、从事农业生产,多在日常生活的潜移默化中完成。[①] 西方的教堂和学徒系统是主要的家庭外教育系统,而在中国则是家族的私塾。

在现代家庭中,孩子比之以往更成为家庭的中心。中产阶层家庭也开始把培养重点放到提高孩子的独立思考能力上,这与中西方传统教育中强调服从和权威形成了鲜明对比。与传统家庭更偏爱社区和亲属互动相比,现代家庭把更多的时间花在家庭成员的互动上,尤其是集中到孩子身上。[②] 大量研究显示,这一转变可能源于下列因素[③]:

(1)工业化和城市化,让人们从家庭所在的传统社区中分离出来。这一变化对于中国成千上万的农村劳动力移民来说尤为显著。

(2)经济发展,使有更多私人住房、可供很多家庭居住的大型单元住宅区的建造成为可能。住宅空间和格局的变迁对于个人隐私观念和家庭关系产生了深刻的影响。[④]

(3)家庭的经济功能和其他功能逐渐转移至其他机构,如教育功能就交给了学校教育体系。这使得现代家庭可以专注于情感世界。

(4)家庭规模缩小,使父母从大家庭中解放出来,可以给予孩子更多的资源和关注。

(5)儿童死亡率下降,使家庭更愿意把更多的资源和关注投到孩子身上。

---

① 〔法〕阿利埃斯:《儿童的世纪:旧制度下的儿童和家庭生活》,沈坚、朱晓罕译,北京大学出版社2013年版;熊秉真:《童年忆往:中国孩子的历史》,广西师范大学出版社2008年版。

② 〔瑞典〕洛夫格伦、弗雷克曼:《美好生活:中产阶级的生活史》,赵丙祥、罗杨等译,北京大学出版社2011年版;〔法〕阿利埃斯:《儿童的世纪:旧制度下的儿童和家庭生活》,沈坚、朱晓罕译。

③ 〔美〕莱文、莱文:《教育社会学(第九版)》,郭锋、黄雯、郭菲译,中国人民大学出版社2010年版,第75页。

④ 〔美〕阎云翔:《私人生活的变革:一个中国村庄里的爱情、家庭与亲密关系(1949—1999)》,龚小夏译,上海书店出版社2009年版。

（6）"浪漫爱情"观念的传播。某些历史学家将其描述为一种个人幸福和自我发展取代财产和门第成为择偶关键因素的过程。在中国，爱情观念主要是西学东渐的结果，今天也逐渐成为社会的主流观念了。[①]

这些变化是否意味着家庭在当今社会的教育分层中已不再重要？研究证明事实并非如此，在社会流动和教育获得的过程中，家庭仍具有决定性的作用。尼尔森（Nielsen）等人对美国的研究表明，遗传因素仅能解释23%的教育差异，而家庭环境因素能解释41%的教育差异。[②] 因此，家庭环境依然是形成教育不平等和阶层再生产的核心来源。

在社会分层与流动研究中，布劳—邓肯的地位获得模型具有划时代的意义，此后，威斯康星模型对其进行了修正，强调家庭中的重要他人和教育期望对个体教育获得和职业获得的影响。[③] 而刘易斯（Lewis）提出的"贫困文化理论"则把子女的教育失败归咎于家庭中不重视教育的贫困文化[④]，这虽被批评为存在"谴责受害者"（blaming victims）的倾向，但其对家庭环境和氛围的强调却是切中肯綮的。

家庭环境和资源对子女的受教育机会和能力形成（学业成绩）至关重要，换言之，在首属效应和次级效应产生过程中都具有决定性作用。家庭环境的哪些方面对子女教育获得具有重要影响？布迪厄提出了家庭经济资本、文化资本和社会资本概念，考察它们在社会再生产中的作用[⑤]，科尔曼则强调了社会资本在教育获得过程中的积极效应[⑥]。黄善国在研究捷克斯洛伐克社会主义时期教育

① 〔美〕阎云翔：《私人生活的变革：一个中国村庄里的爱情、家庭与亲密关系（1949—1999）》，龚小夏译，上海书店出版社2009年版。

② François Nielsen and J. Micah Roos, "Genetics of Educational Attainment and the Persistence of Privilege at the Turn of the 21st Century," *Social Forces*, Vol. 94, No. 2, 2015, pp. 535-561.

③ William H. Sewell, Robert M. Hauser, Kristen W. Springer and Taissa S. Hauser, "As We Age: The Wisconsin Longitudinal Study, 1957-2001," CDE Working Paper, Department of Sociology, The University of Wisconsin-Madison, 2001.

④ Oscar Lewis, *Five Families: Mexican Case Studies in the Culture of Poverty*, Mentor Book, 1959.

⑤ Pierre Bourdieu, "The Forms of Capital," in *Handbook of Theory of Research of the Sociology of Education*, edited by J. E. Richardson, Greenwood Press, 1986, pp. 241-258.

⑥ James S. Coleman, "Social Capital in the Creation of Human Capital," *The American Journal of Sociology* 94(Supplement), 1988, pp. 95-120.

再生产的文章中,较为系统地提出了各类家庭资本影响子女教育获得的观点。①

虽然各类资本都为阶层的代际再生产提供了条件,但布迪厄指出,"高的社会地位,并不能自动地,也不能全部地有利于出身于它的人"②。那么,各种资本的传递和社会再生产是如何完成的呢?布迪厄强调教育的中介作用,这是社会再生产的一个重要且隐秘的渠道,而社会资本、经济资本与文化资本一起在子代的教育获得中扮演了重要角色。为此,布迪厄指出,在教育获得研究中,"社会学研究应当怀疑并逐步揭露以天资差异为外衣的受社会条件制约的文化方面的不平等"③。我们将从文化资本和社会资本两个方面阐述家庭环境对子女学业成绩和教育获得的影响机制。

1. 文化资本

文化资本是个人或家庭拥有的一种文化资源,一般来说,它与某个文化中占主导地位的概念或符号密切相关。④ 因此,拥有文化资本的个人或团体可以运用这些资本来增强其相对于他人或他群的优势,从而更好地获取社会资源和提升社会地位。布迪厄认为,文化资本包含具体化(具身化)、客观化和体制化三种形态,同时文化资本的累积涉及整个社会化过程,因此是最为隐蔽的资本传递渠道。⑤ 家庭阶层文化对个体习性或惯习的养成具有决定性作用,文化需求是家庭养育和教育的结果。⑥ 这些形成了的文化习性或惯习与品味又会影响孩子在正式学校体系中的表现。洪岩璧与赵延东根据文化资源与经济资本的关联程度,区分了两类文化资本:第一类文化资本与经济资本关系密切,注重文化参与;但参与并不等于文化品味,品味更多受到社会化过程中惯习的影响,因此第二类家庭文化资本强调父母与子女的沟通方式,即家庭教养方式。⑦

---

① Raymond Sin-Kwok Wong,"Multidimensional Influence of Family Environment in Education:The Case of Socialist Czechoslovakia," *Sociology of Education*, Vol. 71, No. 1, 1998, pp. 1–22.

② 〔法〕布尔迪约、帕斯隆:《再生产——一种教育系统理论的要点》,邢克超译,第 33 页。

③ 〔法〕布尔迪约、帕斯隆:《继承人:大学生与文化》,邢克超译,商务印书馆 2002 年版,第 99 页。

④ Mads Meier Jæger, "Does Cultural Capital Really Affect Academic Achievement? New Evidence from Combined Sibling and Panel Data," *Sociology of Education*, Vol. 84, No. 4, 2011, pp. 281–298.

⑤ Pierre Bourdieu, "The Forms of Capital," in *Handbook of Theory of Research of the Sociology of Education*, edited by J. E. Richardson, pp. 241–258.

⑥ 〔法〕布尔迪厄:《区分:判断力的社会批判》,刘晖译,商务印书馆 2015 年版。

⑦ 洪岩璧、赵延东:《从资本到惯习:中国城市家庭教育模式的阶层分化》,《社会学研究》2014 年第 4 期。

　　虽然文化资本的操作化定义众说纷纭,但定量研究中使用最多的是孩子或父母参与高级文化活动的情况,譬如参观博物馆、美术馆或欣赏音乐会。这一测量指标也被称为"具体化的文化资本"。其他学者还提出了阅读习惯与文学环境、家庭教育资源、课外活动等指标。[①] 经验研究表明,这些文化资本指标都对子代的学业成就和教育获得有显著影响。其中,家庭藏书量是文化资本的一个重要指标,它对孩子的学业成绩和教育获得都有显著正效应,并在许多国家得到了验证。[②] 社会经济地位较高家庭的孩子往往能更多地参与到高级文化活动中。[③] 西方研究认为,参与高级文化活动越多,孩子的学业成绩就越好。[④] 但这一关系是否在所有社会都成立还有待商榷,韩国的研究发现这一类具身化的文化资本对孩子的学业成绩具有负面作用,研究者把这归因于韩国发达的补习教育。[⑤]

　　第二类文化资本虽较少受物质资源影响,但也存在显著的阶层区隔。运用布迪厄的资本—惯习分析框架,拉鲁在《不平等的童年》一书中对美国中产阶级和劳工阶级的家庭教养方式进行了细致描述和剖析。她发现,中产阶级采取"协作培养"(concerted cultivation)模式,既给孩子安排各种活动,也会毫不犹豫地干预孩子的活动;而劳工阶级则采取"自然成长"(accomplishment natural growth)模式,类似于我们所说的"放羊式"教育,不给孩子组织活动,而把很多教养孩子的责任委托给学校。虽然这两种教养方式在家庭内部各有利弊,但在家庭外的公共生活中,相比劳工阶级家庭的孩子,中产阶级家庭的孩子在生活中的优势显而易见,因为"不同教养方式的文化逻辑在广大的社会范围里也被附上

　　① Mads Meier Jæger, "Does Cultural Capital Really Affect Academic Achievement? New Evidence from Combined Sibling and Panel Data," 2011.

　　② M. D. R. Evans, Jonathan Kelly, Joanna Sikora and Donald J. Treiman, "Family Scholarly Culture and Educational Success: Books and Schooling in 27 Nations," *Research in Social Stratification and Mobility*, Vol. 28, 2010, pp. 171-197. 赵延东、洪岩璧:《社会资本与教育获得——网络资源与社会闭合的视角》,《社会学研究》2012年第5期。

　　③ Jun Xu and Gillian Hampden-Thompson, "Cultural Reproduction, Cultural Mobility, Cultural Resources, or Trivial Effect? A Comparative Approach to Cultural Capital and Educational Performance," *Comparative Education Review*, Vol. 56, No. 1, 2012.

　　④ Mads Meier Jæger, "Does Cultural Capital Really Affect Academic Achievement? New Evidence from Combined Sibling and Panel Data," 2011.

　　⑤ Soo-yong Byun and Hyun-joon Park, "The Academic Success of East Asian American Youth: The Role of Shadow Education," *Sociology of Education*, Vol. 85, No. 1, 2012, pp. 40-60.

了不平等的面值"①。

拉鲁对教养方式的二元区分主要基于三个方面。其一,不同阶层的父母在拓展孩子课外活动方面的投入存在差异,中产家庭的孩子参加正式的、由成人带领的活动(如音乐会等)较多。其二,不同阶层的父母与学校及老师的互动模式存在差异。其三,家长与孩子的互动模式也有所不同,底层家长更多采用命令式口吻,而中产阶层家长更多的是与孩子商量。其中的第一和第二个方面都属于教育的资本维度(文化资本和社会资本),第三个方面则属于教养惯习范畴。因此,采用"协作培养"模式的中产阶层家长在子女教育上较多秉持权威型教养方式,而采用"自然成长"模式的底层家长则多倾向于专制型或放任型教养方式。拉鲁认为,教养方式在很多时候并非刻意为之,而是在日常生活中自然流露出来的,她用布迪厄的"惯习"概念来指称这种状态。不同的教养方式为"儿童及以后的成人提供了一种感知,让他们感觉到什么对于自己是舒服自然的"②。

曾有西方研究指出,对于亚裔孩子来说,相比权威型教养方式,专制型教养方式对教育获得有正效应;而对白人或黑人来说,专制型具有负效应,权威型具有正效应。③ 这似乎也颇合中国的一句俗语"棍棒底下出孝子"。然而,后续的诸多经验研究并不支持这一文化差异命题。对北京和甘肃学生的调查都表明,无论是学业成绩还是社会适应方面,专制型教养方式都具有显著负效应,而权威型则相对有利。④ 庞雪玲等人指出,以往研究之所以得出专制型教养方式更有利于亚裔孩子这个错误结论,主要是因为以往调查中的亚裔样本规模过小。⑤ 她们认为,不管对什么种族和文化背景的孩子而言,相比专制型教养方式,权威型教养方式都更有利。

---

① 〔美〕拉鲁:《不平等的童年》,张旭译,北京大学出版社 2010 年版,第 242 页。

② 同上书,第 272 页。

③ L. Steinberg, S. M. Dornbusch and B. B. Brown, "Ethnic Differences in Adolescent Achievement: An Ecological Perspective," *American Psychologist*, Vol. 47, No. 6, 1992, pp. 723-729.

④ Chen Xinyin, Qi Dong and Hong Zhou, "Authoritative and Authoritarian Parenting Practices and Social and School Performance in Chinese Children," *International Journal of Behavioral Development*, Vol. 21, No. 4, 1997, pp. 855-873. Tanja C. Sargent, Peggy Kong and Yuping Zhang, "Home Environment and Educational Transition on the Path to College in Rural Northwest China," *International Journal of Educational Development*, 2013.

⑤ Pong Suet-ling, Jamie Johnston and Vivien Chen, "Authoritarian Parenting and Asian Adolescent School Performance," *International Journal of Behavioral Development*, Vol. 34, No. 1, 2010, pp. 62-72.

钱民辉曾在幼儿园和小学做过研究,发现一些孩子在选择伙伴时并不是随意的,他们会选那些与自身家庭条件相似的孩子做伙伴。来自富裕家庭的孩子,大多数从小就知道哪些衣服是名牌,哪些玩具最流行,什么书最好看,哪里的餐馆菜好吃,哪里的游乐园最好玩。这些孩子在一起能交流,有共同的话题和感受。这时,若是一个家庭条件不太好的孩子参与到他们的谈话中,会有格格不入的感觉。如果你问他们为什么这样,他们会七嘴八舌地说,我们说的东西他都不了解。虽然令人吃惊,但这确实表明了经济资本和文化资本如何在日常生活中潜移默化地形塑孩子们的行为和观念。

2. 社会资本

在教育不平等研究中,社会资本理论主要包含"社会闭合"与"网络资源"两种视角。其中,科尔曼的社会闭合视角强调紧密的关系或闭合的网络对学生学习行为和成绩的控制和支持作用,在教育社会学中应用颇为广泛;而布迪厄的网络资源视角注重家庭的社会网络所蕴含的资源对学生教育获得和社会再生产的影响,在 20 世纪末,这一视角也重新引起了经验研究者的关注。[①]

科尔曼指出,在人力资本的再生产中,社会资本起到了重要的中介作用。社会资本表现为一种结构上的"社会闭合"[②],当父母与子女之间、父母与社区其他成年人之间的社会交流充分、社会网络封闭性强时,子女就会得到较丰富的社会资本。社会闭合具体可以区分为两种形式:一种是"父母参与"(parental involvement),指家庭内部代际关系的紧密性,包括父母与子女的交流及其对子女的监督和学习指导等;另一种是"代际闭合"(intergenerational closure),指学生家长与老师和其他学生的家长也成为朋友,从而形成一个可以闭合的人际交往圈。在科尔曼看来,父母对子女的关注及时间、精力的投入是社会资本的重要表现形式,而家长与其他家长、老师之间的代际闭合则可以形成一种支持性社群(functional community),父母、老师和学生之间的闭合关系有利于各种有关孩子学习

---

① Sandra L. Dika and Kusum Singh, "Applications of Social Capital in Educational Literature: A Critical Synthesis", *Review of Educational Research*, Vol. 72, No. 1, 2002, pp. 31-60.

② "Social closure"是最早由韦伯提出的一个概念,指社会中占统治地位的阶层为了保持本阶层的优势地位而制造出的一种与其他阶层相隔离的制度,一般译为"社会封闭"。但科尔曼在此处使用这个概念更多的是描述家长、其他成年人与孩子之间形成的一种完整的网络联系结构,并没有强调资源封闭和排斥外来者的含义,因此我们借用社会网络分析中的"闭合"这一术语,将其翻译为"社会闭合"以示区别。

与生活信息的交流和传递,从而可以监督、鼓励和促进学生更加努力、更有效地学习。①

　　大量研究都证明了父母参与对子女成长的积极作用,特别是如果父母经常与孩子讨论学校相关事宜,会对孩子学业成绩的提高产生显著的影响。② 但与此同时,也有研究发现,父母直接监督和指导孩子学习对孩子的学业成绩影响不明显,甚至有显著的负效应。③ 研究者对"代际闭合"的操作化多集中于家长与老师的联系频率、家长与其他家长之间的熟悉程度等。诸多研究表明,在各种代际闭合的表现形式中,父母出席家长会、参加学校的志愿活动,以及父母主动向老师了解孩子的学习或行为的情况等变量,都能显著提高孩子的成绩及上大学的概率。④ 如果学生的父母认识孩子朋友的父母更多,熟识程度更高,这些学生就更不容易辍学,会更积极地参与学校活动。⑤ 但也有一些经验研究质疑代际闭合的作用,研究者发现代际闭合对学生成绩没有影响甚至有负面作用。⑥

　　布迪厄关于社会资本与教育获得研究的基本思路是:家长传递给子女的社会资本可以为子女提供更多更好的机会,使子女获得更高水平的教育成就,从而实现社会再生产。由于网络资源型社会资本在不同阶层或团体之间的分配是很不均匀的,因此不同阶层的孩子在高等教育入学以及毕业后的求职过程中都会

---

① James S. Coleman, ed., *Equality and Achievement in Education*, Westview Press,1990, pp. 325-340.

② Ralph B. McNeal, Jr, "Parental Involvement as Social Capital: Differential Effectiveness on Science Achievement, Truancy, and Dropping Out," *Social Forces*, Vol. 78, No. 1, 1999, pp. 117-144; Pong Suet-ling, Lingxin Hao and Erica Gardner, "The Roles of Parenting Styles and Social Capital in the School Performance of Immigrant Asian and Hispanic Adolescents," *Social Science Quarterly*, Vol. 86, No. 4, 2005, pp. 928-950.

③ 赵延东、洪岩璧:《社会资本与教育获得——网络资源与社会闭合的视角》;Glenn D.Israel, Lionel J. Beaulieu and Glen Hartless, "The Influence of Family and Community Social Capital on Educational Achievement," *Rural Sociology*, Vol. 66, No. 1, 2001, pp. 43-68。

④ Pong, et al.,"The Roles of Parenting Styles and Social Capital in the School Performance of Immigrant Asian and Hispanic Adolescents," 2005; Laura Walter Perna and Marvin A. Titus, "The Relationship between Parental Involvement as Social Capital and College Enrollment: An Examination of Racial/Ethnic Group Differences," *The Journal of Higher Education*, Vol. 76, No. 5, 2005, pp. 485-518.

⑤ Israel, et al.,"The Influence of Family and Community Social Capital on Educational Achievement," 2001.

⑥ Stephen L. Morgan and Aage B. Sorensen, "Parental Networks, Social Closure, and Mathematics Learning: A Test of Coleman's Social Capital Explanation of School Effects," *American Sociological Review*, Vol. 64, No. 5, 1999, pp. 661-681.

表现出阶层再生产效应。"随着社会等级的提高,家庭外的联系也在扩展,但仅限于相同的社会层次。所以,对社会地位最低的人来说,接受高等教育的主观愿望比客观机会还要小。"①

经验研究显示,美国少数族裔学生之所以学习成绩不佳而无法进入大学,不仅因为经济、文化资本的匮乏,而且因为他们无法从家庭成员的社会网络中获得资源。② 在中国,家庭社会网络资源更是直接影响孩子进入不同等级学校的机会③,由于我国长期推行"重点学校"制度,导致不同等级的学校之间存在巨大的软件和硬件差别。教育机会的差异在很大程度上表现为所进入学校的等级差异。④ 为了让孩子有机会进入更好的学校就读,父母不得不"各显神通",运用家庭的各类资本进行竞争。为保证子女进入好学校,父母不仅需要付出一定的经济资本,同时也必须动用"关系",即社会资本。⑤ 此外,不同的家庭不仅拥有的社会资本数量不同,在社会资本向子女教育获得的转化率上也存在差异。⑥

四、"择校"与"学区房"

改革开放后,相对于文化资本,政治和经济资源对子女教育获得的影响日益增强。⑦ 在这一过程中,重点学校制度以及由此导致的基础教育不均衡扮演了关键角色。

教育分流(tracking)是教育体系中一项重要的制度安排,是指依据学生的学业成绩和学术取向测试,将学生分层别类,使之进入不同的学校和课程轨道,并

---

① 〔法〕布尔迪约、帕斯隆:《继承人:大学生与文化》,邢克超译,第 6 页。

② Perna and Titus, "The Relationship between Parental Involvement as Social Capital and College Enrollment: An Examination of Racial/Ethnic Group Differences," 2005.

③ 赵延东、洪岩璧:《社会资本与教育获得——网络资源与社会闭合的视角》。

④ 唐俊超:《输在起跑线——再议中国社会的教育不平等(1978—2008)》,《社会学研究》2015 年第 3 期。

⑤ 张东娇:《义务教育阶段择校行为分析:社会资本结构的视角》,《教育发展研究》2010 年第 2 期。

⑥ Robert K. Ream and Gregory J. Palardy, "Reexamining Social Class Differences in the Availability and the Educational Utility of Parental Social Capital," *American Educational Research Journal*, Vol. 45, 2008, pp. 238-273.

⑦ 李煜:《制度变迁与教育不平等的产生机制——中国城市子女的教育获得(1966—2003)》,《中国社会科学》2006 年第 4 期。

按照不同的要求和标准采用不同方法教授不同的内容，使之成为不同规格和类型的人才。教育分流直接为学生从事不同职业和进入不同社会阶层奠定了基础。① 教育分流可以分为校内分流和校际分流，前者包括同年级内划分的所谓快班、慢班或实验班，后者与中国的重点学校制度相联系。依据特纳提出的"赞助式"（sponsored）流动和"竞争式"（contest）流动模式来看中国的教育分流体制②，在中国的重点学校制度和初中升学考试中可以看到某种"赞助式"流动的影子，但由于分流的时间点比较晚，似乎也给了学生较长的时间进行自由竞争来获取精英优质教育。因此可以说，中国的教育分流制度表面上是"竞争式"而实质上是"赞助式"，这一论断主要依据中国长期实行的重点学校制度。虽然目前政府已经"逐步取消义务教育阶段重点校和重点班"，但由于学校之间的资源存在巨大差别，各类重点学校仍然以"实验学校""星级学校"等名义继续存在。

我国的"择校"分为三个阶段：一是改革开放以前的以"分数"择校。二是改革开放以后一段时间内的以"钱"或权势择校。第二种择校现象出现的社会背景主要是社会转型、贫富分化。1985 年以来，国家相继出台一系列有利于社会力量办学的政策，民办学校迅速发展；随着分级管理、地方负责（分权）教育管理体制以及校长负责制的确立，采取计划外招生方式变相收取高额学费的现象急剧增加③。第三个阶段是国家采取一系列措施抑制以"钱"或"权"择校的现象，推进就近入学，但又意外引发了"学区房"现象。

1992 年 3 月 14 日发布施行的《中华人民共和国义务教育法实施细则》（现已失效）第五章第二十六条规定："小学的设置应当有利于适龄儿童、少年就近入学。""就近入学"是各国在基础教育阶段普遍实行的政策，其根本目的是方便学龄儿童、少年入学。为了贯彻这一入学原则，教育行政部门采用"学区制"，以特定学校为中心，以一定地理范围为标准，规定学生不得跨"学区"和"施教区"选择学校，学校也不得选择学生，一切适龄儿童、少年就近入学。但在中国的现实情境中，这一政策与择校相结合后却带来了一定的教育不公平。2003—2004年对多个城市的调查都显示，"择校"已经导致不同学校学生的家庭背景之间存

---

① 吴愈晓：《教育分流体制与中国的教育分层（1978—2008）》，《社会学研究》2013 年第 4 期。

② Ralph H. Turner, "Sponsored and Contest Mobility and the School System," *American Sociological Review*, Vol. 25, No. 6, 1960, pp. 855-867.

③ 吴遵民、沈俊强：《论择校与教育公平的追求：从择校政策的演变看我国公立学校体制变革的时代走向》，《清华大学教育研究》2006 年第 6 期。

在显著差别,教育不平等现象相当严重,"就近入学"限制的只是那些没有能力给孩子择校的家庭,社会经济地位较高的家庭,可以通过金钱择校或跨学区就学和户籍迁移等手段,在制度允许的范围内为孩子择校。①

随着对"择校"的严格管控,"学区房"现象愈演愈烈。经济学和管理学领域的研究者,采用特征价格模型分析了各大城市的优质教育资源对住房价格的影响,验证了"学区房"现象。② 毫无疑问,各种择校措施对没有经济资本和政治资本的民众来说近乎天方夜谭,因此,就近入学政策旨在追求公正公平,但所引发的"学区房"现象却有利于社会地位和经济收入高的社会群体,使义务教育阶段的不平等出现增加的趋势。

自 1999 年起,中国高中毕业生的升学率超过了初中毕业生的升学率。由于重点高中的升学率和考入重点高校的比例远超其他学校,中考的竞争愈加激烈,程度不逊于高考;而学生的家庭背景强烈影响着学生能否进入重点中学(获得优质教育)。大量经验研究表明,城镇户口和家庭经济地位越高的学生越可能进入重点学校。③ 导致这一分流结果的主要有以下几点原因:第一,条件较好的家庭有充足的文化资本,家庭日常生活中的潜移默化以及家长对课业的辅导,让子女在考试竞争中容易获胜。第二,市场化转型本身带来不平等,经济资源较多的家庭可以通过选择优质民办学校来提升子女的学业成就。第三,部分人通过不合法或非法运作经济资本和政治资本来为自己的子女获取优质教育机会。④ 重点高中入学机会的竞争,除了分数之外,经济资本、政治资本成为最重要的砝码,如一些地方的"特价生"现象就表明要获得优质教育,不仅要有钱,还要有"关系"⑤,即社会资本。研究显示,家庭社会网络资源主要影响学生的受教育机

① 梁雪峰、乔天文:《城市义务教育公平问题研究——来自一个城市的经验数据》,《管理世界》2006年第 4 期;陈友华、方长春:《社会分层与教育分流——一项对义务教育阶段"划区就近入学"等制度安排公平性的实证研究》,《江苏社会科学》2007 年第 1 期。

② 冯皓、陆铭:《通过买房而择校:教育影响房价的经验证据与政策含义》,《世界经济》2010 年第 12期;徐梦洁、张周青:《城市教育设施对住房价格的影响——以南京市为例》,《开发研究》2015 年第 5 期。

③ 吴愈晓:《教育分流体制与中国的教育分层(1978—2008)》。

④ 这一现象在 21 世纪初较为普遍和严重。虽然教育主管部门对高中择校作出"限分数、限人数、限钱数"的严格规定(如北京市规定择校生数为招生数的 10%,降分不超过 10 分,择校费不超过 3 万元),但调查显示,各地通过缴纳赞助费或择校费进入高中的学生比例几乎都超过 10%,最高近乎四成。参见杨东平:《高中阶段的社会分层和教育机会获得》,《清华大学教育研究》2005 年第 3 期。

⑤ 张东娇:《义务教育阶段择校行为分析:社会资本结构的视角》。

会，而对学业成绩无显著影响，社会网络资源越丰厚，越可能进入好学校。① 一些学校为了自身利益，采取收赞助费、增加择校生名额、公办"名校"办"民校"等手段来获取经济利益和资源，不仅导致学校教育质量滑坡，也使缺乏资本的家庭的子女获得优质教育的渠道日益狭窄。第四，随着国家对非法择校的管控日趋严格，通过"学区房"择校的现象日益严重。这让经济资本雄厚家庭的子女能进入重点学校，从而获得优质教育。

"十年树木，百年树人。"教育的最重要特征是延续性和累积性。教育分流是逐级相连的，如重点中学内部就具有很强的"传递性"②，这无疑会导致升学竞争下移，教育获得的阶层分化不断提前。从教育体制来看，教育分流存在于初中毕业的升学考试，但由于重点学校制度以及择校的存在，隐性的教育分流在小学甚至幼儿园就开始了。由于学前教育属于非义务教育阶段，因此进入好的幼儿园的筛选标准并非传统的分数，而主要是家庭经济资本和社会资本的竞争实力，这就干扰了初中毕业升学考试所进行的教育分流的平等。有研究指出，目前小升初阶段的不平等最为严重，随着入学层级的提升，即在小学—初中—高中—大学的升学过程中，家庭社会经济地位与文化背景的影响逐渐减弱，被学校等级的作用所取代，因此早期教育公平的重要性日益凸显。③ 社会上流行的"不要让孩子输在起跑线上"即是明证，因为输在起跑线上会引发连锁的消极后续反应，即强者不断积累优势、弱者不断失去优势的马太效应。因此，择校现象所引发的教育不公平之根本原因仍在于学校之间的巨大差距，中上阶层利用手中资源把缺少资本的子弟排斥在优质教育门槛之外，导致他们中的大部分人根本无缘参与高等教育的角逐。随着政府对择校的管理日益正规化，通过"学区房"择校在短期内成为城市地区初等和中等教育不平等的最重要来源之一。唯有推行真正的教育均衡化措施，才能减少义务教育阶段的不平等，"学区房"现象也才会随之消失。目前，政府已针对"学区房"现象出台了一系列政策，旨在增加教育的公平性。

① 赵延东、洪岩璧：《社会资本与教育获得——网络资源与社会闭合的视角》。
② 吴愈晓：《教育分流体制与中国的教育分层（1978—2008）》。
③ 唐俊超：《输在起跑线——再议中国社会的教育不平等（1978—2008）》。

五、社会阶层与高等教育机会

刘精明把教育划分为生存教育和地位教育两种类型,前者是个体为适应社会、保证基本生存而必须接受的教育,后者指超出基本生存所必需的、以获取更好的社会职业地位为取向的教育,两者的界限并非变动不居。① 在当前中国社会,高等教育(尤其是正规大学及以上的教育)是进入中上层职业的门槛,因此也是各阶层争夺最为激烈的教育资源。随着 1999 年的高校扩招,中国高等教育从精英教育逐渐走向大众化教育,重点高校及前景较好的学科和专业成为不同阶层竞争的稀缺资源。中国高等教育资源的分配标准发生了一系列变化,从新中国成立初期的学术和政治双重标准,到"文化大革命"时期特别强调政治标准,之后学术标准重新确立,而改革开放至今,经济资本又成为影响分配机会的重要因素。因此,我们主要从入学机会(包括自主招生)和学科专业选择两方面来探讨家庭阶层背景对个体高等教育获得的影响。

1. 高校入学机会与自主招生

中华人民共和国成立之初,由于政府实行向工农阶层倾斜的教育政策,工农子弟接受高等教育的比例迅速增加。1952 年,高校学生中工农子弟比例达到20.5%;1958 年,高校新生中工农子女占 55.3%;1965 年,这一比例更是达到了71.2%。② 但这一趋势在改革开放后迅速逆转,随着市场转型的深入,农民和普通家庭的子女在高校所占的比例日益降低,尤其在重点高校,他们大多集中在非重点、层次较低的高等院校和高职院校;而家庭社会经济地位越高,子女入读重点大学的机会就越大。③ 因此,高等教育的扩招并未使阶层不平等有所减少,农村学生接受高等教育的机会仍然远少于城市学生,城市学生进入大学和"211"大学的概率分别是农村学生的 7 倍和 11 倍。④ 这一发展趋势也与西方经验所呈

---

① 刘精明:《国家、社会阶层与教育:教育获得的社会学研究》。

② 刘海峰:《公平与效率:21 世纪高等教育改革与发展》,福建教育出版社 2003 年版,第 425 页。

③ 杨东平:《高等教育入学机会:扩大之中的阶层差距》,《清华大学教育研究》2006 年第 1 期;刘云杉、王学明、杨晓芳:《精英的选拔:身份、地域与资本的视角》,《清华大学教育研究》2006 年第 5 期。

④ Li Hongbin, Prashant Loyalka, Scott Rozelle, Binzhen Wu and Jieyu Xie, "Unequal Access to College in China: How Far Have Poor, Rural Students Been Left Behind?," *China Quarterly*, Vol. 221, 2015, pp. 185-207.

现的"最大化维持不平等"（MMI）和"有效维持不平等"（EMI）模式基本相符。

但对这一趋势的描述也存在争论。如梁晨等人对北京大学和苏州大学1952—2002 年学生的社会来源的分析发现,新中国成立后精英高等教育生源呈多样化,精英高等教育的垄断格局被打破,工农子女的入学比重逐渐加大,这一状况一直持续到 20 世纪末,并被称为一场"无声的革命"。① 但批评者认为,改革开放前后工农子女上大学比例的趋势和机制是不同的:改革开放前"阶级斗争"为主,存在诸多有违教育公平之处;改革开放后的重点学校制度则进一步加剧和固化了城乡教育不平等。②

高等教育入学不平等是如何形成的? 刘精明比较了能力和出身对不同层级的普通本科教育机会获得的影响,发现当前中国高等教育机会的分配尽管受出身的影响,但基本仍秉持能力评价的标准。③ 然而,问题在于,形式上貌似公正的以绩效主义（meritocracy）为原则的精英选拔制度延续了初等和中等教育过程中产生的不公平,并遮蔽了招生过程中繁复的权力因素。④ 其中,重点学校制度对高等教育入学的影响仍非常明显,即使控制了学生高中以前的学业表现,重点学校依然具有显著效应。⑤ 这导致不同阶层家庭在追求高等教育资源时采取不同的策略,高校扩招带来的日益高涨的教育成本、缩减的短期教育收益和失败风险也都可能促使底层选择退出高等教育领域。

绩效主义是教育选拔的一个核心原则,考试是最重要的一种择优录取方式。在中国,高考无疑是最重要的考试。20 世纪 70 年代,哈尔西批判英国当时的教育选拔制度,认为其所谓的绩效主义选拔标准实质上是倾向于中上层的。⑥ 虽然中国高考的形式并不能完全避免这一问题⑦,但却是社会劣势阶层家庭的子

---

① 梁晨、张浩、李中清、李兰、阮丹青、康文林、杨善华:《无声的革命:北京大学与苏州大学学生社会来源研究（1952—2002）》,《中国社会科学》2012 年第 1 期。

② 应星、刘云杉:《"无声的革命":被夸大的修辞》,《社会》2015 年第 2 期。

③ 刘精明:《能力与出身:高等教育入学机会分配的机制分析》,《中国社会科学》2014 年第 8 期。

④ 刘云杉、王学明、杨晓芳:《精英的选拔:身份、地域与资本的视角》。

⑤ Ye Hua, "Key-Point Schools and Entry into Tertiary Education in China," *Chinese Sociological Review*, Vol. 47, 2014, pp. 128-153.

⑥ A. H. Halsey, "Towards Meritocracy? The Case of Britain," in *Power and Ideology in Education*, edited by J. Karabel and A. H. Halsey, Oxford University Press, 1977, pp. 173-186.

⑦ 如高考中的英语听力考试明显不利于农村学生。后来对此也有所改革,如浙江省就对英语听力采取了"一年多考"的形式,然而,这是否有助于提高劣势阶层家庭子女的成绩,尚需进一步研究。

女向上流动的重要途径。就目前来看,"分数面前人人平等"仍是最为公平的一种选拔方式。更多的不公平则滋生于招生阶段,包括近年来出台的自主招生政策所带来的意外后果。

中国高校录取采取各省份分配名额的办法,既沿袭了科举时代的传统,也出自中央政府追求平等的革命意识形态。其结果是名额分配偏向部分经济发达地区,而一些教育发达的生源大省并未得到相应的名额分配。此种差异在名校的招生名额分配中更为显著,甚至产生教育水平越发达的地区,高校录取分数线越低的怪现象,如京津沪地区。[①] 这主要是由于现行的高考制度下,录取学生采取分省定额、划线录取的办法,而各地的录取定额主要是根据当地的高教资源状况来分配的。高考"移民"和虚假加分等现象也应运而生,这说明还存在着一定的制度漏洞和灰色地带。

相比高考而言,自主招生由于缺乏固定的标准,更易于进行暗箱操作,为家庭社会资本的运作提供了制度空间。2001 年,南京地区 6 所高校的自主招生开了高校自主招生之先河。[②] 教育部在《普通高等学校自主选拔录取试点工作实施办法》中明文规定,"自主选拔录取作为高考制度的重要补充,主要招收具有创新潜质、学科特长,以及全面发展、综合素质较高的拔尖人才",从而"深化高校招生考试改革,引导中学开展素质教育,促进高水平大学建设",并规定自主招生人数不得超过当年招生总数的 5%。[③] 当前中国的自主招生可以分为三类,即完全自主型、半自主型和统招前提下的自主型,中国绝大多数高校的自主招生属于第三类。[④] 截至 2010 年,具有自主招生资格的 80 所高校都是"985"和"211"名校,因此,自主招生虽以素质教育为取向,但仍是一种针对优秀考生群体的精英选拔。

除了学习成绩外,自主招生更注重学生的综合素质能力,包括知识技能和认识社会的能力,涉及特殊才能、综合素质、竞赛获奖、科技创新、行业特质和学业成绩等要素。自 2006 年以来,面试逐渐成为自主招生的一个重要方式。这显然不利于底层出身的学生,因为他们在经济资本、文化资本等方面都处于劣势,尤

---

① 　郭延凯:《教育公平视角下我国高招录取省市差异分析》,《当代教育科学》2010 年第 23 期。

② 　刘进:《历史与嬗变:中国高校自主招生 10 年》,《现代大学教育》2011 年第 1 期。

③ 　参见荀振芳、汪庆华:《自主招生:精英角逐的场域》,《清华大学教育研究》2011 年第 2 期。

④ 　刘进:《历史与嬗变:中国高校自主招生 10 年》。

其是农村考生。对某"211"高校 2009 年招生情况的分析发现，自主招生新生的父亲职业为政府机关干部、企事业单位负责人、高级知识分子及私营企业高级主管的比例为 50%，而统招生中此比例仅为 16%；同时，自主招生的新生接受过更多的音乐舞蹈、绘画书法、体育和科技等方面的培训，也更常去博物馆、少年宫、影剧院等。① 2009 年，教育部阳光高考信息公开平台公示的数据显示，全国自主招生录取学生城乡比为 9：1，而同年普通高考录取学生城乡比为 4.1：5.9。② 概言之，农村和底层出身的孩子不仅难以进入具有推荐资格的学校，即使进入，也难以负担所需的经济成本。而且在面试环节中，对考生的口头表达能力、反应速度、整体形象等方面更为看重，底层出身的孩子显然难有优势。

不少研究者在讨论自主招生时往往指出，这是西方高校采用的主流录取方式。但是历史研究表明，美国高校，尤其是名校，在 20 世纪初期改变了以往凭考试成绩录取学生的准则，转向同时注重笔试成绩、面试成绩和学校推荐的入学制度，其背后的真正原因是当时美国的清教徒上层要排斥和限制在名校中比例日增的犹太人学生。③ 因此，在当前中国社会的高等教育入学机会方面，尤其是名牌院校的入学方面，城乡不平等和阶层不平等很可能会加剧，而自主招生将在其中扮演重要角色。

2. 学科与专业选择

即使取得了高等教育的门票，不同阶层家庭子女在专业的选择上仍会呈现巨大差距。布迪厄在《继承人》一书中指出，"教育系统客观地进行着淘汰，阶级地位越低受害越深。但是，人们对教育方面不平等的某些较为隐蔽的形式——如中下层阶级子女集中于某些专业并且学习进度迟缓——觉察得不够"④。高校专业的选读与未来的职业存在着密切关系，尤其随着职业不断分化和社会的学历化，某些职业群体身份和社会保障的获得取决于其成员的学位（国家控制的高等精英教育的学位）取得，由此奠定了学位持有者在有关职业中的精英地位。这些职位只有相对应的专业出身才能胜任，最明显的例子莫过于医师的准

① 汪庆华、荀振芳：《自主招生场域家庭资本的影响与自主招生的制度探寻》，《中州学刊》2011 年第 3 期。

② 荀振芳、汪庆华：《自主招生：精英角逐的场域》。

③ Jerome Karabel, *The Chosen: The Hidden History of Admission and Exclusion at Harvard, Yale, and Princeton*, Houghton Mifflin, 2005.

④ 〔法〕布尔迪约、帕斯隆：《继承人：大学生与文化》，邢克超译，第 33 页。

入资格。一般来说,一个职业的社会封闭性(指对外排斥,而非被外界排斥)越强,其地位也相应越高。因此,对高校不同专业的选择不仅与学生的个人兴趣取向有关,也是对未来社会地位的选择。

高校扩招之前,专业的阶层分化也进入了学者的研究视野。1995 年对武汉大学新生的调查显示,在该校"热线学科"专业中,农民和工人子女的比例低于其在总体中的比例,而在"基础学科"专业中则相反。党政干部、企事业单位干部和专业技术人员子女更多进入"计算机科学""国际贸易""国际金融"等专业,几乎形成垄断。① 此后的一系列研究都表明,家庭社会经济地位越高,子女就越可能入读热门专业,如工程、新闻传播、艺术、管理和法律等专业,而中下阶层家庭子女往往倾向于选择教育、农林地矿等冷门专业。② 可能有三个因素导致了这一现象。一是不同阶层家庭的理性决策,冷门专业相对而言学费少、风险小、录取机会大,复读一年对这类家庭来说不仅是经济损失,也是一种机会损失。而条件较好的家庭的子女往往更多地考虑该专业的个人预期收益。二是不同阶层之间的信息不平等,普通家庭由于与外界接触面狭窄,缺乏社会关系,不能获得有关专业及其发展前景的有效信息。三是文化资本的效用,艺术类等专业需要从童年开始进行长时间的辅导和培训,只有拥有充分经济资源和文化资本的家庭才能承担。

同时,刘云杉等人对普通家庭学生的心智结构、文化性情与所选择的冷门专业"契合"这一论断深表怀疑:以 1978—2005 年的北大为例,农村学生比例较高的专业,如考古、图书馆、编辑、政治、历史和哲学等学科具有学术圈内封闭循环,要求从业者拥有深厚的文化资本与非功利的价值取向,即淡泊名利追求真理,而非追求名利。③ 但这无疑与这些普通家庭出身学生通过高等教育向上流动、改变家族命运的迫切要求不相容。这种内在矛盾不仅导致教育资源浪费,也影响他们进入大学后的学术表现,使得他们更易产生学业倦怠。

---

① 刘宏元:《努力为青年人创造平等的受教育机会——武汉大学 1995 级新生状况调查》,《青年研究》1996 年第 4 期。

② 钟宇平、陆根书:《高等教育成本回收对公平的影响》,《北京大学教育评论》2003 年第 2 期;杨东平:《高等教育入学机会:扩大之中的阶层差距》。

③ 刘云杉、王学明、杨晓芳:《精英的选拔:身份、地域与资本的视角》。

小 结

本章简要介绍了教育在社会分层与流动中所扮演的角色。教育是一种社会资源,优质教育更是稀缺资源。一方面,受教育程度是社会分层的重要指标,有助于个体实现向上流动的目标;另一方面,教育获得也是社会分层的结果。功能论和冲突论对于社会分层及教育的作用有非常不同的解释,前者强调教育不平等的积极功能,后者关注教育不平等产生和维系过程中的冲突。大量的教育分层研究都显示,现代社会中家庭环境依然对个体教育获得具有显著影响,通过文化资本和社会资本等形式进行教育再生产。在当前中国社会,这些不同形式的家庭资源和家庭策略导致了基础教育和高等教育领域的阶层不平等,"学区房"现象无疑是目前最为突出的表现形式。要进一步促进教育公平、缩减教育不平等,不仅需要掌握相关教育分层理论,也需要大量接地气的经验研究深入探究其中的机制和过程,这样才能为相关教育政策提供可靠的支持。

【思考题】

1. 功能论和冲突论对社会分层的理解存在什么不同之处?

2. 有人说当前中国社会已经是"寒门难出贵子",你怎么看这一现象? 你认为教育在其中扮演了什么样的角色?

3. 高等教育扩招对中国的教育分层和不平等产生了什么影响? 是有利于减少还是增加不平等?

4. 案例分析:一项研究显示,具有高等教育水平的技术人员和管理人员,以及具有中等、高等教育水平的办事人员,其子代在就业前,分别有39.4%、28.7%、26.5%的人获得了高等教育机会,而只具有初等教育水平的各职业阶层,其子代获得高等教育机会的比例只在 4.2%—5.3%。(刘精明等:《转型时期中国社会教育》,辽宁教育出版社 2004 年版,第 140 页。)

依据上述数据,请给出你的结论和看法。

【推荐阅读书目】

〔美〕格伦斯基编:《社会分层》,王俊等译,华夏出版社 2005 年版。

该书辑录了西方社会分层研究中的代表性文章与书本章节，从古典大家的经典论述到晚近的经验性研究，从阶级、族群和性别等多角度对社会分层体系的形成与运行进行了探讨。这些对于我国的社会分层及教育分层研究具有重要意义。

〔美〕拉鲁:《不平等的童年》，张旭译，北京大学出版社 2010 年版。

教育成就的不平等是如何在家庭和学校的日常生活中逐渐形成的？该书利用民族志调查方法，对美国中产阶级和劳工阶级家庭对孩子的不同教养和培育模式进行了细致入微的描述和分析，提出了中产阶级家庭的"协作培养"模式与劳工阶级家庭的"自然成长"模式。这对于理解当前中国社会中的教育不平等现象具有重要借鉴意义。

〔法〕布尔迪约、帕斯隆:《再生产——一种教育系统理论的要点》，邢克超译，商务印书馆 2002 年版。

教育是一个文化和社会再生产结构，这有力地打击了教育有利于个人向上流动的神话。该书提出了符号暴力、文化专断等命题和概念，并在理论和经验层面进行了论证。

刘精明:《国家、社会阶层与教育:教育获得的社会学研究》，中国人民大学出版社 2005 年版。

教育在当前中国社会分层中扮演了何种角色？中国的教育平等状况如何？阶层教育再生产的状况如何？历史事件或政治运动对教育分层会产生什么影响？该书从理论和经验研究层面对上述问题做出了不可忽视的回答。

梁晨、张浩、李中清等:《无声的革命:北京大学、苏州大学学生社会来源研究(1949—2002)》，生活·读书·新知三联书店 2013 年版。

该书认为，1949 年以来，中国高等教育领域出现了一场革命，即高等教育生源开始多样化，以往为社会上层家庭子女所垄断的状况被打破，工农家庭的子女逐渐占据相当大的比重。该书利用 1949—2002 年北京大学和苏州大学的学生学籍卡资料，尝试将这一时期的革命及其成就呈现出来，为中国高等教育改革与发展提供借鉴。

第十章

人口流动与教育

引　言

现代社会存在广泛的人口流动。由于流入地和流出地的教育资源状况存在很大差异,城乡之间、地区之间、族群之间,乃至国家之间的人口流动,对处于就学阶段的儿童而言,会产生广泛而又深远的影响。你可能已经从自己身边或新闻媒体上,关注到与人口流动有关的教育社会学问题,比如:留守儿童在缺少父母关爱的环境中成长,对他们的学业成绩会产生什么样的影响? 流动儿童进入城市后,在入学机会的获得上面临什么障碍? 偏远民族地区的学生进入东部发达地区的城市接受教育,在文化适应上可能产生什么问题? 中国人到美国读书和工作后,其子女要在美国接受教育,他们如何维系华人的身份认同? 一个非洲人来到广州工作和生活,其子女也在中国出生,其教育历程如何展开? 人口流动现象是如此广泛和复杂,而任何人口流动现象几乎都可以与教育建立关联,因而这份清单可以一直开列下去。

以上现象是我们可以在日常生活中直接触及和观察的。如果将人口流动同其他社会文化因素放在一起予以审视,将会发现一些更为复杂的现象。比如,我们可以考虑一下不同阶层的人口流动问题。精英阶层也处于流动中,恰如鲍曼在《流动的现代性》中指出的,在现代性的流动时期占多数的定居人口为游牧的和疆域以外的精英所统治,而当今的全球性精英,也按照旧有的"在外地主"的模式来塑造自己。[①] 但是,在社会中处境不利的人群因生活需要而外出务工,却

① 〔英〕鲍曼:《流动的现代性》,欧阳景根译,上海三联书店 2002 年版,第 19 页。

可能产生强烈的不稳定感和焦虑,原有的社会文化网络被斩断,在流入地的社会文化适应也可能面临问题。由此,这两个阶层的流动对子女教育的影响也是完全不同的,前者不会因流动而损害其子女固有的教育优势,后者却会因流动而使其子女在教育上的劣势更为凸显。当然,这只是我们能够设想的问题之一。或许,你已经想到了一些更新和更有创造力的问题。本章邀请你一起对这一类问题进行讨论,我们将它归在人口流动与教育的关系这一主题之下。

一、人口流动对教育的影响

人口流动与教育是相互影响的。从各个国家经济社会发展的状况来看,人口流动率的不断提升与教育水平的普遍提高几乎是同时发生的。从个体层面来看,一个人的受教育水平越高,就越有可能挣脱其原初的生活环境,从而在更广阔的社会空间中寻求自身的发展机会。受教育水平越低,在流动形式上越可能呈现出不同的特征。受教育水平对人口流动的频率、形式等的影响尽管显著,但并不是我们要讨论的主题。由于当前中国人口流动对教育的影响是如此广泛和深入,我们打算用更多的篇幅处理这一问题。

传统社会是"生于斯,长于斯"的社会,人口流动虽然存在,但在规模上要小得多。扎根于乡土社会,让人们获得了稳定的意义感。1949 年以后,由于户籍制度和就业制度的共同作用,乡村人口被限制在土地上,城市人口被置于单位中进行管理。改革开放以来,中国城乡之间产生了大规模的人口流动。对人口流动的分析,不仅仅要关注物理空间上流入地与流出地的状况,以及人口的迁移意愿及其影响,还要从它是一种政治经济制度的产物的角度进行研究。正因如此,对人口流动的考察,不能局限于流入地与流出地的人口规模、人口结构的变动,还要进一步关注人口流动背后的整个社会的资源分布状况及制度性安排,后者会对教育产生深刻的影响。

人口流动与教育之间本没有直接关联,我们可以设想一种理想状况:教育资源在整个社会中是均衡分布的,城乡之间、区域之间没有明显分化,这时,无论人口如何流动,流动人口子女都可以在新的居住地接受同样的教育。但事实恰恰相反,教育资源分布很不均衡,不同族群在家庭与社区环境中养成的习性也有很大差异。随着人口的流动,异地受教育权利很难得到保障,更不要说社会资源、语言、文化差异等因素对移民群体可能产生的影响。由此,我们可以从经验上观察，一个社会的教育资源越均衡，教育不平等程度越低，人口流动对教育的影响越小，反之，因人口流动而产生的教育公平问题就越大，解决起来也就越困难。例如，人口在城市间的流动对子女教育的影响并不大，城乡之间的流动产生的影响则要大得多；不同族群之间的语言、习俗、价值观念等差异越大，少数族群进入主流族群时面临的困难就更大。

人口流动对教育资源分布产生广泛的影响，一个地区所能提供的教育资源及其开放程度，也会吸引或者排斥人口流动。人口流动对教育的影响，是今天的教育管理部门不得不面对的常规议题。对中国农村地区而言，因大量农村人口外出务工，一些地方出现了"空心村"现象，乡村中留下来的主要是老年人、妇女和儿童这三个群体，即通常所谓的"三留守"人员。由于一些适龄儿童随父母外出，以及人口出生率下降，学校班级不断萎缩，很多学校和教学点不断被撤并。而对一些城市地区而言，因为人口大量流入，地方教育管理部门开始考虑让学校教育资源向流动人口开放，但优质教育资源仍然需要家庭的经济资本、社会资本、文化资本的综合运作才能获得。除了教育资源分布，学校教育还要回应移民人群固有的文化传统。对西方国家而言，因人口流动，非洲裔、西班牙裔、中东移民不断增多，学校教育如何应对这些族群儿童固有的文化底色，也成为一个非常棘手的问题。可见，越来越频繁的人口流动，不断考验教育管理部门的能力，学校教育的规模如何调整，课程和教学方法如何适应学生的需要，都是需要考虑的议题。

人口流动不断改变既定的教育版图。随着人口的流动，这块版图不得不面对挑战，家长、学校、教育管理部门、国家、市场之间开始了复杂的互动过程。这恰恰让我们看到，不同阶层围绕教育展开怎样的争夺，学校乃至教师如何尽力维系自己的利益，教育管理部门如何缓慢开放教育资源以平衡各方利益，国家和市场虽属抽象体系，但却在这些互动中如影随形。

从就学群体的角度看，人口流动还对移民群体子女的教育问题产生了重大影响，由此引起教育社会学研究者的广泛关注。对留守乡村的儿童而言，他们在一种缺乏父母关爱的家庭中成长和接受教育；而对随父母迁移的儿童而言，他们则要面对陌生的城市环境和教育制度的考验。无论何种情况，都对教育制度提出了新的挑战。城乡之间教育资源分布不均衡问题一直存在，城乡之间的人口流动为农村儿童享有优质教育资源提供了一条可能路径。前提条件是，流入城市的儿童能够在城市正常接受教育。实际的结果却恰恰相反,因为户籍、居住地等条件的限制,这一路径未能畅通。现实是,人口流动使得城乡之间教育不平等的状况变得更为严重。社会学需要对经验现象保持充分的敏感,正因为这一点,我们需要对因人口流动而产生的教育问题进行探究,并对这一现象出现的一些新变化保持关注。我们不仅是将其作为一个社会问题进行研究,还要尝试从中国特有的社会现象中建构本土的教育社会学理论。

在探究人口流动对教育的影响时,还可以考虑不同社会阶层之间的差异。如果你准备换一份工作,要到另一个地区或者国家工作和生活,你首先要考虑的一个问题是:子女的教育要如何安排? 拥有资本优势的阶层可以在流动前就做出合理而完备的考量,他们有充分的能力将子女带在身边,并动用自己的资源将他们送到教学条件优良的学校里面。对成绩优良、学习经历非常完整、多才多艺的学生,学校更乐于敞开大门。然而,进城务工人员中的很多人迫于生计,没有能力将子女带在身边,或者即使带在身边,也没有办法考虑他们会接受什么样的教育,最后只能是"有学上就行,上得怎么样是孩子自己的事情"。再想一下跨国流动的情况,一个来自美国的白领要到北京工作,他可以将子女带在身边,因为进入国际学校是一个便利的选择,孩子可以在全英文的环境中接受教育。但是,对于中东难民而言,即使他们进入了欧洲,其子女的教育问题也可能会非常棘手。可以看出,不同阶层、族群的流动,对孩子教育的影响是完全不同的。当然,无论什么阶层的人在流动,其子女的教育问题都值得关注。但是,教育社会学更偏爱关注处境不利群体的教育问题,或许是因为这些问题常常被看作社会的一种病症,我们希望治愈它。

政府如何应对因人口流动而产生的教育问题呢? 从理念上来说,任何现代国家政府都会声称,受教育权是一项基本人权。但在现实中,人们总是能够找到种种理由回避这一基本人权的实现,比如现有学校的容纳能力不足、一些流动人口不符合"五证齐全"的基本条件、某所学校开放后大量人员流入会产生"洼地效应"等。当然,这还是就入学机会的获得而言的。我们可能经常会发现,处于流动中的处境不利家庭的孩子,最后只能在流入地最差的学校读书,而新建的高档住宅区总是能够配备优质的教育资源。可见,地方政府和市场在面对基本人权的诉求时,常常满足的是社会中精英人群的需要,而对于处境不利群体的教育诉求,却总能找到各种拖延之计。人们常常将教育视为个人和家庭的责任,从而回避了问题的症结所在。人们很难基于"基本人权"找到一个一劳永逸的解决方案，而只能是基于此时此地的状况，在基本人权的理念和社会压力下，找到一个暂时的解决方案。流动带来的就是不稳定状态，治理这一问题的机制愈发显得复杂。

无论如何，因人口流动而产生的教育问题，是中央与地方政府需要持续关注的政策议题。《国家中长期教育改革和发展规划纲要（2010—2020年）》指出："坚持以输入地政府管理为主、以全日制公办中小学为主，确保进城务工人员随迁子女平等接受义务教育，研究制定进城务工人员随迁子女接受义务教育后在当地参加升学考试的办法。建立健全政府主导、社会参与的农村留守儿童关爱服务体系和动态监测机制。"这一政策确立了解决进城务工人员子女教育问题的导向，延续了过去解决相关问题的"两为主"政策的观点。这一政策的来历、演变及执行过程本身就非常值得做教育社会学分析。比如，你可以依据当地的情况，考察当地的教育管理部门是如何具体执行这一政策的，从中可以发现围绕流动人口子女入学，家长、学校、教育管理部门之间的互动过程。有研究曾经从"contain机制"（围堵策略）的角度做了颇具启发的分析："两为主政策不是一次性决策的产物，而是经历了至少从1996—2003年长达8年的对问题认定、议题创立到政策制定和反馈的较长演变期，该政策体系的内部结构是由输出地政府、流入地政府、中央政府、教育管理部门、农民工阶层等利益相关方组成，外部环境则由二元城乡管理体制、国家经济发展战略、流动人口子女教育和考试体制、城市市民福利体系等要素作为其教育生态系统。"[①]因而，从这一政策的制定与执行过程中，可以看到国家与流动人口的关系建构，以及国家与地方政策治理策略的转变。无论对中央政府还是地方政府而言，人口流动填补了城市劳动力短缺，促进了经济发展，但又构成了某种危险因素。"分割"城市公共资源，又"加重"了地方政府的负担。既要共享成果，又要牢牢掌控优质资源，逐步开放资源的渐进策略成为最好的选择。下面我们将选择流动儿童和留守儿童群体，分别讨论与他们相关的教育问题。

---

① 邵书龙：《国家、教育分层与农民工子女社会流动：contain机制下的阶层再生产》，《青年研究》2010年第3期。

二、流动儿童的教育问题

流动儿童的规模究竟有多大呢？据《中国流动人口发展报告 2015》的统计，2014 年年末中国流动人口达 2.53 亿，根据城镇化、工业化进程和城乡人口变动趋势预测，到 2020 年，我国流动迁移人口将逐步增长到 2.91 亿，年均增长 600 万人左右。其中，农业转移人口 2.2 亿，城城之间流动人口约 7000 万人。[①] 这意味着，有六分之一的人口处于流动状态，农业转移人口占流动人口的比例也达到了四分之三。如此高的流动人口比例，在世界历史上也是极为罕见的。不仅如此，该报告还指出，近九成的已婚新生代流动人口是夫妻双方一起流动的，与配偶、子女共同流动的约占 60%；半数以上流动人口有今后在现居住地长期居留的意愿，打算在现居住地继续居住 5 年及以上的占 56%。[②] 这意味着，流动家庭已经占到很大比例，其子女的教育问题也成为基本公共服务均等化的重要内容。这一群体的教育问题，引发社会学的持续关注。

（一）流动儿童的类型

同为流动儿童，内部却存在极大差异。从儿童的生活历程来看，有些孩子出生并成长于城市，已经没有农村生活经历，只是其父母还具有流动人口的身份；有些孩子从小生活于农村，上小学或初中时才随父母进入城市读书；还有一些孩子，他的居住地可能并不稳定，处于频繁流动状态，具有多次转学的经历。从父母职业和文化程度来看，流动儿童父母主要从事社会底层工作，收入和文化程度都较低。但也有一些父母经过自己多年打拼，从事个体户等职业，在城市购买了住房，也拥有较高的收入。不过，现今在流动儿童的教育政策和管理上，主要是依据户籍所在地进行分类，没有进一步考虑流动儿童的生活经历以及父母的职业、文化程度、收入等因素，由此产生的问题是，教育政策与管理还比较粗放。户籍分类法也是目前很多研究者在识别流动儿童时采取的方法，由于我们面对的是内部具有较高异质性的群体，对其教育问题的描述以及据此提出的政策建议可能会产生一些问题。

（二）流动儿童的受教育权利保障

在流动儿童进入城市的初期阶段，由于城市教育体制的排斥，很多流动儿童

---

① 国家卫生计生委流动人口司：《中国流动人口发展报告 2015》，中国人口出版社 2015 年版。

② 同上。

不得不在城乡接合部的打工子弟学校就读。这些学校的办学资质并没有得到官方的认定，教学质量和条件都比较差，但由于暂时满足了流动儿童入学的基本需要，这类学校维持了很长一段时间。目前，这类学校基本上被取消。"以流入地为主、以全日制公办学校为主"是目前解决这一群体入学问题的基本政策导向。但是，要想进入公办学校就读，就要满足"五证齐全"的规定，即家长或监护人本人的暂住证、居住证、务工就业证明、户口所在地乡镇政府出具的在当地没有监护条件的证明、全家户口簿等。实际上，很多进城务工人员工作不稳定，属于非正式就业，很难找到对应的部门开具证明。而要求户籍所在地出具当地没有监护条件的证明，也隐含力图让进城务工人员子女在户籍所在地就学的倾向。在政策执行过程中，一些儿童如果学习成绩较好，即使证件不齐，进入公办学校问题也不大，但要是学业成绩较差，又难以办理到各种证件，就会面对很多困难，甚至要或明或暗地缴纳一定的赞助费作为入学条件。

受教育权不仅有法理基础，还有各种各样的政策性规定。《国家中长期教育改革和发展规划纲要（2010—2020年）》提出："形成惠及全民的公平教育，保障公民依法享有接受良好教育的机会，切实解决进城务工人员子女平等接受义务教育问题。"新修正的《中华人民共和国义务教育法》也确定了流入地政府的责任，但在全国流动儿童规模不断扩大的趋势下，依旧没有突破以户籍为主的入学原则，还是采用模糊的原则性条文，仍然没有从法规上根本破除流动儿童入学的制度壁垒。[①] 在政策实际执行过程中，受教育权利会因各种现实因素而无法得到保障。

（三）流动儿童的家庭教育

无论城市家庭还是农村家庭，也无论什么阶层的家庭，父母抚育子女都要投入极大精力。但是，每类家庭所能调动的资源、采取的教育方式却有很大差异。很多进城务工家庭往往迫于生计，没有时间和精力投入子女教育，只能为子女提供基本的生存条件。具体表现为，在督促子女学习、检查家庭作业、参加家长会、主动与教师沟通、为子女制订长期发展规划等方面，家庭教育的投入往往比较欠缺。当然，家长的教育观念也会产生影响：一些家长甚至认为，孩子到了学校，一切都交给老师了。即使班主任与家长主动联系，说明孩子存在的问题，也可能得

---

① 韩嘉玲：《流动儿童教育与我国的教育体制改革》，《北京社会科学》2007年第4期。

不到积极回应。与之相反,城市儿童的家庭往往会积极回应学校的教育方式和要求,甚至可以有针对性地找到更有效的教育方式。家庭教育投入不足,一定程度上使得流动儿童在课外处于"放养状态",放学后大量时间花在看电视、玩电脑、玩手机上,课外活动得不到有效监管。

进一步来说,流动儿童的家庭教育方式也是非常值得关注的话题。传统上,教育不平等研究多是基于教育投入与产出状况展开的,教育过程中的不平等状况常被忽略,这又包括学校教育过程与家庭教育过程。关于家庭教育中的不平等,拉鲁将其称为"看不见的不平等"(invisible inequality)。① 具体来说,根据考察的美国个案,拉鲁将中产阶级家庭的教育方式称为协作培养(concerted cultivation),劳工阶级和弱势家庭的教育方式则为自然成长(accomplishment of natural growth)。前者强调让孩子参加有组织的活动,在家中发展孩子的语言能力,并对孩子的学校教育主动进行干预;后者则是儿童往往与亲戚的小孩一起玩耍,父母常对子女下达指令,家长给孩子们更多的自主权来管理自己的事情。② 早在1989年出版的《家庭优势》一书中,她就专门讨论了这两类家庭的家校关系差异:前者是紧密关联的,后者则是分离的。③ 同时,拉鲁反复强调,不同阶层的家庭教养方式各有优劣,正因为学校这样的公共机构倾向于优势阶层的教育方式,中产家庭子女获得了优越性。这对从社会学中的教育来研究家庭教育颇具启发性。

中国的家庭教养方式与拉鲁所描述的状况在细节上有很多差异。不过,作为一种个案分析中的类型划分,可以为我们思考中国流动儿童的家庭教养方式提供引导。从父母的教育方式来说,流动儿童的父母往往沿袭农村中养成的教养习惯,这种教育方式难以在儿童身上培养起自信和优越的习性,在面对陌生人或在公共场合活动时,孩子常常产生局促感。中国的学校教育虽然具有强烈的以成绩为主导的绩效主义特征,但是城市学校教育方式也越来越强调引导、鼓励、参与,而不是灌输、贬损、命令,流动儿童的家庭教育与此并不匹配,这就使得家庭教育与学校教育方式不能协调。在一些以接收流动儿童为主的学校中,一

---

① Annette Lareau, "Invisible Inequality: Social Class and Childrearing in Black Families and White Families," *American Sociological Review*, Vol. 67, No. 5, 2002.

② 〔美〕拉鲁:《不平等的童年》,张旭译,北京大学出版社2010年版,第31页。

③ 〔美〕拉鲁:《家庭优势:社会阶层与家长参与》,吴重涵、熊苏春、张俊译,江西教育出版社2014年版。

些老师发现,协商、讨论等"先进"的教育理念和教学方法,在流动儿童身上不能奏效,主要原因就在于家庭中养成的习惯已经根深蒂固。进入初中阶段,一些老师在课堂教学中的重要任务,就是不断采取威严的方式维持纪律。要想有效促进儿童心智的发展,就要介入流动儿童的家庭教育,转变家庭的教养方式,调动家长的热情以有效地展开家庭教育。

(四) 流动儿童的学校教育

随着国家与地方政府教育供给能力的增强,学校的硬件设施有了大幅度改善。以往以招收打工子弟为主的学校,逐渐转变为公办学校,学校条件也大幅度改善。校园环境、教学设备、实验条件、图书资料、体育设施等均有改进。这为流动儿童的学习提供了较好的物质环境。在这一背景下,需要不断提升学校发展的内在品质,提高学校的软件水平,让流动儿童不仅"进得来",还要"留得住""学得好"。进一步来说,在公办学校接纳流动儿童入学的背景下,更要细致审视他们可以进入怎样的学校,以及在学校教育过程中的际遇到底是什么样的。这就是要进入学校内在教育过程,审视这一群体的教育经历到底是如何展开的。

学校教育有自身的导向,它既面向特定阶层的需要,又服务于国家的需要。从课程方面来说,阿普尔提出"谁的知识更有价值"[1]的问题,意味着学校中的知识是对更大范围内的知识进行选择、拼接、组合的结果。从价值观念来说,学校教育关于行为方式有着自身的判定标准。流动儿童在家庭与社区环境中形成的习性,可能与学校的导向有很大差异。以语言使用为例,有研究者指出,外来务工人员子女的"语言习性"具有以下特征:语言词汇拮据,语言思维现实化和散点化,语言构思平直。这与学校教育所要求的语言词汇"标准"与"优美"、语言思维"清晰"与"生动"及语言构思"新颖"与"独特"等"语言习性"之间存在较大差距,进而造成外来务工人员子女在学习过程中的困难加剧。[2] 语言蕴涵一个群体的思维习惯和价值观念,虽然是看不见的,但却以无意识的方式发挥持续影响。

学业成绩是教育社会学最常关注的对象。但是由于获得随机样本比较困

---

① 〔美〕阿普尔:《意识形态与课程》,黄忠敬译,华东师范大学出版社 2001 年版。

② 齐学红、汤美娟:《语言、权力与教育不平等:外来务工人员子女学校生活语言的定性研究》,《教育学报》2011 年第 6 期。

难,流动儿童教育经历相对复杂,类型又比较多样,流动儿童的学业成绩与其他类型儿童相比存在什么差异,又受到哪些因素的影响,使用大规模数据描述和解释这一问题的研究还不多见。一项研究根据2006年在北京市某区进行的"流动儿童教育问题跟踪调查"数据指出,本地儿童、公立流动儿童以及流动儿童在学业成绩上存在显著差异。影响儿童学业成就的主要原因在于儿童自身特征及家庭背景,但是学校特征也间接影响到学生的学业成绩。① 使用大规模数据探究流动儿童的学业成就及其影响因素,尚需不断展开。

使用民族志方法,对打工子弟学校和接收流动儿童的公办学校展开调查,是很多研究者采取的方式。虽然民族志方法只在有限的调查点展开工作,但为深入理解流动儿童的教育经历提供了比较有效的路径。在民族志研究中,很多研究者描述了学校中打工子弟广泛存在的违反纪律现象,如上课捣乱、蔑视教师权威、形成非正式群体等。② 威利斯在《学做工:工人阶级子弟为何继承父业》中描绘了反学校文化现象,如抵制权威、组成非正式群体等,并基于新马克思主义的传统进行深入的理论解析,为考察流动儿童的教育经历提供了比较好的理论参照点。与此同时,也有研究者指出,打工子弟的反学校文化与威利斯笔下的劳工阶级子弟相比有类似之处,但也有实质性差异,前者的"反抗"更多的是自我放弃的一种表达形式,而非对支配秩序的洞察与抗争。③ 很多研究都持这样一种意见,即流动儿童在城市学校中的教育经历,不过是完成了社会底层的再造。

(五)流动儿童的社区生活环境

一个完整而又运作良好的农村或城市社区环境,本身就是一种无形的教育资源,对儿童成长发挥着重要作用。美国学者爱泼斯坦从学校教育的角度,倡导学校、家庭和社区的合作伙伴关系,并致力于从行动层面推动三者形成紧密协作的关系。④ 教育社会学的研究也显示,社区环境会对教育成就产生重要

① 周皓、巫锡炜:《流动儿童的教育绩效及其影响因素:多层线性模型分析》,《人口研究》2008年第4期。

② 熊易寒:《底层、学校与阶级再生产》,《开放时代》2010年第1期;熊春文、史晓晰、王毅:《"义"的双重体验:农民工子弟的群体文化及其社会意义》,《北京大学教育评论》2013年第1期。

③ 周潇:《反学校文化与阶级再生产:"小子"与"子弟"之比较》,《社会》2011年第5期。

④ 〔美〕爱泼斯坦:《学校、家庭和社区合作伙伴:行动手册》,吴重涵、薛惠娟译,江西教育出版社2012年版。

影响。① 但是，流动儿童进入城市后，却难以置身正常的社区环境中。一些流动儿童可能居住在平房、地下室、半地下室、等待拆迁的房屋中。即使住在小区里，家庭的居住环境也比较差，这就形成了一种形式上融入、实质上隔离的居住环境，对流动儿童的成长不利。不仅如此，很多社区以户籍为划分标准为居民提供服务，流动儿童不属于他们关注的范围。长期居住在这种社区环境中，可能产生一种社会疏离或社会排斥的感觉，身在城市却不能融入其中。

三、留守儿童的教育问题

流动儿童与留守儿童面对的教育问题，如同一对"孪生兄弟"相伴而生，同为人口流动的产物，而这又与教育资源在城乡之间的严格分割密切相关。流动儿童需要面对的首要教育问题是，如何获得城市学校教育资源，而对留守儿童而言，则是家庭教育的缺失。事实上，难以获取城市教育资源，一定程度上直接导致父母放弃把子女带在身边的打算，由此产生留守儿童的问题。在 2001 年，国务院明确提出了"以流入地区政府管理为主、以全日制公办中小学为主"的"两为主"解决流动人口子女接受义务教育问题的思路，此后也出台了一系列针对性的文件，但进城务工人员还是主要选择将孩子留在农村的家。② 这一政策背景下父母对子女做出留守的选择，背后的机制耐人寻味。有研究指出，产生留守儿童的具体原因包括：父母负担不起流入地昂贵的学费及其他花费，因工作繁忙而没有精力照顾孩子，父母工作流动性强，孩子在外生活不习惯。③ 当然，每个家庭面对的具体问题还有很多，而且形式各异。

童年经历中缺少父母的关爱，需要承受父母外出务工之后的重重压力，催生了一种"别样童年"。④ 虽然还没有确凿的证据表明留守儿童在心理、社会适应、学业成就上比非留守儿童差，但这一群体的童年经历显然极其特别，对留守儿童的内在生命历程展开持续的跟踪调查，具有重要的教育社会学意义。你可能已经从周围或新闻媒体上了解到留守儿童的规模庞大，但其数量到底有多大呢？段成荣、杨舸曾经做出估算。他们将农村留守儿童界定为，父母双方或一方从农

① David Harding, "Rethinking the Cultural Context of Schooling Decisions in Disadvantaged Neighborhoods: From Deviant Subculture to Cultural Heterogeneity," *Sociology of Education*, Vol. 84, No. 4, 2011.

② 谭深：《中国农村留守儿童研究述评》，《中国社会科学》2011 年第 1 期。

③ 段成荣、杨舸、王莹：《关于农村留守儿童的调查研究》，《学海》2005 年第 6 期。

④ 叶敬忠、潘璐：《别样童年：中国农村留守儿童》，社会科学文献出版社 2008 年版。

村流动到其他地区,被留在户籍所在地的农村地区而不能和父母双方共同生活的儿童,儿童的年龄界定是 17 周岁及以下。利用 2005 年全国 1% 人口抽样调查数据,他们估算了全国农村留守儿童的规模、结构、地域分布等基本情况,得出的结论为:农村留守儿童多达 5861 万人,增长十分迅速;这一群体高度集中分布在四川、安徽、河南、广东、湖南和江西等省份;双亲都外出的留守儿童超过半数,他们中的多数交由祖父母照管。[①] 2013 年全国妇联发布《我国农村留守儿童、城乡流动儿童状况研究报告》,对农村留守儿童做出同样的界定,根据《中国 2010 年第六次人口普查资料》样本数据推算,全国有农村留守儿童 6102.55 万,占农村儿童的 37.7%,占全国儿童的 21.88%,比 2005 年增加约 242 万。[②] 当然,我们还可以从自己生活或调研过的具体村庄中感受留守儿童的规模与现状。

（一）留守儿童的类型

与流动儿童一样,留守儿童也是一个外部赋予的标签,其内部存在很大差异。对留守儿童进行深入研究,需要细致区分留守儿童的类型。从父母流动特征的角度看,有父母双方共同流出的,也有父亲或母亲一方流出的。从父母外出的时间来看,有些儿童自出生起父母就常年外出,有些则可能是上小学以后父母才外出,同时,父母每年能够陪伴在儿童身边的时间也存在很大差异。从儿童监护的角度来说,有由父母一方监护,由祖父母监护,也有由其他亲属监护的。不同监护类型的留守儿童可能存在差异:不论在生活照料、学习监督还是内心情感交流上,对留守儿童而言,母亲监护都优于祖辈监护、父亲监护和亲戚监护。[③] 对留守儿童进行细致的分类,有助于我们更准确地把握这一群体的状况。

值得注意的是,留守儿童与流动儿童之间的界限有时并不是清晰的。一些流动儿童无法升入初中不得不回老家读书,就转变成留守儿童;一些留守儿童从农村转入城市学校就读,就转变成流动儿童;每逢暑假,一些留守儿童会进入城市与父母共同生活一段时间,开学后又回到老家继续读书,而流动儿童也可能在暑假回老家生活一段时间,成为"小候鸟"。在父母流动与儿童流动的交互机制下,"留守""流动"和"非留守"之间反复的"身份"转化,是相当一部分农村儿童

---

① 段成荣、杨舸:《我国农村留守儿童状况研究》,《人口研究》2008 年第 3 期。

② 全国妇联课题组:《全国农村留守儿童、城乡流动儿童状况研究报告》,《中国妇运》2013 年第 6 期。

③ 叶敬忠、潘璐:《别样童年:中国农村留守儿童》,社会科学文献出版社 2008 年版,第 7 页。

的生存境遇。① 因而,考察这一群体较长时期内的生活经历,也有助于我们理解问题的复杂性。

(二) 留守儿童的家庭抚育

家庭状况的变化对儿童认知和学业成就的影响,自20世纪早期就进行了大量研究,研究围绕教育系统的各个层次进行,一些研究还将数据收集扩展到研究对象接受教育后的职业活动中。② 由于中国进城务工群体的数量庞大及留守儿童的巨大规模、留守经历的特殊性,相关研究与其他国家的研究比较起来具有独特价值。父母外出务工属于家庭状况的重大变动,父母只能通过电话与子女进行沟通,父母与儿童共同生活的家庭形式被中断。2013年,全国妇联发布的《我国农村留守儿童、城乡流动儿童状况研究报告》显示,近三分之一的农村留守儿童与祖父母一起居住,所有隔代照顾留守儿童的祖父母,平均年龄59.2岁,56%年龄在60岁以下,绝大部分在50—59岁,甚至有12%的祖父母年龄在50岁以下。该报告还指出,隔代照料农村留守儿童的祖父母的受教育程度低,绝大部分为小学文化程度,甚至有8%的祖父和25%的祖母未上过学。③ 对留守儿童而言,不同类型的家庭抚育方式可能产生不同的影响。有研究就认为,外出父母对儿童的教育方式呈现出漠不关心和物质满足相结合的特征,单亲监护人对儿童过于严格,祖辈对儿童的教育方式则出现打骂和溺爱两种极端情况。④ 还有研究更细致地考察了不同模式的亲子分离对留守儿童所产生的不同影响:与母亲分离显著作用于儿童的自闭倾向、幸福感等主观方面,与父亲分离对儿童的学业表现有一定影响。⑤ 留守儿童家庭抚育上面临的问题,是这一群体的核心困境所在。

(三) 留守儿童的学校教育

关于留守儿童的学校教育,研究者最为关注的是,留守因素对学业成就到底

---

① 唐有财、符平:《动态生命历程视角下的留守儿童及其社会化》,《中州学刊》2011年第4期。
② 〔澳〕萨哈主编:《教育社会学》,刘慧珍译,西南师范大学出版社2011年版,第2页。
③ 全国妇联课题组:《全国农村留守儿童、城乡流动儿童状况研究报告》,《中国妇运》2013年第6期。
④ 叶敬忠、潘璐:《别样童年:中国农村留守儿童》,社会科学文献出版社2008年版。
⑤ 唐有财、符平:《亲子分离对留守儿童的影响:基于亲子分离具体化的实证研究》,《人口学刊》2011年第5期。

会产生什么影响。直观的感觉是,留守对儿童学业成就会产生负面影响。但是,这种感觉必须有严密的论证才能得出结论,否则就可能是一种错觉或偏见。要论证这一问题,就要将留守儿童与同一社会环境中的非留守儿童进行比较,同时最好区分留守的类型。有研究利用西部五省区大规模随机抽样数据,得出的结论是,留守对儿童学业成就获得确实产生了较大的消极影响,不仅如此,留守儿童群体在师生关系、对学校的喜爱程度、在校行为等方面表现不佳的概率较高,这些因素对儿童的学业发展存在着影响。[1] 但是,也有研究指出,没有证据显示留守儿童的学业成绩就比其他儿童低。因而,为有效论证这一问题,要进一步保证样本的代表性,控制其他变量的影响,注重不同类型留守儿童之间的差异等。在具体施教过程中,留守儿童的学校教育还面临一些问题。由于父母不在身边,监护人对留守儿童的教育问题关注不够,这就加重了学校教育的负担。为解决留守儿童教育问题,一些地区主张采取寄宿制的方式,这种方式的效果还有待评估。

（四）留守儿童的社区生活环境

留守儿童教育问题的出现,不仅与父母外出务工、隔代抚养带来的问题有关,还与整个乡村社会的变迁有关。江立华就曾指出,现在学术界在讨论留守儿童问题和困境时,绝大多数将其归咎于个体和家庭层面的因素,强调亲子分离是造成留守儿童问题化的主要原因,而很少有研究者关注"社区文化"这一层面因素对留守儿童的影响。[2] 村落社会结构的转变,使留守于乡村的儿童在不完整的社区文化中成长。传统社会中,乡村是中国社会文化的根本,以家族、宗族等形式形成自成一体的社会组织形式,拥有丰富的文化资源,乡村的环境、亲缘与熟人关系网络、社会文化习俗等,都是滋养儿童成长的资源。然而,随着大量青壮年外出务工,很多农村出现了"空心村"的现象。不仅如此,在城市价值观念强有力的影响下,乡村文化的弱势逐渐显示出来。虽然不断有学者提出重建乡土文化和乡村教育的主张,但在城乡社会文化格局没有改变的前提下,这一呼声很难在政策实践层面落实。

---

① 梁文艳:《"留守"对西部农村儿童学业发展的影响——基于倾向分数配对模型的估计》,《教育科学》2010 年第 5 期。

② 江立华:《乡村文化的衰落与留守儿童的困境》,《江海学刊》2011 年第 4 期。

（五）社会科学研究与留守儿童的"问题化"

留守儿童问题吸引了社会学、教育学、人口学、心理学等学科的广泛关注，新闻媒体的广泛报道也让这一问题进入公众的视野，这引起了政策制定者和教育管理部门的重视，从而为解决相关问题提供了路径。从这一角度来说，这正体现了社会科学的反思性，即科学研究的结果又返还到社会实践过程中，成为社会运行的一个环节，为社会实践本身认知自身、反思自身、改变自身提供了一条路径。但是，社会科学的认知又可能使留守儿童"问题化"，由此产生以下后果：留守只是这部分儿童的一个特征，但人们将这一群体的所有问题都归结到留守这一特征上；在关注留守儿童时，夸大留守儿童教育、心理与社会适应方面的问题，从而吸引眼球或力图制造轰动效应；在关注留守儿童问题前，已经先入为主地视留守儿童为一个有"问题"的群体，从而寻找经验证据以证明自己已有的那种认知；将某一个案、村庄或地区的情况视为留守儿童整体的状况，由此产生推论上的错误。研究者在对某个群体投以自己的"视线"与"眼光"的过程中，很容易堕入这种认知陷阱，在有关留守儿童的社会科学研究中，这种情况比较容易发生。有研究者已经指出，早期一些对留守儿童的调查，有某种夸大留守儿童自身问题并将这些不良问题归咎于父母的倾向。这可能误导对留守儿童的认识，影响各种干预行动和有关政策的思路。有些研究或报道用成绩差、孤独、冷漠、抑郁等负面词语描述这一群体。① 还有研究者指出，不应该将留守儿童标签化，把留守儿童等同于"问题儿童"。② 为避免这种情况发生，我们需要在日常生活状态中考察留守儿童，将其与其他儿童同等看待，避免将这一群体的生活纳入既定的"问题化"的认知结构。

【思考题】

1. 当代中国社会存在大规模的人口流动，这对教育产生了哪些影响？

2. 不同阶层的人口流动，对其子女教育产生的影响具有什么样的差异？

3. 请以身边的流动儿童为例，或者选择报纸杂志上的案例，说明流动儿童的教育主要存在什么困难。

---

① 谭深：《中国农村留守儿童研究述评》，《中国社会科学》2011年第1期。
② 陈曦：《社会资本与农村留守儿童偏差行为研究》，《浙江社会科学》2012年第5期。

4.请以身边的留守儿童为例,或者选择报纸杂志上的案例,说明留守儿童的教育主要存在什么困难。

5.假如让你进入一所以接收流动儿童为主的公办学校,选择一个班级进行跟踪调查,你打算关注什么样的问题?为什么要关注这一问题?你计划如何具体展开调查?

6.案例分析:

熊春文等人在《"义"的双重体验:农民工子弟的群体文化及其社会意义》一文中,对农民工子弟的群体文化做了以下描述:

> 郭强、李华群体是初三班人数最多、风头最盛的男生群体。这一群体除了两个核心成员,还包括勾雨、王浩、马强、崔国涛、谢帆等人。起初周作聪也是群体成员,勾雨还曾是这一群体的核心,不过,一些事件的发生让周作聪离开了群体,勾雨也渐渐失去了核心地位。勾雨和周作聪曾经是部分打工子弟的代表。总体上看,这一群体是班级反学校文化的先锋,在各种学校行为表现上跟威利斯笔下的"小子们"并无差别。学业对他们来说毫无意义,甚至是他们所鄙夷的对象。在课堂上,他们从不听课,不是把注意力放在手机游戏与小说上,就是聊天、起哄,有时候还公然和老师对抗。有一次美术课上,老师向学生展示了自己的书法作品,并告诉同学们这幅作品在市场上可以卖到几百块钱。可是,郭强等人完全不以为意,王浩还公然起哄说:"一个字卖不了几个钱。"这让老师勃然大怒,和他争执起来,但王浩毫不示弱,直接走出教室逃课,直到第二天才回来。

> 课下老师布置的作业对他们而言毫无意义,他们的闲暇时间主要用于抽烟、说脏话、进网吧、谈恋爱、打架。他们最常见的反学校行为,除了教训本班和本校不听话或看不顺眼的人,还包括经常和其他打工子弟校的学生群体对决。这一群体通过义气和暴力来证明自己的存在,并曾主导甚至引领学校的文化。(熊春文、史晓晰、王毅:《"义"的双重体验:农民工子弟的群体文化及其社会意义》,《北京大学教育评论》2013年第1期。)

当流动儿童进入城市学校读书,享有城市教育资源时,为什么在课堂上会出现上述状况?请给出你的理解。

【推荐阅读书目】

杨东平：《中国教育公平的理想与现实》，北京大学出版社 2006 年版。

该书既有对教育公平问题的理论梳理，又有对高中、高等教育入学机会的实证研究，以及教育公平的评价指标和实际测量，为关注教育公平问题的研究者和政策制定者提供了重要参考。

熊易寒：《城市化的孩子：农民工子女的身份生产与政治社会化》，上海人民出版社 2010 年版。

该书通过个案调查，探究了农民工子女的身份认同与政治社会化问题，有助于我们了解这一群体阶层再生产的机制与过程。

王毅杰、高燕等：《流动儿童与城市社会融合》，社会科学文献出版社 2010 年版。

该书的焦点是流动儿童的社会融合。该书认为，城市社会中的社区、学校及家庭中的各种因素，都会作用于作为行动者的流动儿童的生活实践，以不同的方式影响社会融合的进程。

叶敬忠、潘璐：《别样童年：中国农村留守儿童》，社会科学文献出版社 2008 年版。

该书通过对农村劳动力输出最为集中的省区的调查，展现了留守儿童的生活世界，包括父母外出的影响、留守儿童的社会支持、留守儿童群体的多元性，以及留守儿童的教育等方面的问题。

〔美〕拉鲁：《不平等的童年》，张旭译，北京大学出版社 2010 年版。

拉鲁细致刻画了 9 名美国小学生的家庭日常生活画面，通过比较中产阶级和劳工阶级的日常生活组织、语言使用及家校之间的互动，将前者的家庭教养方式称为协作培养，后者则是自然成长。

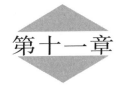

第十一章

社区环境与教育获得

引　言

　　青少年的发展深植于特定的社区环境①之中。社区作为青少年身心发育、社会互动、健康成长的居住环境,与家庭、学校一起,为青少年的发展提供了自然与社会空间。社区空间对孩子教育与成长的重要性,邻里与同辈群体的相互影响与作用力,自古就受到广泛的关注。流传至今的"孟母三迁"的故事,就反映出古人对社区环境与孩子成长关系的重视与选择的智慧。

　　在现代社会中,人口流动与家庭迁移逐渐成为普遍现象,带来了中国居住空间结构的巨大变化。1978 年之前较为同质化的居住环境逐渐呈现出典型的阶层化形态,不同阶层的人倾向于居住于不同类型的社区之中。② 住房商品化以后,城镇城市社区呈现出多样化形态,如豪华别墅、高档社区商品房、传统单位大院、经济适用房、城中村等多种社区,分别对应不同阶层群体的居住选择。与此同时,乡村社会结构与空间形态也呈现出典型的差异化形态与趋向。

　　居住环境的阶层化,对青少年的受教育机会、教育过程、教育结果意味着什么? 当代大批学者聚焦于"邻里效应",关注居住环境对居民生活各个维度的深远影响。鉴于教育在当代社会中的核心地位,教育的邻里效应成为学界和广大民众关注的焦点。本章将在社区这一层面上讨论居住环境与青少年教育获得的

---

　　① 社区环境是自然环境、生活环境、人际关系环境、文化环境和社区治理环境的总称。

　　② 刘精明、李路路:《阶层化:居住空间、生活方式、社会交往与阶层认同——我国城镇社会阶层化问题的实证研究》,《社会学研究》2005 年第 3 期。

关系，为反思相关教育政策提供相应的理论与方法基础。本章首先介绍关于社区与邻里效应的研究，其次探讨邻里效应与教育获得之间的关系，最后分析中国当代社区环境及其对教育的影响。

一、关于社区与邻里效应的研究

19 世纪末，面对社会转型，德国社会学家滕尼斯最早对社区进行了系统研究。[①] 他将社会组织形式分为两种理想类型，即社区（共同体）与社会。其中，社区是自然意志推动的社会组织方式，以血缘和地缘为基础；而社会是理性意志推动的社会组织方式，以利益和契约为基础。滕尼斯主张，现代化过程的主要体现就是社会组织形式由传统社区转向社会。我们可以看到，在滕尼斯看来，快速工业化和市场化带来了大量人口流动与社会交往形式的根本性转变，建立在亲密性的邻里关系、频繁的地域性交往互动和交换关系、共享的文化观念基础上的传统社区受到了极大的挑战和冲击，城市化和新型社区的崛起也加速了传统社区的消亡。

20 世纪 20—30 年代，以帕克为代表的社会学芝加哥学派延续了滕尼斯关于社区的讨论，重点关注工业化与城市化给社会结构带来的冲击与道德后果，分析的核心问题是：现代社会中的社区何以成为共同体？[②] 帕克等人以芝加哥为样本，秉持人文生态学的观点，对美国城市社区展开了大量调查研究，强调社会行为的生态环境，取得了一系列社区研究的典范性成果。芝加哥学派的社区研究传统，通过帕克到燕京大学讲学，直接影响了现代中国社会学的初创与发展，对中国社区研究产生了深远影响。[③]

随着社区研究的不断发展，其日渐成为社会学研究的核心话题。然而，在现代化过程中，传统社区经历了巨大变迁，因此，围绕社区形成了多种相互矛盾的理论流派。20 世纪 70 年代，加拿大学者威尔曼对社区相关理论进行了总结，归纳出三种理论观点：社区失落论、社区继存论、社区解放论。[④]

---

① 参见〔德〕斐迪南·滕尼斯：《共同体与社会》，张巍卓译，商务印书馆 2019 年版。
② 参见〔美〕帕克等：《城市：有关城市环境中人类行为研究的建议》，杭苏红译，商务印书馆 2016 年版。
③ 王铭铭：《局部作为整体——从一个案例看社区研究的视野拓展》，《社会学研究》2016 年第 4 期。
④ Barry Wellman, "The Community Question: The Intimate Networks of East Yorkers," *American Journal of Sociology*, Vol. 84, No. 5, 1979, pp. 1201-1231.

　　"社区失落论"认为,工业官僚化社会的劳动分工削弱了社区团结,城市居民的主要社会联系变得冷漠、短暂、片段化。这种脆弱的、稀疏的、松散的、无组织的联系很少能在他们处理紧急情况时为他们提供帮助,社区因此逐渐解体。美国学者帕特南是其中的典型代表。他在《独自打保龄》这本著作中探讨了1960—2000年美国社区六个方面的社会参与,发现在政治参与、公民参与、宗教参与、工作中的联系、非正式社会联系、志愿活动和慈善活动等方面均发生了社区参与下降。[①] 当初托克维尔所描述的美国社区生活正在逐渐衰落,那种喜好结社、喜欢过有组织的公民生活、关注公共话题、热心公益事业的美国人不见了;今天的美国人,似乎不再愿意把闲暇时间用在与邻居一起喝咖啡聊天,一起走进俱乐部去从事集体行动,而是宁愿一个人在家看电视,或者独自去打保龄球。在他看来,"独自打保龄"的现象意味着美国社会资本的流失,造成这种现象的原因可能是复杂而不易确定的,但后果却是明确的,那就是公民参与及现代社区的衰落。

　　与此不同的是,"社区继存论"认为,邻里和血亲的社区团结仍然存在并继续繁荣,现代社会亲密的邻里关系仍然可见,居民仍具有地方性的社会联系,同时也利用邻里关系来进行社会交往和获得各种社会支持。城市狭窄、多重的社会网络往往会发展成带有团结体特征的社会支持网络。怀特在名著《街角社会》中有关社区发展的基本观点就是社区继存论。他对美国波士顿市一个意大利人聚居的贫民区进行了实地研究,对闲荡于街头巷尾的意裔青年的生活状况、非正式组织的内部结构及活动方式,以及他们与周围社会(主要是非法团伙成员和政治组织)的关系加以观察。研究发现,在城市社区当中,亲密的邻里关系仍然存在并发挥作用。怀特坚持认为,看似毫无结构的贫困社区在当地居民生活中仍然扮演着无可替代的重要角色,传统社区并未衰落,而是继续发挥作用。[②]

　　而"社区解放论"则认为,人们的主要社区纽带仍然广泛存在,并且十分重要,但大多数纽带已经不是组织成紧密联结的、边界严格的团结体,而是稀疏联结的、空间分散的、分叉的网络。越来越多的社区居民从地域或场所的局限中解放出来,建立了超出邻里或根本与邻里无关的社会群体关系。加拿大学者威尔

---

① 参见〔美〕帕特南:《独自打保龄:美国社区的衰落与复兴》,刘波等译,北京大学出版社2011年版。

② 参见〔美〕怀特:《街角社会:一个意大利人贫民区的社会结构》,黄育馥译,商务印书馆1994年版。

曼是社区解放论的典型代表。他将地域性社区生活等传统范畴放到了对个体的社会关系与社会网络的探讨中。城市的宏大规模与高度的社会流动性，带来了社会各群体中社会互动的高密度，以及组织与生态排序的复杂性，由此推动当代人在地域性社区之外形成了数量庞大的社会网络。人们获得亲密性关系以及社会支持，不再限于地域性社区，很大程度上已经超越社区而在更大范围内形成了情感性与支持性网络。由此可以说，人们逐渐从社区中解放出来，在更大的社会空间与网络中进行密切互动并获得社会支持。[①]

后续更多研究发现，社区继存论和社区解放论均得到一定的经验支持，社区失落论并未成为现实。一方面，现代社区仍在居民生活中发挥不可替代的重要作用；另一方面，现代科技与组织为居民提供了构建更广泛社会联系的机会，人们的社会联系广布于社区内外。

20世纪80年代，美国学者威尔逊在《真正的穷人》一书中，基于芝加哥学派的社会生态学视角，探讨了空间环境在社会不平等中的重要影响，特别关注社区贫困的结构维度，提出了现代社区研究的新思路。该书指出，美国社会中大量存在的贫民窟，美国社区中贫困人口的空间聚集，导致邻里间各种资源的缺失与环境的恶化，而贫困社区的恶劣环境对居民的行为、态度等方面造成了一系列不利影响。[②] 自此开始，社会学家开始收集地理空间数据，将个体不仅与家庭特征相连，而且与街区等其他空间单位相系，并发展了一系列新的统计技术，开拓出广阔的邻里效应研究新领域。

二、邻里效应与教育获得

邻里效应（neighborhood effect）是指，社区层面的特征对居民的行为、态度和福祉造成的一系列影响。一般认为，邻里社区是有明确地理边界、包含相应服务设施和空间的居住区。在美国，一般将人口普查区（census tract）定义为邻里。它在人口统计特征、经济状态和居住条件等方面具有一定的同质性。而在中国，乡村中的村庄和城镇中的居委会，可被视为较为合适的邻里社区。在邻里效应

---

① 参见〔美〕雷尼、〔加〕威尔曼：《超越孤独：移动互联时代的生存之道》，杨伯溆、高崇等译，中国传媒大学出版社2015年版。

② William Julius Wilson, *The Truly Disadvantaged：The Inner City, the Underclass and Public Policy*, University of Chicago Press, 1987.

研究中,邻里社区可以被视为嵌套于更大共同体的基本生态单位,其本质是邻里互动的社会网络。

众多研究显示,邻里效应在个体生活的诸多维度上广泛存在,例如,收入、就业、身体和心理健康、犯罪、价值观等多个方面都受到社区环境的深刻影响。[①] 由于教育在现代社会中的重要地位,社区环境与教育获得之间的关系成为焦点问题。

(一)是否存在邻里效应?

早期,学者争论的焦点是:教育获得是否存在邻里效应?围绕该问题,出现了针锋相对的两种观点:邻里效应有用论与邻里效应无用论。概括来讲,坚持邻里效应有用论的学者主张,富裕社区往往生活着一大批高收入、高学历和高职业等级的成年人,他们能够为儿童和青少年提供高质量的公共服务和行为榜样,促进了他们的成长;相反,社区贫困会腐蚀社区制度、社会团结与社会控制,这将导致社区共享规范和价值崩塌,进而阻碍儿童和青少年的发展。[②] 例如,在优势社区中,儿童和青少年在学业表现上占有优势,辍学率也更低。[③]

然而,对邻里效应的质疑从未中断。坚持邻里效应无用论的学者提出,控制了其他相关因素之后,在学生的学习成绩上,并没有发现邻里效应。[④] 还有学者研究发现,贫困社区中的家庭迁移到富裕社区4—7年之后,儿童和青少年在教育上并没有获得显著收益。[⑤]

为检验邻里效应并探索社区良性发展模式,基于威尔逊提出的邻里效应理论,美国在多个城市和地区开启了多项社会实验。美国的(准)实验项目主要包

---

① Patrick Sharkey and Jacob Faber, "Where, When, Why, and for Whom Do Residential Contexts Matter? Moving Away from the Dichotomous Understanding of Neighborhood Effects," *Annual Review Sociology*, Vol. 40, 2014, pp. 559-579.

② Robert Sampson, Jeffrey Morenoff and Thomas Gannon-Rowley, "Assessing 'Neighborhood Effects': Social Processes and New Directions in Research," *Annual Review of Sociology*, Vol. 28, 2002, pp. 443-478.

③ Jeanne Brooks-Gunn, Greg Duncan, Pamela Klebanov and Naomi Sealand, "Do Neighborhoods Influence Child and Adolescent Development?," *American Journal of Sociology*, Vol. 99, No. 2, 1993, pp. 353-395.

④ Lisa Sanbonmatsu, Jeffrey Kling, Greg Duncan and Jeanne Brooks-Gunn, "Neighborhoods and Academic Achievement: Results from the Moving to Opportunity Experiment," *The Journal of Human Resources*, Vol. 41, No. 4, 2006, pp. 649-691.

⑤ Jeffrey R. Kling, Jeffrey B. Liebman and Lawrence F. Katz, "Experimental Analysis of Neighborhood Effects," *Econometrica*, Vol. 75, No. 1, 2007, pp. 83-119.

括:芝加哥的高特罗住宅项目(Gautreaux Assisted Housing Program)、纽约的纽约客家庭和社区项目(Yonkers Family and Community Project)、新泽西的月桂山项目(Mt. Laurel Program)、丹佛的家庭公共住宅项目(Families in Public Housing),以及最为著名的五城市(巴尔的摩、波士顿、芝加哥、洛杉矶和纽约)"向机会迁移"(Moving to Opportunity, MTO)项目等。学者们对多个实验项目展开研究,结论并不一致。具体而言,芝加哥、丹佛和巴尔的摩的数据显示,优势社区能够提高儿童和青少年的学业成绩,降低辍学率,提高大学升学率;但在纽约、洛杉矶和波士顿地区并未发现类似的关系。[①]

面对邻里效应的争论,桑普森等人认为,对邻里效应提出质疑的研究大概存在两方面问题。[②] 首先是过度控制和间接路径的问题,这和滥用控制变量有关。例如,持续性的社区影响与发展性的影响路径之间难以分割,社区环境通过影响父母而间接作用于儿童,这使得社区对儿童的直接影响看似微不足道。多代邻里效应研究揭示了社区环境与家庭的完整作用逻辑:父母年幼时生活的社区可能影响他们自己的学校教育经历、劳动力市场经历,这些转而影响他们抚养儿童的资源,包括家庭环境质量以及子女生活的社区,最终影响孩子的认知能力与学业表现。

其次,从生命历程视角来看,很多研究忽视了邻里效应的累积性和延后性。这为美国 MTO 项目中未发现教育获得的邻里效应提供了重要线索。如果将生活于贫困社区的时间拉长,则会发现社区贫困对社区中的儿童在若干年后的语言能力具有显著的消极影响。该观点得到了其他研究的支持,例如,相比截面数据,基于跟踪数据的长时段研究发现,邻里效应对教育获得显得更为重要;长期暴露于贫困社区还会降低青少年高中毕业的可能性,具体为降低 8%—20%,这一邻里效应远远大于之前的研究数据。[③]

这些研究显示,邻里效应并不是一个抽象的理论问题,而是与所研究地区的

① Robert Sampson, Jeffrey Morenoff and Thomas Gannon-Rowley, "Assessing 'Neighborhood Effects': Social Processes and New Directions in Research," *Annual Review of Sociology*, Vol. 28, 2002, pp. 443-478.

② Robert Sampson, "Moving to Inequality: Neighborhood Effects and Experiments Meet Social Structure," *American Journal of Sociology*, Vol. 114, No. 1, 2008, pp. 189-231.

③ Geoffrey Wodtke, David Harding and Felix Elwert, "Neighborhood Effects in Temporal Perspective: The Impact of Long-Term Exposure to Concentrated Disadvantage on High School Graduation," *American Sociological Review*, Vol. 76, No. 5, 2011, pp. 713-736.

社会、经济和文化环境紧密相关,需要在不同的地理、社会经济和历史文化背景下,细致分析邻里效应呈现出的复杂状态。邻里效应重点体现在社区环境丰富的内涵和复杂的后果中,需要在具体的社会经济文化背景下,对邻里效应的具体机制和社会过程展开更为深入的分析。

(二) 邻里效应的累积性、范围与强度

从生命历程视角出发,邻里效应的时间维度值得重视。由于邻里效应具有累积性,生活于贫困社区或隔离社区的时长,对于邻里效应就显得非常重要。贫困社区中的儿童,长年的社区生活将会对他们的语言能力造成显著的消极影响。[①] 邻里效应在时间上的累积性和滞后性还表现在,在儿童成年后,甚至组建自己的家庭之后,邻里效应也并未消失;同时,邻里效应还呈现在两代人之间,父代长期生活于贫困社区,会损害子代的认知能力。[②] 而且,社区环境的时长效应还具有群体异质性,例如,美国社会中,长期生活于贫困社区的经历,对黑人学生的负面影响要远远大于对白人学生的影响。[③]

在教育获得方面,邻里效应具有广泛的影响。社区环境对儿童和青少年教育获得的各个方面,如认知能力、学业成绩、大学入学、大学毕业、高中毕业、辍学、受教育年限等,都发挥重要作用。[④]

教育上邻里效应的强度,同样值得关注不平等者重视。早期,学者们认为邻里效应弱于家庭的影响,而且邻里效应也小于学校效应。[⑤] 随着数据质量的提高和方法上的改进,后来的学者更倾向认为邻里效应很重要,甚至可能超过家庭

---

① Robert Sampson, "Moving to Inequality: Neighborhood Effects and Experiments Meet Social Structure," *American Journal of Sociology*, Vol. 114, No. 1, 2008, pp. 189-231.

② Patrick Sharkey and Felix Elwert, "The Legacy of Disadvantage: Multigenerational Neighborhood Effects on Cognitive Ability," *American Journal of Sociology*, Vol. 116, No. 6, 2011, pp. 1934-1981.

③ Wodtke, Geoffrey, David Harding and Felix Elwert, "Neighborhood Effects in Temporal Perspective: The Impact of Long-Term Exposure to Concentrated Disadvantage on High School Graduation," *American Sociological Review*, Vol. 76, No. 5, 2011, pp. 713-736.

④ Patrick Sharkey and Jacob Faber, "Where, When, Why, and for Whom Do Residential Contexts Matter? Moving Away from the Dichotomous Understanding of Neighborhood Effects," *Annual Review Sociology*, Vol. 40, 2014, pp. 559-579.

⑤ Ingrid Ellen and Turner Margery, "Does Neighborhood Matter? Assessing Recent Evidence," *Housing Policy Debate*, Vol. 8, No. 4, 1997, pp. 833-866.

对教育获得的影响。长期暴露于贫困社区还会降低青少年高中毕业的可能性。[1]另外,不同社会经济制度下的邻里效应也存在强度差异。例如,由于欧洲国家实行覆盖范围较广的福利政策,社会内部的差别(包括住房方面)比美国的小,因此欧洲的邻里效应比美国的小。[2]

（三）邻里效应的作用机制

如果说教育上的邻里效应值得关注,那么接下来的问题便是:社区是怎样影响青少年教育成就的? 该问题有多种理论解释,包括威尔逊的社会隔离理论、科尔曼的社会资本理论、桑普森的集体效能理论和詹克斯等人提出的综合理论框架等。综合来看,理解邻里效应的作用机制主要包括文化、互动与资源三种视角。

1. 文化视角

威尔逊在对美国贫困问题的研究中提出了社会隔离理论。他认为,贫民区随着中产阶级的迁出、低收入人口的流入,呈现出阶层隔离的状态。阶层隔离会产生重要后果:贫困社区逐渐形成了不同于主流社会的价值观念和社会规范,即出现了文化隔离现象。在富裕社区中,集中了大量管理和专业技术职业人员,他们一般秉持重视教育、努力工作的价值观念,从而容易形成一种积极向上的文化氛围;相反,由于阶层隔离,贫困社区缺乏高学历、高收入的居民,而贫困社区居民普遍对自己的社会经济目标和子女的教育目标期望过低,容易形成一种忽视教育、不强调努力的消极文化氛围。[3]

社区文化观念会通过集体社会化对青少年的态度和行为产生深刻影响。如果社区亚文化诋毁教育的价值,青少年将远离学校教育,较难获得高质量教育与较高的社会经济地位。[4] 这在美国黑人贫困社区中极为典型。黑人贫困社区将

---

① Geoffrey Wodtke and Matthew Parbst, "Neighborhoods, Schools, and Academic Achievement: A Formal Mediation Analysis of Contextual Effects on Reading and Mathematics Abilities," *Demography*, Vol. 54, No. 5, 2017, pp. 1653-1676.

② Jurgen Friedrichs, George Galster and Sako Musterd, "Neighborhood Effects on Social Opportunities: The European and American Research and Policy Context," *Housing Studies*, Vol. 18, No. 6, 2003, pp. 797-806.

③ William Julius Wilson, *The Truly Disadvantaged: The Inner City, the Underclass and Public Policy*, University of Chicago Press, 1987.

④ Douglas Massey and Nancy Denton, *American Apartheid: Segregation and the Making of the Underclass*, Harvard University Press, 1993.

与学校教育契合的种种行为(讲标准英语、做家庭作业、参与课上讨论等)定义为"装白人"以回应歧视,这导致黑人青少年拒绝在学校中努力学习,从而在教育获得方面表现不好。[①] 总之,邻里效应的文化视角强调,社区结构通过形塑社区中成人对生活和教育的看法,形成社区特定的文化氛围,进而经由家庭之外的集体社会化过程对青少年的学习行为与教育成就产生影响。

2. 互动视角

邻里效应的互动视角以科尔曼和桑普森的理论为主要代表。科尔曼主张,社会资本有利于儿童和青少年人力资本的生成,同时强调家庭内和家庭外两种社会资本在儿童和青少年教育获得过程中所发挥的重要作用。在家庭中,亲子关系对儿童发展非常重要;家庭之外,家长之间的关系、儿童之间的关系也对儿童发展至关重要。科尔曼将亲子关系、家长之间的关系、儿童之间的关系统称为"代际闭合",即通过家长之间和儿童之间的社会关系,建立起社区中两代人之间的社会网络,使得社区中的成人不仅对自己的子女进行指导和监督,而且可以对其他孩子有更多的指导和监督,从而有利于整个社区中孩子的共同成长与教育获得。[②]

以科尔曼的社会资本理论为基础,桑普森提出了集体效能(collective efficacy)的概念,主要是指邻里间的社会团结或社会凝聚力。桑普森赞同科尔曼所强调的家长之间的关系(也包括儿童之间的关系)对理解社区中儿童和青少年人力资本培养的重要性,并将其作用分为三个维度:第一,家长之间的社会联系促成相互信任与共享的期待的生成;第二,提供了信息交流的渠道,主要指养育方式或孩子能力培养方面的交流,以及孩子成长相关信息的交流;第三,对儿童行为形成了监督。[③] 由此,桑普森将以上三个维度(代际闭合、互惠性信息交换和对儿童的监督)统称为集体效能。

社区中集体效能多个维度的提高,为社区中的儿童和青少年提供了更友好的成长环境。桑普森等人利用芝加哥的调查数据进行研究,发现稳定的富裕社

① Signithia Fordham and John Ogbu, "Black Students' School Success: Coping with the Burden of 'Acting White'," *Urban Review*, Vol. 18, No. 3, 1986, pp. 176-206.

② James Coleman, "Social Capital in the Creation of Human Capital," *American Journal of Sociology*, Vol. 94(Supplement),1988, pp. S95-S120.

③ Robert Sampson, Jeffrey Morenoff and Felton Earls, "Beyond Social Capital: Spatial Dynamics of Collective Efficacy for Children," *American Sociological Review*, Vol. 64, No. 5,1999, pp. 633-660.

区拥有更高的集体效能，即更容易产生代际闭合，进行更多的互惠性信息交换，对儿童有着更多的监督；而且，集体效能具有溢出效应，集体效能高的社区邻近的社区也有着更高的集体效能，这都会对儿童和青少年的成长与教育获得产生积极影响。[1] 而贫困社区的阶层和种族隔离，限制了社区中的社会互动与交流，形成广泛的不信任和物理隔离，导致贫困社区难以形成公共交流空间和良好的社会网络，较低的集体效能对孩子的认知能力造成了消极影响。

3. 资源视角

除了社区的构成特征之外，社区的制度性资源和安全性资源也会影响儿童和青少年的学业表现和认知能力。首先，制度性资源强调了社区组织机构对青少年成长发展的重要作用。这些社会机构与社会组织主要包括：学校、图书馆、教堂、体育场、健康护理机构、青少年活动中心、社会服务机构等。它们是社区社会和经济生活的核心，为儿童和青少年的心智发育、知识增长、社会交往提供基本场所和社会环境。西方学者研究发现，社区机构的质量、数量和多样性，以及这些社区组织的参与度，对儿童和青少年的成长发育和教育获得有着重要影响；相反，如果这些制度性资源被剥夺，例如高质量学校以及其他公共机构和服务缺乏，贫困社区的儿童和青少年在教育上就会处于劣势。[2] 广受关注的"学区房"背后，是高质量学校在支撑着社区的价值。

其次，安全性资源为青少年的生活与学习提供了基本的社区秩序。芝加哥学派在研究都市社区过程中提出了社会解组理论。该理论认为，在快速工业化和城镇化的过程中，社会结构日益多元化，社会异质性增加，人口大量流动，破坏了相互依赖的紧密社会关系与良好社会秩序；同时，新秩序的建立有赖于新的文化与原有文化的融合，持续的变动使社会缺乏规范结构，呈现出社会问题高发的状况，具体表现为社区社会凝聚力降低，社会控制力减弱，越轨行为增多，违法犯

---

[1] Robert Sampson, Jeffrey Morenoff and Felton Earls, "Beyond Social Capital: Spatial Dynamics of Collective Efficacy for Children," *American Sociological Review*, Vol. 64, No. 5, 1999, pp. 633-660.

[2] Robert Sampson, Jeffrey Morenoff and Thomas Gannon-Rowley, "Assessing 'Neighborhood Effects': Social Processes and New Directions in Research," *Annual Review of Sociology*, Vol. 28, 2002, pp. 443-478; Mario Small and Katherine Newman, "Urban Poverty after The Truly Disadvantaged: The Rediscovery of the Family, the Neighborhood, and Culture," *Annual Review of Sociology*, Vol. 27, 2001, pp. 23-45.

罪率上升。①

社会转型在不同社区留下不同的痕迹,社会解组与失序的情况更多集中在贫困社区。在贫困社区中,暴力犯罪和集体信任的瓦解阻碍了儿童心理和行为的良好发展。具体影响机制为,社区中的违法犯罪行为导致青少年群体缺乏信任、纪律和安全感等,进而影响到青少年在教室中的行为及学业表现②;同时,违法犯罪行为直接或间接导致孩子心理压力增加,从而破坏儿童的认知功能,并影响其学业表现③。

(四) 邻里效应的群体异质性

社区并不是一个静态的概念。在社区中,不同个体以不同方式在各自的空间中生活,在身处的共同环境中营造出独特的社会世界,各个群体以不同的方式获得体验。因此,社区环境对个体的影响可能存在群体异质性,即对于不同的性别、年龄、户籍和家庭资本的个体,邻里效应可能不同。也可以说,不同群体对邻里效应有着不同的易感性(vulnerabilty)。

1. 性别

教育的邻里效应存在性别差异。以美国为例,虽然部分学者主张男性对邻里效应最为敏感,但更多研究认为女性受邻里效应影响更大。例如,有研究发现,社区中富裕家庭比例较高,对女孩更可能有更高的教育期望;与此相反,对男孩并不会有更高的教育期望。④ 进一步来说,贫困社区对儿童有更多挑战,包括骚扰、家庭暴力、性侵、低龄性行为等,而迁移到非贫困社区之后,女孩在以上方面受益更大。⑤

---

① Clifford Shaw and Henry McKay, *Juvenile Delinquency and Urban Areas*, University of Chicago Press, 1942.

② Patrick Sharkey and Robert Sampson, "The Acute Effect of Local Homicides on Children's Cognitive Performance," *Proceedings of the National Academy of Sciences of the United States of America*, Vol. 107, No. 26, 2010, pp. 11733–11738.

③ David Harding, "Collateral Consequences of Violence in Disadvantaged Neighborhoods," *Social Forces*, Vol. 88, No. 2, 2009, pp. 757–784.

④ R. Ceballo, V. McLoyd and T. Toyokawa, "The Influence of Neighborhood Quality on Adolescents' Educational Values and School Effort," *Journal of Adolescent Research*, Vol. 19, No. 6, 2004, pp. 716–739.

⑤ Anita Zuberi, "Neighborhood Poverty and Children's Exposure to Danger: Examining Gender Differences in Impacts of the Moving to Opportunity Experiment," *Social Science Research*, Vol. 41, No. 4, 2012, pp. 788–801.

对此可能的解释是，女孩会在家庭和社区中花费更多时间，而男孩则更可能将时间花在社区之外，男女两性的活动范围并不一样。具体来说，女孩在新的学校中拥有更多朋友，这些朋友也更少参与非法活动，同时更多在家中和室内公共空间活动；而男孩则更喜欢在室外游荡。男女两性在社区中的不同行为特质，最终导致他们在教育获得上的不同结果。①

2. 年龄

在人生的不同阶段，会拥有不同的邻里作用过程。② 邻里效应在孩子的两个成长阶段影响最大，分别是婴幼儿时期与青春期。但就教育来说，婴幼儿和学前阶段，家庭影响最大；小学阶段，学校更为重要；青少年阶段，与学校等机构一起，居住环境通过同伴影响变得更为重要。③

同时，社区环境的不同维度对不同年龄段的孩子发挥不同的作用。例如，美国有学者发现，就社区失业率对孩子的阅读和数学测试成绩的影响而言，八年级学生较之四年级学生有更多的体验，原因可能是父母对低龄儿童的保护更多；与之相反，社区暴力犯罪对学生标准化考试的影响，低年级学生比高年级学生有更多的感受。④

3. 户籍

教育的邻里效应还存在城乡差异。城乡户籍分割，是当代中国重要的制度性特征。城乡居民在教育机会获得上存在较大差距，主要源于学校教育资源、家庭资本水平、教育期望等方面的城乡差距。⑤ 在城乡学校与家庭差异之外，当代中国城乡社区有着不同的结构特征，对城乡居民的教育获得可能存在差异化影

---

① Susan Clampet-Lundquist, Jeffrey Kling, Kathryn Edin and Greg Duncan, "Moving Teenagers Out of High-Risk Neighborhoods: How Girls Fare Better than Boys," *American Journal of Sociology*, Vol. 116, No. 4, 2011, pp. 1154–1189.

② Ingrid Ellen and Turner Margery, "Does Neighborhood Matter? Assessing Recent Evidence," *Housing Policy Debate*, Vol. 8, No. 4, 1997, pp. 833–866.

③ T. Leventhal and J. Brooks-Gunn, "The Neighborhoods They Live in: The Effects of Neighborhood Residence on Child and Adolescent Outcomes," *Psychological Bulletin*, Vol. 126, No. 20, 2000, pp. 309–337.

④ E. Ananat, Anna Gassman-Pines and C. Gibson-Davis, "The Effects of Local Employment Losses on Children's Educational Achievement," in Greg J. Duncan and Richard J. Murnane, eds., *Whither Opportunity?*, Russell Sage, 2011, pp. 299–314.

⑤ 李春玲：《教育不平等的年代变化趋势（1940—2010）——对城乡教育机会不平等的再考察》，《社会学研究》2014 年第 2 期。

响。在乡村,村庄社区是一个熟人社会,村庄居民之间有着较为紧密的社会联系与频繁的交往互动,村庄中的儿童和青少年能够获得村庄成人更多的监督与指导;而在城镇地区,社区是一个半熟人社会,甚至是一个由较为陌生的居民组成的社会,相比农村社区,城镇社区居民之间的社会联系与社会互动较少,社区对青少年的监督与指导则更为少见。这些因素都可能导致城乡儿童与青少年在社区生活中获得不同的体验与指导,进而影响到他们的学业表现与教育结果。

4. 阶层

此外,家庭阶层也可以调节对孩子的邻里效应。贫困社区的负面邻里效应,随家庭的阶层而变化:相比富裕家庭,贫困社区中的贫困家庭儿童受到的负面影响更大;而高社会经济地位的家庭,当儿童在社区内外遇到危险时,可以利用经济和社会资源为他们提供缓冲和保护,因此儿童感受到的邻里效应较小。[①] 另外,拥有不同类型资本(例如经济资本和文化资本)的家庭,与社区产生良性互动的可能性并不相同,因此与社区的互动也会呈现出不同的结果。[②]

三、中国当代社区环境与教育平等问题

中国居住环境空间分化的社会、经济和文化基础与以美国为代表的西方国家的并不相同。美国社会中的居住分异既有经济不平等加剧的原因,又与种族隔离紧密相关。而在中国,居住分异主要表现为居住环境的阶层分化,这源于转型期的结构与制度变迁。具体而言,住房市场化改革与快速城镇化,才是当代中国城乡社区结构变迁与居住分异格局形成的主要推动力量。因此,对中国社区分化结果的考察,并不能仅仅考虑西方理论所强调的居民住所的理性选择与迁移,还应关注到中国转型期特有的制度因素和结构性因素,尤其是户籍制度改革与大规模城镇化所带来的城乡居住环境的剧烈分化。

---

① E. Ananat, Anna Gassman-Pines and C. Gibson-Davis, "The Effects of Local Employment Losses on Children's Educational Achievement," in Greg J. Duncan and Richard J. Murnane, eds., *Whither Opportunity?*, Russell Sage, 2011, pp. 299-314.

② A. Choby, M. Dolcini, J. Catania, C. Boyer and G. Harper, "African American Adolescent Females' Perceptions of Neighborhood Safety, Familial Strategies, and Sexual Debut," *Resource Human Development*, Vol. 9, No. 1, 2012, pp. 9-28.

（一）当代中国社区结构变迁与居住分异

1. 城镇社区

新中国成立后,单位大院是中国城市空间结构的主要存在形式,这一阶段实行福利住房制度,城市家庭的住房主要由各个单位和地方政府统一分配。改革开放以来,随着社会主义计划经济向社会主义市场经济转型,住房市场化改革与快速城镇化共同推动了中国城市空间结构的剧烈变迁。

住房体制改革通过将住房从国家和单位所有转变为居民和职工所有,带来了对产权的确认和择居自由,进而促使高收入群体迁出与低收入群体迁入,导致许多原来功能强大的传统单位制社区,由昔日的"单一式单位社区"演变成"混合式综合社区"①,最终变为住房商品化体制下城市空间居住分化格局中的"普通聚集区"②。而迁出的高收入群体与新的城市移民一起成了新式城市社区的居民,居住在新式高档住宅小区。

随着中高收入群体购买商品房后搬出单位大院,以及新的城市移民的涌入,城市邻里间长期存在的地缘和业缘统一体被打破。这造成了两方面的重要变化:一方面,社区居民的经济同质性不断增强,越来越多的社区聚集了具有相似社会经济地位的社会群体,而社区之间在阶层构成上则日益分化;另一方面,社区居民的身份异质性不断强化,职业同质性逐渐转变为职业异质性。总体上说,城市社区的分层结构日益深化,社区阶层化导致传统"单位制"下的职业同质、地位异质社区向职业异质、地位同质社区转变。

2. 农村社区

传统村庄是一个熟人社会,社会联系紧密、社会互动频繁,村庄成员共享一套社会规范和价值观念,呈现出典型的共同体特征。由于历史沿革、人口流动和经济差异化发展,不同村庄在经济、社会和文化等方面均存在结构性差异,特别是改革开放之后的整体性社会变迁又进一步扩大了这种差异。

村庄之间的分化最显著地体现在社会整合和经济发展两个维度上。有学者

① 柴彦威、陈零极、张纯:《单位制度变迁:透视中国城市转型的重要视角》,《世界地理研究》2007年第4期。

② 王美琴、李学迎:《城市住房体制改革与传统单位社区的底层化》,《山东社会科学》2011年第4期。

提出,中国村庄结构具有明显的区域差异:从社会整合方面来看,中国农村可以分为南方、中部和北方三大区域,其中南方地区多团结型的宗族村庄,北方地区多分裂型的小亲族村庄,中部地区多分散的原子化村庄①;从经济发展的角度来看,则可以分为东部农村和中西部农村两种理想类型,其中东部地区多阶层分化型村庄,中西部则多去分化型村庄②。

值得注意的是,村庄结构在社会、经济等方面的分化并不仅仅存在于区域之间,它同样存在于各区域内部。近几十年中国的快速城镇化推动了区域内部乡村社会结构的剧烈分化。例如,有学者研究发现,同一区域内可能存在六类不同的农村社区,分别为空间城市化社区、撤村并居社区、正在自然消亡的社区、外出人口永久转移城市的社区、外出人口叶落归根的社区和就地城镇化的社区。③如此看来,当代中国农村社区日益呈现出多样化形态。

3. 居住分异的后果

作为居住环境,社区是多重的地域空间,是包含物理空间、资源配置、社会互动、文化价值等的综合性系统。④ 以上分析显示,当代中国社区的分化,是市场化与城镇化带来的经济与社会分化的空间性结果,首先体现为物理空间方面的阶层分化。空间阶层化一旦出现,便对社区邻里的资源配置、社会互动与文化观念产生持续性的影响。

首先,中国社区的阶层分化最为外显的特征是不同类型社区所拥有的资源显著不同。在城市,城市规划设计主导下的公共服务设施布局,带来了不同类型社区间公共资源的差异化配置:中等收入群体主导的社区一般都配备健全的公共服务设施,例如学校、青少年活动场所等,同时在社区安全和社区管理上投入更多资源;相反,城市贫困社区则缺乏各类公共资源,公共服务与社区秩序都无法得到保障。在农村,经济高度发展的村庄,村民多在村里工作和生活,村庄建设与公共服务设施大多良好;而经济低度发展的村庄,大量农民外出打工,造成村庄空心化,村庄各类公共资源缺乏。

---

① 贺雪峰:《论中国农村的区域差异——村庄社会结构的视角》,《开放时代》2012 年第 10 期。
② 贺雪峰:《论中国村庄结构的东部与中西部差异》,《学术月刊》2017 年第 6 期。
③ 刘华芹:《类型学视角:城镇化进程中的农村社区分化和乡村振兴重点》,《河北学刊》2019 年第 1 期。
④ 陈福平、黎熙元:《当代社区的两种空间:地域与社会网络》,《社会》2008 年第 5 期。

其次，社区的阶层化对社区成员之间的社会互动有着重要影响。传统农村，邻里的空间范围内集聚了居住、休闲、工作、经济、社会交往等众多功能，成员之间社会互动频繁、交往深入；而城市中的单位大院，由于业缘与地缘的统一，也维持了较高的社会互动水平和集体效能。然而，快速现代化，特别是居住阶层化，引发城乡社区成员社会交往水平下降，社区集体效能降低。在城市的现代化过程中，存在着功能结构的空间分化现象，社区活动在个体全部社会生活中所占比重持续下降，社区成员的互动水平随之降低。① 同时，随着快速城镇化和人口大量流动，部分村庄出现空心化现象；而迁移到城市的农村人口集中于住房和土地政策作用之下形成的移民村和城中村，由此导致农村人口传统上的共同体意识日益淡化，社会互动水平随之降低。总体而言，现代城乡社区的社会互动水平总体较低，社区的职业和收入异质性越强，集体效能可能越低。②

最后，社区阶层化带来了社区间文化观念差异的持续扩大。传统村庄中，职业和经济同质性强，文化观念也较为趋同；改革开放后，经济现代化与观念现代化接续发生，乡村工业化与人口大规模流动导致村庄之间经济分化逐渐扩大，进而文化观念也出现了巨大分化。③ 文化观念在社区间的分化同样发生在城市之中。传统单位大院中，不同级别与地位的人群异质性分布；住房市场化改革之后的现代社区中，经济同质性和地位同质性越发增强。这会带来优势社区和贫困社区在文化观念上的分化：优势社区成为中等收入群体确立道德秩序和生活方式的重要场所，居民在日常和网络互动中形成了不同于传统社区的新的生活方式与社区文化，例如对理性、努力和教育的尊崇等；而贫困社区，由于缺少管理和专业技术群体作为行为榜样，居民逐步丧失对教育和未来的信心，进而形成消极颓废的文化氛围。④

（二）中国的社区环境与教育不平等

20 世纪中叶以来，中国城乡社区结构经历了剧烈变迁，公共政策与市场力

---

① 桂勇：《城市"社区"是否可能？——关于农村邻里空间与城市邻里空间的比较分析》，《贵州师范大学学报（社会科学版）》2005 年第 6 期。

② 蔡禾、贺霞旭：《城市社区异质性与社区凝聚力——以社区邻里关系为研究对象》，《中山大学学报（社会科学版）》2014 年第 2 期。

③ 桂华、欧阳静：《论熟人社会面子——基于村庄性质的区域差异比较研究》，《中央民族大学学报（哲学社会科学版）》2012 年第 1 期。

④ 吕大乐、刘硕：《中产小区：阶级构成与道德秩序的建立》，《社会学研究》2010 年第 6 期。

量共同推动了城乡社区结构的日益分化。① 就其总体趋势而言,城乡社区结构
逐渐由计划经济时代的单位分割形态向以社会经济地位差异为基础的居住分异
演变。在整个转变过程中,户籍制度改革、住房及单位制度改革、城镇化建设等
一系列变革共同塑造了当下的城乡社区结构,进而推动了不同类型社区在资源
分配、社会交往与文化观念等多个维度上加速分化。中国城乡社区结构的上述
变化,使社区的青少年面临复杂化的居住环境,进而持续影响青少年的教育过程
及结果。

总体而言,当代中国,教育上的邻里效应显著存在。目前,高中入学是教育
不平等的关键环节,社区环境变量可以解释高中入学不平等的四分之一。同时,
就青年群体在受教育年限上的差异来看,社区环境能够解释的比例大约为16%。②
这说明,当代中国教育不平等与社区环境息息相关。

分城乡来看,中国城镇和乡村内部在教育获得上均存在邻里效应。在中国
城镇社区中,控制家庭背景与学校效应后,优势社区对青少年学业成绩的促进作
用仍然存在。与此相反,贫困社区中的青少年则在学业成绩上表现不佳。而且,
社区的优势集聚程度越高,居住其中的青少年的阅读和数学成绩越高。③ 还有
学者分析了社区类型对青少年成长的影响,发现不同类型社区会作用于城镇青
少年的认知能力发展:单位社区的集体社会化程度高于街坊型社区,商品房社区
的社会控制水平高于街坊型社区;这些会导致自我教育期望和同伴上进程度产
生差异,进而影响青少年认知能力的发展。④ 而在中国农村社区,韩怡梅等人发
现在家庭贫困之外,村庄层次上的群体贫困同样阻碍了农村青少年受教育机会
的获得,这同时体现在学习成绩与升学上。⑤ 另外,在乡村工业化过程中,村庄
的工业化水平越低,村庄中的学生升入高一级学校的概率也会越低。⑥ 城乡社

① 方长春:《中国城市居住空间的变迁及其内在逻辑》,《学术月刊》2014 年第 1 期。

② 于洪霞、张森、赵树贤:《社区环境与教育代际流动的多水平分析》,《北京大学教育评论》2016 年
第 1 期。

③ 刘欣、夏彧:《中国城镇社区的邻里效应与少儿学业成就》,《青年研究》2018 年第 3 期。

④ 孙伦轩:《中国城镇青少年成长的邻里效应——基于"中国教育追踪调查"的实证研究》,《青年研
究》2018 年第 6 期。

⑤ Emily Hannum, "Poverty and Basic Education in Rural China: Villages, Households, and Girls' and
Boys' Enrollment," *Comparative Education Review*, Vol. 47, No. 2, 2003, pp. 141-159.

⑥ Hua-Yu Sebastian Cherng and Emily Hannum, "Community Poverty, Industrialization, and Educational
Gender Gaps in Rural China," *Social Forces*, Vol. 92, No. 2, 2013, pp. 659-690.

区的比较研究发现,与乡村社区相比,居住在城市社区对孩子认知能力的提高具有重要影响。究其原因,城市社区有更为丰富的课外活动,这有助于孩子提高认知能力。[①]

社区环境对教育的影响不仅表现在学业成绩、认知能力与升学上,还表现在家庭的教育支出上。研究发现,家庭教育支出同样存在显著的邻里效应。在控制家庭、户主和社区等一系列特征后,社区家庭平均教育支出对家庭教育支出产生了显著的影响:社区家庭平均教育支出每提高 1%,家庭教育支出大约提高 0.3%。就家庭教育支出上的邻里效应而言,与城镇家庭相比,农村家庭所受的影响更大,这与农村家庭收入差距持续扩大有关。[②]

当代中国社会中,社区影响青少年教育获得的最重要路径是社区的教育机构与社区的集体社会化。[③] 社区邻近高质量的中小学,是社区对孩子们教育获得产生影响的重要途径。这也是所谓的"学区房"火热的重要原因。与之相比,更为重要的是社区的集体社会化水平,社区集体社会化水平越高,其中的孩子在教育获得上就越有优势。特别值得关注的是,教育的邻里效应存在群体异质性。邻里效应对农村户籍、经济和文化资本少的家庭的青少年影响更大。这表明,居住环境的阶层化,加上邻里效应在城乡、阶层上的异质性,进一步加剧了城乡、阶层间的教育不平等。

总而言之,邻里效应是阶层之间教育不平等的重要来源。现阶段,我国阶层分化加剧,由阶层分化带来的教育不平等呈现出多重的生成路径。教育不平等的形成,除了受到家庭与学校环境的深刻影响,还受到社区环境的影响。因此,拥有丰富资本的优势家庭不仅可以直接将资本转换为子女的教育优势[④],或者通过选择优势学校增加子女的受教育机会[⑤],而且可以选择迁移到优势社区,给孩子提供更优的居住环境,从而间接增强子女的教育优势,进一步扩大教育不平等。

[①] 王瑜:《基础教育阶段子女学习表现中的邻里效应——基于城乡居住社区的视角》,《新经济》2019 年第 12 期。

[②] 余丽甜、詹宇波:《家庭教育支出存在邻里效应吗?》,《财经研究》2018 年第 8 期。

[③] Lei Lei, "The Effect of Neighborhood Context on Children's Academic Achievement in China: Exploring Mediating Mechanisms," *Social Science Research*, Vol. 72, 2018, pp. 240-257.

[④] 李煜:《制度变迁与教育不平等的产生机制——中国城市子女的教育获得(1966—2003)》,《中国社会科学》2006 年第 4 期。

[⑤] 吴愈晓、黄超:《基础教育中的学校阶层分割与学生教育期望》,《中国社会科学》2016 年第 4 期。

针对该问题,最为根本的策略是减缓居住分异的趋势。首先,在住房政策方面,为使青少年拥有更好的成长环境与受教育机会,应避免低收入阶层的社区聚居,特别是在保障房等政策性住房项目中,应通过政策引导更多阶层的居民混居,防止居住隔离现象的加剧。其次,在教育政策上,一定要考虑居住分异所引发的教育资源的空间不平等分布,不能让市场机制完全支配孩子们的居住环境与学校选择。

小　结

目前,国内关于教育获得不平等的研究,或者集中于宏观制度分析,或者集中于考察家庭和学校等微观环境,相较而言,青少年的居住环境并没有得到与其重要性相匹配的关注。然而,随着居住分异与空间隔离的加剧,现代社会中社区邻里引发了教育空间不平等。要解决教育不平等问题,无法回避社区环境分化所带来的严峻挑战。

对居住环境的空间效应有两个基本共识:第一,现代社会分层体系,一定程度上是以空间形式组织起来的;第二,现代社会不平等的空间维度,在维持和再生产多维度不平等中发挥重要作用,典型体现在教育不平等的再生产上。可以说,为解决阶层分化导致的多重教育不平等,我们必须重视青少年的居住环境,尤其是社区中的文化环境。正像美国学者帕特南在《我们的孩子》中呈现的,幼时高质量的社区环境能够弥补家庭资本与家庭教育的不足。[①] 这提醒我们,弱化社区的阶层化倾向,营造良好的社区环境,是减少城乡分割、家庭资本差异导致的教育机会不平等的重要途径。

【思考题】

1. 以自身为例,说明社区中哪些因素对孩子的教育可能产生何种影响。

2. 不同的社区类型,对青少年的生活与学习有什么不同的作用?

3. 当代中国大规模城市化,不同的居住区对孩子的成长与教育有什么不同影响?

4. 城市中的社区与乡村中的社区有何不同? 对生活于其中的孩子的教育又有什么不同影响?

---

① 参见〔美〕帕特南:《我们的孩子》,田雷、宋昕译,中国政法大学出版社 2017 年版。

5. 案例分析:

作为主要的生活场域,邻里社区中已经出现了越来越严重的阶级隔离。在当下的美国,不同的家庭,按照经济收入水平,居住在互不往来的邻里社区内,居住维度内的阶级隔离在 2010 年要比 1970 年时更为森严。越来越多的家庭住在清一色的富人社区,或者清一色的穷人社区,相应地,住在贫富杂居社区或者中产社区的美国人越来越少。这种地理空间上的两极分化之所以可能出现,首先是因为城郊区域的开发以及高速公路系统的四通八达,高收入的家庭得以搬离低收入的邻居,到城郊享受更开阔的生活空间、不被打扰的隐私、停车场和购物中心。与此同时,收入差距的持续扩大进一步推动了这种基于阶级的居住分裂,而房管立法的变革也造成了非预期的结果,让越来越多富裕的少数种族家庭可以搬至城市的郊区。(〔美〕帕特南:《我们的孩子》,田雷、宋昕译,中国政法大学出版社 2017 年版,第 43—44 页。)

结合上述材料,并回顾你的个人经历,思考我国社区的现状以及对不同阶段学生具有什么样的影响。

【推荐阅读书目】

〔美〕威尔逊:《真正的穷人——内城区、底层阶级和公共政策》,成伯清等译,上海人民出版社 2007 年版。

该书聚焦于美国城市中黑人群体的聚集性贫困,通过翔实的统计与理论分析,展示了现代美国社会中社区贫困的来源与后果,开启了现代社区研究的先河。

〔美〕帕特南:《我们的孩子》,田雷、宋昕译,中国政法大学出版社 2017 年版。

为了回答寒门难出贵子的难题,帕特南团队追踪访问了生活在美国各地的 107 个年轻人,呈现出美国社会在过去大半个世纪里的变迁图景,发现了家庭结构、学校环境、养育方式、邻里社区对美国孩子成长的影响。

〔美〕桑普森:《伟大的美国城市:芝加哥和持久的邻里效应》,陈广渝、梁玉成译,社会科学文献出版社 2018 年版。

桑普森高超地运用了芝加哥的长期调查数据,结合他自己生活在这个城市的独特个人观察,发现邻里显著影响了广泛的社会层面,包括犯罪、健康、住房、公民参与、青少年失范、利他主义、领导关系网络、移民以及教育,论证了社区在当代社会中仍发挥重要作用。

第十二章

学校教育制度的社会学分析
——新马克思主义教育社会学的取向

引 言

学校一直是教育社会学研究领域的中观层次,因为学校是连接社会、阶层和个人的场所。它既传递社会的文化遗产和价值观念,又承载不同阶层对于学校教育的期望和使人社会化的功能。学校作为一种科层制机构,一方面依附整个社会系统,发挥着对社会的特定功能;另一方面又有相对的自主性,按照自己的运行规律形塑不同的个体并经过筛选将他们分配到社会不同的工作领域。

从社会发展的历史看,不同的社会发展阶段,其制度对于学校的期望和要求是不同的,因此,学校的结构和规模有着极大的差异。诸如,在农业社会,学校几乎就是培养僧侣和贵族子弟的场所,他们属于社会的精英成员;到了工业社会,机械化和自动化的生产促进了学校的普及,学校开始为工业社会培养大批有知识、懂技术的劳动者。

学校的普及不仅与社会发展紧密相关,而且从一开始就与特定社会的政治需要联系在一起,这体现在学校教育的目的与功能上。如在雅典教育中,学校的目的与功能是培养高尚的、深思熟虑的、洞察入微的、注意分寸与和谐的、有审美能力和乐于进行纯粹思辨的人;在罗马教育中,人们首先要把儿童培养成为对文学艺术不感兴趣但崇尚军功勇于战斗的人;在中世纪,教育首先是要使人信奉基督教;在文艺复兴时期,教育具有更明显的世俗性和人文主义的特征;今天,科学正在取代以前艺术在教育中所占的地位。① 社会进一步分化和分层以后,学校

---

① 〔法〕埃米尔·涂尔干:《教育及其性质与作用》,张人杰译,载张人杰主编:《国外教育社会学基本文选》,华东师范大学出版社 1989 年版。

按照社会分工的层级结构和社会分层的需要,分成了不同级别的教育机构。特别是作为向上社会流动渠道的中等和高等教育,已经被中上层社会群体所利用和支配。20世纪以来,西方社会的学校教育在履行中上阶层赋予的使命的同时,也承受着社会的批评和教育大众化、普及化的压力。当教育走向大众化和普及化之后,由教育引发的社会问题不但没有减少反而有增多的趋势。为了探讨教育与社会问题出现的原因,许多教育社会学者从政治学、经济学和文化学等方面对学校教育制度进行了分析和研究,从现有的文献看,美国的教育社会学曾引领这一趋势。

可以这样认为,自从西方工业革命以来,美国学校教育的大众化和普及化趋势似乎使所有的孩子都有了受教育的平等机会。美国的学校教育在西方民主化进程中,开始扮演世界宗教的角色,不断创造出新的社会神话,并有效地维护这种神话。但是,这种神话建构的基础和目的是什么呢? 实际的效果真的是解决了穷人问题并使所有美国人都有向上社会流动的均等机会吗? 本章利用现有的资料文献,首先对美国的学校制度和功能做出分析。其次,通过西方教育社会学家的研究成果,可以看到劳工阶级的孩子为什么还会像他们的父辈一样,遭受学业失败并适应于"工厂—地板文化"。再次,探讨这样一些问题:学校中为什么存在一种"反学校文化"(anti-school culture)? 这种文化是劳工阶级权力的一种延伸吗? 还是他们对学校教育的失望或不安于被安排的一种行为表现呢? 劳工阶级家庭的子女辍学较早或被排斥在某些学习渠道之外,要说是因为智商问题或学习成绩一开始就比较差而不得不分流,不如说他们已经经历了这样的事实:即使在学业上取得与其他阶级家庭子女一样的成绩,他们受教育的机会仍不及其他阶级子女,并且最终还是不被社会选择。最后,通过美国的学校制度,我们可以理解学校教育是怎样制出社会神话并有效地维护它的。

一、学校教育制度:民主神话的背后

鲍尔斯与金蒂斯[①]的《资本主义美国的学校教育》是一部杰出的著作,这部

---

① 鲍尔斯与金蒂斯是作为新马克思主义的重要代表人物出现的,他们的研究有着极其浓郁的马克思主义风格,包含大量的术语。1988年,英国剑桥大学高级讲师摩尔(Robert Moore)在其一篇专文中说:"过去十年来,马克思主义教育社会学本质上一直是鲍尔斯与金蒂斯的一种对话。"〔美〕鲍尔斯、金蒂斯:《资本主义美国的学校教育——教育改革与经济生活的矛盾》,李锦旭译,台湾桂冠图书股份有限公司1989年版,李锦旭译序。

著作深刻地揭露了资本主义美国的学校教育与经济制度之间的关系,揭示了学校教育不平等的本质和特点,并指出了学校教育其实也是制造不平等的场所。该书的基本观点是,教育是社会的一部分,因而不能独立于社会来了解。相反,它被社会基本的经济与社会制度束缚着。作者通过对资本主义美国的学校制度和经济制度的考察,认为美国的教育担负着使资本主义制度永存或"再生产"的任务。它是维护或增强现存社会与经济秩序的社会制度之一。因此,教育不能成为一种促进更大的平等与社会正义的改革力量。在这方面,它类似于国家政府。在结论中他们指出:"美国教育是非常不平等的,一个人获得很多或很少的学校教育,其机会实质上有赖于种族或父母的经济水准。再者,虽然教育制度看得出来有一种迈向更平等的趋势——例如,黑人教育不足的缩小——但是这种趋势对经济机会的结构的冲击,即使在最好的情形下也是非常渺小的。"①"总而言之,20世纪教育的历史并不是进步主义的历史,而是萌芽中的资本主义制度的'商业价值'与反映权威、特权的金字塔的社会关系被强加在学校身上的历史。"②

　　据鲍尔斯的看法,资本主义美国实行强迫性大众教育的目的,在于满足资本主义制度的需要。这是因为,大众教育为资本主义经济提供所需要的具有知识和技术的工人,这些工人接受资本主义社会的价值观和生活方式,因而承认并顺从社会制度的任何安排和强加,同时认为这些都是合理的。美国教育家哈钦斯③也看到,美国大众化教育以将国家的尊崇即物质上的成就在学校中加以培养为目的。他指出:"美国可能是世界上最容易谋生的地方。然而,美国学校却比其他任何国家的学校更强调职业训练。"④虽然美国的学校教育总是标榜"人权""平等"和对所有人开放,但是学校教育制度始终受到阶级背景的影响。如来自较高社会阶层的儿童,他们所具有的经济资本、文化资本和生活习惯等,使

---

　　①　〔美〕鲍尔斯、金蒂斯:《资本主义美国的学校教育——教育改革与经济生活的矛盾》,李锦旭译,第45页。

　　②　同上书,第57页。

　　③　哈钦斯(Robert Maynard Hutchins, 1899—1977),又译赫钦斯,是美国教育家,永恒主义(Perennialism)教育哲学的主要代表。他提倡博雅教育的传统,反对教育过分专门化和功利化。因此,教育的任务是使人掌握永恒不变的真理,而不是适应瞬息万变的现代世界。教育应集中于理智的训练,发展儿童的理性能力,而不应集中于特定的经验和职业训练。

　　④　〔美〕赫钦斯:《民主社会中教育上的冲突》,陆有铨译,台湾桂冠图书股份有限公司1997年版,第13页。

他们能在学校教育中成功,日后成为社会精英;而来自较低阶层的儿童,他们一生下来就处于文化和经济贫困的状态,所以他们不能很好地适应学校生活,会成为学校教育的失败者,最后还是处在下层社会。对于这一现象,鲍尔斯和金蒂斯两人通过对资本主义社会制度的剖析,看清了美国教育制造神话的目的,一针见血地指出了学校教育是应社会需要而建立起来的"再生产"和"符应"机构。

为了说明资本主义美国的教育不平等现象,鲍尔斯与金蒂斯认为必须首先描述资本主义制度的主要特征。而且"在日常生活所经历的各式各样的社会关系当中,有一些特别突出成为我们分析教育的核心。这些正是保障资本主义利润以及稳定资本主义分工所必需的社会关系"①。他们说,"美国经济是一个经过文饰的极权主义制度,在此制度里绝大多数(工人)的行动由非常少数(资产拥有者与管理者)所控制。然而这种极权的制度却被埋藏在一种非常民主的政治制度里,被所谓的'平等、正义与互惠的规范'所掩盖"②。在这种情况下,"人的发展经验由一种不民主的、不合理的,且剥削性的经济结构所支配"③。教育也就必然被支配阶级所控制而成为维护资本主义制度的工具。鲍尔斯与金蒂斯在分析中已经确认了支配阶级在教育政策中的两个主要目标:劳动力的生产,以及那些有助于将劳动力转换成利润的制度和社会关系的再生产。现在可以更明确,教育制度是如何被建构以达成这些目标的。第一,学校教育生产许多为求工作表现适当所需的技术性技能与认知性技能。第二,教育制度协助将经济的不平等合法化,通过客观取向和功绩主义取向,减少人们对层级分工以及个人于其中获得职位所经历的过程的不满。第三,学校生产、酬赏并标示在层级制度中职位安置的有关个人特征。第四,教育制度通过它培养的地位区分(status distinctions)的形态,强化让从属经济阶级分裂所根据的阶层化意识。④ 正因如此,鲍尔斯与金蒂斯认为教育制度是现代社会阶级结构再生产中一个不可或缺的因素。

接着,鲍尔斯与金蒂斯继续考虑再生产如何在教育中实现的问题。他们认为,它借着"符应原则"而达成。支配阶级的意识形态和层级结构的传递,是通过教育制度的"形式"(form),而非社会化过程所产生的"内容"(content)。它构

---

① 〔美〕鲍尔斯、金蒂斯:《资本主义美国的学校教育——教育改革与经济生活的矛盾》,李锦旭译,第185页。

② 同上书,第76页。

③ 同上书,第189页。

④ 同上书,第188—189页。

成学校的潜在课程(hidden curriculum)①。

　　学校教育的社会关系与工作的社会关系之间的符应有四个主要的层面。首先,学生就像工人一样是受支配者,只能被动地接受课程和强加给他们的观念,因此类似于工人应对他们工作内容的情形。其次,教育与工作一样,是有计划且有目的的行动,个人接受教育就像完成工作任务一样,是为了"外在的"酬赏——资格和工资,也是为了避免不愉快的结果——教育失败和失业。再次,工作上的分工重现于知识的专门化、区分化以及学生之间不必要的竞争。最后,教育的不同"层次"符应(并教导人们准备进入)职业结构的不同"层次"。②

　　鲍尔斯与金蒂斯为了使我们完全了解教育与经济结构之间的符应,除了进行各种实证研究来证实他们的论点外,还对美国教育史的某些层面进行了检视。最后,他们将理论整理成三部分:①教育做什么——再生产,②教育怎样进行再生产——符应原则,以及③实现教育再生产的力量——社会的经济结构。这些理论使我们清楚地看到美国教育标榜的平等、民主与极权主义的经济结构和教育制度形成了明显的反差和矛盾。

　　哈钦斯在《社会的改造与理论的抛弃》一文中也揭示了民主教育中的冲突。"这种强烈信任民众的政治判断同深度怀疑他们理智的才能两者的荒谬的结合,在美国已有很长的历史。以托马斯·杰斐逊为例,他是一个著名的民主主义信仰者。他曾经指出,弗吉尼亚(Virginia)的所有儿童都应该免费接受读、写、算和地理方面的三年级教学。他说:'我们的大多数公民可能被划分为两个阶级——劳动阶级和知识阶级……当学生们离开小学时,这两个阶级就分离了——命运注定要劳动的那些学生将从事农业事务,或者去当他们可能选择的

---

　　①　潜在课程又称隐性课程,一般被定义为在学校生活中,尤其是在与教师及其他学生的交互作用过程中无意识地学到的一些东西,也就是在正规课程之外学到的东西。而美国教育社会学家阿普尔从意识形态的再生产这一观点出发,把潜在课程的概念提高到一个宏观的水准去认识。他认为潜在课程乃是学校在暗地里而且又是非常高效率地灌输给学生的一种被正当化了的文化、价值和规范,是一种发挥着维持支配权功能的日常性意识体系。学校之所以不依赖强大的外在统治机器就能发挥社会控制的功能,能朝着既定的方向实现特定的意识形态的再生产,关键正是学校生活和教育过程中存在着这种潜在课程。这一界说引起了新马克思主义学者的共鸣,人们研究的焦点从教育的"再生产"转到学校教育中的"反抗、相对自主与意志论"方面。见〔英〕布列克里局、杭特:《教育社会学理论》,李锦旭编译,台湾桂冠图书公司1993年版,第229页。

　　②　〔英〕布列克里局、杭特:《教育社会学理论》,李锦旭编译,第180—181页。

手工业技术的学徒；他们的同伴注定要从事科学的职业，并将进入学院……'"①

哈钦斯认为，造成上述现象的主要原因或基础并不是个人才能的差异，而是他们社会和经济背景的不同。这就使他对教育的民主提出质疑，他指出："民主的基础乃是普遍的参政权。它要使每一个人都成为统治者。如果每个人都是统治者，那么每个人就都需要统治者应该受到的那种教育。如果说杰斐逊没有看到这一点的话，那可能因为在他的时代，选举权（也就是统治权）仍然还被看作是已经继承或已经获得财产的少数人的特权。我们现在接受这种类型的教育，乃是基于每个人注定要成为统治者的观念，而它从根本上说乃是杰斐逊时代认为适合于注定要成为劳动者，而不是统治者的那种类型教育的扩展。"②

二、学校教育功能：文化和社会再生产

在资本主义社会，学校文化是达成政治目标的重要手段。它的基本功能有两个。一个是社会化功能，即传授知识及技能的"认知社会化"功能和形成社会所期待的价值观及行为模式的"道德社会化"功能。另一个是"选择"与"分配"功能，即学校按学术标准筛选学生，部分人接受教育后进入精英阶层，未被选择的学生分流到职业技术学校或直接进入工厂，成为劳工阶层。由于"选择"的标准和"分配"的原则有利于中产及更高阶层家庭的孩子，而不利于劳工阶层的孩子，绝大多数工人家庭的孩子不能在学校取得成功，最终回到"工厂—地板文化"中。

当西方社会学家将注意力集中到这个原因上时，他们又从不同的角度证实了这个原因的存在。鲍尔斯与金蒂斯企图用统计方法来证实下面这种观念是错误的：经济的报酬是基于某人的能力。他们认为，经济的报酬更可能为社会阶级背景所决定。为了证明他们的说法，他们建构了一个"路径图"（path diagram），以此来否定工人阶级孩子智商低的说法，正如他们得出的结论，教育所酬赏的"人格特质"与经济所酬赏者相类似。③

以提出社会语言学理论假设而闻名的巴兹尔·伯恩斯坦认为，工人阶级的孩子在学校学习成绩差可以用语言来解释。为此，伯恩斯坦分析了"语言、社会

---

① 〔美〕赫钦斯：《民主社会中教育上的冲突》，陆有铨译，第53页。
② 同上书，第54—55页。
③ 〔英〕布列克里局、杭特：《教育社会学理论》，李锦旭编译，第186—188页。

化与阶级"之间的关系,他指出:不同阶级背景的孩子在各自的言语活动中采用各自的语言规则,并形成习惯;学校文化的功能是人的社会化,但是这种社会化是儿童在学校获得一种特殊的文化身份的过程,同时也包括他对这种身份的反应。由于学校文化符应阶级结构,因此伯恩斯坦说,"对社会化过程产生最正式影响的就是社会阶级。阶级结构影响工作场所和教育的功能;在家庭间建立起一种特殊的相互关系,并且深深地渗透到家庭生活经验的结构之中。阶级制度给知识的社会分布打上了深深的烙印。阶级制度使人们对世界的统一性有着不同的认识。阶级制度使社会各阶层彼此封锁;并根据一种令人厌恶的价值标准对各阶层按等级排列"①。接着,伯恩斯坦对各阶层的语言习惯、言语活动,特别是出身背景对言语活动的制约等方面进行了深入的研究,在此基础上进一步提出:从语言的普遍性和特殊性来看,存在着两种语言代码,即精密型代码(elaborated code)与封闭型代码(restricted code)。不同阶级家庭使用的语言代码是不同的,一般来讲,劳工家庭多使用封闭型代码沟通,中产家庭多使用精密型代码沟通。"封闭型代码的基础在简缩的符号中,而精密型代码的基础在明确表达的符号中;封闭型代码采用隐喻方法,而精密型代码则采用理性方法;这些代码在至关重要的社会化背景中硬性规定了语言的上下文用法,并且用这种方法调节着社会化对象接受关联性与联系的类型。"②

在分析工人阶级的孩子学业失败的原因时,伯恩斯坦认为学校的文化环境更似中产阶级家庭的文化环境,这是"因为学校是以精密型代码及其社会关系体系为基础的。尽管精密型代码并不具有特殊的价值体系,然而中产阶级的价值体系渗透于学习情境本身的结构之中"③。这种解释给我们提供了一种很好的理解学业成败的分析框架。

能够说明教育是一种文化的再生产和符应的是布迪厄,他的论点一开始就格外引人注意,因为他与我们至今已经考虑过的理论家的不同之处在于,他强调"文化的"过程在维持现存社会与经济结构上的重要性。再者,他的观念对关心当代社会中教育的性质与角色的社会学家的思想,一直有着相当大的冲击。布

---

① 〔英〕伯恩斯坦:《社会阶级、语言与社会化》,唐宗清译,载张人杰主编:《国外教育社会学基本文选》,第 405 页。
② 同上书,第 407 页。
③ 同上书,第 418 页。

迪厄对于学校功能的主要关注:第一是要发现"法则",能够解释为什么结构倾向于再生产它们自己;第二是要检视作为传递知识与观念的一种制度的学校教育。[1] 为此,他有两个基本的研究结论:第一是教育有助于合法化一种不平等的、阶级划分的社会;第二是如果教育被假定为一种传递观念与知识的制度,那么它并不是成功的。他推出这两个结论的步骤体现在下述陈述中:①有些儿童在教育上比其他儿童进步更大;②儿童在教育上的进步得自其家庭的文化影响;③在支配阶级中,家庭给予儿童"文化资本",使他们在教育上得以做得更好;④教育的文化类似于支配阶级的文化;⑤支配阶级的文化界定被用来作为标示学生是好是坏的标准;⑥教育并不明确地教导它所要考的;⑦因为教育合法化支配阶级的权力和文化,故被认为具有不受外在干扰和显而易见的自主。[2]

在研究学校的文化功能时,布迪厄从"文化专断"切入,认为所有文化都有专断的特色。因此,他同样认为,"教育制度有它自己的文化专断,那是支配阶级文化专断的变种。当教育开始教人时,它尝试向来自其他文化的儿童灌输支配阶级的文化专断。其结果是:①支配阶级的儿童发现教育是容易理解的,且显示出天才与卓越;②支配阶级的文化被显示是比较高级的;以及③一种'符号暴力'的行为靠着这种蓄意的欺骗被施加在较低阶级的儿童身上"[3]。

以布迪厄的观点来看,由于教育的文化专断是支配阶级的文化专断,因此学校文化功能是支配阶级强制赋予并被合法化的,教师的权威是支配阶级委派给他的。所以,教育根本不是对学生的一种独立判断;判断学生的标准是由支配阶级的文化所给予的,且由教育制度做了某种修正。再者,在支配阶级的文化里长大的儿童,明显地在教育上是有利的;他们一直被给予"文化资本",他们能够用它来获取资格。[4]

虽然布迪厄也承认文化资本不是教育成功的唯一原因,也有工人阶级的孩子成为教育的受益者,但这是非常少的。大多数工人阶级的孩子深受父母教育失败经历的影响,还有就是地位低下和经济、文化资本贫乏。因为"学校所传递的文化与支配阶级文化比较近,而且……它所采用的教育方式与这种家庭所进

---

[1] 〔英〕布列克里局、杭特:《教育社会学理论》,李锦旭编译,第 210 页。
[2] 同上书,第 211 页。
[3] 同上书,第 213 页。
[4] 同上。

行的教育方式比较没有差别"①。

隐含在这些命题中的一个主要观点就是：来自缺乏文化资本的家庭的小孩在教育上将不会成功。这种分析与伯恩斯坦的方法类似，以至于后来人们认为他的论证也是基于语言的差别。尽管后来的学者质疑和争论他的学说，但他的"文化资本"概念揭示了资本主义制度的不合理性构筑了不合理的教育制度，促使人们从社会制度的根源上思考教育机会的均等和民主化的教育进程。

三、反学校文化现象：冲突中的平衡

反学校文化的现象有两种：一种是与学校文化功能或权威相对立的学生运动，在一些社会学家的眼里，这是劳工阶级文化在学校里的一种延伸，但也有人倾向认为这是学生的自主反抗；另一种是反对学校制度对教育的垄断以及给社会造成的负面影响，希望在打破现存学校制度的基础上，建立一种"去学校化社会"（deschooling society）。下面将对有关这两种现象的分析分而述之。

在西方社会，"许多学生，尤其是穷学生，都能直觉到学校在为他们做些什么"②，但是，"接受学校教育的结果，使得他们在比自己受到更好的学校教育的人面前感到自卑。对于学校的盲信导致他们有可能遭受双重剥夺，即越来越多的公共资金被用于少数人的教育；与此同时，许多人则越来越顺从于社会控制"③。这种社会控制体现在大众教育中，特别是劳工阶级聚集地区的学校中。当学校并没有真正为劳工阶级孩子做点什么，反而成为控制他们社会流动的工具时，对学校权威的反抗形成了"反学校文化"现象。

这种现象曾使社会学家兴奋不已，许多人深入学校进行实地研究。他们发现，反学校文化与劳工阶级的态度和价值非常相似，反映了整个劳工阶级文化的一个层面，尤其类似于"工厂—地板"文化。劳工阶级孩子的这种文化背景使他们从学校过渡到工厂工作比较容易，他们也容易"选择"进入"工厂—地板"的世界，并因此接受他们在现存制度中的"下层角色"。在这个过程里，一种"宿命论"的成分有助于维护劳工阶级的不利情况，以及再生产资本主义的社会秩序。

---

① 〔英〕布列克里局、杭特：《教育社会学理论》，李锦旭编译，第 217 页。
② 〔美〕伊万·伊利奇：《去学校化社会》，吴康宁译，中国轻工业出版社 2017 年版，第 7 页。
③ 同上书，第 13 页。

在对反学校文化的研究中,威利斯的民俗学(民族志)研究最具影响力。威利斯的工作主要是对 12 个就读于小城中一所中等学校的非学术性劳工阶级男孩的一项个案研究。[①] 他发现这些小男孩(亦称小伙子)总是以多种方式反对学校的权威,在他们中有一种漫无目的的反抗气氛。他们或者旷课、抽烟、喝酒及着奇装异服,或者参与暴行和偷窃。在校时,他们的反抗主要表现为尽可能少做事,并企图将他们自己与正常的学校活动和态度相隔离。一方面,他们认同学校的目标;另一方面,他们表现出一种对于知识与资本的轻蔑。因为他们知道,对于教育成就与资格的追求和竞争,只会给少数人带来利益,却抛弃他们所属阶级的大多数人。他们知道,即使他们当中有些人能够获得受教育资格,但他们永远不能进入上层社会。这样,他们既失去了所谓的"男子汉"气魄,又无法融入他们的"亚文化",所以他们必须形成与学校文化相对立的"运动精神",主动地"选择""工厂—地板"文化。这样看来,虽然他们反对权威,但是他们最后却认同资本主义社会与经济结构中的那套权力关系。因而可以说,反学校文化的学生的文化背景教他们准备进入工厂世界。它因而促进了劳工阶级文化的再生产以及西方资本主义社会制度的再生产。[②]

威利斯的研究引起了众多社会学家和教育家的重视,尽管人们对他的研究评论不一,甚至对他的某些论证提出了质疑和批评,但他的反学校文化的观点引起了"次级文化理论"(subcultural theory)的共鸣,使人们的研究视线转到了学校的生活和劳工阶级家庭的孩子身上。劳工阶级的孩子为什么具有反抗的特质,这是劳工阶级文化的一种延伸吗?人们对此的争论是激烈的,我们认为,是不平等的社会经济制度迫使劳工阶级产生了反抗的特质,这种特质在学校中的体现正说明了学校中同样存在着不平等的现象。这就不难说明为什么劳工阶级的孩子不能很好地适应学校生活,为什么要反抗权威,为什么最终会选择"工厂—地板"文化。

在分析学校文化功能和反学校文化的成因方面,伊万·伊利奇的研究[③]提供了有力的证据。他从否定资本主义的社会精神开始,批判并否定现代的学校

---

① 威利斯的这项研究成果写成《学做工》(1977)一书,该书可被视为 20 世纪 70 年代以来民俗学研究中一项最重要、最具影响力的实证研究。

② 〔英〕布列克里局、杭特:《教育社会学理论》,李锦旭编译,第 235—239 页。

③ "贬抑学校教育"运动是产生于 20 世纪 70 年代初的激进主义教育改革思潮。伊万·伊里奇在 1971 年发表的《去学校化社会》一书是这一思潮的代表作。

制度及其扩大化的影响。正如他所说:学校教育究竟在做什么？它是在帮助穷人吗？然后让穷人再依赖这个制度吗？政府官员也许知道,"穷人在社会中总是无能为力的。而对于制度性照管的日益依赖使他们产生了新的无能为力,即心理无能、无力自我谋生"①。政府也试图通过教育来改善穷人处境不利的情况,虽耗资甚巨但最终却告彻底失败。原因在于,"这些增加的经费使得学校能更多地满足那些相对富裕的儿童的需求,这些富裕儿童不得不与贫困儿童同校学习,因而也成了所谓的'处境不利者'。这样,经由学校预算,原本打算用于改善贫困儿童学习处境不利的补助经费,充其量只有很小一部分最终能用在他们身上"②。从另外一个方面看,"即使不同学校在质量上处于同等水平,穷人子女的学习也很难赶上富人子女。尽管他们在相同年龄进入同等学校,但穷人子女也缺少中产阶级儿童可随意享受的大部分教育机会"③。这也就是布迪厄谈到的"文化资本"的问题。由此看来,美国对于普及教育最为深信不疑,也常常粉饰称教育使所有的穷人都有平等的机会,但是实际上,美国的学校教育一直是并且仍将是为极少数人服务的。在美国一些地区可以看到,东部地区的穷人由于接受了 12 年的学校教育反而变得无能为力,找不到工作;西部边远地区的穷人则因未能享受同样的教育而被视为不可救药的愚民。所以,在资本主义国家,穷人是不可能通过义务教育而取得社会平等的。在这样的社会,学校的存在本身便使得穷人丧失了控制自己学习的勇气与能力,同时也剥夺了他们学习的权利。这样的学校教育必须废除。为此,伊万·伊利奇说:"普及教育不可能通过学校来实现。即便尝试用其他机构取而代之,但只要这些机构依然因袭现今学校的模式,也同样无法实现普及教育。……我们必须把目前对于种种新的教育渠道的探索转变为对与之完全不同的制度的探索,即探索能增加每个人的学习机会的各种教育网络,使得人生时时刻刻都可以进行学习、分享及关怀。"④

四、仪式与神话的双向建构：平衡中的冲突

当学校教育作为一种神话使社会日益"学校化"的时候,教育已经失去了它

---

① 〔美〕伊万·伊利奇:《去学校化社会》,吴康宁译,第 9 页。
② 同上书,第 11 页。
③ 同上书,第 12 页。
④ 同上书,作者序,第 4 页。

本来的意义而变成了一种"仪式"①。正如伊万·伊利奇所说："今天的学校行使着有史以来那些权力巨大的教会所共有的三重功能。它既是社会神话的收藏者，又是将社会神话所含的种种矛盾加以制度化的专业机构，同时还是日常仪式的实施场所，这些日常仪式再生产出并掩饰着社会神话与社会现实之间的矛盾。"②那么，仪式是怎样在学校中起作用的？我们不妨通过伊万·伊利奇的分析去认识和理解。当然，伊万·伊利奇的研究结论带有明显的偏激色彩，这一点已经遭到了许多人的批判，但是，这些批判也是偏颇的，也许人们没有真正理解伊万·伊利奇的思想，他的本意并不是要取消学校教育，而是要建立一种"去学校化"的社会和"去学校化"的学习环境。他为什么要这样做？这是因为，美国的学校与资本主义社会一样具有明显的等级性，所以批判学校教育必然触及资本主义制度的本质。对此他是怎样分析的，我们可以从他的作品中找到答案。

1. 关于制度化价值的神话

在美国，人们通常被灌输这样一种信念，即金钱总是向受过教育的人招手，学校是施教的最好场所。由于需要，学校变成了"生产有价值的东西"的场所，这种有价值的东西是知识、技能、资格和学历。而社会和劳动场所在承认这种有价值的东西的同时，也以这些价值作为判断和取舍劳动力的标准。于是学校越来越成了专门"生产有价值的东西"的机构，人们也越来越依附它，学校实现了对教育的垄断，最终构筑了制度化价值的神话。

伊万·伊利奇对学校的批判主要是指向学校对教育的垄断，以及对其他教育途径的排斥。为此他指出："学校告诉我们：学是教的产物。学校的存在本身便导致了对学校教育的需要。而一旦我们学会对学校提出需要，那么我们的所有活动往往都会求助于各种专门机构。一旦自学的价值得不到认可，那么所有非专业性活动的价值均会遭到质疑。在学校里，我们被告知：有价值的学习是上学的结果；学习的价值随着所受教育的量的增多而提升；而且，这一价值最终可通过成绩和文凭来衡量与证明。"③由此我们可以清楚知道，学校制度化价值的

---

① 伊万·伊利奇认为，学校结构中存在着仪式竞争（ritual rivalry）规则，包括"冒险仪式"、"诱导仪式"、"安抚仪式"和"赎罪仪式"，这些仪式不仅有效地编造出社会神话，而且有效地维护这些神话。参见〔美〕伊万·伊利奇：《去学校化社会》，吴康宁译，第53页。

② 〔美〕伊万·伊利奇：《去学校化社会》，吴康宁译，第46页。

③ 同上书，第47—48页。

神话就是这样形成的。而维持这一神话的就是在社会中处于核心地位的"仪式"。正如伊万·伊利奇指出的:"有史以来,没有任何一个社会无须日常仪式或神话便可存续,但像美国这样需要把如此沉闷、漫长、具有破坏性且代价高昂的日常仪式变成神话的社会,则尚无先例。"①

2. 关于价值测量的神话

学校中盛行的量化价值体现了学校的制度化价值。伊万·伊利奇认为,学校正在把学生身上包括他们的人品、智慧、想象力等都纳入测量的世界。这种测量使人们想起了工厂,如果学校也是工厂的话,加工出来的产品只有一小部分是优质产品,大部分都是半成品或废品。而其他"工厂"(教育途径)根本无法再加工它们淘汰的"产品"。我们都知道,在学校中进行心理测验盛行于美国,后来传遍世界。这种心理测验中的智商测量指标标榜的是公正客观,但实际上还是有利于具有一定文化资本的中产阶级以上家庭的孩子。劳工阶级的孩子只有很少一部分被测定为"高智商",大部分劳工阶级的孩子都是智商平平或低下。这就为学校提供了贬抑这些孩子的最好依据,他们在学业上的失败责任不在学校,而是他们天生愚笨,缺乏可教育性,所以他们回到"工厂—地板"文化中也是理所当然的。

那么,学校中学习的测量和学业成就的测量同样不利于"处境不利者",就是对所有的学生来说,也不能以测量来判断一个人的成长,因为"个人的成长并不是一个可测量的实体,它是个人饱经磨炼、与众不同的发展结果,既无法依据任何尺度或任何课程来加以测量,也无法将之同他人的成就相比较。……个人一旦甘于接受别人用他们制定的标准来测量自己的个人成长,那么也就很快会用同样的标准来自行测量"②。这样,他们所得到的是循规蹈矩,失去的是自己的个性、想象力与创造力。伊万·伊利奇所感到担忧的是,这种由学校发起的测量已经波及整个社会,社会也对所有类型的等级划分予以认可。"人们一旦在学校的训导下形成了价值观可以被生产出来且可以被加以测量这一观念,往往便会认可所有类型的等级划分,包括国家发展水平的衡量尺度、婴儿智力的测量标准,甚至连和平的进步都可根据战争中的死亡人数来计算。在一个学校化了

---

① 〔美〕伊万·伊利奇:《去学校化社会》,吴康宁译,第47页。

② 同上书,第49页。

的世界中,人们认为幸福之路乃由消费指数铺就。"①

3. 关于永恒进步的神话

伊万·伊利奇认为,学校出售课程如同贩售其他商品。作为销售者的教师则把已加工成型的课程交付给作为消费者的学生。作为消费者的学生被告诫:必须让自身愿望适应市场价值的需要。这样,尽管学生经引导而期待从事某种职业,但若不按消费研究所示的那样去获取就业所需要的成绩与文凭,那么他就得不到所期待的职业。由于社会职业空缺紧张,职业技术要求不断变化,因此就业所需要的成绩与文凭也会拾级而上。基于对这一现象的观察结果,教育工作者有理由将设置费用昂贵的课程的做法加以合理化。这一观察的结果是:人们期待获得某些工作,而针对这些工作的课程费用就会提高,则该课程中有难度的学习内容也愈多。这样,学生就越来越被学校所束缚,学校专断地决定了学生学什么以及什么时候学。当学生感受到比预期的要更为无所不及的操纵时,常常会加强对学校教学的反抗。②

但是,学生对教学权威的反抗是无力的,他们必须接受这种教学上的安排。因为资本主义社会的劳动力市场存在着激烈的竞争,这种竞争的结果使学校几乎不惜一切代价地驱使学生加入课程学习竞争,并且不断地向更高层次的课程学习进军。激励学生不断接受更高层次的教育所耗费用随着学生的升级而飞涨。在学校教育高级阶段,这些费用的支出形式便是建造新的足球运动场、学校附属教堂以及实施所谓的国际教育计划。学校即使不教其他任何东西,也会教给学生不断进取之价值,亦即美国人行为方式的价值。

学校有计划地激发学生对于课堂教学的持续渴求,但是学生对于所学的内容永远不会感到满足。对于作为消费者的学生来说,教科书愈来愈陷入一种"套装价值之神话",这些套装之物的包装总是隔年便显陈旧,教科书生产行业就是建立在这种对于教学内容"包装"的需要基础之上的。学校成了"百科全书"般的生产行业,社会需要什么它就能生产什么。从这种学校教育的结果我们可以看出,学校实际上成为资本主义社会的附庸和工具,学校规定人们要学的不是学生个体发展所需要的,而是"社会进步"需要的。在"永恒进步的神话"的背后,是一种"永无休止的消费"升级和对人类教育的完全垄断。

---

① 〔美〕伊万·伊利奇:《去学校化社会》,吴康宁译,第49页。
② 同上书,第50—51页。

结语：殊途同归——制度分析

关于学校教育在做什么，西方新马克思主义学者鲍尔斯与金蒂斯基本采用了马克思主义的分析路线①，对这一问题做了较为透彻的分析。他们从剖析资本主义社会制度入手，寻找到资本主义制度的维持与学校教育之间的因果关系。这一点正如哈利斯（Kevin Harris）所总结的："只要任何生产方式（包括社会关系和生产关系）想得以维持和得以复制（再生产），至少需要把每一代社会新成员纳入主流文化，使之与占支配地位的价值观、规范和信念系统发生整合，使之形成社会所需要的这种生产方式的稳定与永恒。……只要接受过学校教育的绝大多数人最后进入社会两个大的群体（支配群体与被支配群体），资本主义条件下的学校教育在其再生产方面就是成功的。"②因而，学校教育所要做的就是再生产活动。

在学校的文化功能分析中，西方学者布迪厄专门探讨了学校教育是怎样实现社会和文化的再生产的。为此，他从学校中的"文化专断"入手，提出学校教育制度是支配阶级文化专断的变种。学校会把支配阶级的文化专断灌输给来自其他文化的儿童，使他们接受并认同这种文化专断和阶级划分的合法性。在进一步的分析中，布迪厄提出了"文化资本"的概念③，具有高级文化教养的多寡是文化资本的一种衡量指标，支配阶级家庭的孩子拥有较多的文化教养，劳工阶级家庭的孩子缺乏学校所要求的"文化资本"。虽然布迪厄承认文化资本不是教育成功的唯一因素，但是，文化资本缺乏却是教育失败的重要原因。由于学校文化是支配阶级文化的一种反映，学校文化"复制"支配阶级文化的最主要途径就

---

①　西方学者倾向于把"新马克思主义教育理论"定位于鲍尔斯与金蒂斯等人的社会再生产理论和威利斯的社会反抗理论，并把此马克思主义教育理论看作一系列对社会再生产、社会反抗中出现的理论问题的反映和发展，并由此构建了新马克思主义教育理论的逻辑发展过程。但是这种学术性的马克思主义受到了后现代主义和新"左派"自由主义的最大挑战。但实际上，马克思主义教育理论研究正开始出现一些复兴的迹象，从最近教育理论家和社会主义者力图用发展的马克思主义来为21世纪的教育和人类进步寻求新途径来看，前途还是很光明的。Glenn Rikowski，"Left Alone：End Time for Marxist Educational Theory？，" *British Journal of Sociology of Education*，Vol. 17，No. 4，1996，pp. 415-451.

②　〔美〕哈利斯：《教师与阶级：马克思主义分析》，唐宗清译，台湾桂冠图书股份有限公司1994年版，第22—23页。

③　文化资本是指社会各阶级及个体所拥有的文化背景、实际知识、风格、举止，以及对于客观成功机会的渴望和认知等素质，特别是指个体在社会中由遗传而得的一种可以促进学业成就的"语言与社会的能力"。

是"潜在课程"和评价的标准。当然,学生对这种不合理的"潜在课程"和评价标准并不是逆来顺受的,学生的反抗是经常发生的。虽然学生的反抗并不能改变不合理的学校制度,但是他们却形成了一种反学校文化。

对于反学校文化的分析,社会学家试图从根源上去探讨它的成因。一种分析是从家庭与阶级背景出发,提出反学校文化现象是劳工阶级文化的一种延伸,还是一种相对自主的反抗行为;另一种分析是从学校制度入手,剖析了学校垄断教育所造成的社会危害。前者是一种学校内部的"反抗运动",与此相匹配的是"反抗理论";后者含有改组学校教育的意图,因而构成了"去学校化社会论"思潮。

吉鲁(Henry Giroux)在《新教育社会学的再制与反抗理论:批判的分析》一文中指出:"反抗理论最重要的假设之一是,劳工阶级学生不全然是资本的副产品,亦即不全然顺从权威教师与学校——它们教导他们以过着一种感觉迟钝的劳工生活——的命令。相反,学校代表纷争的领域,这个领域不只具有结构的矛盾与意识形态的矛盾,而且也具有集体的、有知识的学生的反抗。"[①]除了阿普尔与吉鲁之外,其他许多马克思主义作者现在都强调反抗与相对自主的重要性,特别是威利斯的分析很具有代表性。

作为"无政府主义"学者的伊利奇,将反学校文化的论调定位在否定资本主义的制度和精神上。伊利奇改组学校教育并不是要废除任何类型的学校。他将其主张废除的学校界定为"与教师有关的、要求特定年龄阶段的人全日制地学习必修课程的过程"。这样,"去学校化社会"这一概念也就并非意味着任何类型的学校都不存在的社会,而是指社会克服日趋严重的学校化偏向。伊利奇废除现代学校制度的最终目的是否定资本主义社会的现代精神。正如伊利奇所指出的,"应当成为非学校化的,不光是社会的各种制度,而且还有社会的各种精神"。这些精神虽然广泛存在于医疗、交通、福利等各种制度之中,但最集中地体现着社会精神的还是学校制度。因此,现代社会已经学校化了。这种学校化的社会最大的特点是阻抑了其他教育网络的形成和发展,还有就是形成了制度化的"潜在课程"。这种潜在课程靠着学校中的各种仪式得以生存和发展,并不断地诱引人们相信这样一种神话,即学校生产出来的商品价值大于其他教育网

---

① 〔英〕布列克里局、杭特:《教育社会学理论》,李锦旭编译,第232页。

络或非专门化服务机构生产的商品的价值,使人们形成对学校教育的制度性依赖,从而实现社会控制的目的,使学校作为消费社会的"再生产"机构更合法化。因此,人们通常从社会与经济的变化结果的角度来期盼学校系统的根本变革只能是一种幻想,而从学校内部进行改组就更不切合实际了。因为学校已经成为仪式化的场所,在它有效地维护了它所制造出来的神话的同时,也生产出了信奉这些神话的依赖者。"去学校化社会论"的教育思潮未能改变沿袭至今的学校制度,一种能够取代学校教育的新的教育网络并没有出现,尽管"终身化教育思潮"很具有吸引力,但也没有动摇学校教育的制度化基石,这是因为学校教育制度是深深镶嵌在社会制度之中的。

【思考题】

1. 鲍尔斯与金蒂斯是如何理解学校教育制度的?

2. 简述布迪厄的文化再生产理论。

3. 什么是反学校文化现象?

4. 新马克思主义对学校教育的理解与技术功能主义有何不同?

5. 案例分析:处于最有利地位的大学生,不仅从其出身的环境中得到了习惯、训练、能力这些直接为他们学业服务的东西,而且也从那里继承了知识、技术和爱好。一种"有益的爱好"对学习产生的间接效益,并不亚于前面那些因素。除去家庭收入不同可以解释学生之间的差距以外,"自由"文化这一在大学某些专业取得成功的隐蔽条件,在不同出身的大学生之间的分配也很不平均。(〔法〕布尔迪约、帕斯隆:《继承人——大学生与文化》,邢克超译,商务印书馆2002年版,第20页。)

结合上述材料,回顾你个人的经历,思考一下不同阶层学生的文化资本具有什么样的差别。

【推荐阅读书目】

〔美〕鲍尔斯、金蒂斯:《资本主义美国的学校教育——教育改革与经济生活的矛盾》,李锦旭译,台湾桂冠图书有限公司1989年版。

这是一部典型的新马克思主义教育社会学之作,通过对资本主义学校教育制度的分析,揭示了资本主义制度是如何通过学校得以维持的。

〔英〕巴兹尔·伯恩斯坦:《教育、象征控制与认同:理论、研究与批判》,王瑞贤译,台湾学富文化事业有限公司2005年版。

伯恩斯坦全面分析了教室、教学、课程、学校组织、教育论述等类型与符码模式之间的关联,并将这些模式置于整个社会及其变动之中,他的分析深刻影响了教育社会学的研究。

〔英〕麦克·F. D. 扬主编:《知识与控制:教育社会学新探》,谢维和、朱旭东译,华东师范大学出版社2002年版。

教育社会学不仅关注教育分配和组织这一类问题,还关注课程和教学。阅读这本书,有助于我们把握新教育社会学的旨趣所在。

〔巴西〕保罗·弗莱雷:《被压迫者教育学》,顾建新等译,华东师范大学出版社2001年版。

弗莱雷特别关注受压迫弱势群体的生命解放、人性解放问题,从而提出了"对话教育学"和"解放教育学"的理念。今天,弗莱雷的著作提醒我们,教育问题并非只是理论的或技术的问题,也需要根据人类的需求和人性化重新思考我们已经生成的东西。

〔美〕伊万·伊利奇:《去学校化社会》,吴康宁译,中国轻工业出版社2017年版。

作者在书中无情地批判了资本主义制度的学校教育,揭露了教育不平等的根源,提出在废除不平等的学校教育制度的同时,社会应当成为非学校化的。

第十三章

从现代性的视角看多元文化教育的
理念与实践
——兼论"多元文化教育意识三态说"

引 言

在过去,我曾多次提到如何在全球化背景下保存和延续本土文化的多样性,但是,没有多少人对这个问题产生真正的兴趣。原因是很清楚的,全球化似乎是一个不可逆转的进程,任何社会和个人只有顺应而不能抗衡。全球化总是给我们这样的印象,即以去本土文化为代价;同时也传递给我们这样的信念,即本土是落后的、传统的,全球化是文明社会的扩展。这种提法的理论基础是"文化中心论"所说的,全球化是全世界范围内所有部落和社会逐渐由蒙昧、野蛮走向文明的过程,是人类在现代性的扩展中逐渐形成一个整体意识和建立现代制度的过程。

马歇尔·麦克卢汉(Marshall McLuhan)在 20 世纪 60 年代提出了"地球村"的概念,他已经将世界看成一个经过压缩(shrinking)的整体性社会,并在现代传媒的作用下形成和增强了相互依赖性及全球共同体思想。这种思想越来越表现在国际政治、经济、军事、环保、流行病、科学技术、文化、教育等方面。随着全球化对于地方性文化的破坏和碎化,人们逐渐视之为一个自然的过程而不再加以抵制。甚至人们清楚地意识到全球化过程是一个不平等的发展过程,会扩大发展中国家与发达国家的差距,但大多数人还是会主动进入全球化过程,因为你不加入这一"游戏"就有可能被迫出局。从现在的趋势看,全球化对于所有人类社会和个体的影响是巨大的,它所带来的变化也是巨大的,从传统的意义上根本无法理解这些现象,那么谁还会对传统的保留这一问题感兴趣呢?

然而,将全球化作为一门学问研究就不同了,为了明确全球化对于人类社会的影响,历史选择了社会学。社会学和它的所有分支学科都不得不扩展和延伸它们的研究主题,并与更多学科合作展开全球化的讨论。这种学术上的讨论使社会学以及更一般意义上的社会理论能够超越其在学科的所谓古典时期走向成熟时的条件限制。尽管在古典社会学家的研究中存在各种"全球通道",但社会学的研究主题仍是一定社会的现代性问题或社会间比较的问题。

作为社会学的分支学科,教育社会学对社会学的依赖性非常大,它不能抛开社会学的研究主题而另起炉灶。从教育社会学最初的研究主题看,学者们非常规矩地遵循古典社会学家的道路,对现代性教育在移民社会的形成与发展中的历史作用有着浓厚的兴趣。当然,也有一些学者强调多元化教育途径的重要性,这种讨论一直在继续,曾经引起人们注意但很快又处于"失语"状态的"多元文化教育"被淹没在现代性—全球性教育浪潮中。一个有代表性的例子就是现代性的美国学校教育制度。很多受过这种教育的人都会承认:美国教育的最大贡献是,不管是哪国的移民,只要进入美国的学校接受教育就很快被同化成美国人,具有美国人的价值观念和行为方式,还有就是美国人的认同感。因此,美国的教育被称为"大熔炉"。如果说西欧曾是现代性教育制度的发祥地,那么,美国就成为现代性教育制度发展的前沿。特别是美国现代性的大学制度一直是各国大学改革效仿的对象,许多国家承认,大学美国化的一个代名词就是大学现代化乃至大学国际化/全球化。

但是,20世纪90年代后期,在社会学界人们开始反思"现代性与全球化"。社会学领域掀起一股"反思"热,学者结合后现代思潮对现代性进行了解构,并开始重新认识文化多元化的意义。在教育社会学中,人们重新思考多元文化教育的历史意义及出路问题,特别是多元文化与现代性教育之间的关系问题。有学者曾经提出,"现代性并不是一笔勾销往昔,而是要把尽可能多的往昔纳入尽可能多的未来"[①]。当然,这仅代表了一种学术倾向。其实,在全球化的讨论中,不同观点甚至对立的观点同时存在,因为人们总是从不同的角度带着不同的价

---

① 〔法〕阿兰·图雷纳:《20世纪的社会转型》,陈思译,载中国社会科学杂志社编:《社会转型:多文化多民族社会》,社会科学文献出版社2000年版。

值观念看待现代性问题的。总的来说,社会学家和其他谋求分析和理解当代全球复杂性的人是全球化工程(project)、再全球化工程,甚至逆全球化工程的参与者①。本章的意图正是将多元文化教育纳入现代性和全球性工程进行重新理解和建构,以便在多元文化与现代性教育的冲突中找到和谐的关联。

一、多元文化教育理念形成的社会背景和学术背景

在 19 世纪、20 世纪初和 20 世纪后 50 年,全世界范围内出现了三次移民浪潮,从而导致了社会变迁的一个重要结果,即多民族国家格局的形成。目前,单一民族的国家已经成为极少数。大多数国家都出现了几种、几十种甚至上百种不同文化背景的族群生活在同一块土地上的景象。这就带来了一个不可忽视的社会问题:各个族群都想在现代化进程中保留自己的文化遗产和族群意识,而一个国家总是以具有现代性意识和现代生活方式的主流群体作为本国的主流文化群体,从而将其他没有融入主流文化的族群边缘化。这些被边缘化的族群面临丧失本族群文化的危险,这种危险也唤醒了他们对本族群语言与文化的保护意识,参与社会政治、经济、文化和教育建构的权利等方面的意识。特别是学校教育选择的是主流文化,从而使不同文化群体的孩子只能习得主流文化和科学知识,而逐渐抛弃本族的语言、文化和经验。教育在整合不同文化的同时,正在将不同文化背景的人培养成具有现代意识和现代社会生活方式的个体。正是在这种情势下,人们开始从感情上抵制或拒绝现代性,并表达出一种愿望:建立具有本族文化特点的学校教育体系,传承本族文化,寻找多元文化与现代性的接触方式和结合点。20 世纪后 50 年,这种多元文化主义逐渐形成了一股思潮,并由此引发了 20 世纪 60 年代以黑人为代表的美国民族复兴运动。

多元文化教育思想的理论基础主要由美国的社会民族理论中的文化多元主义,文化人类学中的文化传承理论与文化相对主义,心理学中的社会学习理论,

---

① “逆全球化”(deglobalization)——宽泛地说,消除压缩世界的企图——概念,再次提醒我们,我们目前所谓的全球化是一个长期的、不平衡的和复杂的过程。在此,我们应当意识到,各种运动、机构和个人不仅卷入了已经推动全球化总过程的种种行动,而且对此过程存在相当频繁的抵制。从另外一个方面看,全球化也可以看作一个“多元化”的过程,而不是一个通体同质的过程。或者说,既有多元保留的东西又有同一新鲜的特质,如此等等。参见〔美〕罗兰·罗伯森:《全球化:社会理论和全球文化》,梁光严译,上海人民出版社 2000 年版,第 14 页。

教育学中的教育机会均等理论组成。[①]

文化多元主义理论是多元文化教育直接的主要理论基础。该理论是在批判美国的盎格鲁文化同化理论和"熔炉"理论之基础上形成的一种新的理论。该理论的代表人物是美国哲学家、心理学教授霍勒斯·卡伦(Horace Kallen)。文化多元主义认为,在一个多民族国家,每个民族群体都可以保留本民族的语言和传统文化,与此同时,他们也应融入国家的共享语言文化。

人类学的文化传承理论认为,社会的代际文化传承不仅在学校中进行,而且更多的是在家庭和社区活动中实现的。

文化相对主义的主要代表人物是文化人类学家赫斯科维茨(Melville Jean Herskovits)。该学派认为,每种社会文化都有它自己的特色,人的思想感情等都是由其生活方式塑造的。文化相对主义的核心是尊重不同文化的差异,谋求各种文化并存。

心理学的社会学习理论认为,年轻一代的社会化是一种行为模仿的结果;不同的社会族群、学校、社区与家庭特有的文化模式将会濡化出具有不同信仰、价值观与行为模式的人。

教育学的教育机会均等理论也是多元文化教育理论的基础理论之一。其中心思想是,将社会中所有的事物提供给社会中所有的人,特别是在教育领域,不能以学生的种族、文化、宗教信仰、性别、智力的或身体的残障等方面的差异为理由减少或取消他们接受教育的机会。

上述这些学科从不同的方面支持多元文化教育的实践,由于牵涉到多学科视野,也就不可避免地引出一个学术问题,即在理论上怎样界定和规定多元文化教育的概念和目标。关于多元文化教育的概念,从一开始就存在争论。主流认同的界定可能是这些学者的观点,如美国学者盖伊(Geneva Gay)认为,"一种明确的多元文化教育哲学的阐述对于学校课程发展过程是十分重要的。它提供了一个概念化的参考框架。它就什么是多元文化教育和为什么它是学校教育方案中的一部分提供了理论说明。多元文化教育哲学认为民族多样性和文化多元主义应该是美国教育的一个重要组成部分和不间断的特征。学校应该教学生真正地将文化和民族多样性作为美国社会标准和有价值的东西而加以接受。这就意

---

① 下面的解释均参见哈经雄、滕星主编:《民族教育学通论》,教育科学出版社2001年版,第39—40页。

味着应该接受真实的、不同民族群体的知识,并培养适当的对于不同民族群体的历史、文化遗产、生活方式以及价值体系的态度。应该接受不同民族群体存在的权利,理解民族群体的生产类型的有效性与可变性,扩大个人在自己社区和其他社区中有效运作的能力。将保存民族和文化多样性作为一种保持美国社会丰富性和伟大性的方法,而加以促进"[1]。

美国教育学者格兰特(Carl A. Grant)对多元文化教育的概念是这样界定的:"多元文化教育是基于针对所有人的多样性力量、社会公正以及不同生活选择基础上的人性概念。"并认为:"多元文化教育不仅仅是对不同文化的一种理解,它认识到不同文化作为彼此区别的实体而存在的权利,并了解到它们对社会的贡献。"他还指出:"多元文化教育强调发展能够加强跨文化分析以及应用技巧,她同时也强调优先发展作为可靠性决策等的能力,以及获取和实现政治权利的能力。"[2]

美国多元文化教育理论领域有建树的学者当推华盛顿大学的教授班克斯(James A. Banks),他对多元文化教育概念的阐述更为大家所接受。他指出:"多元文化教育是一场精心设计的社会改革运动,其目的是改变教育的环境,以便让那些来自不同的种族、民族、性别与阶层的学生在学校获得平等受教育的权利。多元文化教育理论假设,与其让那些来自不同种族、民族、性别与阶层群体的学生仅属于和保持本群体的文化和性别特征,莫不如让他们在教育领域获得更多的选择权,从而在社会化过程中获得成功。"[3]

关于多元文化教育的目标,学者们同样是从不同的角度和关怀提出了各自的目标论。这些讨论中与时代结合较紧的有美国学者班克斯的观点,如:①多元文化教育目标是提高不同性别、不同族群、不同文化群体的学生,以及一切处于不利境况的学生的综合教育素质;②帮助学生获得其自身文化以外的跨文化(学习和交往)能力;③多元文化是对所有学生进行的教育。[4]

英国著名的多元文化教育学家林奇(James Lynch)认为,多元文化教育有三个主要目标:①积极地发展文化的多样性;②维护社会的平等与团结;③实现人

---

[1]　转引自哈经雄、滕星主编:《民族教育学通论》,第40页。
[2]　同上。
[3]　同上书,第40—41页。
[4]　同上书,第42页。

类公正。另外，林奇还认为，全球多元文化教育应达到以下八个目标：①处理好人际关系；②避免人类冲突；③消除种族和民族之间的偏见与歧视；④解决如何评估人类成功的价值问题；⑤确定道德行为的标准；⑥协调人类环境与经济的相互依存关系；⑦探讨如何培养良好的公民素质；⑧探讨如何发展移民素质。他认为，多元文化教育的总目标是使社会差异与社会一体化过程处于平衡与发展之中。①

林奇和一些学者提出，多元文化教育发展的最高阶段是全球教育，贝克尔（Becker）在《全球社会中的多元文化教育》一书中提出了如下的期望：①给学生提供一个全球性的学习经历；②教授学生在生活中学会学习的技能和态度；③避免划分严格的民族界限，即避免民族中心主义；④将全球性的研究与其他研究领域和学科结合起来；⑤教授社会具有独特性和差异性的同时，也要阐述相互的关系；⑥教授解决方案；⑦为学生解释社会变化、冲突以及相互关系。②

多元文化教育在 20 世纪后 50 年的发展令人瞩目，对当时的教育政策、教育理论与实践、课程结构和模式都有很大的影响。班克斯教授曾就多元文化教育概括出四种课程模式：①贡献模式；②民族添加模式；③转换模式；④社会行动模式。③ 这四种模式虽然在一定程度上解决了多元文化教育的目标问题，但是在实践中也遇到了许多困难，特别是未能有效地解决多元文化与现代性的冲突。这也招致许多学者的批判，这些批判集中体现在保守主义和激进派的论证中。我们应当承认，多元文化教育有其两面性，或用社会学术语说，它存在正功能和负功能。在过去的教育实践中，有点过分夸大了多元文化教育的正功能，而忽视了负功能，这些负功能正如保守派和激进派所批判的那样：多元文化教育由于片面强调少数民族自我文化的意识，因而阻止了他们本身融入共同社会（保守派语）；少数民族两种语言与文化的学习之结果是两种语言与文化均不通晓，容易使少数民族学生陷入"文化孤立"状态（激进派语）。其结果是，这种多元文化教育阻碍了少数民族学生接近现代化主流社会。④

历史虽然对多元文化教育的结果做了总结，但是，多元文化与现代性教育的

---

① 转引自哈经雄、滕星主编：《民族教育学通论》，第 42 页。
② 同上。
③ 同上书，第 43—46 页。
④ 同上书，第 46—47 页。

相互关系问题仍未得到解决,这些问题在大多数多文化多民族社会中普遍存在。在中国,我们一直认为已经解决了这一问题,学校教育已成为每一个民族生存与发展中不可缺少的部分,但实际的情况是,多民族地区的学校教育一直没有成功地帮助大多数少数民族的孩子融入主流社会,这里的问题并不在于国家对民族地区教育不重视,相反,这种对教育的重视是其他国家无法比拟的。为什么制定出那么多的优惠教育政策和同样的教学大纲、课程体系,仍有不少的少数民族学生不能进入高中和大学呢?我们还是基于多元文化与现代性教育的关系去讨论这个问题。

二、多元文化教育在中国实践的局限与困境

目前,世界各国卷进现代化运动和全球一体化的趋势,使多民族社会和多元文化面临着历史上最重大的选择,民族地区的教育也必须对这一趋势做出反应。人们知道,当代社会的现代化运动已经使人们加快了社会流动,教育是促进向上社会流动的最重要资本。过去,民族地区的教育反映了本民族的需要,因此,教育具有承载、传递和发扬本民族文化的重要功能。现在各民族地区的教育反映的是现代化的需要,因此,民族教育也必然会被纳入现代化的进程。教育现代化的表现就是在民族地区迅速建立起现代的学校教育体系①,它对社会起着整合多元文化的作用,而对每一个体来讲,它使个体成为具有现代意识、现代知识和技术以及现代生活方式的现代人。

那么,现代性的学校教育是如何在民族地区发挥作用的呢?我们现在强调的是"要搞好民族地区各级各类教育,全面加强国家通用语言文字教育"。"要推广普及国家通用语言文字,科学保护各民族语言文字,尊重和保障少数民族语言文字学习和使用。"学校教育成为整合多元文化的一个方面,汉语在这方面起到了巨大的作用。为什么这样说呢?因为中国的现实是,现代化总是先在汉语社会中进行和实现的,所以学习汉语可以帮助少数民族成员更多参与国内主流政治、经济、文化的实践,更易于以多种方式参与国家的主流社会生活;学习本族语言只是为了增强民族感情和自尊,更好地与本族人群交往。为此,少数民族成

---

① 近代以来,中国的学校教育制度、课程结构和知识体系基本是"西学东渐"的结果。虽然中华文明很早就出现了,但是现代化运动的起步却晚于西方。可以说,学校教育是现代性的,它反映的是现代社会的制度和意识形态,以及科学的知识和认识。文化上它是"聚合的",因此表现形式是一元化的。

员在为自己和子女规划生活时，都会不同程度地考虑到经济、生存、发展等切身利益问题。由于在民族地区存在一定的经济、生态和生存问题，汉语在教学、信息交流和谋生方面的功能日趋重要和必不可少，少数民族语言的功能逐渐减弱，越来越多的人开始放弃本族语言，把自己的子女送到汉语授课的幼儿园和学校。这种情况在内蒙古、吉林等地尤为突出。①

随着国家改革开放进一步深化，许多民族地区扩大了与国外的经济、文化交流，人们对教育的需求增大了，更加重视汉语和外语的学习。在许多民族地区，"双语教育"（汉语和本族语言）正在向"三语教育"转变，基本以"汉外"语言学习为主，用以增强民族成员的适应力、竞争力和生存力。从最近的变化看，少数民族成员的子女越来越多地进入高中和大学，进入汉语社会，甚至走向了国际社会。

这里我们要思考一个问题：现代化是不是一定要以牺牲本族文化为代价？在现代化的世界潮流中，如何保留本族文化？② 反映在教育领域中，就是如何处理本族语言与汉语及外语之间的关系。无疑，这个问题是我们不能回避的争论焦点之一。对于许多不发达社会，正在建构中的民族国家在现代化潮流中越来越倚重文字—符号文化，越来越倚重信息沟通，你需要了解别人，同样别人也需要了解你，因此，本族语言不能舍弃甚至不能弱化，教育在这方面有着重要的责任。现代化和生活方式的变迁，即便是被动的、外生的、后起的，也一定要借助传统文化资本和遗产。这是因为，少数民族成员在学习、适应、掌握和利用现代化物质和文化资本的同时，一定要求助于自己的传统文化，只是在现代化进程中，要对传统文化的边界、政治经济的边界、人格心理的边界重新调整，以求得在国际文化、国内主流文化和本民族传统文化之间的某种"生态平衡"。③

在现代化过程中，如何处理好现代性与文化的多元性的关系问题，是各多民族国家中的少数民族面临的首要问题。我们认为，无论是在国家范围还是全球范围内，首先人们应该承认，人类各民族几千年所创造的文化具有多样性和差异

---

① 详见钱民辉：《内蒙古部分地区的教育投入与回报问题研究》，《教育研究》1998 年第 2 期。

② 我们知道，教育与文化的关系是十分紧密的，文化是教育的源泉，而教育使文化得以延续和发展。因此，一定社会的文化总是规定着或限制着教育的发展，反过来看，教育对文化并不是完全接受的，教育对文化有一定的选择功能、组织功能和再生产功能，甚至是创新功能。

③ 参见高丙中、纳日碧力戈等：《现代化与民族生活方式的变迁》，天津人民出版社 1997 年版，第 359—362 页。

性,以及各民族文化存在与享有相对性与合理性这一事实。但是,我们也应当看到,在千姿百态的各种人类文化中,存在着人类文化的共同性和统一性,这种共同性和统一性的文化经过凝练和积淀逐渐形成主流文化的内核。主流文化不仅表现在文化现代化中,还表现在经济现代化中。当现代化与一个民族的传统文化发生接触时,如果该民族缺乏现代观念,不能主动而成功地调整自己的社会文化系统以适应现代化,就会在现代化进程中被淘汰。①

那么,如何使人树立现代观念,成为现代人?英克尔斯(Alex Inkeles)认为,现代化的实现如果没有现代化的个人是不可能的。而且,现代化的理论还指出,如果人们不能参与到现代化的各种机构,特别是参与到教育机构和工业机构,他们是不可能具备现代人的意识而成为现代人的。② 由此看来,要想成为现代人,就必须接受现代性的学校教育,具备现代人最起码的知识和生活方式。如果一个人能够接受更多教育,或者达到更高层次的受教育水平,那么他就会有一个高的现代化水平。

这里必然会提出一个问题:在现代化不可逆转的进程中,教育正在使人成为现代人,人们又怎样通过这样的教育保留自己民族的文化和特点呢?我们还没有很有力的证据表明保留本民族文化对人类社会未来的发展究竟有多大益处,但起码可以这样认为,文化的发展总是在相互借鉴的基础上受到启发和融会的,保留文化的多样性因此也是必要的。

三、从意识三态观中把握多元文化教育③

(一) 意识形态的多元文化教育

在一个统一的多民族国家,民族教育最重要的功能,就是培养未成年人的民族团结意识和相应的文化能力,包括文化接触能力、沟通理解能力、共同生活和

---

① 滕星:《文化变迁与双语教育——凉山彝族社区教育人类学的田野工作与文化撰述》,教育科学出版社 2001 年版,林耀华序。

② 英克尔斯认为,一个现代人应至少具备以下一些基本特点:对新经验的开放性;随时准备接受社会变化;能够认识到不同的态度和意见,但是也能够坚持自己的看法;实事求是地形成意见;面向现在和未来而不是过去;具有一种个人功效的意识;具有长期计划的取向;对社会制度和个人的信任;对各种技术技能的重视;对教育的高度重视;等等。转引自谢维和:《教育活动的社会学分析——一种教育社会学的研究》,教育科学出版社 2000 年版,第 298—299 页。

③ 这一部分内容作者以《略论多元文化教育的理念与实践》为题,发表在《北京大学学报(哲学社会科学版)》2011 年第 3 期。

谐相处的能力和各民族团结的凝聚力。这一功能体现了民族教育与国家整体教育的共性，也体现了民族教育传承与发展本民族文化的个性。回顾民族教育走过的历程，虽然经历了非常曲折甚至困难的时期，但是民族教育的个性与共性还是高度统一的。① 在中国社会转型期，改革开放将许多旧有的平衡打破，而新的平衡尚未建立或正在建立之中，民族教育也不例外。虽然现时期民族教育获得了空前的发展，但却出现了民族教育个性逐渐弱化的现象。究其原因，我们认为应当从教育对文化的选择这一角度做出分析。文化选择是一个受价值支配的主观过程，它关涉不同的精英意识形态和自主的权力方；同时它也是一个客观决定主观的过程，如历史进程、社会发展、文化变迁、新的生活方式、自然变化和物质条件改变等都会影响到人的主观性。

教育与文化之间是互为依存、相互促进的关系，多元文化无疑是民族教育的主要源泉，民族教育也是多元文化保留、延续、发展、功能释放和创新的重要载体。但是，民族教育对于文化是有选择的，不论在历史发展的哪一个阶段，这种选择一直受到特定社会的精英意识形态的影响。在计划经济时期，民族教育具有较强的政治统整功能，因此，国家的意识形态是主导的；在由计划经济向社会主义市场经济转型以后，民族教育的经济功能和社会功能日益凸显，其文化选择也渐趋理性，出现了多元化的精英意识形态，即国家主义精英意识形态、地方主义精英意识形态和个人主义精英意识形态。与每一种精英意识形态相对应的文化源泉有两类：主流文化和多元文化。②

如果从文化发展史来看，中华民族历史上就形成了一个"多元一体"的文化格局，多元文化与主流文化共存于一个整体社会中。因此，民族教育应当体现"多元一体教育"的理念和实践。国家多元一体教育的初衷是，每个少数民族成员在经过民族教育之后，既拥有本民族的文化要素，又能融入主流文化而获得更多的社会发展和参与机会。但是，现今的一个事实是，更多的少数民族成员在学校教育中接受的是主流文化，本民族的文化要素在更年轻一代人身上由于失传而正在消失或已经消失。这种结果显然不符合民族教育的初衷，分析其原因，我

---

① 韦鹏飞主编：《中国少数民族教育立法问题研究》，红旗出版社 2004 年版，第 1—26 页。
② 尽管学术界对于这种区分仍存有争议，但对于民族教育来说：主流文化可以看成一个社会整体的、统一的、普遍的象征，它使人们之间的交往更加方便，也更容易获得新文化要素，扩大自己的生活空间并适应社会发展的需要，流动性强；多元文化可指少数民族文化，它是一个社会局部的、多样的、特殊的象征，人们在一定地域和空间中生活交往，有自己长期形成的习俗和文化，流动性差。

们认为,国家的民族教育政策依然强调民族教育的个性化发展,民族教育在实施上也强调多元一体的个性与共性的统一,但在具体的执行过程中可能受到了非常复杂的因素的影响:外在因素如流动的现代性,以及全球化正在消解地方性;内在因素是人的社会流动及生活空间的扩展所带来的需求变化和进入现代社会的文化资本与机会等。① 这些复杂因素的背后,我们看到的是不同精英群体的博弈和个人的理性选择:有维护国家统一民族团结的,有强调保护本民族文化与主流文化共存的,还有出于个人发展和职业生涯设计考虑的。因是之故,民族教育对于文化的选择形成了不同的范式,如表 13-1 所示。

表 13-1　精英意识形态与文化形态

精英意识形态	文化形态	
	主流文化	少数民族文化
国家主义	国家整体规范化教育	多元文化整合教育
地方主义	多元一体化教育	乡土(民族)文化教育
个人主义	国家整体规范化教育	多元文化过渡教育

1. 国家主义精英意识形态

国家主义精英意识形态有着强烈的国家意识,认为民族教育是国家教育的一个组成部分,因此,主流文化作为民族教育选择的主要源泉,应纳入统一的教育体系和规范的知识体系,民族教育的最终功能是培养国家的公民。这样,教育制度是统一整体的,课程是标准规范的,教育机会是均等的,考试选拔是公平的,在法律上是得到保障的。概括地讲,这就是"国家整体规范化教育模式"。

国家主义精英意识形态在看待少数民族文化时,认为少数民族文化多元、孤立、适用范围有限,且文化内容太具传奇性、传统性、零碎性,缺乏科学性和现代性。因此,少数民族成员应主要学习主流文化,学校教育应发挥"多元文化整合"的功能。这实际上是要将不同文化背景的人整合成具有现代意识和素质的现代社会的公民。

---

① 什么是现代社会? 这在学术界仍是一个正在讨论的话题。不管怎么说,"英克尔斯现代化指标体系"和评价标准是人们评价一个社会的现代化水平的最重要参照。见谢立中:《走向多元话语分析:后现代思潮的社会学意涵》,中国人民大学出版社 2009 年版,第 124—129 页。

2. 地方主义精英意识形态

地方主义精英群体有着强烈的"自我文化意识"和融入主流文化的意识，强调文化之间的尊重和平等，也承认主流文化在现代社会、民族和个人发展中的重要作用。他们强烈希望民族教育培养出来的是"双文化"互为型人才，既能有效地服务本民族地区，又能在主流社会中获得资源、机会，发展自己和惠及当地。因此，他们面对主流文化提出"多元一体"的教育构想，多元与一体是并重的，也可以是一体为主、多元为辅的教育模式。

现行的教育体系和制度是基于主流文化建构的，其特征是现代性的。[①] 为了保留少数民族文化，需要建立与国家整体规范化教育并行的"乡土（民族）文化教育体系"，大力开发乡土教材和校本课程，并将乡土文化教育落实到家庭教育、社区教育和学校教育的全过程中，培养热爱乡土、安心乡土、服务乡土的本民族人才。由于地方精英的推动，乡土教材建设和校本课程开发已初具规模，推动了民族教育的发展。

3. 个人主义精英意识形态

现代性是一个理性的过程，也是一个个人主义扩展的过程，许多民族地区正在经历这一过程。因此，人们的社会行动越来越趋于"理性"。面对教育制度与文化选择时，用理性选择制度主义的视角分析个人主义精英意识形态也许更能说明问题。[②] 无论是从理论上讲还是在实际的研究中都可以发现，个人主义的意识形态与国家主义的意识形态是高度一致的，因为选择主流文化更容易增加个人的文化资本、社会适应能力和向上的社会流动机会。具体来说，学校教育中的中考和高考，以及社会衡量学生教育成就的诸多标准，都是以主流文化为内容的，学业成功的学生自然就成为个人主义的精英，他们的选择具有导向和象征作用。

[①] 见钱民辉：《多元文化与现代性教育之关系研究——教育人类学的视野与田野工作》，民族出版社 2008 年版，第 12—28 页；又见钱民辉：《现代性及现代性转型说之刍议》，载秦晓：《当代中国问题：现代化还是现代性》，社会科学文献出版社 2009 年版。

[②] 理性选择制度主义在方法论上是个人主义的。它以个人作为基本的分析单元，把制度安排作为主要的解释变量来分析和预测个人行为及其导致的集合结果；个体追求效用最大化的偏好是外生于制度的；个体的行为以计算"回报"为基础；制度的功能在于增进个体的效用，因此，人们通过对制度的重新设计实现制度的变化。薛晓源、陈家刚主编：《全球化与新制度主义》，社会科学文献出版社 2004 年版，第 6—7 页。

在面对少数民族文化时,更多的人表达了情感需要的一面,当情感与现实出现矛盾时,情感行动让位于工具理性行动。这是因为,当本族文化不能作为文化资本帮助个体在教育和社会上获得成功时,人们会主动选择放弃。还有许多人表示,希望能有效地通过双语教育或一些过渡性措施,顺利地融入主流文化。国家和地方在建立和发展民族教育时还是兼顾了少数民族文化与主流文化的关系,这包括开发乡土(民族)文化教材、建立民族学校和大专院校体系等。可是,人们的理性决定了他们倾向于什么样的精英意识形态,以及具有什么样的精英意识形态。不同的精英意识形态形成了实在的权力主体,这些权力主体将意识形态变成了现实中的博弈和行动。

(二) 意识生态的多元文化教育

从生态学视角来探讨社会现象,其独特之处在于关注个体与整体之间的关系,这种视角避免了孤立看问题的弊端,一反过去只重视时间而忽视空间的做法,因而更适合对现代社会的分析。反观其他视角,多元文化整合教育太注重一体而忽视了多元,结果引发了地方对多元文化保护的忧虑;乡土教育太注重本土文化而忽视了其他文化,特别是与不同文化及主流文化的关系,最后必然陷入孤立和封闭。我们必须认识到意识本身乃为"生态性"——因其较大的联系而处于不断反射和变化的状态,这种认识会揭示出我们视为习惯的或想象的生活的局限性,而且会激发出重新构想新的生活目标、态度和愿景的潜能。① 正是基于这样的考量,我们提出多元文化教育在中国本土应当从以下几个方面予以重新建构。

1. 多元文化对话教育

对话教育是一种理想的施教形式,对话双方是平等的、相互尊重的,而不是强迫的、灌输的。对话的目的是要辨识清楚问题,对"他"者形成理解。中国的少数民族是历史形成的,而不像美国社会那样由不同移民聚成族群。因此,每一个少数民族都有厚重的文化承载,有着自己独特的世界观和价值观。在这种情况下,只有通过对话才能真正听到"不同的声音"和"不同的表达"。你在对话中学会了倾听、学会了分辨、学会了存疑、学会了提问、学会了不同的知识表达,提

---

① 参见〔加〕大卫·杰弗里·史密斯:《全球化与后现代教育学》,郭洋生译,教育科学出版社 2000 年版,第 297 页。

高了自己在这几方面的能力；另外，你还学会了尊重、学会了宽容、学会了接纳、学会了欣赏、学会了与"他"者和谐相处，也增进了这几方面的"德行"与人文素养。由"各美其美"经由对话达到"美人之美"，这是民族团结、社会和谐不可或缺的核心素质和境界。

有了这样的观念，我们就不再从国家主义和地方主义的二元对立中看问题，也不再从制度化知识和非制度化知识的不平衡中建构课程，而是把它们看成一体，具有生态意义上的关联。这样，我们在课程安排中依教育层级构建出多元文化对话文本，可以使用共同理解的语言对话，小学低年级先使用母语和标准汉语对话（双语阶段需要有准确的翻译），高年级使用标准汉语对话，大学生可以使用汉语和英语对话。将本民族的历史、文化推向全社会，推向国际，为全人类所共享。

2. 多元文化通达教育

对话教育的基础是具备一定的多元文化知识。如果你根本就不知道有关一个民族的任何知识和背景，你就不可能有真正的对话；如果你根本就不关心其他民族的存在与发展，你就不会去获取有关他们的任何信息和知识，这样也就没有真正的对话；如果你没有真正建立起意识生态观，你就还停留在原来的意识形态（对差异的偏见）中，就没有去了解其他民族文化的动机，这样同样没有真正的对话。只有解决了这些问题，我们才能真正实现多元文化通达教育。

中国社会诸民族构成了丰富的多元文化生态，每一种文化的意义都在于理解人、社会、自然之间的种种联系；每一种文化的功能都会在人类生活、生产活动、休闲娱乐、智慧思考中体现出来；每一种文化都是特定时空的产物，又都与时代联系起来，在空间中像生命一样鲜活。这一切给了我们实现多元文化通达教育的可能与条件："通"需要我们接触多元文化并能在不同空间中辨识；"达"需要我们学习多元文化并能知道其在不同空间中存在的意义和象征。通达合在一起就是说我们能够知道、理解不同文化的意义，并能进行解释性说明。

多元文化通达教育可以依学校教育层级和文化的复杂度设立：在小学以直观视觉为主，增加影视、图片、实物等形式的教学；在中学以实物与文字结合进行；在高中和大学可以文字和讲座进行。希望这样的考虑能为实施"民族文化进课堂"活动提供参考与思路。相信实施多元文化通达教育，一定会在未来培养出现代人的多元文化素养,人们会从相互欣赏的"美人之美"达至"美美与共"的大同境界。

3. 多元文化融汇教育

人类的大同境界是自然而然的,而非强迫、整合实现的。那么,怎样自然而然地实现人类社会的大同境界呢?用生态学的观点看,冰雪融化成水滴,水滴形成小溪,小溪汇入江河,江河流入大海,这一切就是自然而然的过程。多元文化融汇教育就是这样一种意识生态,小我逐渐融入大我,没有他者、没有偏见、没有等级、没有歧视的观念始终渗透教育的全过程。这样,不同民族的人都是社会的主体,都是历史的亲历者和创造者。

那么,如何开展多元文化融汇教育呢?这对我们来说是一个新的课题,是一个将人类的物质文明和精神文明融会贯通并体现于各个层级的学校教育中的问题。诸如,我们可以将不同信仰的共同要素提炼出来,如先人在生产活动中的经验以及对自然现象的关注与解释等。这种关联性的教育就会使我们避免不同信仰造成的误解。这样的观念应该在各个层级的教育和课程建设中保持下去,从现在开始,我们就该开展研究了。先从中国的少数民族文化开始,到融汇了多元文化的汉族文化,最后到全世界不同文明社会的文化,建构起包括小学、初中、高中、大学、成人教育等的多元文化融汇教育文本和体系。只有这样,民族教育才能更好地承担起促进民族团结和人类社会和谐的历史重任。

(三)意识心态的多元文化教育

从心理学视角探讨多元文化教育,提供了一个微观和具体的路径,而民族心理学的研究又是基于一种跨文化的意识心态。这种心态对于文化的反应是多元的,人们对自然、社会、文化和教育的看法和解释更是存在着多种不同甚至相互矛盾的观念。因此,所涉及的微观和具体的问题就比较复杂多样。有鉴于此,多元文化教育的一个基本原则是,我们要从民族意识心态的角度出发,除了了解个体的内在需要、动机、态度和三观外,还要探讨个体间、文化间的不同与相同之间的关系。为此,我们应从如下几个方面进行思考和讨论:

1. 关于认同

研究多元文化教育首先遇到的问题是文化认同,因为文化包含了可共享的象征性符号、意义、价值观和行为方式。民族本身是一个文化族群,他们往往以相似的方式解释这些象征符号与行为。他们也把自己看作一个有关联意义的集体,这就是我为什么要在意识心态的层面上解释与一个文化族群相关的个体的自我主观意识。①

我们知道,学校教育是现代性的一个产物,也是一个传播主流文化的场所。学校教育的公开课程教导我们认同国家、科学和主流文化,因为学校教育是以主流文化的形式传递人类的文明意识和成果,使我们成为具有现代意识的现代人。虽然公开的课程并没有让每个受教育者放弃个人的族群文化认同,但学校教育的潜在课程中却存在这一"去本土文化化"的功能。诸如,我们在研究中发现,当一个学生有着强烈的族群认同感和归属感时,就会在学校教育和学校的生活中感到越来越多的不适应,在教学过程和自我学习中也会遇到困难和问题。在我们所调查的一些民族社区的学校教育中,都发现了这一特点。②

过去,族群认同对于一个少数民族成员来说有着重要的意义,如个人的安全、情感归属、人际交往、自我发展、社会声望等,都是在一定的族群认同基础上实现的。因此,每一个少数民族成员自出生起就由族群文化陪伴成长,每一个少数民族成员身上都有本民族文化的深深烙印。

但是,文化不是静止的,它随着社会变动而发生变化,特别是不同文化间的接触会产生文化的变异或变迁。这种情况正好被当代社会的变化——全球化所说明,人类的交往时空压缩、彼此间的依赖性增强、文明的建设和共享加强等。学校教育在这方面的功能将会越来越突出。

就我们调查的民族社区及学校而言,人们接受现代性的方面正在超过少数民族自身的文化性方面。越来越多的学生喜欢现代流行的生活方式,包括服饰、歌曲、街舞、讲流利的普通话、通晓英语等。这样的现象可以被看作学校教育和媒体等共同作用的结果,也可以被看作进入学校教育的少数民族学生开始适应

---

① 〔美〕班克斯:《文化多样性与教育——基本原理、课程与教育》,荀渊等译,华东师范大学出版社2010年版,第123—124页。

② 我主持的课题研究,对裕固族、撒拉族、保安族、东乡族、鄂温克族、延边朝鲜族、傣族进行了实地调研,集中考察了"多元文化教育"在各个民族的实施情况。调查的结果与分析都收入了我的两个报告,其中一已经出版。本书所使用的事例均来自相关调查报告。详见钱民辉:《多元文化与现代性教育之关系研究——教育人类学的视野与田野工作》,民族出版社2008年版;又见钱民辉:《多元文化教育与现代性——中国本土的理论与实践》,教育部人文社会科学重点基地重大课题研究终结报告书,2010年12月。

学校生活和现代生活的变化。

这种认同上发生的变化反映了少数民族学生心理的需要,因为现代社会是流动性的,习得主流文化会使他们获得有社会竞争力的文化资本,走出去谋求更好的机会和发展。在学校教育中,他们最初接触到的就是母语与汉语的关系问题,这也是他们最初遭遇文化认同矛盾和危机。为什么这样说呢?正如班克斯所说:"语言是一个重要的文化制造者和承续者,它是文化群体认同得以产生和维系的基础。语言是个体身份的一个重要组成部分,也总是决定个体在族群内和族群外的地位与认可的一个重要因素。"①

为什么学校教育中非得选择汉语作为主流语言?这既是人类历史发展的一个选择,也是出于多民族国家统一考虑的一个文化选择。汉语实际上已经不限于汉族使用,而成为整个国家通用的公共语言。就像英语一样,它是一种世界性的语言,对国际事务和人类文明的发展起到了至关重要的作用。

就这方面的功能来说,学校教育是得到大部分少数民族学生认同的,但他们不同于汉族学生的一个显著特点就是他们具有双重的认同性(身份)。但实际的情况是,大部分少数民族学生对于本民族文化的认同是一种情感的和心理的认同,而对于主流文化的认同是一种理性的和实际的认同。对此,学校教育要做的是,让每一个少数民族学生保留这种双重认同,如在教学形式上采用双语教学,在课程内容上体现少数民族自己的文化选择,在评价体系上纳入对多元文化的考量,等等。

2. 关于偏见

偏见在现代社会中普遍存在,这既是一个社会现象,也是一个心理现象。从概念上看,偏见(prejudice)指仅仅因为某人属于某一群体就对其产生厌恶和敌意态度,并认定该群体赋予其令人反感的品质。

偏见作为社会现象,其产生的根源是群体间竞争和冲突之中形成的文化机制,该机制使得某一群体获得并保持优势。如果该机制进一步扩大化并达到一定程度,就会催生社会的制度性偏见。例如,在美国,学校教育中普遍存在一种制度性偏见,智力测验和接受正式教育前的准备程度(文化资本)、良好的礼仪和习惯等,明显排斥黑人学生和少数族群学生进入"正常"学生的行列,赋予了

---

① 〔美〕班克斯:《文化多样性与教育——基本原理、课程与教育》,荀渊等译,第124—125页。

白人学生明显的教育心理和成就动机。这种制度性偏见使所有的学生从一开始就能预见到最后的结果。

偏见作为心理现象，也属于主观意识。对于个体来说，它通常由三种要素组成：（1）认知要素包含了对目标群体成员的描述，如智力低下、不守纪律、行为怪异、逃避学习等负面刻板印象；（2）对目标群体的负面反应和情绪的情感要素，这些要素也可能被误解为学校反校园文化现象；（3）歧视及对目标群体成员不利的行为要素，包括交往歧视、学业歧视、机会歧视和相应的排斥行为等。①

偏见是社会现象和心理现象，这两者之间是交互的。个体在一定的社会环境中形成偏见，这不是出于个人性格。文化是造成偏见的另一个原因，因为个体总是被文化塑造的。从文化塑造个体的过程看，家庭最先获得了一种文化偏见，即区分了"我们"和"他们"、"优异的"和"低劣的"等基于种族的价值观念。进入学校以后，学校所赋予他们的文化偏见是基于主流文化与边缘文化之分的。美国教育最大的作用就是将所有边缘文化的人融入主流文化，以至于人们称教育为"大熔炉"。但是，这种教育的"大熔炉"却是带有深深的文化偏见并充当"过滤器"的，显然，美国社会由文化偏见带来的社会不公平问题至今也没有消除。

我们的社会中也存在一种文化偏见，但这种文化偏见不同于美国社会的种族偏见，是一种基于文明与落后之分的现代性偏见。在学校中，恰恰就是这种现代性的标准区分出了"可教育性"与"不可教育性"以及"成功的学生"与"失败的学生"。

由于学校老师在师范院校就是按照这种"标准"接受训练的，当他们走上教师工作岗位，"标准"就在他们身上发生了作用，也就是说，文化偏见在现实中经常是作为一种无意识发挥影响的。

少数民族学生由于自身所处的特殊文化，其语言、习性、习俗、认知、经验均不同于学校标准，他们一进入学校很快就被识别出来，从而在一开始就受学校文化偏见的影响。可以说，他们有理想，主观上也愿意好好学习，可正是这种文化偏见，给他们贴上了"教育失败者"的标签。如果学校教育换一种标准，"被失败的"可能是那些现行标准下的"教育成功者"。

---

① 〔美〕迈克尔·休斯、卡罗琳·克雷勒：《社会学和我们》，周扬等译，上海社会科学院出版社 2008年版，第209—210页。

学校教育中这样一种文化偏见,极不利于少数民族学生的成长。于是,在反思一种多元文化教育时,要先从意识心态上认识人们接受教育的真谛,将教育的标准建立在一种无文化偏见的基础上,这样才能公平地对待每一位受教育者。

3. 关于自卑

自卑是一种典型的个人心理问题,但这种心理问题是在个人与外界相互作用下逐渐形成的。在学校教育中,经常遭受学业挫折的学生,就会减弱或失去其成就动机,变得越来越不自信,处处感到不如别人。在我们所调查的民族社区的学校教育中,遭受学业挫折的学生主要来自各少数民族,他们当中大部分人因为学业问题而产生自卑等心理问题。诸如,我们在访谈中了解到,他们普遍感到学习有困难,主要原因是:自己脑子不好使,不如别人记忆力好;听不懂老师讲的课;主观上也不愿意学。

这种自卑的心理问题并没有引起学校的注意,我们在对老师和管理人员的访谈中了解到,他们一般认为这些学习困难者自己不努力,学习动机不足,记忆力差且不守纪律,如此等等。

使人感到惊讶的是,一些初入学校的儿童在很短的时间里就会出现自卑心理,且随着年纪的增长而愈来愈严重。特别是在初中阶段,有自卑心理问题的学生最易成为辍学生。

在对这些有自卑心理问题的学生的访谈中我们了解到,他们将学业失败主要归因于自己。这使我想到,美国学校教育的成功在于经历层层筛选的优秀学生会获得学校和社会越来越丰厚的奖赏,同时,学校教育过滤掉了一些甚至很多所谓的教育失败者,使他们不得不回到社会的底层并自愿接受这样的安排。我们的学校教育并不是执行这样的功能的,却在某种情况下有了这样的功能。同在学校中学习为什么会出现这样的现象:一些学生总是在另一些学生面前感到自卑?当我们对这些自卑学生在学校以外的生活进行观察后发现,他们唱歌跳舞,甚至学做一些他们不熟悉的游戏都很出色。然而,在学习他们的语言、歌曲和舞蹈时,我们却显得那样的笨拙。这种对比使我们得以换位思考,并认识到文化差异正是引起少数民族学生学习自卑的重要原因。

学校教育不论是制度还是课程,抑或流行的校园文化,都是基于主流文化建构起来的,教师就是带着这样的背景——融合统一的教学大纲、课本知识、主流文化观念和价值观念、希望和梦想,站到了讲台上。如果学生的背景与学校和老师的相近,就会很快成为"局内人",获得教育成功;反之,这些学生就会是学校教育的"局外人",逐渐产生自卑心理和厌学心理,成为学业失败者。

在学校教育的环境中,确实存在一种文化差异和文化冲突的现象。如语言上的差异,即使是实行双语教育也无法减少这种差异。毕竟从少数民族语系、表意和思维习惯上看就存在着极大的不同。还有生活习俗、生产活动、社会经验、居住环境的不同,都成为他们学习汉语时面对的困难。

普遍来看,学习成功的学生在很多方面与学校和老师的背景相一致,共同的生活经历、共同的语言和心理、共同的社会经验等都成为学生学业成功不可缺少的文化资本。

从意识心态上去认识少数民族学生学习自卑的心理和感受,有助于我们建立一种真正的多元文化教育。这就是要真正做到尊重文化差异,从课程设置、教学过程和评价方式上改变过去的单一模式。有鉴于此,许多研究者都在自己的研究中描述了各族群的文化,认为在少数民族学生和学校之间存在着文化冲突,并阐明了教师促使其教学与学生文化多样性相适应的方式。①

我们需要认识到,在帮助教师和学生揭示关于差异的旧观念、构建多民族多元文化新概念并使之制度化方面,学校教育可以发挥重要作用。当这些观念在教科书和大众文化中被呈现出来的时候,教师和学生必须重新思考、重新想象、重新塑造对于少数民族的观念和看法。② 因为,这是未来社会发展的需要,也是人类多种文明延续的需要。

代结论：关于"多元文化教育意识三态说"之说明

提出一种理论要符合如下标准陈述:(1)它们必须是抽象的。如以意识形态、意识生态和意识心态这样的术语概括描述多元文化教育。(2)它们必须是主题化的。可以一组陈述分解多元文化教育的论点。(3)它们必须在逻辑上保持一致。"三态说"论述之间没有矛盾,能够相互演绎。(4)它们必须是说明性的。"三态说"能够说明多元文化教育的形式、实质或存在状态。(5)它们必须是一般性的。原则上可说明多元文化教育的任何一种具体表现,并能做出解释。(6)它们必须是独立的。它们绝不能化约为参与者自己就其行为提供的说明。

---

① 〔美〕班克斯:《文化多样性与教育——基本原理、课程与教育》,荀渊等译,第 152 页。
② 同上书,第 157 页。

（7）它们必须在实质上是有效的。除了对所研究的社会事实有效外，还能够实现理论和别的知识体系的转译。①

如此看来，本书所提出的"多元文化教育意识三态说"应该符合标准，是一种理论思考与解释，只是这种理论还需要进一步丰富，需要在实践中进一步检验。

作为这种理论的核心，在民族教育的宏观研究中，需要强调意识形态在制度上、政策上和国家认同上的重要作用。世界上没有哪个国家的教育是没有意识形态的，因为国家的统一和稳定要建立在共同的意识形态和文化基础上。但是，建立这种共同的意识形态和文化基础一定要考虑到多民族共存的事实，从意识生态上整合相互依存的各民族。这种意识生态观在学校教育中要充分表现出来，既要防止绝对的民族主义，又要防止带有文化偏见的孤立民族主义，课程建设上要多挖掘多民族交往与融合的史料和事实，避免"敝帚自珍"和仅宣扬本民族的英雄史诗的狭隘民族教育。要达到这样的教育目标，需要从意识心态上把握少数民族成员的心理品质和心理活动。在教学中，没有任何偏见，相互尊重，才能有效达成共识，并实现对国家整体的认同。

在民族教育的中观研究中，要强调意识生态即各民族相互依存的必要性和长远性。大家都生存在一个时空中，各民族之间的交往、文化的交融在历史上从来没有停止过。其实，任何一个少数民族的文化，包括主流文化，都可以看成各民族文化交融的产物。因此，教育制度和课程建设要在意识形态上突出共处生态的相互性、整体性。课程中的文化选择要有国家意识形态，并保证每一个受教育者都能够在学校教育中达到对国家的认同和热爱。想做到这一点，还要从意识心态上沟通、理解，认识人类精神文明和物质文明成果的共有性和共享性，在心理上提高认知水平，保持民族与国家的一致性。

在民族教育的微观研究中，注重意识心态对于实现少数民族成员的平等、公平是至关重要的。无论是在教学中，还是教师与学生的对话中，都要体现对于国家制度和政策的信任。在课程和课外活动中，还要体现和突出各民族的历史人物对于国家的和平稳定、文明和进步做出的贡献。这种微观教学活动中渗透着合理的意识形态教育和意识生态教育，这些内容将伴随人们整个受教育生涯。只有这样做，教育才能真正履行凝聚和团结中华民族的使命。

---

① 〔澳〕马尔科姆·沃特斯：《现代社会学理论》，杨善华等译，第3—4页。

【思考题】

1. 什么是"现代性"？分析一下学校教育与现代性的关系。

2. 什么是多元文化教育？

3. 多元文化教育在中国实践的过程中遇到了哪些困难？

4. 如何理解一些少数民族学生在学业上遇到的困难？

5. 何为多元文化教育的意识三态观？

6. 案例分析：作者对部分民族地区进行了一项调查，发现教师对现代社会生活方式和现代文化的态度是：非常赞同的占 49.4%，比较赞同的占 43.0%，无所谓的占 7.6%。对中学生来说，很喜欢汉语和英语的占 43.9%，比较喜欢的占 33.3%，一般的占 16.3%，不喜欢的占 6.5%。关于学生一年当中穿民族服装的次数，没有穿过的占 36.1%，穿过一次、二次、三次的各占 16.1%、23.1%、24.1%。在访问一所小学时，我们还了解到，能够讲三句以上本民族语言的学生仅占 3%，大多数学生从小讲汉语，家庭和学校都是汉语环境。（摘自钱民辉：《断裂与重构：少数民族地区学校教育中的潜在课程研究》，《西北民族研究》2007 年第 1 期。）

基于上述现象，请你描述一下民族文化的传承和保护与现代性教育之间的关系。重新思考一下"多元一体化教育模式"与"多元文化整合教育模式"。

【推荐阅读书目】

〔英〕W. 沃特森：《多元文化主义》，叶兴艺译，吉林人民出版社 2005 年版。

关于多元文化主义，观点庞杂、众说纷纭，这本书则给出了一个简明、有力而清晰的回答。要了解多元文化主义，这是一本很好的入门书。

〔法〕阿兰·图海纳：《我们能否共同生存？——既彼此平等又互有差异》，狄玉明等译，商务印书馆 2003 年版。

我们正面临一种困境：一个是全球化的大陆，一个是由自我封闭的社群组成的大陆。不同族群还可能共同生存吗？图海纳直面这一问题，给我们提供了一种崭新的思路。

谭光鼎、刘美慧、游美惠编著：《多元文化教育》，台湾高等教育文化事业有限公司 2008 年版。

多元族群为我国台湾地区的突出现象，各种文化差异所衍生的对话或冲突也是生活在那里的人们并不陌生的日常生活经验。所以，发展多元文化教育以促进各族群间的平等关系,成为台湾学校教育的重要任务。这本书就是有关这方面的讨论与分析,有学习与借鉴的必要。

〔美〕班克斯:《文化多样性与教育——基本原理、课程与教育》,荀渊等译,华东师范大学出版社 2010 年版。

这部书有助于我们从教育教学的情境中了解和理解文化的多样性,使我们在教育中学会处理多元文化所带来的差异性问题,提高文化的敏感度,把握文化的多样性与统一性的关系。

钱民辉:《多元文化与现代性教育之关系研究——教育人类学的视野与田野工作》,民族出版社 2008 年版。

这本书对选定的西北人口较少民族社区的教育进行了宏观、中观、微观三个层面的研究,深入思索了全球性与民族性之间的教育选择问题。

第十四章

性别与教育

引　言

在传统的教育社会学研究里,性别与教育始终作为一个政治性议题出现在女权(性)主义①关于教育平等的讨论中,它与阶级(阶层)、种族并列为三大研究主题。因其关注个人权利、教育公平、社会平等和人性解放,性别与教育研究充满了批判与斗争的色彩。基于对性别问题的不同理解和解释,女性主义发展出不同的理论视野和流派,如自由主义的女性主义、激进的女性主义、生物及性的结构主义女性主义、社会主义的女性主义、后现代主义的女性主义等。20 世纪70 年代,关于性别问题的研究与关于阶级、种族的研究融合进了批判的教育社会学阵营。

在女性主义运动的早期,人们关注的是女性的受教育权利、男女同校制下的性别歧视以及以男性为中心的学校教育。20 世纪 60—70 年代则指向了父权制对学校教育的控制以及对女性的压迫,当时女性主义者的任务是,对占统治地位的男性文化进行反抗,尤以抗拒阅读盛行的文学作品为主要手段。20世纪 70 年代以后,女性主义的研究焦点开始由生物性别(sex)转向社会性别(gender),在教育领域主要集中在性别的社会构成与教育公平的议题上,学者们一般采取底层社会视角,对社会中的弱势群体、特殊群体、边缘群体进行考察。

---

① 　最初称为女权主义主要是因为涉及两性在政治、经济和文化上的权力以及不平等问题;称为女性主义是因为后期不再与男性争夺权力,转而关注自身的特质、事业发展和个性完善。现在一般使用"女性主义"。下文均采用这一称谓。

例如,后现代女性主义运用话语分析,拒绝了历史上关于两性关系的宏大叙事,揭示了异性恋的霸权规则,以及异性恋与同性恋形成二元对立的实质;分析了男同性恋者、女同性恋者的身份认知与边缘处境;并且将"酷儿"(queer)理论推到了主流社会的前台,引导人们通过不同的方式理解性别、性以及权力之间的关系。

进入 21 世纪以后,一些传统的讨论和研究仍在继续。从国外的研究动向上看,关于高等教育和中等教育的一些新议题纷纷出现,特别反映在性别与教育不平等的研究中。

本章最后对我国学术界中性别与教育研究的专题进行了分析,因为它们反映了现实中的需要。介绍这些受到高度关注的主题,可以促使人们去了解实际中存在的性别问题和需要努力达到的目标。

一、性别与教育研究的主题及历史演变

19 世纪,西方女性主义(feminism)在争取到女性受教育权之后,很快就开始着手成立女子学校和女子学院,同时迫使各级学校放开对女性入学的限制。在这一时期,越来越多的女性进入单性别的学校和男女混合的学校接受教育。随着工业化社会的来临,学校教育日益普及,这就为欧洲各国适龄女童上学和女子学校教育的发展提供了契机。进入 19 世纪后半叶,在基础教育阶段,女性受教育的机会大大增加,女性的文盲率也随之大幅下降。而高等教育阶段女性的入学率也是飞速提升,男女在接受高等教育比例上的差距在不断缩小。这一时期的研究集中讨论男女同校制(coeducation)、性别角色与教育、父权制下的性别教育不平等问题,以及以男性为中心的教育。这些问题交织在一起,共同导致了两性在教育方面不平等的社会现象和问题,这也是女性主义努力建立"女性主义教育学和政治学"的最主要原因。为了便于了解,下面分别述之。

(一) 男女同校制的起源

有人认为,17 世纪新英格兰清教徒就在小学实行男女同校,但更多的研究指出,19 世纪上半期,美国公立学校开始招收女生并雇用更多的女教师。几项历史研究表明,最早招收女生和聘用女教师多半是出于经济利益的考虑,因为男女集中在一个地方教学会减少开支,聘用女教师所花的成本也远远低于聘用男教师的。另外,女教师数量的增长也是经济生产由家庭转向工厂的结果,这使得

单身女性离开家庭到其他地方求职成为可能和必要。人们普遍认为母亲是民主共和制优点的示范者,这种看法也支持了妇女教学运动。截至 1870 年,所有公立学校的教师中有 59%是女性。① 可以看出,在这一时期,虽然公立学校中的女生和女教师的数量大大增加了,但当时的情况是,女性在学校中并没有受到与男生、男教师同等的对待,性别歧视仍然表现在学校生活和教育中。这是因为,很长时间以来,女性一直作为"次等"角色被隔绝在社会公共领域之外,她们只限于在家庭这些私领域中活动。尤其是卢梭曾言明女性是受情欲支配的奴隶,毫无理性,所以她们绝不能参与到公共领域的事务中。这样的观念在社会中很普遍,也充斥于学校教育,体现在虽男女同校却对其有不同的期待。例如,男孩子学工艺,女孩子学家政。在一个多世纪的时间里,这种早期的基于性别角色的专业分科持续发挥影响,以至于今天人们还有男生或女生应该选择什么专业的想法。结果就是,工科被赋予了男性,更多的女性选择了家政与人文学科。正因为考虑到了性别差异,当时人们的研究就聚焦于性别角色与教育的选择和分配这样的主题。

(二) 性别角色与教育

当时人们要探讨的一个问题是:女孩子为什么要接受教育?女孩子接受教育会给男孩子带来什么样的影响?可以说,在 19 世纪,性别不平等的观念深植于社会之中,再加上社会生物学和精神分析学的证明和描述,更强化了社会上性别差异的话语霸权。人们普遍认为(甚至女孩子也接受这样的观念),接受教育可以让女孩子成为好母亲,即学校成为家庭母职的延伸之所,女孩子天生就会照顾人,男孩子在女生面前会停止不文明的行为。尤其是温文尔雅的女教师,会让课堂变得像在家里一样温馨,让所有的学生爱上学接受教育。另一方面,对于女性接受教育也有相反的观点,例如,学校中女学生与女教师的数量增多会带来学校文化的女性化,让男孩子失去"勇猛强悍的品质",然而这是保卫和建设国家所必需的品质。因此,学校要控制女性的比例,也不能提高她们的社会地位到与男子等同。这样的观念确实在当时的社会中很普遍也很有说服力,例如,即使干着同样的工作,女教师在收入上不及男教师会被视为正常。这种不平等的现象

① 见〔美〕威廉·F. 派纳、威廉·M. 雷诺兹等:《理解课程——历史与当代课程话语研究导论(上)》,张华等译,教育科学出版社 2003 年版,第 378—379 页。

持续存在了很久,也并没有受到当事人的质疑和反抗,以至于到了今天,男女同工不同酬的现象在一些工作场所中依然可见。其时,女性主义者对充斥社会的各种性别不平等现象进行了深刻的反省和批判,这一时期最著名的研究当属西蒙娜·德·波伏瓦(Simone de Beauvoir)的《第二性》①。作者在书中指出,女性的"第二性"或"他者"地位并不是天生的,而是逐渐形成(建构)的(此时,社会性别的意识已经萌生,但人们还没有对"gender"与"sex"做出区分)。女人的"他者"地位总是和她的总体"处境"息息相关,是存在主义的。

(三) 父权制下的性别教育不平等问题

波伏瓦归纳了女性成为他者的原因。一是源于父权制度和父权意识。即要女人待在家里的父权制,把女性塑造成是感情的、内向的和内在性的。二是从社会生物学角度看,基于女性所具有的生育功能而认为女性在体力和智力上都不及男性。三是从历史角度看,由于历史的劳动分工和男性创造的历史,女性被排除在历史之外。因此,波伏瓦认为,男性是外在的、超越性的自我,女性则是自在的、内在性的自我。这是女性成为"第二性"和"他者"的真正原因。而凯特·米利特(Kate Millett)在《性政治》一书中,明确揭露了女性成为社会次等是源于男性(权)玩的一种性政治。同样,这种性政治的游戏也反映在学校教育之中,批判以男性为中心的教育(课程)就成为女性主义者当时研究的又一主题。

(四) 以男性为中心的教育

面对这一问题,女性主义学者自然将注意力放到了父权制下的性政治上。凯特·米利特认为,在父权制社会和男权的文化背景下,由男性对女性的身体、心理和精神实行全面控制与支配,这在本质上与种族、阶层、阶级间的控制和支配并无二样。如果说种族关系、阶级关系是一种政治关系,即一种控制和支配的关系,那么,不平等的性别关系同样是一种政治关系。② 男性中心的教育就是这样一种性政治。在这种学校教育的性政治下到底发生了什么? 为此,女性主义分析家对学校的各学科进行了审查,并得出了如下结论:(1)这些学科的学科史和研究方法遮盖了某类信息,强化了男性的作用;(2)忽视或轻视与女性相关的整个研究领域;(3)对两性的归纳概括只是以对男性的研究为基础;(4)研究本

---

① 〔法〕西蒙娜·德·波伏娃:《第二性》,陶铁柱译,中国书籍出版社1998年版。
② 〔美〕凯特·米利特:《性政治》,宋文伟译,江苏人民出版社2000年版,第33页。

身虽然宣称客观,但仍表现出男性中心的价值倾向;(5)一些知识被视为外在于
人类意识的神秘之物,只有男性可以接触;(6)基于现存知识和探究模式而产生
的知识与我们已经接受的知识及方法论本身相一致,这加大了引介新观念的困
难;(7)知识被当作男性的知识而不是人类的知识而教授;(8)在所有学科中,女
性的价值都被贬低;(9)许多研究以二元论为视角,以高度理性和技术化为取
向。[①] 女性主义分析者对学校和教育"性政治"的揭露,催生了一个激进的女性
主义共同体,她们不仅批判学校制度化的性别歧视,提倡变革以打破男性中心的
教育和当时的学科体系,让所有的女性从野蛮的父权制教学中解放出来,而且要
建立一个英才教育的性别中立的学校,实现男女平等,实行真正同一的同校制。
这一时期的女性主义在学校教育中的"破"与"立"的目标是清晰的,最终她们提
出了"课程重建"的主张,以及建立"女性主义教育学和政治学"的改革方案。

（五）为什么要建立"女性主义教育学和政治学"？

在女性主义分析家看来,公开的教育变革只取得了形式上的改变,性别歧视
仍然体现在学校的各个方面,包括它的组织、等级制度和课程。而维护这一切的
恰恰就是学校教育中一直存在的一种可怕的"隐性课程"（hidden curriculum）。
所谓的隐性课程,最差的结果是再生产家庭中的那种性别角色,最好的结果则只
是没有动摇性别差异和不平等的现状。为此,女性主义学者提出了课程重建的
改革目标,即"建立女性主义教育学和政治学"。这些学者以自传和故事为蓝本
开始对学校和课程进行重构:在《推翻父权制:女性主义者课堂中的政治、抵制
与转变》中,刘易斯（Lewis）讲述了用以打破课堂上男女互动状况的教学策略的
故事,女性勇敢地争取自主和自我决定,而不是顺从。罗曼（Roman）等人的《成
为女性》一书强调,女性主义学者反对那些对课程和人性的非历史的、本质主义
的解释。克里斯蒂安-史密斯（Christian-Smith）在《性别、大众文化与课程:作为
性别文本的青少年爱情小说》中,研究了女孩子是如何考虑未来的爱情和家庭
的,结果却披露了大部分人都想去做好女孩、好妻子而恪守传统、顺从男性。研
究者认为,这些女孩子理所当然的观念其实反映了性别的不平等,并且接受了这
样一种不合理的安排。而希尔斯（James T. Sears）所编辑的《性与课程:性教育

---

① 〔美〕威廉·F. 派纳、威廉·M. 雷诺兹等:《理解课程——历史与当代课程话语研究导论（上）》,
张华等译,第385页。

的策略与实践》一书,对主流的性教育提出了挑战,其中突出了一个公民权的问题,即同性恋问题。作者们认为这是一个政治问题,但如何解决这个问题至今尚未清楚①,而争取身份合法化和认同的运动一直持续到今天。

总的来看,课程重建涉及多种观点、理论导向和多元话语,诸如历史的、诠释的、建构主义的、后结构主义的、新马克思主义的、女性主义的、心理分析的、文化的、酷儿的以及现象学的话语。② 与此同时,这也将"女性主义教育学和政治学"推向多学科领域,形成了不同的理论视角和流派,下面做简要介绍。

二、性别与教育研究的理论视角

综上所述,我们可以看到,在性别与教育研究和理论化中,有越来越多的工作是运用女性主义理论来分析传统教育结构中的父权制的影响。因其涉及不同时期的各种政治、经济、文化和社会聚集力,在只有通过斗争才能实现女性主义主张的历史背景下,渐渐发展出了不同形式的女性主义理论与政治,形成了不同的理论视角和多元的研究领域。示例如下。

(一)自由主义的女性主义(改革派女性主义)

主要代表人物有:18 世纪英国的玛丽·沃尔斯通克拉夫特(Mary Wollstone-craft),其代表作为《女权辩护》;19 世纪英国的约翰·斯图尔特·穆勒(John Stuart Mill)和哈丽雅特·泰勒·穆勒(Harriet Taylor Mill),其代表作分别是《妇女的屈从地位》和《妇女的选举权》;20 世纪美国的贝蒂·弗里丹(Betty Friedan),其代表作为《女性的奥秘》;20 世纪法国的哲学家和文学家西蒙娜·德·波伏瓦,其代表作为《第二性》;等等。③ 这一派对性别(sex)与教育的专门研究出现在 20 世纪 60—70 年代,自由派或改革派的女性主义者,在对男女同校、性别角色和男性中心的教育进行了全面分析后,开始将矛头指向学校文化对女性的性别歧视(sex discrimination)。学生在课堂上学习的课程内容,虽是经过精心挑选的优秀文学作品,但却充斥着性别刻板印象。例如,在许多文学作品中,作者描

---

① 参见〔美〕威廉·F.派纳、威廉·M.雷诺兹等:《理解课程——历史与当代课程话语研究导论(上)》,张华等译,第 405—414 页。

② 〔美〕珍妮特·米勒:《打破沉默之声——女性、自传与课程》,王红宇、吴梅译,教育科学出版社2008 年版,第 20 页。

③ 郑新蓉:《性别与教育》,教育科学出版社 2005 年版,第 219—220 页。

写的女孩,常常是以被动的、没有主见的、喜欢操纵的、柔弱的、依赖的、谨小慎微的、缺乏主动性和想象力的,甚至缺少人格的形象出现的。而男性被放到了一个善于竞争的、有雄心壮志的、心理刚强的和占据优势的位置上。总的来看,当时的自由主义的女性主义者关注的是两个不同的互补层面。在第一个层面上,主要是分析学校教育的物理环境、教科书、规则标准、课堂互动、正式和非正式的学校政策所体现的性别歧视和性别刻板印象,目的是促进学校教育中的性别平等。在第二个层面上,主要是批判学校和社会中性别差异产生和得以维持的途径,包括教育活动、教育研究、知识观、关于认知者与认知对象之间关系的观念等几个方面的派生影响,目的是通过转变"个体意识"使性别体制发生根本变革。① 仅仅在认知层面上实现提升和唤醒平等意识,丝毫没有动摇现存的性别体制,女性主义者认识到必须对这种体制进行深刻的揭露和批判,并付诸行动。由此,就走向了批判与行动的第二个阶段。

（二）激进的女性主义（文化女性主义）

女权运动的主要目的在于提高妇女对自我地位和潜力的认识,因此,渐渐导向和发展出一种文化批判思潮:在文化批判中,通过分析女性从属地位形成的原因,提高妇女对自身和现实的认识,使之得以从父权制的奴役中解放出来。激进的女性主义的主要代表人物有:凯特·米利特,其代表作是《性政治》;盖尔·鲁宾（Gayle Rubin）,其代表作是《女人交易》;舒拉米斯·费尔斯通（Shulamith Firestone）,其代表作是《性的辩证法》。② 这一派之所以被称为"激进的",主要是因为这一时期的女性主义将性别问题政治化,特别是将批判的矛头直接指向"父权制",开始向男人宣战。米利特对有关两性关系的规范和制度进行了考察,发现"从历史到现在,两性之间的状况"是"一种支配与从属的关系",即男人依据天生的生物性别就可获得特权（统治权）,并以此控制、支配女性,这一统治权在父权制社会中被制度化。从历史的角度看,男性控制与支配女性的制度要比种族与阶级的壁垒严酷得多,而且反映在社会的所有方面。例如,在学校教育中,文学作品里的性别差异落实到阅读和学习上,便是作者与读者构成的一种支配与被支配的关系,因此,教育学里充斥着父权社会的文化印记和权力关系。为了

---

① 〔美〕威廉·F. 派纳、威廉·M. 雷诺兹等:《理解课程——历史与当代课程话语研究导论（上）》,张华等译,第 382 页。

② 参见郑新蓉:《性别与教育》,第 221 页。

打破这种性别不平等的关系,女性主义者要求女性读者(学生)以一种抗拒的态度来阅读男性文学作品,抗拒性阅读不仅是一种文化行为,而且有着政治意义。抗拒性阅读首先由朱迪斯·费特利(Judith Fetterley)在《抗拒的读者:评美国小说的女性主义方法》中提出。她认为,女权批评的第一个目标就是从一个赞同型读者(assenting reader)转化成一个抗拒型读者(resisting reader),通过这种抗拒赞同的阅读和思考,把固化于人们心中的男性意识彻底祛除干净,再现和表达妇女生活的真相,变革旧的性政治秩序,自觉做到对自己受支配地位的反抗,并使得父权制的性政治策略和不平等体制在这种抗拒性阅读中失去其"阳具中心主义"的功能。这种激进的观点无疑是从一种新的视角来看待性别与教育的问题,但由于过度关注女性自身受压迫的现象,采取简单直接和激进的方式进行反抗和抗拒,失去了社会其他方面的支持。

(三) 生物及性的结构主义女性主义

与上述女性主义稍有不同的是,这一学派将文化实践与生物因素联系起来,尝试说明这个社会为什么会由男性支配以及男性性暴力缘何盛行,试图把生物决定因素的问题与批判的主题结合起来。这一学派的主要代表人物是上面提到过的费尔斯通和奥特纳(S. Ortner)。她们假定性的阶级差异是由社会再生产的差异造成的,原因是:妇女在生物构造上处于弱势(经历月经期、绝经期、怀孕期、分娩期、哺乳期),她们在相当程度上依赖男人;婴儿的生理依赖会持续相当长的时间;母婴之间的相互依赖是一种普遍现象;生殖上的差异促动了第一次劳动分工,并因此导致了最终的阶级体系。在这样一种阶级体系下,产生了两种不同的文化模式,女性的文化模式是"理想主义的/审美的/人文主义的",男性的文化模式是"实用主义的/技术的/科学主义的"。女性的文化模式是与家庭和自然相符应的,男性的文化模式则与社会和改造相符应。这是因为,与审美的反应相对应的是女性的行为和特质,可以是主观的、直觉的、内向的、憧憬的、空想的,也可以是幻觉的、与潜意识(本我)有关的、情绪性的,甚至是喜怒无常的。而与技术性反应相对应的则是男性的文化与特质,是客观的、逻辑的、外向的、现实主义的、与自觉意识有关的、理性的、机械的、实用主义的、脚踏实地的、情绪稳定的。在探讨不同的文化模式时,奥特纳强调女性相比男性与自然更加接近,而男人在改造自然时也将女人改造了，这就是女人总是处于从属地位的原因。[①]
生物及性的结构主义女性主义解释，同样适于对学校教育的性别差异状况的分
析，例如，学校教育总是在不断提高科学和技术课程及专业的比重，并赋予其极
高的评价和价值；与此同时，却不断缩减那些自然的、审美的和人文主义的课程，
并说明这是一种"祛魅"和理性化的结果。这么做必然会导致这样一种情况，即
对于女性来说，在学校的时间越长，自然的特征就会逐渐消退，由阶级结构（父
权制）赋予女性的特质也会消退，于是，只有实现"去女性化"，女性才拥有竞争
能力并获得导向成功的教育经历和文化资本。

（四）社会主义的女性主义

该学派出现在 20 世纪 60 年代末 70 年代初，主要受到马克思主义和激进的
女性主义的影响，试图发展出一种独特的政治主张和实践方式。其主要观点是，
如果仅将"阶级"用来区分与生产资料有关的不同集团则过于狭窄，女性也是一
个阶级。于是，他们引用了马克思关于阶级的主要观点，如用"异化"的概念解
释了女性受压迫的社会现实，这就引起了人们对性别不平等的阶级根源的关注。
米歇尔（Juliet Mitchell）是社会主义女性主义的代表人物，她的著作《妇女，最漫
长的革命》成为当时女性运动的一部纲领性文件。她在书中提出，女性的被剥
削、被压迫集中反映在既相对独立又相互依存的四个领域，即生产、生殖、性和儿
童的社会教化。另外两个著名的代表人物是加拿大女性主义理论家本斯顿（M.
Benston）和莫顿（P. Morton），她们通过揭示资本主义社会中女性处于从属地位
的根源而提出她们的观点。她们认为，这种根源具有"经济"或"物质"性质，可
以归因于女性无偿的家务劳动。[②] 社会主义的女性主义认为，家务劳动是社会
有组织地阻碍女性获得平等的指派，或者这样一种指派有助于资本主义正常运
转。一个温和的解决方案是，要将所有的女性从家务劳动的压迫中解放出来，要
她们都接受教育，接受与男性一样的平等教育。教育不仅使女性提高了认知和
觉悟，也让她们具有了知识、技能和社会地位。另一个方案就是普遍的社会革
命，目的是推翻制造阶级压迫、维持性别不平等的资本主义社会制度。

---

① 参见〔澳〕马尔科姆·沃特斯：《现代社会学理论》，杨善华等译，华夏出版社 2000 年版，第 283—
288 页。

② 李银河：《女性权力的崛起》，中国社会科学出版社 1997 年版，第 104 页。

（五）后现代女性主义

该学派从社会建构主义和后结构主义那里获得了灵感,开始对之前的女性主义理论进行深刻的反思,意识到要将性别问题与父权制及现代性(马克思所认为的资本主义、韦伯所认为的理性化社会、涂尔干所认为的工业化社会)紧紧联系起来进行思考,运用话语分析并结合社会上出现的非主流多元文化现象对主流文化进行解构,特别是基于异性恋而建构起来的制度、习俗和规则,从而形成了一种独特的理论视野和派别。其最主要的代表人物是后现代主义思想大家福柯(Michel Foucault),他的《性史》和一系列著作成为当时女性主义斗争的理论来源。例如,福柯论证了性(gender)①的属性,认为其并非人类生活的天然特征或既定事实,而是一个被建构的经验范畴,它有历史的、社会的、文化的根源,而非生物的根源。福柯的思想直接挑战了男性主宰的异性恋规则的合法性,对性的权力地位的分析牵扯到一种既管制又生成的关系,要求人们超越传统的统治与反抗的政治逻辑进行思考。这种"建构"的思想与分析,被诸多女性主义者所欣赏和应用。在性别与教育领域,有学者采用符号论和福柯主义的分析,对青春期问题进行了历史和社会研究,揭露了所谓的学校教育实践中性别、阶级和种族中立的观点,将后结构和后现代的评论融入女性主义课程分析。如果要总结这些工作,应该包括这样几点:第一,否定所有的宏大理论体系。后现代女性主义首先要否定的是基于两性差异的理论,揭露其所谓的中立性;反对对性别、种族、阶级做宏观的分析,因为这样的分析都是本质主义的,所谓的合法性是不成立的。第二,关于话语即权力的理论。福柯认为,所有的权力都是生产性的——它产出知识——而不是压抑性的。因此,知识与权力是一回事。这就超越了自由主义女性主义和激进的女性主义的努力,即探寻为什么学校教育的课程和知识总是不利于女性,许多文本带有明显的性别刻板印象和性别歧视。而他们找到的答案是,学校的文化、知识是受权力控制的,而拥有权力的是男性,这种权力是"父权制社会"给予的。正是这样的看法使得学校的"正当性知识"开始遭到后现代女性主义的质疑和批评,根据后现代女性主义的观点,之前的女性主义解释是基于一种事实的判断,它是一种压抑型模式,也是本质主义的。如今要转变

---

①　社会性别是指这样一种社会关系,即生物意义上的生理性别以社会的方式被结构化、制度化和再生产,成为一个区分男性社会性别和女性社会性别的稳定模式。〔澳〕马尔科姆·沃特斯:《现代社会学理论》,杨善华等译,第302页。

这一模式,就是从事实判断走向话语分析。福柯说过,所有的权力都制造反抗,以反面话语的形式生产出新的知识,制造出新的真理,并组成新的权力。后现代女性主义的抱负之一就是要发明女性的话语。[①] 在后现代女性主义浪潮的推动下,女性主义对学科和学术共同体的解构与重建,以及女性主义教育学与政治学话语体系的建立,不仅在当时,直至今日对所有的教育变革都产生了深刻久远的影响。当然,人们对后现代的态度是复杂和矛盾的,正如一位哲人所说,后现代还没有真正实现就已经过去了。不过,这并不妨碍我们在今天将后现代女性主义视为一种理论视角,而话语分析则依然是一种有用的方法。

综上所述,我们可以看到,20世纪六七十年代以来,性别与教育研究领域形成了不同的女性主义理论,每一理论都有明确的研究主题并体现了鲜明的时代特征。如早期的研究者多采用"sex"(性别)、"sex discrimination"(性别歧视)等术语,而在以后的文献中,"gender"(社会性别)逐渐取代了"sex"(生物性别)。性别歧视等用语也很少出现,而是强调用"差异但平等"的社会公平观来取代原来的男女平等观,提倡社会性别公平教育(gender fair education)。另外,随着社会的发展,西方学者对教育中的性别问题的关注也从单一走向多元,即从70年代注重学校中的性别歧视发展到关注同性恋与异性恋的对立,以及"酷儿"的身份认同、"出柜"等社会性别问题。这些研究的扩展构成了性别与教育领域的当代议题,下面简要介绍。

三、性别与教育研究的当代议题及国际趋势

为了动态地了解性别与教育研究的国际趋势,我们集中考察了三本主要的国际学术期刊——《教育社会学》(*Sociology of Education*)、《英国教育社会学杂志》(*British Journal of Sociology of Education*)和《哈佛教育评论》(*Harvard Educational Review*)——自2000年以来发表的文章。在这三本学术期刊上发文,不仅反映出论文作者的学术水平一流,而且表明论文在这个研究领域具有一定的代表性和引领性。经文献分析后发现,性别与教育领域的研究主要聚焦于高等教育、中等教育以及教育不平等所带来的性别差异这三大方面。从研究视角上看,国际研究更加关注不同种族或宗教背景下的性别教育差异;从研究方法上看,定

---

① 参见李银河:《女性权力的崛起》,第126页。

性或定量研究始终是主流的呈现方式；从研究主题和内容上看，有教育内的学业成就获得、性别观念与教育选择等方面的，也有教育外的性别与种族、性取向、性别规范和同伴效应等方面的。为了反映出研究主题的多样性，我们还辅助检索了一些学术著作，其中以《西方教育社会学近著导读》①为范本。

（一）高等教育

研究者主要关注高等教育（Higher education）获得所体现的性别差异。具体的研究辐射以下几个方面：其一，基于大规模问卷，分析性别差异②/性别隔离③的具体表现和结构性支持。其二，探究专业选择中的性别差异④。此外，研究还关注如何建构对性少数群体友好的校园氛围。其三，分析高等教育教师职业发展过程中的性别差异，例如论文发表或激励机制⑤等。最后，阐述高等教育在培育女性领导力⑥方面的作用。

以高等教育教师职业发展过程中的性别差异为例，伯德通过对比社科领域的性别比与发表文章数是否匹配，以及单作者和合作者模式中的性别差异，指出女性学者对期刊文章的贡献总体要低于其在学术人员中所占的比例。但在某些学科（社会政策和心理学）中，女性发表的文章数量与其在学术人员中的占比相当。⑦ 除此以外，性少数群体的校园融入也是高等教育研究关注的议题。加维等人使用"第三空间"（third space）理论，分别从数量、成绩和课外活动三个方面

---

① 朱洵：《西方教育社会学近著导读》，社会科学文献出版社 2015 年版。

② Theodore P. Gerber and David R. Schaefer, "Horizontal Stratification of Higher Education in Russia: Trends, Gender Differences, and Labor Market Outcomes," *Sociology of Education*, Vol. 77, No. 1, 2004, pp. 32–59.

③ Carlo Barone, "Some Things Never Change: Gender Segregation in Higher Education across Eight Nations and Three Decades," *Sociology of Education*, Vol. 84, No. 2, 2011, pp. 157–176.

④ Natasha Quadlin, "From Major Preferences to Major Choices: Gender and Logics of Major Choice," *Sociology of Education*, Vol. 93, No. 2, 2020, pp. 91–109.

⑤ Kelly Coate and Camille Kandiko Howson, "Indicators of Esteem: Gender and Prestige in Academic Work," *British Journal of Sociology of Education*, Vol. 37, No. 4, 2016, pp. 567–585.

⑥ Louise Morley and Barbara Crossouard, "Gender in the Neoliberalised Global Academy: The Affective Economy of Women and Leadership in South Asia," *British Journal of Sociology of Education*, Vol. 37, No. 1, 2016, pp. 149–168.

⑦ Karen Schucan Bird, "Do Women Publish Fewer Journal Articles than Men? Sex Differences in Publication Productivity in the Social Sciences," *British Journal of Sociology of Education*, Vol. 32, No. 6, 2011, pp. 921–937.

来分析跨性别身份学生对校园氛围（campus climate）的态度。[1]

（二）中等教育

研究者们主要关注中等教育（secondary education）即中学阶段的性别问题，包括学习成绩和学业成就上的性别差异、中学女生的霸凌行为如何实施、女孩对科学技术领域的积极性[2]，以及中学教育性别不平等的成因[3]等。除此以外，还有研究专门讨论了追踪调查本身存在的性别差异[4]，即不同性别的孩子对追踪研究的参与存在哪些差异。

具体举例来说，学习成绩是教育不平等研究的常见切入点，马特约和史密斯基于国际学生能力评估项目（PISA）2003 年的数据，分析了捷克九年级学生（相当于中学生）在数学和阅读成绩上的性别差异。结果发现，在捷克语课程中，女孩表现远优于男孩，并更有可能申请中学语法学校。作者进而指出，劳动力市场和教育过程中完全相反的性别差异是相关的，认为要实现性别平等，提升男孩对阅读的兴趣同鼓励女孩从事技术职业一样重要。[5]

成就获得上的性别差异也受到重视。此类研究考察教师们所期待的性别认同对学生成就获得的影响。研究划分出四个焦点小组，即成绩优异的男孩和女孩与成绩欠佳的男孩和女孩，并进行交叉对比。结果发现，成绩欠佳的男孩和成绩斐然的女孩符合性别期望；成绩优异的男孩被认为挑战了性别规范；而成绩欠佳的女孩很容易被忽视。这意味着在教师的期待中，女孩往往与成绩优异相联系，男孩则相反。[6]

---

① Jason C. Garvey, et al., "Emergence of Third Spaces: Exploring Trans Students' Campus Climate Perceptions within Collegiate Environments," *Sociology of Education*, Vol. 92, No. 3, 2019, pp. 229-246.

② Biljana Stevanovic, "Girls in Science and Technology in Secondary and Post-Secondary Education: The Case of France," *British Journal of Sociology of Education*, Vol. 35, No. 4, 2014, pp. 541-558.

③ Orla Kelly and Jacqueline Bhabha, "Beyond the Education Silo? Tackling Adolescent Secondary Education in Rural India," *British Journal of Sociology of Education*, Vol. 35, No. 5, 2014, pp. 731-752.

④ Mieke Van Houtte, "Gender Differences in Context: The Impact of Track Position on Study Involvement in Flemish Secondary Education," *Sociology of Education*, Vol. 90, No. 4, 2017, pp. 275-295.

⑤ Petr Matějů and Michael L. Smith, "Are Boys that Bad? Gender Gaps in Measured Skills, Grades and Aspirations in Czech Elementary Schools," *British Journal of Sociology of Education*, Vol. 36, No. 6, 2015, pp. 871-895.

⑥ Susan Jones and Debra Myhill, "'Troublesome Boys' and 'Compliant Girls': Gender Identity and Perceptions of Achievement and Underachievement," *British Journal of Sociology of Education*, Vol. 25, No. 5, 2004, pp. 547-561.

另外,以发生在中小学的霸凌行为为例,戴瑟姆的研究关注有攻击倾向者与他人的互动机制,以及学生如何利用座位规则(微权力)来实现霸凌。通过观察她们在教室中的日常互动,研究者指出,女孩们用安排座位的方式来建立自己的圈子并实施霸凌。基于此,戴瑟姆认为,"课堂缺勤"在某些时候是霸凌活动的结果,校方应该积极与学生沟通以有效方式和措施预防校园霸凌①的发生。

(三) 教育不平等是一个传统主题

研究者一直感兴趣于教育不平等(educational inequality)的现状和成因,这种不平等反映在学校教育的很多方面。在性别与教育不平等方面,一些研究以学生的课堂互动②或性别与种族为切入点,通过对比的方式呈现性别差异和性别隔离的现象,然后再从家庭背景、学校氛围和社会环境中找到其原因,提出解决和实施干预的策略。此外,也有研究讨论二代移民群体的性别观念。③ 研究普遍指出,女性在受教育阶段具有相对优势,但这种优势更多集中在女孩占比高的专业领域。即使这样一种貌似合理的选择其实也是一种学校专业中的性别隔离现象。我们接着分析:

1. 性别隔离

教育的性别隔离指的是,相同性别的人集中于某个或某几个专业的现象,它进一步导致了职业市场上的性别隔离。该主题的系列研究关注教育性别隔离产生的原因,以及如何打破这种隔离。拉贝等人考察了同伴效应对教育性别隔离的影响。他们通过建构模型来说明,女生对 STEM 学科的弱偏好或兴趣不高更多源于同伴效应。首先,孩子们的同伴的性别具有高度相关性,即相同性别的孩子更容易成为好友;其次,同伴效应背后是对不同性别的社会期待,女孩们会因为同伴压力而避免选择 STEM 科目。④ 此外,米克勒比斯特指出,性别观念会影

① Siobhan Dytham, "The Construction and Maintenance of Exclusion, Control and Dominance through Students' Social Sitting Practices," *British Journal of Sociology of Education*, Vol. 39, No. 7, 2018, pp. 1045-1059.

② Bent Sortkaer, "Cultural Capital and the Perception of Feedback," *British Journal of Sociology of Education*, Vol. 40, No. 5, 2019, pp. 647-663.

③ Fenella Fleischmann, et al., "Gender Inequalities in the Education of the Second Generation in Western Countries," *Sociology of Education*, Vol. 87, No. 3, 2014, pp. 143-170.

④ Isabel J. Raabe, Zsófia Boda and Christoph Stadtfeld, "The Social Pipeline: How Friend Influence and Peer Exposure Widen the STEM Gender Gap," *Sociology of Education*, Vol. 92, No. 2, 2019, pp. 105-123.

响专业选择。她的研究讨论了女孩在进行非典型抉择时所面对的阻力，以及她们如何解释这种抉择。非典型抉择指的是女孩选择进入所谓"适合男孩"的专业。访谈结果显示，这些女孩将自己视为敢于冒险的人，同时，性别平等的意识支撑着她们抵抗既有的性别角色期待。[①] 从性别角色期待的角度去思考教育中的性别隔离，有利于揭示教育中性别的再生产过程，进而帮助打破教育的性别隔离。

2. 性别与种族

此类研究关注女性与种族身份的交叉影响。有研究指出，非洲裔女孩在校园中更容易受到校规校纪的惩罚。研究者通过数据分析发现，黑人女孩被"请到办公室"的可能性是白人女孩的三倍，这种差异远远大于黑人男孩和白人男孩之间的差距。此外，黑人女孩更容易因着装不当或攻击性行为受到惩罚，衡量这些行为是否违规通常较为主观，且用性别和种族的交叉性解释更具有说服性。[②] 例如，英国教育社会学家米尔扎在她的《种族、性别及受教育渴望》一书中，讲述了黑人女性也具有较高的教育抱负，展示了她们是如何突破身份限制在所谓的"白人心脏区"（Heart of Whiteness）获得学位的；另一方面，她对黑人女性是如何在日常生活中感受到性别化和种族化的，即社会关系是怎样通过黑人"种族化"女性身份主体来建构"差异"的进行了揭示。[③] 类似的，性别与族群的关系也能建构起交叉性视角。埃里克森指出，少数族群女生在学校的叛逆行为，能够帮助女孩在族群身份和性别气质之间寻得平衡。少数族群女孩在地方学校会受到性别和族群双重规范的制约。埃里克森认为，她们的叛逆行为不能被错误地解释为对"男性气质"的模仿，而应该被视为亚文化，因为这些文化能帮助她们塑造新的性别气质并使其获得群体归属感。[④]

---

① Runa Brandal Myklebust, "Resistance and Persistence: Exploring Gender-Untypical Educational Choices," *British Journal of Sociology of Education*, Vol. 40, No. 2, 2019, pp. 254-268.

② Edward W. Morris and Brea L. Perry, "Girls Behaving Badly? Race, Gender, and Subjective Evaluation in the Discipline of African American Girls," *Sociology of Education*, Vol. 90, No. 2, 2017, pp. 127-148.

③ Heidi Mirza, *Race, Gender and Educational Desire: Why Black Women Succeed and Fail*, Routledge, 2009. 参见朱洵:《西方教育社会学近著导读》,第78—79页。

④ Ingunn Marie Eriksen, "Tough Femininities: Ethnic Minority Girls' Aggressive School Opposition," *British Journal of Sociology of Education*, Vol. 40, No. 8, 2019, pp. 1090-1104.

以上仅是针对教育社会学领域中有重要影响的三本刊物①和相关学术著作,进行了索引式的研究主题介绍,这有助于大家查找和进一步阅读。实际上,在更多的刊物上,有关性别研究的论文呈现出逐年增加的趋势,说明有越来越多的学者开始关注由性别带来的教育不平等和差异等社会问题。而这样的研究对我国学术界的影响深刻而且广泛,从检索到的文献来看,许多研究的主题是一致的、叠加的、跟风的,带有明显的国际潮流印记。下面介绍我国学者在当代所做的性别与教育研究。

四、中国学者的性别教育研究与本土化探索

我国学者的性别教育研究主要集中在以下几个方向:教育与性别不平等的研究、女性接受高等教育与进入劳动力市场的研究、城乡居民教育获得上的性别差异研究、性别刻板印象与性别教育研究、性别角色双性化研究、去女性化研究以及男孩危机研究。

(一)教育与性别不平等的研究

从检索的文献上看,主要集中在三个方面:其一,两性在教育机会上的不平等;其二,两性在教育过程中的不平等对待;其三,两性在教育结果上的不平等。有关研究显示,从目前来看,我国教育机会均等的目标已得到政策支持、法律保障和制度支撑,经济落后和教育成本的个人支付能力不足是造成教育机会性别不均等的主要原因,即贫困影响着女性的升学机会,随着国家消除贫困的努力,这种影响已经大大减弱。学校教育过程中的性别不平等问题仍然存在。有学者研究发现,我国学校教材文本中存在性别失衡与性别刻板印象,在学校层面,报纸、课外读物和校园里的名人名言,以及学校里的权力结构中,都存在性别不平等的信息;在班级层面,师生互动和生生互动中存在着性别不平等;女生在学校里受到性骚扰的问题在我国各个教育层级中都有发生,但长期未受到正视。研究者通过观察教师在课堂教学中与学生的互动,发现教师与学生的情感交流、给

---

① 在《哈佛教育评论》(*Harvard Educational Review*)中以"gender"为关键词进行搜索之后,仅得到10篇文章。文章相对集中于对性别多样化的讨论,例如,性别分化,以及对性别少数群体的关注。此外,还有涉及种族与性别的讨论,关注少数族裔或移民群体的性别差异。以"gender"为关键词分别对美国《教育社会学》和《英国教育社会学杂志》进行检索,共检索到141篇文章,基本涵盖了性别与教育研究的所有方面。

予学生的行为表现和语言表达时间、对学生的学业期待等方面均存在性别差异。总的来看，教育过程中女生与男生相比在很多方面都处于不利境地。最后，教育结果上的性别不平等更是显而易见的。这主要体现在两个方面：一是女大学生就业率比男大学生的低；二是女性就业层次比男性的低。造成这种教育结果上的性别差异的原因，归纳起来有：女性专业选择面窄，大多选择文学、法学及经济学等专业，而社会提供的与这些专业相关的就业机会并没有显著增加，同时，由于女性就业取向（倾向于选择教师、文秘等职业）又没有发生明显变化，因此女性就业率偏低。相反，由于男性选择理工类专业偏多，随着经济的发展，适合这些专业的就业机会明显增加，所以男性就业率高于女性的。①

（二）关于女性接受高等教育后进入劳动力市场的研究

这样的研究试图发现两性在教育结果上的差异，以及就业市场中的性别歧视现象。例如，有学者以高等教育领域的"女性教育优势"能否延伸到劳动力市场作为研究缘起，通过对 6782 名 2010 级本科生的高考成绩、本科期间的学业成绩以及就业情况进行分析，发现：女性的高考成绩优于男性的；女性本科期间的外语成绩、体育成绩、公共必修课成绩、公共选修课成绩以及 GPA 均显著高于男性；本科毕业后就业时，男性的就业情况显著优于女性，其中，女性进入国有企业、机关的概率要显著低于男性。这说明，"女性优势"仅体现在高考成绩和本科期间的学业表现上，而在就业上并无"女性优势"。最后的结论是，尽管女性在接受高等教育过程中拥有显著的教育优势，但是这种优势并不能延续到劳动力市场。② 对此，我们的解释是，首先要说明教育结果上的平等一般包括两个方面：第一个是在同等资格下，在获得更高一级教育或高等教育文凭的机会上是否存在性别平等；另一个就是劳动力市场和职场能否平等用人。这一研究在一定程度上说明了在社会和劳动力市场、职场上存在着性别不平等现象，高等教育过程中的性别平等并不能延续到劳动力市场和职场。从这项研究和一些社会现实来看，我国两性在受教育机会上的均等基本已经实现，教育过程中的均等有待提高，而教育结果上的平等主要体现在高等教育文凭的获得上，但在职业获得上存在着明显的性别不平等现象，这种现象在改革开放后有所增加。对此，国内有一

① 转引自周小李：《我国教育性别不平等问题研究的回顾与反思》，《上海教育科研》2007 年第 3 期。
② 蔡蔚萍：《女性教育优势能否延续到劳动力市场——基于高考成绩、本科学业表现和就业情况的分析》，《当代青年研究》2016 年第 6 期。

些社会学家认为,经济改革削弱了计划经济体制下的国家再分配机制,导致劳动力市场的性别歧视增强。他们观察到,随着作为女性保护者的国家退出微观经济领域,在就业和就业岗位、职务提升、工资报酬等方面,针对女性的劳动力市场歧视开始浮现。① 韩怡梅和谢宇的研究也发现,性别平等变化的趋势和程度,与中国不同历史时期的政治环境有直接的关系:在强调平等的时期,可以看到教育性别平等化趋势的增强,而在强调经济发展的时期,教育的性别平等化趋势减缓,甚至有不平等加大的趋势。②

(三) 性别平等与城乡差异研究

为了说明侧重经济发展时期的两性教育获得和职业获得上的不平等的反弹,有学者对城乡进行了比较。例如,吴愈晓的研究发现:第一,性别不平等存在城乡差异,农村户口居民的性别不平等程度高于非农户口居民的;第二,父亲的职业地位指数(ISEI)或父母的受教育水平越低,教育获得的性别不平等越严重;第三,兄弟姐妹人数越多,教育获得的性别不平等越严重;最后,不同教育层次入学机会的性别不平等程度也不相同,教育层次越低,升学机会上的性别不平等越严重。对此,吴愈晓认为,可以从制度和文化规范尤其是父权制或传统性别角色观念的角度来进行解释。父权制文化遵循传统的性别角色分工,有直接或间接的性别歧视因素,因此家长愿意将教育资源投到儿子身上。另外,在父权制文化里成长的女性,在社会化的过程中可能或多或少会参照传统的女性角色定位自己,自愿放弃受教育机会而更早参与到家庭的经济活动当中。因此,父权制观念与教育获得的性别不平等有着密切的关系,父权制观念越严重的历史阶段、地区或群体,教育获得的性别不平等亦更严重。③

(四) 性别刻板化与"去女性化"和"男孩危机"研究

这类研究基本采用田野调查、个案分析这样的质性分析方法,进入学校的"黑箱"进行考察。有研究发现,当前学前儿童性别角色教育过程中存在的问题主要体现在性别角色教育意识、性别角色教育内容、性别角色教育形式和性别刻板印象四个方面,其中性别刻板印象问题尤为明显或严重。研究还指出,应通过

---

① 转引自李春玲、李实:《市场竞争还是性别歧视——收入性别差异扩大趋势及其原因解释》,《社会学研究》2008 年第 2 期。

② 转引自吴愈晓:《中国城乡居民教育获得的性别差异研究》,《社会》2012 年第 4 期。

③ 同上。

加强教师培训与选择适宜的性别角色教育内容和方法,以淡化性别刻板印象。[①]
其他研究还涉及性别差异教育、性别平等教育、性别意识教育以及性教育。[②] 另
外,最近的研究进行了一些新的讨论,下面我们举例说明:

"去女性化"(defeminization)现象。这是钱民辉教授根据性别的自然属性、
社会性别角色形成的特征特点,以及生物及性的女性主义者费尔斯通所区分的
两性社会性征(女性是"理想主义的/审美的/人文主义的",而男性是"实用主义
的/技术的/科学主义的")[③],再结合女性在社会上获得成功需要付出的代价而
提出的。[④] 由于观念和文化的滞后性,社会上的职场和公共领域制定的成功标
准依然有利于男性,男性获得成功只需要付出努力就够了,不必失去男性特质。
而女性要获得成功,不仅要付出努力,而且要失去女性特质,需要具备男性所具
有的特质才能获得成功。例如,运动竞赛(健美、田径:更快、更高、更远)所要求
的发达有力的"肌肉",职场竞争所需要的理性和攻击(竞争)谋略,学术场域的
技术要求、抽象思维和科学主义,等等。而对于成功的女性,社会更多的是怀有
一种矛盾和复杂的心态,从一些称谓中就可以看出来,诸如"女强人""女老板"
"女教授"。而男性的成功则不需要冠上一个"男"字。男性与女性的特质是被
社会文化建构的,虽不平等却已是约定俗成,并且通过人的社会化而内化到人的
意识和行为之中,通过代际传递和保留不断强化和积淀。因此,"去女性化"正
是反映了这个社会所存在的两性不平等的现象。从另外一个方面看,对"去女
性化"现象的揭示:一是解释了女性在高等教育中专业选择上的偏好和集中,这
导致了专业培养与职业训练的非匹配现象;二是解释了为什么女性具有高等教
育优势却很难找到工作;三是说明了为女性量身定做的职业很少,所以女性要找
到工作就必须有职业获得上的优势,而拥有这个优势一定是以"去女性化"为代
价的。

另一个讨论热点是男孩危机。该主题针对教育过程中普遍出现的"男弱女
强"现象提出了"新的性别差距问题"。有研究显示,在北京大多数的小学,受

---

① 孙崇勇、赵红、赵灼、刘丽丽:《学前儿童性别角色教育现状调查研究——以东北八个地级市为
例》,《陕西学前师范学院学报》2019 年第 12 期。

② 关幼萌、杨可、任一明:《国内近十年性别教育研究综述》,《文教资料》2010 年第 16 期。

③ 参见〔澳〕马尔科姆·沃特斯:《现代社会学理论》,杨善华等译,第 284—285 页。

④ 源于 2005—2020 年我在北大为研究生开设的教育社会学专题讲座的讨论。

生理发育、学校评价机制等的影响，班级和学校干部多半由女生担任，在领导角色上男生一直处于弱势地位。在参与社会工作、艺术活动、校园媒体、学术俱乐部等方面，女生已经全面超越男生。在学习障碍和情绪不稳定学生的比例上，男生分别占 73% 和 76%，远远高于女生的 27% 和 24%。而且从全球角度看，女生尤其是中小学女生的学习成绩要普遍优于男生的学习成绩。这种新的性别差异现象开始引起人们的重视。① 于是，国内研究者纷纷开始对男孩危机现象进行探讨，包括对男生的学业、体质、心理和社会等方面的表征研究，男孩自身、家庭、学校和社会方面的原因研究，以及相关方面的策略研究。除了国家层面意识到"男孩危机"并采取相关措施之外，有关学者也从不同的视角为"男孩危机"的缓解献计献策。② 而在国际上，联合国教科文组织最新发布的《不让任何孩子掉队：关于男孩教育脱节的全球报告》，指出男孩正面临无法完成学业的巨大风险。③

　　可以看出，性别视角下的教育社会学研究，既可以考察宏观的教育公平、教育选择等问题，也可以探究具体的教育现象，如中小学教育中的男孩危机和新的性别不平等。性别研究视角不是将教育社会学研究对象进行简单的划分对比，而是采用交叉视角的框架和社会学结构化理论来帮助我们更好地分析教育过程中出现的问题。除此以外，教育过程与性别文化的相互影响，为我们揭示教育过程的内在逻辑（人化的和自然的）提供了新视角。

余　论

　　在现代人类社会中，性别平等是个持久的话题，性别与教育又何尝不是呢？在这一章里，我们对性别与教育做了一个简单的介绍，从章节布局来看，是遵循历史的脉络和由国外到国内的顺序渐次介绍研究文献。这可以让读者对性别与教育研究有一个纵向的和横向的总体了解。其实，上文介绍了两个特别重要的现象，就是"去女性化"现象和"男孩危机"现象，在余论这一部分我们再深入讨论一下，因为这两种现象可以将大部分的性别与教育研究融汇进来，而且，这两

---

①　胡振京：《男生：性别差距的新弱者——基础教育性别不平等研究》，天津教育出版社 2014 年版，第 1—3 页。

②　骆亚楠、俞程、张扬：《国内外"男孩危机"现象研究综述》，《现代教育科学》2014 年第 2 期。

③　报告可从联合国教科文组织官网下载，https://unesdoc.unesco.org/ark:/48223/pf000038 1105，2022 年 5 月 2 日访问。

种现象目前仍存在，并且将持续很长时间。

在这里我们先讨论"男孩危机"。最近二十年出版了很多关于男孩问题的专著，其中有影响的如孙云晓等人合著的《拯救男孩》[①]，这部著作深刻详尽地揭示了男孩成长与教育中的四大危机——学业危机、心理危机、体质危机、社会危机，并尖锐地指出"应试教育是男孩成长危机中最为凶猛的杀手"，呼吁人们要关心"男孩危机"现象。还有胡振京的《男生：性别差距的新弱者——基础教育性别不平等研究》。与传统的性别研究的女性主义视角不同，这部著作的焦点不在女生的教育不平等上，而是采取一种中立的观点去分析性别差距的弱者，结果发现男生已经在很多方面落后于女生，成为新弱者。对这一现象他们都有中肯的分析，但我认为应当对学生在学校中的互动及其环境进行分析。有一种现象存在已久，即我国的幼儿园、小学和中学女性教师所占的比重越来越大，仅以北京为例，从 2010 年到 2015 年，中小学女性专任教师占专任教师比例的变化趋势是，无论是小学、初中还是高中，女性教师比例总体上不断上升，其中小学女性专任教师比例 2015 年首次超过 80%。在这五年，女性教师所占比例，小学要高于初中，初中要高于高中。[②] 在这种情况下，男生与女教师的互动自然就多了起来，男生的一些特质，如活泼好动、调皮捣蛋、好奇心强、注意力不集中、兴趣广泛等，可能会被女教师限制和规训，直至训练成为一个文静的、听话的、注意力集中的、学习上进的学生。结果是，学校的生活让男生成为好学生，同时，男生与女生的特质也日趋接近，有学者称这种现象是男生女性化或双性化。另一个现象是，学校是一个强调纪律的"规训"场所，女孩子具有听话的特质，会自然适应这个环境，而男孩子的特质使其一开始很难适应这样的环境。这就在一定程度上解释了为什么女孩子在学校的表现比男孩子要好，尤其在学习上和学校文化的适应上。在这里，我认为男孩危机并不仅仅是学习上的危机、心理上的危机，而且是男孩子如何成为男孩子、男子的危机。学校这种"去男性化"的训练，自然在学校这个环境中达成了目标（听话、爱学习），但他们进入社会以后问题就会接踵而至。当然，对于这个问题我并不想给出直接的答案，下面基于"去女性化"这一现象再做说明。

关于"去女性化"的议题，我在 2005 年为研究生开设的教育社会学专题课

① 孙云晓、李文道、赵霞：《拯救男孩》，作家出版社 2010 年版。

② 张广林：《北京中小学女教师比例过去 5 年不断上升》，《现代教育报》2016 年 1 月 20 日。

中就提出了,当时有学生与我辩论说这可能不是一个"真命题",因为有很多成功的女性仍然保留着女性特质。那我就从这个辩论开始。首先,"去女性化"到底存在不存在,如果坚持两性之间没有任何差异(这个差异是不同),这似乎就不用讨论了。但大家都承认两性之间存在着自然的差异、社会的差异和文化的差异,虽然有人根据建构主义的女性主义理论认为,这个差异也是社会"建构"的,是基于男性霸权的,因此是不平等的。对此,我没有异议,承认这是个社会事实。但这个事实一定是根据婚姻制度、家庭制度、生育制度和社会分工的需要建构的,并以文化、习俗和观念的形式沉淀在人们的生活之中。例如,农村生男孩叫"弄璋之喜",生女孩叫"弄瓦之喜",玉和瓦一个天上一个地下。玉不琢不成器,于是就重视让男孩子从小接受教育,希望他能做大事,成为国家栋梁之材;象征女孩的"瓦"是一个实用器,于是女孩生下来就要教她做一个好女孩,温柔体贴、善女红、会服侍人。中国过去有一个习俗,男孩子满一周岁时要"抓周"①,不也能说明"男尊女卑"这个问题吗?

在成人以后,男孩子就有了男性气质和特质,女孩子就有了女性气质和特质。如果女孩子不具备女性特质大家看她就很别扭,说她像一个"假小子"一样。社会制度其实也是从家庭制度逐渐发展起来的,然后就有了"男主外女主内"的分工。从汉字最初的造字上也可以看到这种分工,男子的"男"由"田和力"构成,意思是在田间从事体力劳动,妇女的"妇"据《说文》:"妇,服也。从女,持帚,洒埽也,会意,谓服事人者。"当然,在今天看来,这两个字的发明也是反映了两性不平等的历史。这个不平等的制度是消灭了,但作为性别文化——字、习俗、性别观念、性别角色、性别分工却留了下来。所以,我在这里说的性别特质虽是建构出来的,但却是一种社会事实,反映在社会生活的所有方面。于是,在社会的公共领域进行竞争和获得成功,需要具备男性特质。而女性若想在社会上争取成功,就会让自己的思想、心理、精神、意志和身体接近男性,成为"男性"。这样,女性自身的特质就被掩藏,甚至消失了,这种现象我定义为"去女性化"。我提出"去女性化",主要是让大家看到这个社会的性别不平等的根源应从文化上去寻找。

---

① 抓周,中国民间的一种风俗,尤在农村中盛行,据说是起源于魏晋南北朝时期,在小孩周岁时,家长会将一些物品堆放在小孩面前,让孩子随意抓取,一般会放上笔、算盘、脂粉盒、头绳、钱币、书籍、官印等。

　　另外,借着去女性化讨论的余思,最后再补充回答上面提到过的"男孩危机"问题。学校教育中女孩在各个方面越来越占有优势,这说明学校与社会不一样,已经变成一个适合女性特质的环境。这也是学校被称为"象牙塔",学生读书越多越难以适应社会环境的原因。因为读书让人具有理想、追求真善美,成为人文主义者(很多人认为这是女性特质),而社会的主流价值却是实用主义的、技术的、效率的和科学主义的(很多人觉得这是男性特质)。这样的回答是否能在一定程度上说明"男孩危机"的后果,以及女性进入社会和劳动力市场的困难呢?

【思考题】

　　1. 请你对女性主义各理论流派的主张和主要观点进行评价。

　　2. 性别不平等的根源是什么?女性主义是如何揭露学校教育中的性别不平等现象的?

　　3. 建立女性主义教育学是实现教育中性别平等的目标吗?

　　4. 西方有学者认为,学校已经由一个"教育"的场所发展成了一个福柯所说的"规训"的"环形监狱",将所有的学生(男生女生)都培养成为"好孩子",服从社会的安排和摆弄,这对男孩子来说更加煎熬。你同意这样的看法吗?

　　5. 如今全球范围内的学校教育都出现了"女强男弱"现象,于是就有了"拯救男孩"和"新弱者男孩"之说。你是怎么看的?

　　6. 我在书中已经对"去女性化"命题和现象进行了解释和说明,尤其是将"男孩危机"看作教育过程中发生的事情(互动和环境),将"去女性化"看作教育结果上的不平等现象(学校与社会的区隔)。这样结合起来分析是否有道理?不论是或否,请谈谈你的看法和观点。

【推荐阅读书目】

　　郑新蓉:《性别与教育》,教育科学出版社2005年版。

　　这部著作的主要观点是,如同复制社会阶层和社会分工一样,学校通过性别的教育和规训也复制社会性别。因此,要在教育领域引入社会性别视角,用社会性别的基本立场和观点来审视和批判教育中的性别分化现象,破除教育领域中的性别偏见,即"赋教育以社会性别"。

〔美〕珍妮特·米勒:《打破沉默之声——女性、自传与课程》,王红宇、吴梅译,教育科学出版社 2008 年版。

国外有诸多教授评价这部著作是美国当代最富有影响力的著作,洋洋洒洒的文字展现了作者对于女性、自传与课程等问题所进行的突破性与复杂性的探讨,许多观点为"定性研究者"所认同。诚如美国哥伦比亚大学的玛克辛·格林教授所说:"这部富有洞察力、文笔优美的书不仅仅是自传性的;教育理论、事件与实践的解释同珍妮特·米勒个人与公共生活的侧面在此交织起来。"

〔美〕朱迪斯·巴特勒:《性别麻烦:女性主义与身份的颠覆》,宋素凤译,上海三联书店 2009 年版。

这部著作一出版即引来赞誉和争议无数,并被奉为开创"酷儿理论"的经典文本。《性别麻烦》开篇就对"女性"作为女性主义的主体提出了质疑。作者对波伏瓦、克里斯特娃、维蒂格、伊里格瑞等法国女性主义理论家的主要观点分别进行了梳理,并追溯到她们各自所依据或所反对的"阳具逻各斯中心主义"理论源头。作者借用后结构主义、精神分析和女性主义分析框架,通过对列维-斯特劳斯的结构主义人类学、福柯的管控性生产、拉康的原初禁制理论和弗洛伊德的性压抑的解读,从哲学本体论层面深挖,从而颠覆了霸权话语对性、性别、性欲的强制性规定。

胡振京:《男生:性别差距的新弱者——基础教育性别不平等研究》,天津教育出版社 2014 年版。

这部著作告诉人们,教育中既存在女生处于不利地位的现象,同时也存在男生处于不利地位的现象。今天,这两种现象是并存的。男生在学校的问题越来越多,而女生在学业成绩上和学校文化的适应上都开始好于男生。当这种教育上的优势越来越明显时,"男孩危机"就暴露出来了,也就是说,新的性别差距要引起人们的重视了,尤其是应当给予处在不利地位的男生帮助和特殊关照。这本书的特点就是,在性别研究中提出了一个新的现象,而且这种现象普遍存在于世界范围内。该如何解决这一新的性别差距问题,作者提出了自己的看法和建议。

第十五章

互联网与教育

引 言

今天,我们已经进入互联网时代,互联网正以极快的速度覆盖人们生活的所有领域,诸如交往领域、信息领域、消费领域、生产领域和休闲娱乐领域,其技术和发明迅速地被人们所接受和利用。有意思的是,现代人在评价贫困和落后时又多了一项指标,那就是"没有网"或网速慢,这说明人们的生存和文明的进步已经与互联网分不开了。如今,人们生活在这个充满各种信息的互联网时代,一方面受益于信息的发达、便利,如农民销售农副产品不再靠传统的供需市场,而是靠借助互联网建立起来的一个"大市场";另一方面,人们又为太多的信息所困,丧失了基本的思考和判断能力。此外,网络空间鱼龙混杂甚至充斥着色情、暴力和欺诈,让人们感到没有安全感。为此,有人担心互联网社会容易失控,还担心未来互联网会控制人类的话语权。[①] 在这种情况下,除了提升治理互联网社会的能力外,如何在人们的生活中和各行各业的发展中,利用好和发挥好互联网的正能量,减少其负能量,就成为一些有识之士思考的主题。不久前,"互联网+"突然成为热词,经各个媒体的报道,几乎一夜之间就被大家所知晓。

据文献记载,"互联网+"的概念是由腾讯总裁马化腾最先提出来的,并在2014 年 4 月 21 日公开发表在《人民日报》上[②]。他在文章中说"互联网+"是一

---

① 黄少华、翟本瑞:《网络社会学:学科定位与议题》,中国社会科学出版社 2006 年版,第 4 页。
② 《互联网正深度改变生活》,《人民日报》2014 年 4 月 21 日,第 9 版。

个趋势。互联网大家都熟悉了，那么"+"是什么呢？就是指传统的各行各业。之后，李克强总理在 2015 年《政府工作报告》中首次提出制订"互联网+"行动计划。[①] 同年 12 月，习近平主席在浙江乌镇举行的第二届世界互联网大会上向世界宣告："'十三五'时期，中国将大力实施网络强国战略、国家大数据战略、'互联网+'行动计划，发展积极向上的网络文化，拓展网络经济空间，促进互联网和经济社会融合发展。"[②]

依据党和国家的方针政策，短短几年，"互联网+"行动已经在各行各业全面推开。教育领域虽然也在响应这一号召，但行动上见效不大。究其原因，似乎与教育自身的规律有关：一是知识的教授和技能的培养需根据学生身心发展规律循序渐进，因此育人周期比较长；二是社会的需求进入学校教育有一个过程，特别是专业调整和课程设置不能一蹴而就；三是文化的选择和传递具有一定的稳定性，尤其是一代人向另一代人传递的价值观念很难改变。职此之由，纵览历史上任何一次社会变迁，教育上的变动、变革总是落后于政治经济领域和社会其他领域。尽管如此，如果社会各个方面都发生了变动，牵一发而动全局的教育变革还是要发生的，诸如近代废除科举而建立起新学制，以及兴办新式教育等。

目前，教育界对于"互联网+教育"的讨论已经开始，但如何理解和践行这一理念尚未形成共识。可以说，观念上的意见一致与否也是影响教育变革步调的一个因素。据此，本章将首先围绕"互联网+教育"展开思考和讨论，尤其是对这一概念的来龙去脉进行检索和评析，这有助于明确行动的目标；其次，对互联网时代的传统地域性教学如何走向脱域性教学做出分析，重在说明变革正在朝向一个新的方向；再次，对泛在教育的兴起是否会导致传统学校（大学）的消失这样的问题进行解析，有助于我们预测变革的结果；最后，考虑新技术革命会否成为学校教育变革的直接动因，以及变革会带来哪些变化和趋势，这样的问题意识无疑对正在进行的学校教育变革具有积极的意义。如此等等。下面分而述之。

---

① 参见《政府工作报告——2015 年 3 月 5 日在第十二届全国人民代表大会第三次会议上》，中国政府网，http://www.gov.cn/guowuyuan/2015-03/16/content_2835101.htm，2021 年 2 月 17 日访问。

② 摘自《习近平在第二届世界互联网大会开幕式上的讲话》，新华网，www.xinhuanet.com/politics/2015-12/16/c_1117481089.htm，2021 年 2 月 17 日访问。

一、从教育信息化建设到"互联网+教育"

在学校教育方面，"互联网+教育"提出之前，很长的时间里一直在进行教育信息化建设，这为"互联网+教育"的变革和发展奠定了基础。据文献记载，我国高等教育信息化起步于1998年，至2003年为教育信息化第一阶段，主要是完成软硬件设施建设；2003年后进入第二阶段，主要关注信息和信息技术在教育、教学中的应用，如多媒体教室、Mooc（慕课）、在线教育。我国基础教育信息化起步于2000年，第一阶段于2008年结束，主要工作是进行教育信息化的硬件建设和基础建设；第二阶段从2008年开始。① 这一时期的主要工作是，先后实施了数字化校园建设项目、农村中小学现代远程教育工程、国家基础教育资源库建设项目、教学点数字教育资源全覆盖项目、中小学"三通两平台"重大工程。为了进一步推进教育信息化建设，有人建议，建立以县为中心、以乡镇为节点、以村校为末梢的城乡教育命运共同体，通过"专递课堂""名师课堂""名校网络课堂"，将城里的优质教育资源输送到农村中小学，实现强校带弱校、一校带多校的教育均衡发展。② 可以说，在学校的主动配合和努力下，这一时期义务教育阶段的学校教育信息化的条件有了较大的改善。但比较来看，我国的教育信息化还是比西方国家的推迟了3—4年时间。

长期以来，教育信息化一直是学校教学的辅助工具，教师习惯于传统的课堂教学，对使用信息技术并不重视，尤其是在农村地区。例如，在国家大力推进"三通两平台"建设的过程中，各个地区的义务教育阶段学校信息化建设水平有了大幅度提高，但很多信息化设备在农村学校经常被"束之高阁"，只有在上公开课、信息技术课程时才被使用，利用率很低。另外，很多学校都存在信息技术与学科教学"两张皮"现象，把信息技术当作一门学科而非通用工具。这就是说，当社会上的银行、电信、税务和医疗等各行各业已经离不开网络技术的时候，学校离开网络也照常运行，还有不少人抵制教育网络化。这其中的原因很复杂，最主要的原因之一是很多教师不愿意改变传统的教学模式。还有，农村地区、

---

① 王竹立：《我国教育信息化的困局与出路——兼论网络教育模式的创新》，《远程教育杂志（理论前沿）》2014年第2期。

② 曾天山、祝新宇、万歆：《义务教育学校信息化建设成效分析——基于全国31省2000余所学校的调查》，《教育研究》2018年第4期。

落后地区以及一些城市的薄弱校的部分教师中存在着一种深深的自我焦虑，即网络化教学实行以后，大多数教师可能会无事可做或面临转岗甚至下岗。

但不管怎么说，在互联网时代一切都可能瞬间发生和改变。例如，贫困地区的学校推行了近二十年的教育信息化建设还只是停留在 1.0 时代，结果却因一个链接就跳到了 3.0 时代，中国青年报的一篇文章《教育的水平线》①（网文标题为《这块屏幕可能改变命运》）就是最好的例子。该报道的主角是全国知名的重点高中成都七中，他们大胆利用互联网，让贫困地区高中的 7.2 万名学生通过网校的屏幕，跟随成都七中的优秀教师走完了高中三年，结果这些贫困地区的学生中先后有 88 人考上了清华、北大，其中大多数学生成功考取了本科。如果这一报道中的网络教学模式在全国各地推广的话，那么每门课程只需要一位优秀的教师，就可以对全国成千上万的学生进行远程教学。如果是这种情况，那就完全不需要现今在各个学校任教的老师授课了，学生仅通过屏幕（网络教学）就能完成学习和学业。这样看来，网络化教学真的普遍实行的话，就有可能改变现在的学校制度、师生比和教师的职业结构，改变传统的教学方法和模式，改变所有人在优质教育资源面前的差别和不均等，进而实现学校教育全面均等化的目标。由是观之，长期以来存在的教育不平等现象，以及外在的教育资源和内在结构的不均衡状况，由于"互联网+教育"的出现，全面彻底的解决方案正在由可能变成现实。

那么，什么是"互联网+教育"呢？这个概念虽是近几年提出来的，但对它的定义却是多样化的。这与实践中的做法有关。比如，你做了什么就会说它是什么，你通过一块屏幕连到山区学校，让山区所有的学生都能跟着你的课程学习，这种利用互联网的同步或异步教学就被视为"互联网+教育"。这样看来，互联网+教育本身就是一个实践的模式。具体来说就是，在"互联网+"的时代，一所学校、一间教室、一块黑板、一个老师的传统教育模式在消退；一张网、一个移动终端、成千上万的学生，每个学生都可以根据自己的需要选择学校、课程、老师。另外，教学形式和教学方法也因此变得多样化，诸如近些年兴起的微课、Mooc（慕课）、翻转课堂、手机课堂等。与此同时，"互联网+教育"还催生了"弹幕教学"。"弹幕教学"是指在上课的过程中，学生手持平板电脑或者手机，随时可以

_____

① 《教育的水平线》，《中国青年报》2018 年 12 月 12 日，第 9 版。

通过网络提出疑问、发表看法，这些内容即时显示在屏幕上。授课教师会根据学生的反馈，随时调整授课内容和方式。这种一边听老师讲课，一边通过网络发送文字到屏幕上讨论问题的互动模式，使教学变得生动有趣和富有效率。①

据此，有学者对"互联网+"和"互联网+教育"的特征，以及实践运用的几个方面进行综合分析，认为"互联网+教育"特指运用云计算、学习分析、物联网、人工智能、网络安全等新技术，跨越学校和班级的界限，面向学习者个体提供优质、灵活、个性化教育的新型服务的模式。这类教育服务的理念和组织方式不同于传统学校教育，是在线教育发展的新阶段，具有技术与教育融合、创新的特征。②从这一定义可以直接看到，"互联网+"这种在线教育明显优于传统教育。经历了文艺复兴时期和工业革命时期的两次大变革，传统教育至少还有传承，而且保留下来很多；但这次的情形不同，也许是更加全面彻底改变传统教育的、与传统发生断裂的第三次教育大变革。

地质学的研究证明，凡是大的地震之前总是先有一些征兆或小的地震，教育变革也是一样。随着互联网在社会各个方面的广泛使用，教育领域必然受到社会大环境的影响，"互联网+教育"正在一点一点地撬动保守的学校教育体系的根基。为什么说学校是保守的？因为一直以来，微课、Mooc（慕课）、翻转课堂、手机课堂只占了学校教育中很小的一部分。与银行和工商业界不同的是，并非越发达地区的大城市和名校越可能优先发展"互联网+教育"。受"这块屏幕改变命运"的影响，在基础教育和高中教育中，越是边远地区、农村地区和城市的薄弱校就越需要和渴望网络教学，希望共享优质教学资源，这反映了广大学生、家长和教育管理者的愿望（当然，也有部分教师仍保留传统教学的观点，采取观望的态度）；而一些名牌校、优质校和老牌校依然以传统教学模式为主，以教师的言传身教为主，以网络教学为辅。要这样看，"互联网+教育"就成了"教育扶贫项目"。

在大学，Mooc（慕课）流行一时，但也只是少数教师引入了这种教学形式，大部分教师仍采用传统班级授课的形式。2020年初一场波及全球的COVID-19大流行，让国内大中小学校都延迟了开学，促使人们倡导进行全面的网络化教学。有意思的是，很多高校教师不会网上教学，各个学校不得不进行紧急的教学

① 张忠华、周萍：《"互联网+"背景下的教育变革》，《教育学术月刊》2015年第12期。
② 陈丽：《"互联网+教育"的创新本质与变革趋势》，《远程教育杂志》2016年第4期。

培训。于是,各个院系各门课程都先后利用教学网开始授课。经过几轮授课,据教学部门反馈的意见,学生比教师要先适应这种教学模式,大部分的教师还在适应中。从教师的反馈来看,自然科学和工科医科利用互联网教学的效果一直很好,但这种方式对于人文学科来讲有局限性,因为教学不仅仅是完成讲授内容,更重要的是培养学生做学问的态度、独立的思考和批判的精神,而这些需要通过面对面传授的"缄默性知识",即经由启发、意会、顿悟获得的知识。此外,在课堂上,学生有问题可以举手提出,教师马上就可回答,而在网络教学,尤其是异步教学中,空间和时间的分离导致问题延迟。与当下回答问题相比,由于缺少当时的语境,延迟回答问题可能会出现较大的歧义。还有的教授认为,硕士学位和博士学位论文答辩也在网上进行的话,就缺少了一种庄严的仪式感。是不是将来也要在网上授予学位和戴学位帽,由虚拟的老师在网上为学生拨穗呢?退一步说,如果研究生培养的其他所有环节都可以在网上进行,是否可以仅保留传统的答辩和授予学位仪式呢?

对于网络教学和人才培养方面出现的上述问题,教育技术学是这样解释的,传统教学与互联网教学是两种不同的形式,当前互联网教学中出现的问题也许随着互联网技术的进步可以得到解决。也就是说,传统的教学会在网络时代退出历史舞台,这只是时间问题。举例来说,一名饱读诗书的人文学科教授,尽管知识丰富、博雅通达,在授课时也要从头脑中提取知识和信息。而现在的学生并不需要"读万卷书"来让自己基础夯实、博学多闻,其实身边就有许多网络搜索引擎可以帮助自己查询所需的知识和信息。所以,在未来的学习中,个人不需要靠死记硬背使自己成为一种容器,也不需要变成一个博览群书的人物,而是要熟悉检索不同知识和信息的渠道,学会利用互联网技术和云端资源去查找、检索、识别、获取、组装和应用信息,充分利用和使用大数据进行分析处理。还有,关于在线学习中的提问和对话,网络技术已经解决了相关问题(弹幕仅限于同步教学),只是教师还不熟悉或不习惯使用这种技术而已。就像有的学生说的,科技就在身边,它无所不能,为何要对它视而不见呢?如今,科技确实给人插上了翅膀。部分教授所担心的传统仪式的消失也许在未来是不可避免的,就像大学从神学走向科学和人文一样。未来,互联网技术的进步和人工智能的发展有可能解决你所遇到的一切问题,也就是说,你所想到的和你没想到的互联网和人工智能都能为你做到。

所以说，对于互联网时代，人们必须接受它、适应它、依赖它。当熟悉了线上教学的模式以后，由于网络技术所带来的各种便利和无限发挥想象的空间，人们也许就不愿意再回到过去了。

二、从"地域性教学"到"脱域性教学"

上文谈到当今的学校教育正在经历历史上的第三次大变革，这次变革的直接动因是"互联网＋教育"。那么，变革首先触及的是什么呢？是学校教育的制度和结构，还是教育内容和教育方法？当然，这几个方面最终都会被触及，也会发生巨大的变革。但是，从动向上看，首先触及的是学校教育的形式，在线教学确实会引发"蝴蝶效应"，最终必将促成人类历史上的学校教育体系的大变动。

人们所熟悉的学校教育形式存在了几千年，据史料记载，相传在周朝就已经建立起学校教育体系，《礼记·学记》有言："古之教者，家有塾，党（乡）有庠，术（州）有序，国有学。"①不论是茅舍的私塾，还是乡村的学校（书院），抑或官府的辟雍②，一般都是在一个固定的地方由先生面向一群学生进行知识教授。大家记忆深刻的是鲁迅先生在《从百草园到三味书屋》里提到的"三味书屋"，那就是鲁迅先生少年时期读书的地方。他的老师是在此坐馆教书长达六十年的寿镜吾老先生。中国的这种固定地点的教学形式，西方称之为"班级授课制"。

班级授课制又称课堂教学，最早是在欧美一些学校里出现的以班级为单位的课堂教学组织形式，班级授课制是把一定数量的学生按年龄和学习特征编成班组，使每一班组有固定的学生和课程，由教师按照固定的授课时间和授课顺序（课程表），根据教学目的和任务，对全班学生进行连续授课的教学制度。1632年，捷克教育家夸美纽斯（John Amos Comenius）在他的《大教学论》中对这一组

---

① 《学记》，潜苗金译注，浙江古籍出版社 2011 年版，第 3 页。

② 辟雍本为周天子所设大学，校址圆形，围以水池，前门外有便桥。东汉以后，历代皆有辟雍，作为尊儒学、行典礼的场所，除北宋末年为太学之预备学校（亦称"外学"）外，均为行乡饮、大射或祭祀之礼的地方。

织形式进行了总结,同时规定了学日和学时制,由此为班级授课制奠定了理论与实践基础。在此基础上,赫尔巴特(Johann Friedrich Herbart)在他的《普通教育学纲要》中提出了"教学四段论",从而对班级授课制的形式做了具体的说明和规定。[①] 此后,在传统学校教育中就一直沿袭着这样的教学形式。

在社会学的研究里,固定地点的"班级授课制"这样的教学形式属于"地域性教学",即传统的学校教育是将一群未成年人依据年龄和教育的可接受性分入学前教育、小学、初中、高中、大学,一般采用班级授课的形式,有目的、有系统、有组织、有计划,以影响受教育者的身心发展为直接目标,并最终使受教育者的身心发展达到预定目标的社会活动。其最大的特征在于教学、校舍、班组、教师、学生、管理者和学校杂役人员是以高度集中、空间交叠的方式存在的。从性质上看,这有点像涂尔干所说的"机械团结"的社会组织形式[②],即学校是一个熟人社会,所有人都遵循共同的规章制度,由低年级到高年级的学生虽被等级、时间、空间分隔,但都有共同的认知和习惯,到一个地点(学校)聚集,到一个班组学习,各个班组虽然教学内容可能不一样,但教学形式却是高度统一的。学校被锁定在特定的时空中,呈现出封闭和静止的特性,学校和所有的学校人都有时空的坐落。

西方工业革命以后,教育的普及并没有改变传统的"地域性教学"形式,而是各地的学校呈算术级增长,学生数量则呈几何级增长。学校多了,差别也就出现了,并且迅速扩大了。这是地域社会经济发展不均衡,即不同地域的经济生活水平的差异造成的。当然,在好的地域,学校会获得经济支援,发展得更好,培养出更加优秀的人才以回报社会。而差的地域经济贫乏,学校落后且教学质量低

---

① 赫尔巴特根据心理学统觉团和学生兴趣提出教学应遵循四段论,即"明了——给学生明确地讲授新知识;联想——新知识要与旧知识联系起来;系统——作概括和结论;方法——将所学的知识用于实际(习题解答、书面作业等)"。与这四个阶段相对应的心理状态是"注意、期待、探究和行动"。这就是全部的课堂教学形式。后来赫尔巴特的学生将教学四段论发展成五段论,即"分析、综合、联想、系统、方法",还有人从教学形式上分为"预备、提示、比较、概括、应用"。参见《中国大百科全书·教育》,中国大百科全书出版社 1985 年版,第 122—123 页。

② 涂尔干在《社会分工论》中着重探讨了社会秩序、社会协调和社会团结等问题。他提出了两种不同的团结类型:一是"机械团结"(mechanical solidarity),另一个是"有机团结"(organic solidarity)。前者指社会成员间的相似性大于相异性,人们低度分化而呈现高度的一致性,道德和集体良知将人们整合成一个整体(集体)。后者指社会成员由于劳动分工而彼此不相似、分化,但相互之间的依赖增强,协调和契约精神将人们整合起来。参见谭光鼎、王丽云主编:《教育社会学:人物与思想》,台湾高等教育文化事业有限公司 2006 年版,第 39—41 页。

劣,导致经济发展的人才匮乏,学校教育与地域经济形成恶性循环,因而难以摆脱贫困。这就是学校教育分为好中差的缘由。除地域经济因素之外,在西方教育社会学的研究里,学者们认为教育发展上的差异是由权力和社会资源分配不平等造成的,同时是阶级阶层对学校的控制和社会、文化再生产的结果。这与中国的情况不一样,中国学校的分层是由一定历史、地域(包括城乡)和经济条件造成的。这就是说,国家和学校不会造成教育的不平等,所有人的受教育机会是均等的。在享有优质教育方面确实存在较大的不平等现象,虽然国家一直在努力促进优质教育均衡化发展,但是市场和社会阶层、家庭的力量不容低估。在这一时期,一些超级中学和私立学校的兴起(通过"掐尖"集中了该地区最优秀的学生),导致周边甚至更多地方的学校教育萎缩。这类现象已经存在很久了,国家出台了很多政策以限制和压制造成教育成层(除私立学校外,公立学校分为重点学校、示范学校、普通学校和差校)的社会因素和市场因素,但效果甚微。教育不平等现象和教育成层就是在"地域性教学"的土壤中滋生的。如果不是"这块屏幕"确实改变了山区一些孩子的学习状况,人们也许还找不到真正解决教育不平等和教育成层问题的钥匙。在互联网时代,教育的民主化和优质教育资源共享的变革已经是"山雨欲来风满楼",这意味着"互联网+教育"将打破"地域性教学"的时空限制,一个不受时空限制的"脱域性教学"的时代即将来临。

那么,什么是"脱域性教学"呢?英国社会学家吉登斯曾经在《现代性的后果》这部书中提出了一个"脱域理论",在他看来,"脱域"(disembedding)是指社会关系从彼此互动(信息交流)的地域性关联中,从通过对不确定的时间的无限穿越而被重构的关联中"脱离出来"。时空分离是脱域的初始条件,时空被重新组织起来以构造关于经验世界的宏大框架(网络化)。他认为有两种脱域机制,即象征标志和专家系统。[①] 前者指相互交流的媒介,它能将信息传递开来,用不着考虑任何场景下处理这些信息的个人或团体的特殊品质。象征标志可以分为不同种类,例如象征政治合法性的符号,在这里我们讨论的是教学符号。"专家系统"指的是由技术成就和专家队伍组成的体系,正是这些体系编织着我们生活于其中的物质与社会环境的广阔范围。所有的脱域机制(包括象征标志和专家系统两方面)都依赖信任,信任是"信念"的一种形式,表现为对在线教学的信

---

① 参见〔英〕安东尼·吉登斯:《现代性的后果》,田禾译,译林出版社 2000 年版,第 18—26 页。

心和信奉。

在这里,我们引入"脱域"的概念,并针对"地域性教学"提出了"脱域性教学"。"地域性教学"的前提假设是,"地域"被视为学校教学不可或缺的物质资源和基础。学校建在一定的地域范围内,具有稳定性、聚集性、熟人性、相似性、同质性、层级性、叠加性等特质。从私塾、学堂到学校,课堂教学的形式自古至今始终保持不变。然而,在互联网时代,与日俱增的流动性和发达的信息工具,以及不断更新的信息,使人们在大数据面前无法再用算盘或一般的计算机来储存和计算了,云计算已经成为这个时代储存与处理数据和信息的工具,这些都给"地域性教学"带来了诸多挑战。"地域性教学"缺乏对空间变化足够的敏感度,在处理跨时空问题上缺乏应对能力。此外,"地域性教学"所带来的社会陈旧性问题,如学校教育成层和教育资源方面的不均等,有限的教育资源难以满足所有人的教育需求,使学校成为一个社会地位等级分化严重的地方,部分人被排斥出优质教育,这种教育上的不平等直接引起了社会不公平感,继而引发了信任危机,威胁着社会的稳定。

综上分析,从地域性教学走向脱域性教学,既是时代发展的要求,也是社会的需要,"互联网+教育"的一个重要特征就是脱域性教学。这种脱域性教学不仅在改变传统学校教育的时空模式、教学模式、人际关系模式(专家系统通过网络技术将学校的社会关系从具体的情境中直接分离出来,人与人之间不再是熟人关系了),也在改变资源、声誉和质量不平等的教育结构,从而满足所有受教育者的需求。因此,由脱域性教学(在线教学)所带来的新的信任正在建立。据此推论,"脱域性教学"必将成为现在和未来教育变革的一个大趋势,网络化教育的形式也必将越来越多样化。这样的变革和变化是否会将传统的教育还给历史呢?下面我们接着分析。

三、传统教育的终结与泛在教育的兴起

如上所述,"脱域性教学"主要是相较"地域性教学"而言的一种"互联网+教育"的形式。这是借助互联网的平台和云计算、人工智能的优势,在一定教学理论和思想的指导下,应用多媒体和网络技术,通过师、生、媒体等的多边、多向互动,以及对多种媒体教学信息的收集、传输、处理、共享,来实现教学目标的一种全新的教学模式。如今,在线教学平台发展很快,既有面向个人的个性化指导,

又有面向多人的固定班级集体化教学，还有无固定班级、无固定地域、无固定国别的，只要注册成功就可以修习的在线课程和拟申请的学位。例如，较早时出现的"在线学习麻省理工学院课程"，以及在线修完课程且全部合格就可拿到世界名校的文凭等，当时人们对此还是将信将疑。

而今，在线学习更加多样化、更加广泛、更加成熟，已经不再仅属于远程继续教育范畴或是正规教育的补充了。正规的学校教育正在朝着网络化发展，在线教育将成为一种常态化的教学形式。这样一种新型的教学、教育形式的出现，促使人们将在它之前就有的教学、教育形式全部看成传统教育。

在"互联网+教育"的大趋势下，传统教育发生变革或许是必然的，但是若要说传统教育即将终结，可能信的人还不多。就拿现在非常态的新冠肺炎疫情时期的网络教学来说，恐怕大多数老师都盼着疫情赶紧结束，学生们返校，一切恢复如常。只要存在返校，就存在"地域性教学"，人们的观念和习惯没变，传统的教育就依然在。但这样一种现象还能持续多久，最终会发生改变吗？现实和理性告诉我们，现在不是变革派与保守派争论的时代了，而是一个由科学技术、人工智能、大数据和云计算等支撑的互联网掌握话语权力的时代，传统教育的终结也许只是一个时间问题。

在20世纪90年代，教育学领域的学者们就对有近三百年历史的教育学是否还能存在、是否已经终结进行过大讨论。① 华东师范大学的吴钢教授等人倾向认为，由于教育学不能满足科学的条件，于是更多新兴学科出现，导致教育学变成别的学科的领地，这样传统的教育学似乎已经走向终结。从当时的情况看，学科的终结并不意味着消失，应该说是"化蝶"。据史料记载，美国进步主义教育家杜威等人发起的教育改革，声称终结了赫尔巴特等先哲培养完美个人主义的教育学，提倡按照社会生活的实际需要培养儿童。他们以儿童中心（学生中心）、活动中心、经验中心的新三中心论，取代了传统教育的课堂中心、教材中心、教师中心的旧三中心论。但不论怎么变革，万变不离其宗，"地域性教学"形式和教育学原则、原理始终没变。

---

① 华东师范大学的吴钢教授写了一篇题为《论教育学的终结》的文章，刊于《教育研究》1995年第7期，从而在教育学界引发了大辩论。不管怎样，作者是从科学和多学科发展的视角出发，并且依据教育学的局限性看到了这一趋势，而诸多辩者则是从保守的视角和学科关联的视角捍卫这一学科。当时看好像都有道理，但现在看来，终结并不代表消失或退出历史舞台，而是分解分化成不同的学科。

很长时间里,现代性的一个主要工作就是瓦解和终结传统。传统的瓦解使得教育逐渐摆脱了传统意识形态的、伦理的和文化的阻碍。它积淀出一个新秩序,一个首先按照互联网(在线)教育标准来界定的新秩序。① 随着新秩序的来临,传统的教育学和传统教育一样正在被瓦解和走向终结。为什么这么说呢?与传统教育培养百科全书式的人才的目标不同,互联网教育已经转向培养依靠云计算、人工智能的熟练检索者,新的教学形式将教师改造成"网络主播","网络红人"取代了权威,教学更多地依赖网络和新技术而不是以往的教学方法革新。尽管我们还留恋传统教育的人文情结,"乡愁"总是难免的,但互联网时代的教育从形式到内容、从手段到目标、从结构到功能都将彻底改变,互联网时代的教育必须培养与互联网社会相适应的,恰如韦伯所说的具有工具理性的现代人。②

有一本非常畅销的书,名字叫《大学的终结:泛在大学与高等教育革命》,是由美国著名高等教育研究者和政策分析家凯文·凯里(Kevin Carey)撰写的。什么是"泛在大学"(The University of Everywhere)呢? 就是未来的学生要上的大学,它面向所有的学生提供优质的教育资源。"大学录取"这一概念将成为历史,其入学是终身制的,这是现代生活中的基本生存方式。人们不会在成人的关键时期花费几年时间在一所学校里学习,相反,他们会根据自身喜好、条件和需求与各种学习机构建立联系,这种关系将维系数十年。与今天不同,未来进入一所机构学习,学费低廉,不会背负沉重的债务。泛在大学将横跨地球,学生来自乡村、城镇和大都市,他们的文化和社会背景不尽相同,都将成为全球逐渐壮大的中产阶层,都希望改变自己的高等教育经历。学生将在史无前例的复杂数字化学习环境中接受教育,泛在大学有可能解决普通大学在千年前首次建立时就遭遇的基本问题,即如何以合理的价格向广大民众提供个性化的教育。历史上专属皇室权贵的优质私人教育,将向全球的所有人开放。这个历史性的发展将解放数以亿计的人,创造出一种前所未有的学习方式。这也颠覆了美国精英领导阶层的基础,从根本上改变了社会创造知识和经济

---

① 参见〔英〕齐格蒙特·鲍曼:《流动的现代性》,欧阳景根译,上海三联书店 2002 年版,第 6 页。
② 网络教学培养适应互联网社会需要的具有工具理性的人并没有错,那么,公民教育和道德教育以及品质品行教育应该由国家和社会、家庭承担责任,这就是说教育不仅仅是学校(网络)的事情,而且是整个社会的事情,就像终身教育的理念不是让人终身在学校学习一样。

发展的方式。①

泛在大学的出现必然给基础教育和高中教育带来深刻的影响和变化，推动所有的学校重新洗牌，而受教育者将会真正享受到受教育机会的均等、教育对待（过程）的平等和教育结果的公平。这样的教育情景在过去只是人们的一种想象甚至是一种奢望。早在20世纪70年代，伊万·伊里奇就在他的著作《去学校化社会》中对流行的教育现象进行了激烈的批判，甚至要取消和终止这种不平等的以"义务教育"为基石的学校制度，建立一种新型的人人平等互助的教育（学习）网络。为此，他劝诫学生，不要轻易相信专业人员，而是随时利用以计算机或其他手段建立起来的其他伙伴选配网，这种网络允许学生选择教师。在这种网络中学习，既不会有维持学生纪律，开展公关宣传，雇用、监督以及解雇教师等事务，也不会有与之类似的名堂；既不会有课程编制、教科书采购、校园以及设施维修等事务，也不会有校际体育竞赛管理。教育（学习）网络的运行，也不会像现在的学校那样要求教师耗费大量时间去监护儿童、辅导学习计划以及记录日常活动等。如果这种教育网络成为现实，那么，每个学生的受教育路径都将成为他自己独特的途径，且唯有日后回顾时才会理解其独特之处。网络管理者将主要致力于建立和保障获取教育资源的各种途径，教育者则会帮助学生找到最快实现其目标的路径。②

伊万·伊里奇的学习网络化的理想教育目标，由于受到当时教育官僚体制和流行的教育观念的压制，以及计算机技术和互联网尚未发展起来的条件限制，最终并没有在人们的教育实践中达成。时至今日，在这个互联网发达的时代，重新审视伊万·伊里奇的学习网络化观念，你会发现，他作为一位教育社会学者在当时就有如此远见卓识，凭借他的智慧和洞识为公众"解蔽"与进行启蒙。而且，他的思考和预见与历史的发展脉络是那样的吻合。相信你与我一样，会对这位敢于"除旧立新"的思考者和教育改革者产生由衷的敬意。

这样看来，泛在大学的出现和发展必将带来泛在教育的普及，我们在理论上有伊万·伊里奇的学习网络化理论给予支持，而在实践中又有互联网技术提供

---

① 〔美〕凯文·凯里：《大学的终结：泛在大学与高等教育革命》，朱志勇、韩倩等译，人民邮电出版社2017年版，第6—8页。

② 参见〔美〕伊万·伊里奇：《去学校化社会》，吴康宁译，中国轻工业出版社2017年版，第六章"学习网络"。

支撑。泛在教育能够让儿童更好地发展他的天性,不必在儿童期就接受"灌输式教育",而是接受与他自然生长规律相符的培养和教育;青少年也不需要为"择校"而苦恼,为了考试升学而疲于奔命,选择接受教育是出于自己真正的兴趣和内在的需要,而不是为了功利和避免不愉快的结果;大学生再也不会为高等教育分层带来的不平等所困扰,在他们面前的是灵活弹性的学习时间和随时随地都能享受到的优质教育资源。相信不久之后,学生"背着书包上学堂""千军万马挤独木桥""我要上名校""漂洋过海去留学"的现象,在互联网时代会成为一种历史记忆和歌谣而流传下来。还有,在泛在教育的环境里,现在难以克服的"中产焦虑"抑或"父母的教育焦虑"之类的情绪就都没有了。可以断言,在泛在教育的时代里,教育是平等的,学习与工作获得上的竞争不再是基于家庭的经济资本、社会资本和文化资本,而是学生通过接受教育掌握的知识和技能,即真才实学才是竞争的资本。这一天绝不是等来的,而是通过科技的不断进步、互联网技术的创新,以及一次次的教育变革实现的。下面我们谈谈互联网时代的教育变革,这有助于我们对未来的教育变动和结果有所准备,更有利于大家投身互联网时代的教育大变革。

四、互联网时代的教育变革及可能的结果

近百年来,科技的进步成为刺激教育变革频繁发生的最主要动因,诸如,在19世纪中期,由于大学已经落后于社会发展的需要,不能培养出实用型人才,德国柏林洪堡大学在威廉·洪堡的带领下进行了高等教育史上前所未有的一次大变革,改造了传统教学型的大学,引进了科学和研究人才,实行教学与研究并重,并率先发展成一所研究型大学。在第二次世界大战之前,它集中了物理学家普朗克、爱因斯坦,哲学家费希特、谢林、黑格尔、叔本华,神学家施莱马赫,法学家萨维尼等著名学者,培养了29位在化学、医学、物理和文学等领域成就不凡的诺贝尔奖得主。

二战以后的整整一个世纪应该说是美国大学的世纪,其最初的改革主要得益于两个方面:一是美国的研究院采用德国模式,立重研究之传统;二是大学部多少受英国影响,承重教学之传统。但在此之后,美国大学超出了德、英的模式,演变成走出象牙塔、融入社会发展的多样性大学。对美国大学颇有研究的加州大学前任校长克尔(Clark Kerr)认为,今日的美国大学应当有一个新的称呼,即

"multiversity"（多样性大学），因为它的性格已不是"university"所能表达的了。这种大学已经成为"知识工业"（knowledge industry）的轴心和动力。学术与市场已经结合，大学自觉或不自觉地成了社会的服务站。①

　　大学作为社会的服务站，强调了其不仅仅是一个培养人才和进行科学研究的地方，也是一个为社会和经济发展以及所有人的社会生活提供服务的机构。20世纪70年代以来，美国主要的科技创新都来自大学，例如新材料工程、生物基因、克隆技术、宇宙空间技术等，特别是信息工程所带来的互联网飞速发展。这些发明创新都在改变着人类的文明模式和人们的社会生活。而科技的快速发展和社会变迁又极大地促动了教育变革，互联网时代的教育变革与以往不同的是，时空分离、压缩，以及人员不在场、脱域和开放等，这些都成了当代学校教育的主要特征。有人保守地认为，变革后的学校教育具有以下四个特征：（1）融合性。即正式学习与非正式学习相融合，在线学习与课堂教学相融合，校内学习与校外学习相融合。（2）个性化。也就是由消费驱动的个性化服务，它改变着传统配给制下的服务模式，允许学习者根据自己的需要去选择，只有学习者选择了这项教育服务，消费才被认可。（3）汇聚性。它根植于社会生产生活，面向学校、各类机构和普通公民等各类主体，汇集所有具有教育价值的知识，供学习者选择。（4）协同性。即互联网行业深度参与教育服务实践，成为教育体系的新要素，也成为教育创新的外部驱动力。② 也有人在若干年前就大胆预测，互联网时代的教育变革一定是史无前例的，例如，学校的围墙没有了，班级授课制也将退出历史舞台，虚拟班级会出现，学校变成生人社会，学习主要依赖网络和屏幕。于是，视频会议等网络教学平台涌现，出现了"网红"或明星教师，评估教师、课程和学校的指标将被重新修订。③

　　这种预测是有一定道理的，你看现在除了学校的围墙、教室还在，其他几个方面都发生了改变。当然，这是一个特殊的时期，COVID-19全球大流行导致多国的学校不能正常开学和上课，于是利用互联网授课就迅速推广开来。到2020年6月，已经上了几个月的课，各大学并没有让学生返校的任何迹象，网络教学

---

① 参见〔美〕亚拉伯罕·弗莱克斯纳：《现代大学论——美英德大学研究》，徐辉、陈晓菲译，浙江教育出版社2001年版。

② 陈丽：《"互联网+教育"的创新本质与变革趋势》，《远程教育杂志》2016年第4期。

③ 参见王竹立：《技术与教育关系新论》，《现代远程教育研究》2012年第2期。

还在继续。渐渐地,越来越多的教师熟悉并且喜欢上了这种教学方式,通过网络,可以邀请千里或万里之外的一位著名学者或专家给学生上课,你只要向这位学者提供一个链接,他就可以给你的学生上课。发现种种便利后,有很多教师似乎不愿意再回到过去。这种非常态下的权宜性教学形式会不会成为常态? 如果绝大多数教师和学生认可这种教学方式,它就一定会常态化。不过,从非常态到常态,并不是一种自然过渡,而是需要一场变革。推动这场变革的力量不是疫情而是互联网,因此教育变革是必然的。只是人们现在最关心的是,这场变革究竟会带来哪些实质性的改变,以及未来的教育发展趋势是什么。

从检索到的相关文献和互联网在教育实践中的应用来看,近几年,翻转课堂、微课程、Mooc(慕课)以及网校等新的教育形式如雨后春笋般涌现,在线教育对学校教育产生了越来越大的影响。"互联网+教育"并不是传统的教育,而是一种全新的教育形式。当所有的教育都在按照这样的方式变革和更新自己,我们有理由相信,互联网时代的教育一定会出现以下几个方面的变化。

第一,在线教学平台迅速崛起,在线教学模式突破甚至取代传统教学模式和班级授课形式。目前我们常用的时间同步、空间分离的在线直播教学平台,有钉钉、腾讯会议、CCtalk、中国移动"和教育"等。异步在线教学更早于同步教学,是指教师和学生不仅空间分离,在时间上也是分离的,即教与学彻底分离。其教学平台有爱课程网、中国大学 MOOC(慕课)、录播课平台等。随着互联网的发展,在线教学平台也会产生激烈的竞争,可能形成联盟或大浪淘沙。时机成熟时,国家也将出台有关互联网教学的法律法规和管理细则。

第二,随着在线教学的国际化,英语将成为同步和异步教学的主要语言。这样的教学形式必然会突破学校的界限,将来竞争最激烈的会是课程。即一门课程可以由北京大学的教授讲授,也可以由哈佛大学的教授或牛津大学的教授讲授,学生能够根据自己的喜好和课程评价选择听哪个老师讲课,即点开哪位老师给的链接。由此看来,中国正在进行的"双一流"建设极具前瞻性。

第三,开发适合在线教学的课程将成为各个大学工作的重中之重,尤其是自然科学和社会科学的课程,如果跟不上科学的发展、社会的进步、文化的更新就会被淘汰。人文学科则可以保留传统、经典和多样化之美,让人们了解不同文化所带来的审美观、价值观和历史观。基础教育的课程开发将参照国际标准,越来越统一、规范,课程间的竞争是师资和教学质量的竞争,因此,建设一支好的基础教育教师队伍就显得十分紧迫和必要。

第四，学校的生源由固定变成固定与不固定并存，直至最后学校发展成为面向全世界所有人开放。如果是这样的情形，未来一所大学的存在就由在网上注册的学生数量决定，这样，除了课程的竞争之外，全世界所有的大学都将重新洗牌。也许，对于理工科生物医学等自然科学来说，全世界仅保留一所教学型大学，其他都会变成真正的研究型大学，面对数以百万计的学生，它们通过互联网教学平台仍能应付裕如。

第五，未来的学校由于学生的不固定，上线的课程一定要先经过主管部门批准和各个学校互认。如果是基础教育和高中教育，学生在线通过各门考试即可获颁相应的合格证书。如果是大学生，当他在线修完所有的课程欲申请一所学校的学位时，该校的教师/教授专业委员会将本着"宽进严出"的原则，完成考试、答辩和评估的流程，初试合格者将被报送学校更上一级学位委员会进行综合检查和最后评估，通过者将被授予相应学位。

第六，基于班级授课制的，以教师为中心、教材为中心、教室为中心的知识传授模式，逐步让位于基于广泛学习资源的，以学生为中心、问题为中心、活动为中心的能力培养模式。① 也就是说，未来的学校将打破固化的组织形态，采用弹性的学制和扁平化的组织架构，根据学生的能力而非年龄来组织学习；根据学生的个体需求提供灵活的教学安排，而不是依据传统的学期或者固定的课程结构；打破现有的学制，加强不同学段之间的衔接，更好地满足当代学生的自主发展需求，为学生提供富有选择、更有个性、更加精准的教育。②

结论与讨论

可能正像德国社会学家乌尔里希·贝克（Ulrich Beck）所说，我们正处在一个制度化风险（包括市场风险）和技术性风险并存的时代。吉登斯也认为，生活在高度现代性的世界里，便是生活在一种机遇与风险兼有的世界中，这个世界的风险与现代制度发展早期阶段的不同，是人为不确定性带来的问题。也就是说，人类社会的风险结构从自然风险为主导逐渐演变成人为（化）的不确定性为主

---

① 宋述强：《我们是否在见证一场新的教育革命》，《辽宁教育》2015 年第 9 期。

② 曹培杰：《未来学校的变革路径——"互联网+教育"的定位与持续发展》，《教育研究》2016 年第 10 期。

导。人们为了抵御风险而建立起各种制度,但人类发明的科学和技术的不断进步又给社会造成了新的治理难题,将人们依赖的制度置于不确定性之中,导致了制度风险。[①]　今天的情形似乎正在验证这一理论,互联网的快速发展给人类的生活、学习和工作带来了诸多挑战和机遇,但是,在这样的社会里,如果人们还是按照传统的方式(制度)行事,生活、学习和工作就会出现很多不便和困扰,人们会陷入制度风险。本章就是在探讨互联网时代的教育冲突、挑战、变革以及未来的发展趋势。在这一部分,我们并不是要对这一章做概括和总结,而是要沿着社会学的分析框架,对前面所谈的现象和问题进行社会学的思考和界定。这样做有助于大家认识到互联网社会的特征,以及其对教育的挑战和所引发的教育变革。经过分析,我们认为,应该从以下几个方面把握上述问题。

　　首先,在社会学看来,在互联网时代,可将教育区分成"机械团结"的学校教育和"有机团结"的学校教育。前者包括依赖地域性教学的、时空一致的、学生按年龄划分的年级制度以及统一的班级授课制度。学校使用统一的教学大纲,由分配好的固定的学科教师教授一群固定的学生。这就是靠集体制度和意识形态将人们整合到一起的机械团结模式。后者涉及脱域性教学,时空分离,参与者构成陌生人社会,体现为一种远程开放的方式,既可同步也可异步在线授课,学生不固定、完成学业时间不限。这主要是基于个人的兴趣、课程的价值、实践的需要,只要求学生在网上成功注册。在这样的教育情境中,每个人基于信任、信念和规范相互联系,可以说是一种有机团结模式。无疑,在未来,地球上的人类活动空间将越来越小,开辟虚拟空间将成为社会的主要工程。这样,地域性教学一定会日益萎缩,脱域性教学则会向着无限空间发展。这也是我们分析说有机团结的学校教育将逐渐取代机械团结的学校教育的理由。

　　其次,在线教学虽然存在了很久,但一直没有成为学校教育的主要形式,仅仅是辅助教学工具,因此对传统的学校教育并没有造成太大的冲击。而在当前的非常态时期,在线教学在中小学和大学成了一种主要的教学形式。由于涉及的范围广、时间长(疫情期间线下延迟开学),在线教学以最快的速度"嵌入"学校教育,迅速与学校教育结合起来,并开始改变学校教育的方方面面,也就是说,学校教育正在围绕在线教学展开。在这里,我们可以借用经济学家卡尔·波兰

---

① 参见〔英〕安东尼·吉登斯:《现代性的后果》,田禾译,第109—112页。

尼(Karl Polanyi)的"嵌入"(embeddedness)与"脱嵌"(disembedded)的理论进行形容和解释。[①] 那么何为在线教学的"嵌入"呢？我们的理解是,在线教学不能单独存在,要借助学校教育或市场才能发挥作用,比如,依靠市场发展起来的在线教学目前已经形成规模,可以满足学生和其他人的各种教育需求。在非常态(疫情期间)下,在线教育借助学校教育成为学校教学的主要模式,保证了学校在线下延期开学的情况下停课不停学。如果在线教学仅仅是"嵌入",还不会发生根本性的变革。在疫情结束之后,它会不会"脱嵌"于学校教育,成为一种自发自由自律的"市场化"的教育呢？[②] 那么,什么是"脱嵌"呢？就是在线教育从学校教育中独立出来,不再依托学校教育而直接与学习者发生联系。由于在线教育的功能强大,它能满足互联网社会发展对人才知识与技能的需要,也能满足不同年龄、不同兴趣、不同目的、不同水平、不同地域的人的学习需要。在这一历史进程中,学校教育如果不进行有效的变革,如发展与互联网社会相适应的教育模式,在线教育的"脱嵌"就有可能发生,这会使学校教育陷入"技术风险"和"制度风险"而难以自拔。

再次,从在线教育到泛在大学的出现可能并不意味着大学的终结,但大学不进行变革则一定会终结。大学要想继续存在,就必须在互联网社会中谋得可观的生存空间,即大力发展虚拟环境。大学除了继续吸引新的学习者,还可以使学习者终身都能够回归。它们需要创造真实的人类社区,并基于永无止境的学习项目与人们建立起联系。它们需要采用对于很多人都有意义的、人们负担得起的各种方法。"申请"大学和大学"毕业"将来不再有这么大的意义。人们会加入学院和其他学习组织,投入时间的长短取决于他们自己的需要。这意味着,学校教育也要跟得上互联网社会的发展,虽然从传统上看,科学与社会、经济的每

[①] 卡尔·波兰尼在《巨变:当代政治与经济的起源》这本书中,提出了"嵌入"的概念,意指社会是一个复杂的综合体,经济只不过是其中的一部分,因此经济并不是单独存在的,它依赖政治、文化和宗教等其他因素,并与它们协同发挥功能。与"嵌入"相对的是"脱嵌",这是指原本作为社会一部分的经济,却要从社会整体中分离出来单独存在,不受社会其他因素的影响和制约。例如自发调节的市场经济体。详见〔英〕卡尔·波兰尼:《巨变:当代政治与经济的起源》,黄树民译,社会科学文献出版社2017年版,第21—28页。

[②] 在这里,我本人倾向于同意波兰尼的论断,即经济(市场)只有嵌入社会才能发挥作用,不可能脱嵌于社会而成为一个自律体。在线教育必须嵌入学校教育,不可能脱嵌于学校教育,这是因为,只要涉及教育就必须遵循教育规律,如儿童身心发展的内部规律,教育要适应和满足社会需要的外部规律,遵循社会变迁的发展规律。

一次进步都加强了大学作为一种稀有场所的逻辑——教师、学生和书籍都被高墙环绕，从而将知识禁锢其中。但是现在，互联网社会正在摧毁这一逻辑。所以，我们相信，这一次的教育变革将不同于以往任何一次教育变革，未来的大学不会仅以一种方式存在，而新的方式我们一定能看到。①

　　最后，我们要从社会学"反功能"的视角②，谈谈作为一种现代性的"在线教学"是如何挑战传统学校教育的。根据默顿提出的功能理论，促进系统调适的是正功能，相反，减弱系统调适的是反功能（负功能）。社会学的结构功能主义认为，反功能的存在是对社会秩序和社会系统的一种威胁；而冲突理论认为，反功能可以激发社会变革，促进社会发展。据此我们认为，在线教学对学校教育而言具有正功能，同时也存在着反功能。比如，传统教学形式难以为继，更多的教学空间闲置，学生管理方面出现问题，学时、学日、学期和学年制将被打破而必须重构，师生比改变，地方性知识和课程（乡土教材及校本课程）消失，学校及教育分层被打乱，教育体系的权力、资源、结构、制度、政策的稳定性动摇，如此等等。由此看来，反功能触及之处甚多甚广。如果将在线教育看作"潘多拉的盒子"，那它对教育体系来说将是一场灾难，但我们更愿意视之为给人类带来光明的"普罗米修斯"，认为它照亮了互联网时代的教育变革之路。科技与文明的进步将成为教育变革永恒的动力，而坚持保守主义的教育家，恐怕在今天以及未来都不会再有世外"桃花源"可供遁世和惬意了。

【思考题】

　　1."互联网+教育"主要指教育的哪些方面？

　　2.互联网时代的教育变革会在哪几个方面率先出现？

　　3.你同意"地域性教学"属于"机械团结"的教育形态，"脱域性教学"属于有机团结的教育形态吗？是与否都说说理由。

---

　　①　〔美〕凯文·凯里：《大学的终结：泛在大学与高等教育革命》，朱志勇、韩倩等译，第246—247页。
　　②　当主流的功能主义者认为社会的构成部分都对社会整体发挥积极的功能时，默顿提出了"反功能"的概念。他认为，制度化行为模式并不都能得到促进系统调适的结果，也可能产生减少系统调适的结果，即反功能。例如，在一个社会中，某种风俗或制度可能促进了某个群体的团聚或整合，但对于社会的其他部分则具有相反的功能。具体来说，宗教制度在促进宗教内部群体团结的同时，也造成了不同群体间的争斗，以及宗教群体与社会其他部分之间的紧张。依此引申到"这块屏幕……"的现象，其结果是改变了部分学生的命运，但是对当地教师的尊严和职业都造成了一定的负面影响。

4. 反功能的概念是否揭示了在线教育已经对传统教育教学形成挑战，并很可能会引发新的教育变革？

5. 在线教育对于学校教育的"嵌入"已经发生，那么，根据波兰尼的"市场脱嵌"理论，在线教育的"脱嵌"是否可能？

6. 案例分析：数世纪以来，教育资源一直稀少而昂贵，而在泛在大学里这种状况将不复存在。随着数字化学习环境的蓬勃发展，丰富的教育资源，如书籍、讲座视频、图像、音频等任何可数字化的东西，不管在全球哪个角落，只要有互联网，就可以轻易获取、免费享用。"大学录取"这一概念将成为历史，泛在大学面向所有人开放并提供个性化的教育，而且是终身制的。从此人们不再受昂贵的学费、限制的时间和文凭价值的困扰。（引自〔美〕凯文·凯里：《大学的终结：泛在大学与高等教育革命》，朱志勇、韩倩等译，人民邮电出版社 2017 年版，第 6—8 页。）

根据这一案例，说说你的看法：泛在大学会出现吗？你对这样的大学怎么看？你希望未来的大学是什么样的？

【推荐阅读书目】

黄少华、翟本瑞：《网络社会学：学科定位与议题》，中国社会科学出版社 2006 年版。

该书作者认为，网络社会学不仅仅是社会学的一个分支学科，而且是一种极有可能将社会学研究带入一个全新领域的"知识形态"。围绕网络空间而建构出来的一套概念和命题系统，应该有别于经典社会学的问题意识和理论范式，从而有可能意味着一种崭新的研究范式的确立。

〔美〕凯文·凯里：《大学的终结：泛在大学与高等教育革命》，朱志勇、韩倩等译，人民邮电出版社 2017 年版。

南京师范大学著名教育社会学者吴康宁教授评价这本书时写道：面临信息技术革命严峻挑战的高等教育将何去何从？平等自由、开放共享、丰富多样、低廉适用的高等教育何以可能？对于这两个问题，凯文·凯里通过环环相扣的分析与生动有趣的叙述，作出了富有解释力与感染力的回答：运用日新月异的信息技术，改造自私、封闭、僵化且具垄断性的高等教育制度，建立人人均可随时随地自主选择参与其中、享受个人所需教育资源的"泛在大学"。

〔美〕约瑟夫·E. 奥恩：《教育的未来——人工智能时代的教育变革》，李海燕、王泰辉译,机械工业出版社 2018 年版。

该书作者认为,教育应该培养学生的数据素养、科技素养和人文素养。学生需要数据素养来管理大数据流,需要科技素养来了解机器的工作原理,而作为人类,他们也需要人文素养(人性、沟通和设计)以在未来的劳动力市场中与智能机器合作。

赵帅编著:《破局:互联网+教育》,化学工业出版社 2018 年版。

该书以互联网教育的行业背景为起点,揭秘中国互联网教育主流商业模式及生存之路,探索幼儿教育、K12 教育、职业教育的发展道路,并介绍了时下流行的 MOOC 模式。

〔英〕安东尼·塞尔登、奥拉迪梅吉·阿比多耶:《第四次教育革命:人工智能如何改变教育》,吕晓志译,机械工业出版社 2019 年版。

该书作者认为,人工智能与人类教师相比,更加公正和公平,能促使每个学生根据自身所需最大限度地学习知识、收获成长,真正实现个性化教育。未来,学习知识不再是棘手的问题,在人工智能的陪伴下,终身学习将成为可能。借助人工智能,每个人都可以随时随地拥有更好和更加个性化的教育资源,定制化的教育和学习将逐渐取代传统的教育、学习模式。

朱永新:《未来学校:重新定义教育》,中信出版社 2019 年版。

该书作者认为,未来的学习中心,没有固定的教室,每个房间都需要预约;没有以"校长室""行政楼"为中心的领导机构,表面上看,可能有点像今天北上广的创业孵化器;它可以在社区,也可以在大学校园,甚至在培训机构。未来的学习中心,没有统一的教材,全天候开放,没有周末、寒暑假,没有上学、放学的时间,也没有学制。未来的学习中心,教师是自主学习的指导者、陪伴者,一部分教师将变成自由职业者。最后作者大胆地提出,传统学校已经处在"无可奈何花落去"的衰落期,未来的学习中心呼之欲出。

第十六章

教育与国家发展①

引言

在这个科技快速发展的世界，各国领导人都非常重视教育，教育是培养科技人才、推动科技进步、促进人类社会和平与文明的伟大事业。也因此，教育成为衡量一国综合实力和文明程度的重要指标之一，教育与国家发展的关系越来越紧密。习近平总书记在许多重要场合的讲话中频繁地谈到教育与国家发展的关系，通过对习近平教育讲话的学习，我们发现，作为一国领导人，他是站在历史的高度、国家发展的高度、全人类社会的高度来谈教育的。甚至教育领域里发生的具体事情，他都会上升到国家和人类社会的高度上去引导。例如，在2013年4月21日致清华大学苏世民学者项目启动仪式的贺信中，习近平强调："教育决定着人类的今天，也决定着人类的未来。人类社会需要通过教育不断培养社会需要的人才，需要通过教育来传授已知、更新旧知、开掘新知、探索未知，从而使人们能够更好认识世界和改造世界、更好创造人类的美好未来。"通过国家领导人谈教育，我们会更加清晰地看到教育与国家发展的关系，诸如，教育要为国家培养什么样的人，教育是怎样促进国家经济、政治、文化和科技发展的，什么样的教育才能维护国家的统一和多民族社会的稳定，如此等等。以往的研究对于上述问题并没有给出令人满意的答案，这是因为每一位研究者都是根据自己的研究旨趣，选择偏好的角度和方法对某一教育现象进行专门研究，由此产生了不同的

① 本章选自钱民辉、罗淇：《教育与国家发展》，《北京大学学报（哲学社会科学版）》2021年第1期。在该文基础上，又增加了引言、第六部分、结语，以及思考题和阅读材料。

教育理念或教育理论。在教育社会学领域也不例外,我们不缺一种底层的视角来分析和解说教育与社会、教育与国家的关系,但唯独缺少一种由上向下的、全景式的,即"一览众山小"的目光。因此,在本章中,我们对习近平的教育讲话进行学习和理解,这不仅有助于我们厘清教育与社会、教育与国家发展的关系,而且有益于对教育社会学的知识体系和理论体系的重新思考与构建。下面,我们分别从六个方面通过习近平的教育讲话来深刻理解"教育与国家发展"的关系,这样做不仅是教育社会学知识和理论发展的需要,而且对于教育实践(包括教育改革与发展)具有重要的现实意义和深远的历史意义。

一、教育与人的发展

从教育社会学的视角看,人的发展(社会化)是教育的本质,是一切教育存在的前提。但是,人接受教育后会向哪个方面发展? 会成为什么样的人? 这个问题超出了教育的范畴。我们认为,由于时代不同、社会制度不同,教育的性质不同,人的社会化会有不同的发展方向。① 历史已经证明,教育从来不是孤立存在的,它服务于社会和国家。在 2018 年的全国教育大会上,习近平强调:坚持中国特色社会主义教育发展道路,培养德智体美劳全面发展的社会主义建设者和接班人。② 2020 年 1 月 19 日至 21 日在云南考察调研时,习近平也谈道:"教育同国家前途命运紧密相连。我们教育的目的就是培养社会主义建设者和接班人。要坚持正确办学方向,落实党的教育方针,加强高素质教师队伍建设,培养有历史感责任感、志存高远的时代新人,为实现中华民族伟大复兴提供有力人才支撑。"③由此可以看到,习近平明确指出,我们的教育首先要解决的是培养什么

---

① 法国社会学家涂尔干非常重视教育与国家的关系,他坚持认为教育是国家的一个组成部分。因此,教育因时间和国家而有很大不同。在古希腊和拉丁姆的城邦中,教育是要把个体训练成盲目服从集体以及任社会摆布的人;今天,教育致力于使个体具有独立自主的人格。在雅典教育中,人们力求培养高尚的、深思熟虑的、洞察入微的、注意分寸与和谐的、有审美能力的和乐于进行纯粹思辨的人;在罗马教育中,人们首先要把儿童培养成对文学艺术不感兴趣,但崇尚军功的勇于战斗的人。在中世纪,教育首先是要使人信奉基督教;在文艺复兴时期,教育具有更明显的世俗性和人文主义的特征;今天,科学正在逐渐取代以前艺术在教育中所占的地位。引自〔法〕埃米尔·涂尔干:《教育及其性质与作用》,张人杰译,载张人杰主编:《国外教育社会学基本文选》,华东师范大学出版社 1989 年版,第 3 页。

② 《习近平:坚持中国特色社会主义教育发展道路　培养德智体美劳全面发展的社会主义建设者和接班人》,《人民日报》2018 年 9 月 11 日,第 1 版。

③ 《习近平春节前夕赴云南看望慰问各族干部群众　向全国各族人民致以美好的新春祝福　祝各族人民生活越来越好祝祖国欣欣向荣》,《人民日报》2020 年 1 月 22 日,第 1 版。

人的问题,目标就是培养出德智体美劳全面发展的社会主义建设者和接班人。因此,我们的教育要坚持正确办学方向,培养受教育者要遵循党的教育方针。那么,什么是"正确办学方向"? 具体办学中如何落实党的教育方针? 这不仅是一个教育的政治属性问题,也是一个关于人的发展方向的问题,关系到教育与国家发展的千秋大业。关于"正确办学方向"这个问题,2018 年 5 月 2 日,习近平在北京大学师生座谈会上发表讲话指出:"古今中外,关于教育和办学,思想流派繁多,理论观点各异,但在教育必须培养社会发展所需要的人这一点上是有共识的。培养社会发展所需要的人,说具体了,就是培养社会发展、知识积累、文化传承、国家存续、制度运行所要求的人。所以,古今中外,每个国家都是按照自己的政治要求来培养人的,世界一流大学都是在服务自己国家发展中成长起来的。我国社会主义教育就是要培养社会主义建设者和接班人。"[①]习近平在办学方向上非常重视对人的政治要求和思政课程建设,强调不仅要在高校开好思政课,而且要在义务教育阶段上好这门课。特别是"针对义务教育阶段中道德与法治、语文、历史三科教材建设,我提出要从维护国家意识形态安全、培养社会主义建设者和接班人的高度来抓好。我们培养人的目标是什么要搞清楚,现在非常明确坚定地提出要培养社会主义建设者和接班人"[②]。

过去,对于学校教育中如何上好思政课,能不能上好思政课,上好思政课的底气、支撑和要坚守的是什么,这些问题大家都没有搞清楚,结果思政课大都流于形式,没有取得实际的效果。所以习近平在讲话中做了有理有据的全面分析和透彻解说。正如他所说,"始终坚持马克思主义指导地位,大力推进中国特色社会主义学科体系建设,为思政课建设提供了根本保证。我们对共产党执政规律、社会主义建设规律、人类社会发展规律的认识和把握不断深入,开辟了中国特色社会主义理论和实践发展新境界,中国特色社会主义取得举世瞩目的成就,中国特色社会主义道路自信、理论自信、制度自信、文化自信不断增强,为思政课建设提供了有力支撑。中华民族几千年来形成了博大精深的优秀传统文化,我们党带领人民在革命、建设、改革过程中锻造的革命文化和社会主义先进文化,为思政课建设提供了深厚力量。思政课建设长期以来形成的一系列规律性认识和成功经验,为思政课建设守正创新提供了重要基础。有了这些基础和条件,有

---

① 《习近平:在北京大学师生座谈会上的讲话》,《人民日报》2018 年 5 月 3 日,第 2 版。
② 习近平:《思政课是落实立德树人根本任务的关键课程》,《求是》2020 年第 17 期,第 6 页。

了我们这支可信、可敬、可靠,乐为、敢为、有为的思政课教师队伍,我们完全有信心有能力把思政课办得越来越好"①。这样的讲话无疑是对学校开设思政课给予肯定与支持,确立了思政课在学校教育中重要的学科地位,明确了思政课上讲什么、怎样讲,并且将上好思政课提高到为中国特色社会主义培养守正创新人才的高度上去认识和执行。

明确了正确办学方向以后,就要考虑如何在促进人的发展的具体教育实践中贯彻执行党的教育方针。党的教育方针应该说来自马克思关于人的全面发展的学说,后经毛泽东作了具体而明确的阐述,即"我们的教育方针,应该使受教育者在德育、智育、体育几方面都得到发展,成为有社会主义觉悟的有文化的劳动者"②。长期以来,党的教育方针一直在理论和实践上指导着我国的教育工作,习近平在坚持党的教育方针的同时,根据中国的具体实践和不断发展变化的社会现实,表明学生不能仅在知识的学习上片面发展,而是要在"德、智、体、美、劳"这些方面获得全面发展,尤其强调了"德育"的重要性。长期以来,我们一直强调"德"是评价一个人教育素养的试金石,中国的传统教育最重视的就是"修身",即通过"善"和"仁"表现出来的道德。新中国成立以后,在继承传统的同时,破除了封建的道德思想和观念,树立了社会主义道德体系,依然将"德"放在育人的首位。习近平在强调了德育对于人的发展的重要价值以后,以一位唯物主义者的眼光看到了人的发展的首要方面应是人的物质基础,即身体和健康,于是前瞻性地将健康的教育理念提到学校工作的首位。正如他所指出的,"要坚持健康第一的教育理念,加强学校体育工作,推动青少年文化学习和体育锻炼协调发展,帮助学生在体育锻炼中享受乐趣、增强体质、健全人格、锻炼意志"③。我们认为这样的教育理念才是回到了教育的本质上,健康才是人的发展头等重要的事情。若无健康的体魄和心理、健全的精神和坚韧的意志,何谈人的全面发

---

① 《习近平:用新时代中国特色社会主义思想铸魂育人 贯彻党的教育方针落实立德树人根本任务》,《人民日报》2019年3月19日,第1版。

② 毛泽东同志于1957年提出了这一教育方针。1958年,《中共中央、国务院关于教育工作的指示》发布,提出"教育为无产阶级政治服务,教育与生产劳动相结合",同时规定教育工作由党来领导。这一教育方针正式成为党的教育方针。《中国大百科全书·教育》,中国大百科全书出版社1985年版,第159页。

③ 《习近平:在教育文化卫生体育领域专家代表座谈会上的讲话》,《人民日报》2020年9月23日,第2版。

展？教育若不能给人以健康，这种教育就不可能是可持续的。如今，教育没有将健康放在首位，没有真正重视健康第一的教育理念，导致今天大部分的家庭都围着学生的升学和考试转，上名校成为教育成功的结果和象征，而学生身体素质下降、亚健康状况增多、心理问题被忽视等教育病理症状症候被置之不理。试问，这样不健康的受教育者进入社会，能承担起社会主义建设者和接班人的历史使命吗？他们自己能生活得幸福吗？毛泽东同志在青年时期就非常重视体育锻炼，曾经说过一句名言：身体是革命的本钱！如果没有强健的体魄，一个人是经受不住社会的风吹雨淋的！如果弱不禁风，怎能当好一名劳动者，怎能谈得上对社会的贡献？习近平深谙此理，所以能提出健康第一的教育理念。在这样的教育理念指导下，我们应当进行一次深刻的教育变革，不仅仅是设置体育课并将体育成绩纳入中考和高考，体育不是考出来的，而是一种良好的习惯与素养，包括健康的身体、人格和行为的培育。这就要求我们先树立起正确的教育观，即教育的起点是人的发展，人的发展的关键是健康。世界卫生组织对健康的定义是，健康不仅是躯体没有疾病，还要心理健康、社会适应良好和有道德。联合国教科文组织鉴于国际社会对教育与健康密切关系的认识不断提升，组织启动了新"健康与福祉教育战略"，以此来促进人类社会的可持续发展目标的实现。[①] 这一国际教育战略与习近平的健康第一的教育理念是一致的，也反映了今后教育变革的一个大方向和趋势，即"健康+德智体美劳"的人的全面发展新模式。

二、教育与国家政治稳定

习近平在教育讲话中多次提到，教育的功能是培养社会主义建设者和接班人。从教育的功能来看，培养建设者是属于教育的经济功能，培养接班人则属于教育的政治功能。这两种功能在具体的教育中是不可分的，但又是属于两种不同的教育机制。一种是表意性的教育机制，在学校教育中也称为"表意性秩序"（expressive order），即教育的目的是使受教育者融入学校，成为学校"道德集体"中的一员，进而培养他们的品德、态度、个性、价值观，发展其爱国主义情感和坚定正确的政治思想。另一种是工具性的教育机制，即"工具性秩序"（instrumental order），目的是传授知识及技术，使受教育者适应经济建设和职业发展的需要。[②]

---

① 王俊：《联合国教科文组织启动新"健康与福祉教育战略"》，《世界教育信息》2016 年第 24 期。

② 黄庭康：《批判教育社会学九讲》，社会科学文献出版社 2017 年版，第 78 页。

"表意性秩序"具有涂尔干道德教育的用意，其目的是让所有的受教育者在学校教育中逐渐融入学校的道德生活，培养他们遵守纪律以及对集体、民族和国家的认同感、归属感。而"工具性秩序"由于等级和差异等，引发了学校的分化和分层。特别是改革开放以来，学校被分成了"重点校"和"普通校"，于是人们普遍关注学校的等级声望和学生的学业成绩，学生家长择校造成的压力，使得学校教育忽视或弱化"表意性秩序"的功能，越来越趋向培养精致的个人主义的"工具性秩序"。如果任由这样一种现象继续下去，很可能危及国家政治的安全。习近平正是看到了学校教育中出现的不正常现象，才提出了"把培育和弘扬社会主义核心价值观作为凝魂聚气强基固本的基础工程"[①]，这是因为"社会主义核心价值观"是国家政治的保障。那么，在学校教育中如何通过"表意性秩序"培育和弘扬"社会主义核心价值观"呢？对此，习近平作了进一步的说明，"培育和弘扬社会主义核心价值观必须立足中华优秀传统文化。……博大精深的中华优秀传统文化是我们在世界文化激荡中站稳脚跟的根基"[②]。因此，"要讲清楚中华优秀传统文化的历史渊源、发展脉络、基本走向，讲清楚中华文化的独特创造、价值理念、鲜明特色，增强文化自信和价值观自信"[③]。习近平这样讲，不仅强调学校教育要加强中华优秀传统文化的传承，而且促使所有的教育工作者深刻反思。在习近平所说的"文化自信"和"价值观自信"方面，我们的基础教育、高中教育和大学教育有没有做到？这两个自信确实关乎学校教育的方向，关乎国家政治的安全和稳定，也是做人、办学、坚守、立国的底气。那么，什么是"文化自信"？通俗地讲，就是对自己的文化有信心，这种信心是在熟悉自己的文化并对其有着深厚的感情的基础上自然而然形成的。记得改革开放之初，一些年轻人盲目地追求西方的生活方式和价值观，社会对此多有批评，甚至用"崇洋媚外"来形容。这是因为他们对自己的文化和价值观不了解也没有感情，缺少自信。这种现象不仅发生在生活领域，在学术领域也不例外。其时，著名社会学家、人类学家费孝通提出了"文化自觉"的理念，帮助人们认识到中西文化的不同，强调要建立起对自己文化和价值观的自信。

---

① 《习近平：把培育和弘扬社会主义核心价值观作为凝魂聚气强基固本的基础工程》，《人民日报》2014年2月26日，第1版。

② 《习近平谈治国理政（第一卷）》，外文出版社2018年版，第163—164页。

③ 同上书，第164页。

　　"文化自觉"大意是指生活在一定文化中的人对其文化有"自知之明"，明白它的来历、形成过程、所具有的特色和发展的趋向。不带任何"文化回归"的意思，不是要"复旧"，也不主张"全盘西化"或"全盘他化"。自知之明是为了增强文化转型的自主能力，取得适应新环境、新时代文化选择的自主地位。文化自觉是一个艰巨的过程，只有在深刻认识自己的文化、理解所接触到的多种文化的基础上，才有条件在这个正在形成中的多元文化世界确立自己的位置，然后经过自主的适应，和其他文化一起，取长补短，共同建立一个有共同认可的基本政治秩序和一套多种文化都能和平共处、各抒所长、联手发展的共处原则。[①]　当然，费孝通先生讲"文化自觉"更多的是考虑到一个多民族的社会如何处理好"多元与一体"的关系，传统与进步的关系，中国的文明与西方的文明"和而不同"的关系。一个不容回避的事实是，一段时间里，在我们的一些大学讲坛上人们只讲主流文化，少数民族多元文化讲得少了；课堂上老师讲科学讲进步多了，而中国优秀的传统文化不讲了；介绍西方文明、自由民主和所谓普世价值多了，而对中国的文明、社会制度和社会主义核心价值观就很少提了。更荒谬的是，在学术界，如果你研究美国的民主制度，就被视为一种科学或学问而赋予学术价值，你若研究社会主义制度和社会主义核心价值观，就被认为是一种意识形态或政治宣传而缺少学术性。我们的大学如果真是按照这样的方式讲下去做下去，培养出来的是什么人呢？是中国的西方人吗？真是这样，这与中国的传统文化、现代的社会主义制度和社会主义核心价值观就是冲突的、对立的。这样的教育不仅会搅乱我们的政治秩序，而且会严重阻碍我们的政治进步。

　　记得不久前有一位学者说过，目前的人文社会科学界有那么一些人，在改革开放初期就出（国）去了，他们根本没有经历过我们农村和城市的经济体制改革及政治体制改革等重要历程。他们在国外学了一些新的名词和理论，回国后就成了一名中国问题研究专家，对农村问题、城市问题，教育问题，甚至对我们的社会制度套用西方概念进行所谓的学术性评价和批评，显得很时髦。部分毫不知情的年轻学生对此热情追捧，他们刚刚建立起来的对本国文化和价值观的自信又退回到了原点。这些年轻的学生之所以会这样，是因为我们的学校教育一直偏重"工具性秩序"，"表意性秩序"则成了一种摆设。学生从小就缺少能够真正

---

　　①　费孝通：《关于"文化自觉"的一些自白》，载《费孝通论文化与文化自觉》，群言出版社 2005 年版，第 473—482 页。

触及人的情感的爱国主义教育、道德教育和社会主义核心价值观培育,因此没有根基或根基不深。习近平"洞若观火",看到了这样一种危机,这不仅仅是一种教育危机,也是一种人的危机,对国家来讲更是一种政治危机。因此,他提出要"强基固本",并作了具体的指示,即"构建具有强大感召力的核心价值观,关系社会和谐稳定,关系国家长治久安。……要切实把社会主义核心价值观贯穿于社会生活方方面面。要通过教育引导、舆论宣传、文化熏陶、实践养成、制度保障等,使社会主义核心价值观内化为人们的精神追求,外化为人们的自觉行动。榜样的力量是无穷的,广大党员、干部必须带头学习和弘扬社会主义核心价值观,用自己的模范行为和高尚人格感召群众、带动群众。要从娃娃抓起、从学校抓起,做到进教材、进课堂、进头脑"①。习近平谈到榜样的作用是无穷的,那么,教师首先要为学生树立起榜样,言传身教才配为人师。在向学生讲解社会主义核心价值观的时候,不仅要谈到社会主义的历史、马克思主义的理论基础、政治进步和革命实践,还要谈到社会主义核心价值观也是一种人文主义,因为社会主义制度是人民的制度,它是保障人民的生活和福祉的。只有让学生从内心真正接受社会主义核心价值观,并且建立起制度自信、文化自信和观念自信,他们才有可能成为社会主义接班人,社会主义的伟大事业也才能继续下去。

三、教育与国家经济发展

"十三五"以来,我国经济发展的显著特征是进入新常态。在新常态下,我国经济发展的主要特点是:经济增长速度从高速转向中高速,发展方式从规模速度型转向质量效率型,经济结构调整从增量扩能为主转向调整存量、做优增量并举,发展动力从主要依靠资源和低成本劳动力等要素投入转向创新驱动。这是我国经济向形态更高级、分工更优化、结构更合理的阶段演进的必经过程。适应这样广泛而深刻的变化并不容易,对我国而言是一个新的巨大挑战。经济新常态主要是在四个主要的内外部因素的作用下出现的:一是全球经济格局深刻调整,我国外部需求出现常态萎缩。二是国际创新驱动竞争更为激烈,我国产业结构转型升级滞后。三是我国传统人口红利逐渐减少,资源环境约束正在加强。四是我国面临跨越"中等收入陷阱"的挑战,改革红利有待强力释放。②

---

① 《习近平谈治国理政(第一卷)》,第 163—165 页。
② 国家行政学院经济学教研部编著:《中国经济新常态》,人民出版社 2015 年版,第 4—5 页。

新的内外部因素塑造了经济新常态。在新常态之下，我国经济发展的关键在于，实现从粗放型的高增长发展转向高质量发展。我们可以从三个层面理解高质量发展的内涵：第一，要促进均衡发展，让经济发展的成果更多惠及全民；第二，要优化产业结构，不断实现产业升级；第三，要推动形成以国内大循环为主体、国内国际双循环相互促进的新发展格局。而实现高质量发展，教育是关键一环，在以上三个方面都将起到决定性作用。

党的十九大报告指出，"中国特色社会主义进入新时代，我国社会主要矛盾已经转化为人民日益增长的美好生活需要和不平衡不充分的发展之间的矛盾"①。实现惠及全民的均衡发展已经成为新时代经济发展的核心命题，消灭贫困也就成了新时代经济发展的应有之义，而教育扶贫则是促进落后地区和贫困人口脱贫的重要手段。习近平历来高度重视教育在扶贫工作中的重要作用。早在 20 世纪 80 年代，他在福建宁德工作期间就写成《摆脱贫困》一书，其中特别强调了"越穷的地方越需要办教育，越不办教育就越穷"②。2015 年教师节前夕，习近平在给"国培计划（2014）"北京师范大学贵州研修班参训教师的回信中也指出："让贫困地区的孩子们接受良好的教育，是扶贫开发的重要任务，也是阻断贫困代际传递的重要途径。"③到 2020 年，中国已经消除了绝对贫困，但脱贫摘帽绝不是均衡发展的终点，相对贫困依然会长期存在。同时，已脱贫人员如果缺乏自主致富能力，依然有可能返贫，下一代仍然可能陷于贫困。如何深化教育扶贫工作，全面阻断贫困代际传递，有效激发贫困人口脱贫的内生动力，是巩固脱贫攻坚成果必须关注和解决的问题。贫困的成因是复杂的：一方面，贫困地区产业发展滞后，就业机会少，致富渠道单一；另一方面，贫困群众普遍受教育水平低，观念落后，不具备劳动致富所需的知识和技能，摆脱贫困信心不足、能力不足、动力不足。长远看，要想从根本上消除贫困，离不开教育扶贫。要将发展教育摆在优先位置，加大教育投入，不断提升贫困地区人力资源开发水平，增强贫困人口自我发展能力，为当地群众提供更多的就业岗位和发展机会，促进当地特

---

① 《习近平：决胜全面建成小康社会 夺取新时代中国特色社会主义伟大胜利——在中国共产党第十九次全国代表大会上的报告》，《人民日报》2017 年 10 月 28 日，第 1 版。

② 习近平：《摆脱贫困》，福建人民出版社 1992 年版（2014 年 8 月重印），第 173 页。

③ 《习近平总书记给"国培计划（2014）"北师大贵州研修班参训教师的回信》，《人民日报》2015 年 9 月 10 日，第 1 版。

色产业发展和经济转型升级。习近平曾多次强调："治贫先治愚,扶贫先扶智。"①由此可见,教育扶贫是一种有效且影响深远的手段。教育扶贫,即让贫困人口接受教育培训,这有助于其提升素质和劳动技能,由此实现既扶贫又扶智的双重目标,大大增加脱贫机会。在扶贫脱贫过程中,教育是一种人力资本的投资,目的是提高受助者的素质。与传统的物力投资和救济相比,教育扶贫更能直接作用于受助者本人,增强其改变自己境遇的内在动力和能力。

在优化产业结构、不断实现产业升级的过程中,教育的作用显而易见。产业升级需要拥有前沿产业知识的领军型人才,更加需要大量优秀的基础性产业人才和"大国工匠"。新常态之下,产业升级和经济结构调整不断加快,各行各业对技术技能人才都有迫切需求,职业教育的重要地位和作用越来越凸显。以习近平同志为核心的党中央对职业教育的重视程度之高,推动职业教育改革发展的力度之大,前所未有,这为我国进一步的产业升级提供了人才后备军。职业教育与产业升级的关系极为密切,对产业升级起支撑性作用。2019 年 8 月 20 日,习近平在甘肃考察山丹培黎学校时,从"实体经济是我国经济的重要支撑,做强实体经济需要大量技能型人才,需要大力弘扬工匠精神"的战略高度,作出了"发展职业教育前景广阔、大有可为"的重大论断。②"十四五"期间,我国的产业将进一步升级,高端制造业和服务业都需要高素质的基础性人才支撑,教育将助力中国速度向中国质量转变、制造大国向制造强国跨越。因此,习近平提出要"坚持产教融合、校企合作,坚持工学结合、知行合一,引导社会各界特别是行业企业积极支持职业教育,努力建设中国特色职业教育体系"③,以"培养更多高技能人才和大国工匠"④。

面对当今时代复杂严峻的经济形势,党中央提出了构建"以国内大循环为主体、国内国际双循环相互促进的新发展格局"⑤的经济发展思路。在过去,我

① 《习近平谈治国理政(第二卷)》,外文出版社 2017 年版,第 85 页。

② 《习近平:坚定信心开拓创新真抓实干 团结一心开创富民兴陇新局面》,《人民日报》2019 年 8 月 23 日,第 1 版。

③ 《习近平:更好支持和帮助职业教育发展 为实现"两个一百年"奋斗目标提供人才保障》,《人民日报》2014 年 6 月 24 日,第 1 版。

④ 《习近平:大力弘扬劳模精神劳动精神工匠精神 培养更多高技能人才和大国工匠》,《人民日报》2020 年 12 月 11 日,第 1 版。

⑤ 《习近平:关于〈中共中央关于制定国民经济和社会发展第十四个五年规划和二〇三五年远景目标的建议〉的说明》,《人民日报》2020 年 11 月 4 日,第 1 版。

国多数产业相对低端,借助劳动力资本优势生产较为廉价的工业品出口创汇,而与外向型经济相适应的廉价劳动成本使得大量低端制造业从业人员收入较低,难以拉动内需。从经济循环的角度分析,内需问题在于有效需求明显不足以及有效的中高端产品和服务供给不足,而教育可以在推动国内大循环、扩大内需的新格局中起到重要作用。教育对群众的消费水平、消费结构、消费方式、消费观念等方面都会产生重要影响。教育不仅促进了人作为生产要素的人力资本的发展,也促进了人作为消费主体的消费水平、消费观念、理性消费的发展,以及相应消费技能的提升。受教育程度越高,人的消费就越理性化、高端化,更加重视服务质量,这本质上就有利于有效需求的提升。同时,受教育水平更高、掌握更多技能的劳动者既有机会创造更加高端的产品和服务,又更有可能获得更多的收入,进而拉动内需和扩大外需。

四、教育与国家科技发展

2016 年以来,美国政府对华政策的性质已经发生了战略性调整,由"接触合作"转向遏制和打压。① 2018 年起,中国部分高科技企业先后遭遇制裁和封锁,美国政府也制定了一系列针对中国高科技产业的限制和打压政策。中美在高科技战略领域直接竞争已经不可避免,可以预见的是,今后美国的政党轮替并不会影响美国政府压制中国科技产业的态度,对中国科技产业的压制必将长期存在,最关键的就是对核心技术的封锁。党的十八大以来,习近平多次强调:"关键核心技术是要不来、买不来、讨不来的。只有把关键核心技术掌握在自己手中,才能从根本上保障国家经济安全、国防安全和其他安全。"②在世界新一轮科技革命和产业变革同我国转变发展方式的历史性交汇期,关键核心技术的攻关、突破与创新比以往任何时候都更为重要、更为迫切。习近平指出:"在我国发展新的历史起点上,把科技创新摆在更加重要位置,吹响建设世界科技强国的号角。……科技是国之利器,国家赖之以强,企业赖之以赢,人民生活赖之以好。中国要强,中国人民生活要好,必须有强大科技。新时期、新形势、新任务,要求我们在科技创新方面有新理念、新设计、新战略。……实现'两个一百年'奋斗目标,实现中

---

① 滕建群:《美国对华"战略竞争"探析》,《当代世界》2018 年第 12 期。
② 《习近平:在中国科学院第十九次院士大会、中国工程院第十四次院士大会上的讲话》,《人民日报》2018 年 5 月 29 日,第 2 版。

华民族伟大复兴的中国梦,必须坚持走中国特色自主创新道路,加快各领域科技创新,掌握全球科技竞争先机。"①

习近平在党的二十大报告中又特别强调:"教育、科技、人才是全面建设社会主义现代化国家的基础性、战略性支撑。必须坚持科技是第一生产力、人才是第一资源、创新是第一动力,深入实施科教兴国战略、人才强国战略、创新驱动发展战略,开辟发展新领域新赛道,不断塑造发展新动能新优势。"②面对全球新一轮科技革命和产业变革,谁能抢占先机、广纳天下英才、引领创新,谁就能在竞争中赢得主动、占领制高点。

作为后发国家,我国的高端科技人才供给曾长期依赖海外留学人员归国这一路径。新中国成立初期,以钱学森、邓稼先为代表的海外留学旅居归来科学家有近2000人,这些科学家是新中国早期建立科研体系和国防工业的基石型人才。③ 改革开放初期,1980年中国推选出283名科学院院士,这些院士中欧美留学生占比达到了70%。同时也有不少欧洲留学生。2008年之前,84%的中国科学院院士、75%的中国工程院院士、80%的国家863计划首席科学家都有过出国留学或海外工作经历。④ 我国最高科学技术奖得主80%以上有海外留学经历。留学科技人才长期在我国科技创新领域扮演关键角色,因而我国政府对于引进高端科技人才一直较为重视,也制订了一系列高端人才引进计划。在美国转变对华战略的大背景下,美国出台了一系列限制中国科技人才流动、限制中美学术交流的政策,甚至有在美华人科学家遭到了调查和逮捕。这些政策和行动背后的逻辑是,中国学者到美国去,学了最先进的技术之后就会带回中国,最终中国会利用其规模优势战胜美国。"科学无国界"是他们说的,对科学技术的封锁也是他们做的。不管怎样,在这样的背景下,我国高端科技人才供给必然要从引进为主逐渐走向自主培养为主,我国高等教育也就必须承担更重的培养高端创新型人才的使命。

---

① 《习近平:为建设世界科技强国而奋斗——在全国科技创新大会、两院院士大会、中国科协第九次全国代表大会上的讲话》,《人民日报》2016年6月1日,第2版。

② 习近平:《高举中国特色社会主义伟大旗帜 为全面建设社会主义现代化国家而团结奋斗——在中国共产党第二十次全国代表大会上的报告》,中国政府网,https://www.gov.cn/xinwen/2022-10/25/content_5721685.htm,2023年6月27日访问。

③ 王安轶、丁兆君:《新中国成立之初留学归国的科技工作者》,《科技导报》2020年第10期。

④ 刘国福:《近三十年中国出国留学政策的理性回顾和法律思考》,《浙江大学学报(人文社会科学版)》2009年第6期。

在"科教兴国""优先发展教育"等战略的影响下，我国的高等教育规模化取得了举世瞩目的成就。2019年全国教育事业发展统计公报显示，全国各类高等教育在学总规模4002万人，高等教育毛入学率51.6%。① 我国高等教育规模占世界高等教育总规模的比例超过20%，已经成为世界高等教育第一大国。高等教育规模化的背后是科技人才的规模化，据国家统计局2019年7月公布的数据，我国科技研发人员总量连续6年稳居世界第一位。② 作为世界上科学家、工程师数量最多的国家，我国取得了一系列重大的科技成就，成为公认的世界工厂，这与我国基础性科研人才的规模化培养直接相关。不可否认的是，我国高等教育在公平性和大众化方面的成就举世瞩目，规模化培养的科技人才也是当今时代我国科技产业发挥规模化优势的重要基础，但高端科技人才培养层面仍存在短板，高等教育重量不重质的现象依然存在，对于科技人才的培养过于依赖指标化的管理体系，而忽视了对高端科技人才的个性化培养。习近平指出："要依靠改革激发科技创新活力，通过深化科技体制改革把巨大创新潜能有效释放出来，坚决破除'唯论文、唯职称、唯学历、唯奖项'。"③破除"四唯"，可以让广大科技工作者不受论文、奖项的束缚，轻装上阵、心无旁骛，从国家急迫需要和长远需求出发，真正解决实际问题，把论文写在祖国的大地上，促进我国自主培养高端科技人才，而不是亦步亦趋地追随国际排名充当论文工厂，以发表论文而非创新贡献作为科研目的。

新中国建立独立自主的完整工业体系和科研体系，离不开钱学森、邓稼先等老一辈科学家的努力，同时也要注意到，以钱学森、邓稼先为代表的老一辈归国科学家不只是拥有先进的科学文化知识，更重要的是他们有厚重的家国情怀。在新中国百废待兴之际，这一批科学家放弃海外的优渥生活条件和科研环境，毅然回国投身建设。老一辈科学家为后人树立了榜样，成为我国科研人员攻坚克难为国奋斗的精神源泉和科技创新不竭的内生动力。

五、教育与社会发展：以教育公平促进社会公平正义

在社会学里有两种视野：一是国家视野，国家是由国土、人民和政府这三个

---

① 参见《全国各类高等教育在学总规模超过四千万人》，中国政府网，http://www.gov.cn/shuju/2020-05/21/content_5513362.htm，2021年2月17日访问。

② 参见《科技发展大跨越 创新引领谱新篇——新中国成立70周年经济社会发展成就系列报告之七》，中国政府网，http://www.gov.cn/shuju/2019-07/23/content_5413524.htm，2021年2月17日访问。

③ 《习近平：在科学家座谈会上的讲话》，《人民日报》2020年9月12日，第2版。

基本要素构成的,所以国家视野是基于国家政权的空间治理体系来看问题的;二是社会视野,社会包括人类的生产、消费娱乐、政治、教育等构成要素,所以社会视野是从民众生活的构成要素以及自我管理的角度看问题的。在社会学研究中,这两种视野经常是交叉的,所以自然就合成了一个"国家—社会"的分析框架。之所以建立这样的分析框架,盖因所研究的社会事实涉及国家和社会,而且这两者密不可分,是一种相互依存、相互影响、相互促进、相互融合的关系。例如,社会关系包括个体之间的关系、个体与集体的关系、个体与国家的关系,还包括群体与群体之间的关系、群体与国家之间的关系。所以,在实际的研究中,一般会涉及"社会中的国家"和"国家中的社会"。对于教育现象,教育社会学一般会从"社会中的国家"角度进行分析和推论,这只反映了分析对象的一个方面。而国家领导人看问题,自然是站在国家的高度和全局的角度,这其实就是"国家中的社会"观。可是在实际的研究中,这一不可或缺的视野常常缺席。因此,在这一部分,我们从这一视野出发,对教育的性质以及教育与社会发展(公平公正)的关系进行反思和检讨。

我们在习近平的教育讲话中不难看到,他所坚持的教育的人民立场,正是反映了不同制度下教育的性质。他多次强调:"人民立场是中国共产党的根本政治立场,是马克思主义政党区别于其他政党的显著标志。"[①]一直以来,坚持以人民为中心,是习近平新时代中国特色社会主义思想的重要内容,贯穿习近平新时代中国特色社会主义思想的各个方面。在社会主义制度下,人民是决定党和国家前途命运的根本力量,因此,"在教育上,坚守人民至上的价值立场,不断满足人民对更好教育的期待,使全体人民在共建共享发展中有更多教育获得感,获得发展自身、奉献社会、造福人民的能力"[②]。由此,我们可以领会到,教育既是国家的、政治的,也是人民的,而且归根到底是为人民服务的。习近平的这段话启发了我们,要对现在的教育进行一种反思和审视,即教育是不是人民的,是否满足了人民对更好教育的期待,人们是否有更多的教育获得感。

自改革开放以来,经济社会的发展也带来了教育的大发展。义务教育保障了所有人的受教育权利,教育政策向经济社会资源不利地区人群的倾斜、教育资源的补偿和优质教育资源均等化的努力都已经显现了效果,高等学校的扩招也

---

① 《习近平在庆祝中国共产党成立95周年大会上的讲话》,《人民日报》2016年7月2日,第2版。
② 《习近平总书记教育重要论述讲义》,高等教育出版社2020年版,第133页。

让更多的人有了进入大学的机会。然而，在教育机会均等化的同时，一种新的教育不公平现象也产生了。最初是由教育成就上的差异导致的班级和学校分层，体现为快慢班制度和重点学校的崛起，由此加速了学校在等级、声望、成就、品牌上的分化分层。基础教育和高中教育的"重点校""示范校"，高等教育的"211""985"名校都成为教育竞逐的优质资源和稀缺资源。其过程为，由最初分数上的竞争演变为家庭动员的经济资源、社会资源和文化资源上的角逐，还有家庭政治资源的巧妙介入，于是"择校""学区房""降分录取""高考移民"等现象层出不穷。这些现象严重破坏和干扰了教育公平的原则，例如，"重点校""名牌大学"逐渐为大城市家庭背景优越的学生所挤占。即使是以"分数"和"优秀"为客观的录取标准，但在"分数""优秀"背后，很大程度上则是家庭的市场（教育培训市场）能力和"形体化、客观化的文化资本"起到了关键作用。而对于市场能力和文化资本不足的家庭来说，家长没有时间和能力陪伴孩子，进行"协作培养"①，大多数的学生被排除在"重点校""名牌大学"之外。而社会和劳动力市场在用人方面开始衡量"学历"和文凭的价值，非重点和非名校的学生在就业中就处在了不利位置。在这样的情况下，社会上教育不公平的呼声也越来越高，如果任由其发展下去，这样的教育就会逐渐背离人民立场，根本无法满足人民对更好教育的期待。

习近平对于我国现阶段出现的教育问题始终保持着清醒的认识，基于社会主义制度并以历史发展的眼光看待它，明确区分出教育问题和矛盾的性质。"紧紧抓住人民最关心最直接最现实的教育问题。我国社会的主要矛盾，已经转化为人民日益增长的美好生活需要和不平衡不充分的发展之间的矛盾。教育是社会的重要组成部分，人民对更好更公平教育的需要和教育不平衡不充分的发展现实问题，是我国当前教育领域必须着力解决的主要矛盾。"②因此可以认

---

① "协作培养"（concerted cultivation）是美国教育社会学者拉鲁在《不平等的童年》这本书中提出的概念，意思是中产阶级家长与孩子共同参与培养的过程。在这个过程中，家长对孩子有一个非常严格的校外教育计划，这对于孩子的自信心、教育抱负和教育成就都有着更加积极的影响。而劳工阶级由于需要工作养家糊口，没有时间陪伴孩子，故依赖学校和放养孩子，这就导致了中产阶级和劳工阶级的孩子在教育成就上的差距。参见〔美〕安妮特·拉鲁：《不平等的童年》，张旭译，北京大学出版社2010年版。最近，中国的媒体报道了"家长退群"的现象，就是一些无法自由支配时间的父母因没时间陪孩子完成家庭作业而遭到了学校和老师的"传唤"，无奈之下选择"退群"，此种情况类似于拉鲁笔下的劳工阶级家庭对待子女教育的情况。

② 《习近平总书记教育重要论述讲义》，第135页。

为,当前出现的教育不公平问题并不是阶级性质的问题,而是人民内部矛盾。这样的定性很重要也很有必要,学术界有的人因认识不清,混淆了这一人民内部矛盾的性质,以至于将西方教育社会学中的"文化霸权""社会再生产理论""文化再生产理论""反抗理论"直接引入对我国教育与社会关系的分析,这样看问题显然是将学术研究与中国社会现实问题割裂开来,其结果当然会不利于社会的团结和进步。所以对于教育问题,不能回避,还要分清问题的性质。为此,习近平指出:"教育公平是社会公平的重要基础,要不断促进教育发展成果更多更公平惠及全体人民,以教育公平促进社会公平正义。……要优化教育资源配置,逐步缩小区域、城乡、校际差距,特别是要加大对革命老区、民族地区、边远地区、贫困地区基础教育的投入力度。"①他还进一步提出,要"办好人民满意的教育"②。这些方面不仅是教育工作和教育改革的重中之重,而且是教育社会学研究的重点和方向。我们从习近平教育讲话中获得的启发是,教育社会学的"本土化"发展,不是将西方教育社会学理论拿过来对中国的教育现实进行解释,然后形成知识体系,而是在中国的教育现实中对西方理论进行"检验",或者提出中国教育社会学的理论洞识和建构本土的知识体系,服务于教育改革,并在"以教育公平促进社会公平正义"③方面发挥积极功能。

六、教育与中华民族共同体

中国是一个有五千多年文明历史的统一的多民族国家。国家为何经久不衰,走到今天反而越来越强大、越来越团结?人们给出的理由多种多样,其中最经得起推敲的就是"中华民族共同体意识"。西方著名的中国问题研究专家、哈佛大学东亚研究中心主任费正清就曾指出,"中国人很早就具有强烈的历史感和政治大一统的理念"④。这句话说对了一半,这只是在个体层面上看到了中国人的天下理念和四方为夷的差序格局(中心—边缘),而没有在整体层面上看到中华民族共同体意识的持久和强大。当然,这是西方人看中国的局限性,他们社

① 《习近平:全面贯彻落实党的教育方针 努力把我国基础教育越办越好》,《人民日报》2016年9月10日,第1版。

② 《深入学习习近平关于教育的重要论述》,人民出版社2019年版,第174页。

③ 《习近平:全面贯彻落实党的教育方针 努力把我国基础教育越办越好》,《人民日报》2016年9月10日,第1版。

④ 〔美〕费正清:《中国:传统与变迁》,张沛译,世界知识出版社2002年版,第22页。

会的原子化导致对个体的重视,也形成了习惯性思维(见树不见林),由此而看待其他文明也就不奇怪了。客观地说,费正清对于东方中国的研究在西方学术界是一个里程碑,形成了费正清中国学派。但费正清所揭示的历史中国在今天也成为西方研究当代中国的一个"误导"。举例来说,费正清认为,中国人对西方世界极不熟悉才将自己看作唯一的中央文明国家,而将其他文明国家看作"四夷"。这在当时确实如此。而中国自近代以来遭受了西方的重创,在伤痛中已经觉醒,并开始从"以夷制夷"、取法他国到革故鼎新、自强不息,走上了一条后发的现代化道路。因此,我们可以说,西方人对中国的了解远不及中国人对西方的了解。正因为了解,我们才知道中国应当走一条什么样的道路,怎样才能坚持走下去,让中华文明发扬光大惠及人类。① 正因如此,在党的十九大上,习近平总结历史、放眼未来,提出了"铸牢中华民族共同体意识"。这是中华民族内在的核心凝聚力量,它既是内隐的,也是外显的,更是表里如一的。

有鉴于此,2019 年,习近平在全国民族团结进步表彰大会上,回顾梳理了中华民族形成和发展的历史,深刻揭示出实现中华民族伟大复兴的内生动力,以深厚的感情解释了中华民族共同体意识的内涵,即"各族人民亲如一家,是中华民族伟大复兴必定要实现的根本保证。……把民族团结进步事业作为基础性事业抓紧抓好,促进各民族像石榴籽一样紧紧拥抱在一起,推动中华民族走向包容性更强、凝聚力更大的命运共同体"②。在习近平的眼中,各民族应该像石榴籽一样紧紧地拥抱在一起,这是非常形象也非常真实的表达。用"石榴籽"来形容构成中华民族的 56 个民族,明显区别于西方特别是美国那些构成"马赛克"社会的少数族群。这不仅是颜色不同,人种和文化不同,最重要的是所受到的对待也不同。所以,在美国社会,种族歧视这一社会毒瘤至今还没有去除,这样的社会是不可能让不同族群拥抱在一起的。在美国,虽然反对和消除种族歧视的斗争一直没有停止,教育机会均等化的努力也很早就得到了立法上的支持(1954 年颁布的布朗法案),但是人们日常生活和人际交往以及教育和职业中的种族歧视观念,却深深根植于社会的文化之中。例如,美国早期的"合校运动"引发了中产阶级白人的逃离,即使"平权运动"(Affirmative Action)轰轰烈烈,但学校教

---

① 钱民辉:《论民族教育研究对铸牢中华民族共同体意识的理论贡献》,《民族教育研究》2020 年第 4 期。

② 《习近平:在全国民族团结进步表彰大会上的讲话》,《人民日报》2019 年 09 月 28 日,第 2 版。

育还是让大批黑人学生成为学业失败者,早年的"科尔曼报告"(1964)就揭示了这一教育不平等现象和结果。对比之下,中国的民族教育是面向所有人的平等的公平的教育,虽然存在着城乡、地区间的教育差异,但这不是种族和阶级的差异,是学校的差距和学生学习成绩上的差异。国家和社会一直致力于推进城乡、区域间教育资源均等化,在缩小学校和学习成绩上的差异、促进各民族学生在德智体美劳方面全面发展上做出了不懈努力。与此同时,学校教育一个最重要的功能就是,增强学生的民族认同感和国家认同感,将自己与中华民族和整个国家视为一体,因此,每个受教育者的"中华民族共同体意识"就是在受教育的过程中自然而然产生、强化并稳定下来的。

对于中国这样一个统一的多民族国家来说,只有各民族像"石榴籽"一样紧紧团结在一起,才能谈得上中华民族的伟大复兴计划。为此,习近平曾经在全国教育大会上指出,"坚持把服务中华民族伟大复兴作为教育的重要使命"[1],这是在新时代对教育事业提出的新的希望和作出的重要部署。当我们将习近平强调的"铸牢中华民族共同体意识"和"中华民族伟大复兴"放到一起,这两者之间的因果关系和逻辑关系是非常清晰的。"中华民族共同体意识"是民族团结内在的核心凝聚力,各民族只有像"石榴籽"一样紧紧拥抱在一起,形成凝聚力,才能谈得上国家的民族复兴大业。习近平将民族复兴大业作为教育的重要使命,这是因为教育具有促进民族团结的功能、培养民族复兴人才的功能、生产创新知识发展科技的功能。所以,要"本着务实的态度,辩证地看待中华民族伟大复兴和人类命运共同体构建的关系,充分发挥教育的基础性、先导性、发展性功能"。作为国家领导人,他说的教育不仅仅是一国的教育,复兴民族大业也不仅仅是中华民族的事情,他看到的是与世界各国联系在一起的教育和人类发展大业。"教育服务伟大复兴,要做大格局、开放思维,确立世界坐标。中华民族的伟大复兴不能离开世界和平和人类发展。与狭隘民族主义、民族虚无主义、民粹主义形成鲜明对照,倡导构建人类命运共同体,是国际主义和世界精神的体现。"[2]这里的"教育的人类观"和"教育的世界观",其核心思想与习近平提出的"一带一路"倡议是一致的。由此,我们可以看到,习近平的教育思想的逻辑线索是:教

---

① 《习近平:坚持中国特色社会主义教育发展道路 培养德智体美劳全面发展的社会主义建设者和接班人》,《人民日报》2018年9月11日,第1版。

② 《深入学习习近平关于教育的重要论述》,第125页。

育担负着铸牢中华民族共同体意识的重要使命,其目标是服务中华民族伟大复兴,继而承担起促进世界和平和人类发展的历史重任。

结　语

人类走到今天,教育与国家、社会、人的发展的关系越来越紧密,教育的功能也越来越多样化。由于教育源于人的发展,其初级功能就是促进人的发展。从自然方面讲,人的发展是有规律的,教育的发展遵循人的成长、成熟、成才的自然发展规律(也称内部规律),因此,历史上许多教育家都是按照人的发展和教育规律提出自己的教育思想和教育学原则。从社会方面讲,人的发展要符合社会的需要。一方面,社会是由制度和规范构成的有机整体(社会秩序);另一方面,社会总是向着文明进步的方向变迁与发展。因此,社会具有静态的结构稳定和不断优化的需要,又有动态变化发展的需要,这两者合成社会法则(外部规律),要遵循社会法则制定教育方针和培养目标。习近平的教育讲话正是按照教育的内部规律和外部规律,在党的教育方针基础上提出了新时代"人的全面发展",即"培养德智体美劳全面发展的社会主义建设者和接班人"。从教育学原理看,人的全面发展是符合人的自然成长需要和教育规律的;从中国的国情看,培养社会主义建设者和接班人是符合社会主义制度的需要和社会发展规律的。"古今中外,每个国家都是按照自己的政治要求来培养人的。我国是中国共产党领导的社会主义国家,这就决定了我们的教育必须把培养社会主义建设者和接班人作为根本任务,培养一代又一代拥护中国共产党和我国社会主义制度、立志为中国特色社会主义奋斗终身的有用人才。"[①]

习近平将人的发展作为教育的根本大事来抓,不仅提出了新时代"人的全面发展",而且指出了如何培养全面发展的人。特别是根据我国的社会制度和发展需要,指明了人的发展与国家政治的关系,即学校要通过思想政治课在学生心中牢牢树立起社会主义核心价值观。习近平在党的二十大报告中着重强调:"社会主义核心价值观是凝聚人心、汇聚民力的强大力量。弘扬以伟大建党精神为源头的中国共产党人精神谱系,用好红色资源,深入开展社会主义核心价值观宣传教育,深化爱国主义、集体主义、社会主义教育,着力培养担当民族复兴大

---

① 《习近平总书记教育重要论述讲义》,第59页。

任的时代新人。推动理想信念教育常态化制度化,持续抓好党史、新中国史、改革开放史、社会主义发展史宣传教育,引导人民知史爱党、知史爱国,不断坚定中国特色社会主义共同理想。用社会主义核心价值观铸魂育人,完善思想政治工作体系,推进大中小学思想政治教育一体化建设。坚持依法治国和以德治国相结合,把社会主义核心价值观融入法治建设、融入社会发展、融入日常生活。"①

习近平教育讲话也客观地谈到了中国社会发展的不均衡问题,这也导致了教育发展上的差异,这种不均衡和差异从表象上看是社会存在着不公平不公正,但从性质上看实际是人民的内部矛盾。党和国家一直在努力消除历史遗留下来的、现在有扩大趋势的"三大差别",特别是致力于消除贫困。因此可以说,这"三大差别"已经是走向富裕道路上的发展差别了。为了实现共同富裕,习近平强调指出,要以教育公平促进社会公平正义。所以,我们可以看到,国家对于教育的管控越来越严格,在一定程度上也限制了来自市场和家庭的影响和干扰。

习近平深情寄语教育要促进民族团结,要通过教育将中华民族共同体意识传递下去并深深铸牢。他以"石榴籽"形容各民族紧紧拥抱在一起,并因此寄望于教育促进民族团结的功能。历史也证明,团结就是力量,团结就能发展。社会学发展早期,创始人涂尔干等几乎是用了一生的精力去研究社会团结,社会学所有的理论其终极目标指向的都是社会团结。因此我们说,习近平的教育讲话有着深厚的社会学思想,应该成为构建我国教育社会学知识体系的重要思想和理论来源。

【思考题】

1. 为什么说"人的发展"是教育的本质? 习近平是怎样谈"人的发展"的?

2. 在谈到教育与政治的关系时,习近平是怎样强调思想政治教育课的重要性的?

3. 怎样理解习近平说的"教育是阻断贫困代际传递的治本之策"?

4. 如何理解习近平作出的"发展是第一要务、人才是第一资源、创新是第一动力"重要论断的深刻内涵?

---

① 习近平:《高举中国特色社会主义伟大旗帜 为全面建设社会主义现代化国家而团结奋斗——在中国共产党第二十次全国代表大会上的报告》,中国政府网,https://www.gov.cn/xinwen/2022-10/25/content_5721685.htm,2023 年 6 月 27 日访问。

5. 在具体的实践中，如何做到习近平所说的"以教育公平促进社会公平正义"？

6. 习近平提出的"铸牢中华民族共同体意识"与"实现中华民族伟大复兴"之间的内在逻辑关系是什么？

7. 习近平形容构成中华民族的各个民族为"石榴籽"，而不像西方社会的"马赛克"，为什么？

8. 为什么说习近平的教育讲话具有深厚的社会学思想？

【推荐阅读书目】

《习近平总书记教育重要论述讲义》，高等教育出版社 2020 年版。

这部重要论述讲义一共有九讲：第一讲谈到了党对教育事业的全面领导的重要性，以及如何健全党对教育事业的全面领导的体制机制；第二讲集中谈了新的人的全面发展观，即成为德智体美劳全面发展的社会主义建设者和接班人；第三讲谈了为什么要始终把教育摆在优先发展的战略位置；第四讲讲到了我国社会主义的办学方向；第五讲讲到了如何立足本国，办世界先进水平的现代教育；第六讲主要谈以教育公平促进社会公平正义；第七讲谈教育事业的改革与创新；第八讲讲到了建设教育强国与实现中国梦的关系；第九讲谈到了教师队伍建设。

《深入学习习近平关于教育的重要论述》，人民出版社 2019 年版。

在这部教育的重要论述中，习近平提出了一系列新理念新思想新观点，系统回答了教育工作的方向性、根本性、全局性、战略性问题，形成了科学系统的新时代中国特色社会主义教育理论体系，开辟了马克思主义教育理论和实践发展的新境界。

《习近平谈治国理政（第一卷）》，外文出版社 2018 年版；《习近平谈治国理政（第二卷）》，外文出版社 2017 年版；《习近平谈治国理政（第三卷）》，外文出版社 2020 年版。

在这三部著作中，习近平作为中国共产党和国家的最高领导人，围绕治国理政作出了重要阐发，提出了许多新思想、新观点、新论断，深刻回答了新的历史条件下党和国家发展的重大理论和现实问题。这些讲话虽然是从国家的视角出发，但对于教育管理和治理有着方向性和指导性的重要作用，也可以让人们清楚地看到教育与国家发展的关系。

第十七章

教育知识社会学：本土化的思考与建构

引 言

从中国近代教育现代化运动来看，教育家在探索中国现代化的进程中，也经历了一个由抗拒、被动接受到有意模仿教育现代化继而自觉探索教育本土化的过程。从近代教育现代化运动的发展来看，西方教育思想与理论的传播使中国根深蒂固的传统教育体系发生裂变和动摇，为中国教育现代化的发展创造了前所未有的契机，也为近代中国教育家提供了西方的现代教育模式和范本。经过在本土艰难的探索和尝试，先行者终于找到了适合中国本土实现教育现代化的指导思想——马克思主义教育思想，建立了具有中国特色的新民主主义教育体系。所以，严格地讲，近代"中国教育现代化不能，实际上也没有完全追随着西方教育现代化的轨迹。我们只能说，长期以来，中国的教育现代化在'目标的视域'上确实是以西方教育的现代模式作为新文明标准的。当然，我们不能不注意到，20世纪的共产主义所描绘的'现代'（或更确切地说'超越现代'）文明视野是与资本主义的现代的文明模式判然有别的"①。

一、近代中国社会变迁与教育现代化运动

现代化作为一个世界历史进程，表征了全世界不同的地域、不同的民族和不同的国家从农业文明或游牧文明向现代工业文明转变的程度。因此，"现代化

---

① 金耀基：《论中国的"现代化"与"现代性"——中国现代文明秩序的建构》，《北京大学学报（哲学社会科学版）》1996年第1期。

运动的特色之一,它是根源于科学与技术的,特色之二,它是一全球性的历史活动。更明确地说,现代化运动是人类社会所经历的巨大形变的近期产物,它是17世纪牛顿以后导致的科技革命的产物,亦称工业革命。据此,我们可以说现代化是发源于西方社会的"[①]。由于现代化的特性是以科技为主导,而科学与技术是全人类共同的财富,即无时空性和具有普遍性,所以,现代化并不仅仅是指西化,其内涵应当是世界性的科学化与民主化。但是,中国知识界对现代化的最初认识并没有这样深刻,仅是狭隘地把它理解为"西学""西技""西化"。这是因为,中国封建社会的最大特点就是"普天之下,唯我独尊",知识分子"独奉儒术为圭臬",培养的是皓首穷经的传统读书人。因此,在中国的土地上很难滋生现代化的种子,中国的历史文化必然对现代化的强行传入有众多负面的抗拒效应。要理解中国的历史文化为什么对现代化产生抗拒,就要先了解中国传统社会的特征及其文化历史背景。

中国传统社会是一个以农为本、自给自足的封闭社会系统。对全社会系统发挥整合功能的是以儒家为主流的文官政治体系,它是一个以文化而非种族区别华夷的独立发展的政治文化体,有着与西方不同的社会文明秩序,"中国的政治、经济、文化、教育等虽然代有变革,但它的基本性格,特别是社会结构、教育思想、生活形态与深层的意义结构一直延续到清末"[②]。可以说,传统中国社会,无大变局,亦非全停滞,而是呈现一种"移动的平衡"(moving equilibrium)状态(亦可视为一种演化的转变)。而这套政治文化体的延续,有赖于繁复的文字传统、教育制度和考试制度。因此,中国社会的统协性极强,它自己不易产生基本的"结构的形变"(structural change)。当本土文化还充满生机时,异域文化只能处于一种被异化的地位,而不能形成积极的挑战;只有当本土文化日暮途穷或相对落后于异域文化时,异域文化的冲击才会显示出某种摧枯拉朽的力度。中西文化碰撞早在明末即已发生,但中国文化的危机却迟至清末才出现。这就是中国传统社会和历史文化对现代化排斥与抗拒,也是中国的现代化必须经由外力的强行冲击才能启动的主要原因。

素以"文明大国""礼仪之邦"著称的中国,自19世纪中叶以来受到了前所未有的挑战。西方以坚船利炮撞开了国门,帝国主义的侵略行径和裹挟着血与

---

① 罗荣渠、牛大勇编:《中国现代化历程的探索》,北京大学出版社1992年版,第1—2页。
② 参见金耀基:《论中国的"现代化"与"现代性"——中国现代文明秩序的建构》。

火的西方技术,使中国人最初将现代化视为一种邪恶与威胁。故当时大臣中,"一闻修造铁路电报,痛心疾首,群起阻难,至有以见洋机器为公愤者"。在面对西方帝国主义侵略的情况下,中国传统士大夫的观念还是要"以夏制夷,以夏变夷",认为华夏文化高于西方技艺,西方技术不过是"奇技淫巧,雕虫小技"。甲午战争遭到惨败之后,西方的现代化开始剧烈地冲击传统中国的政治、经济、军事、文化、教育。中国的知识界逐渐产生了与传统观念截然不同的新思想,通过中西文化与社会发展的比较,开始以新的价值取向代替旧的价值观,并且已能用客观的和探索的眼光看待西方的科学与技术,发现了在所谓"天朝大国"之外还有更先进的人类文化和社会形态。正是由于这一发现,中国的士大夫阶层和知识分子开始了东西文化观的大论战,这场论战尽管形成了两大思想阵营——革新派与保守派,但是在对中国自强的终极关怀方面是一致的。从御夷图强到变法图强,都是一种"防御性现代化",其中心思想皆突出一个"保"字——保种、保教、保国、保民。在"保"的前提下进行"变",就是在中国的旧"体"框架内引进西方的器用。当然,这种"防御性现代化"的范本取材于东邻日本的明治维新。日本的成功并不在于它丢弃自己的东方文化而全力推行西化,而是在发扬狂热的"神国主义"以保持自己的国本的条件下,急速建立起"军国主义的工业制度",建立了一个可与西方匹敌的准现代化国家。[①] 自 19 世纪起,日本人便完全认识到,为了民族的生存,必须吸收西方的数学、科学和技术,但同时需摒弃西方的文化和社会道德准则。他们不无傲慢地迷信他们小心翼翼保存下来的语言、文字、文化与宗教的优越性,以拒绝西方的文化和道德准则。但同时,他们又十分谦卑地着手仿效,不久在科学技术方面甚至超过了西方。

在认识到"日本讲求西学,大著成效"后,知识界才开始自觉或不自觉地认同胡适等人所倡导的"充分世界化"理念[②]。在知识界的倡导和推动下,中国的现代化(尚未形成中国特色的现代化)才缓慢地开始真正意义上的启动。之所以这样说,那是因为现代化并不是一个单向的历史过程,而是外部刺激与内部回应两者相结合的过程,具体地说,就是西方的冲击与东方国家本身做出反应的一个错综复杂的过程。对于像中国这样一个历史悠久的东亚文明传播中心来说,

---

① 参见罗荣渠:《中国近百年来现代化思潮演变的反思(代序)》,罗荣渠主编:《从"西化"到现代化》,北京大学出版社 1990 年版,第 3 页。

② 金耀基:《论中国的"现代化"与"现代性"——中国现代文明秩序的建构》。

西方冲击在传统知识分子思想中激起的最大反应是文化的与教育的反应,于是出现了"孔化"与"西化"之争。西化派随之一分为二,形成了"西化"与"俄化"两大派的斗争。从孔化派中也分化出现代化的新儒学。新儒学派并不是传统儒学的继续,实际上它已经变成半西半儒的复合体,表现出不中不西、亦中亦西的多元形式。这一派的共同目的就是利用传统因素作为革新的助力,努力使中国的现代化所指向的不是消极的对传统的巨大摧毁,而是积极地去发掘如何使传统成为获致当代中国目标的发酵剂,即如何使传统发挥正面的功能。

从世界现代化进程来看:成功的现代化是一个双向运动过程,传统因素与现代因素相反相成,既对立又统一;失败或不太成功的现代化则是一个单向运动过程,现代因素简单地摧毁传统因素,或被传统因素所摧毁。由于现代化最初传入中国是以强力单向运动形式发生的,因此,它对传统的破坏作用与传统对它的抵抗作用是相当的。这种作用的持续也就延误了中国早期现代化的进程,使中国一直处于冲击—反应的状态。最后改变这种状态的因素仍然来自外部,来自日本成功的现代化范例,"如果追溯一下日本教育在西洋化过程所走过的道路,即从模仿法国改为模仿美国,又从模仿美国改为模仿普鲁士,不难看出西洋化与日本化并不是经常对立的,日本化(或者说为实现日本独自的近代化所进行的努力)与西洋化之间至少有一部分是相互吻合的。历史的变化不会是按照作用与反作用的形式进行,也不可能在西洋化之后必定要出现一个日本化。对于日本来说,它是经历了从异质的西方化,转变为比较接近自己情况的同质的西洋化道路。这样一来,西洋化本身的内容也就发生了质的变化"①。中国的知识分子正是看到了日本化与现代化交织后的同质性的巨大作用,于是,首先在思想界做出了对现代化认同的最初反应,这种反应也恰是在寻找中国化即本土化与现代化的同质点(中国特色),由此开始了因因相袭的文化变异与教育变革。

从中国近代教育史来看,中国教育现代化的第一个反应模式,是曾国藩、李鸿章和张之洞等人领导的同光洋务运动。这是一场典型的防御性自强运动,反映在教育中就是"中学为体,西学为用"的主导思想,它表现了洋务派在对待现代化与传统文化上的矛盾态度。这一思想的保守性减缓了中国教育和社会走向现代化的进程,然而,很大程度上它又促进了中国传统教育的解体和新式教育的

---

① 参见罗荣渠:《中国近百年来现代化思潮演变的反思(代序)》,罗荣渠主编:《从"西化"到现代化》,第33—34页。

诞生。绵延三十多年的洋务思潮，孕育了思想观念方面的重大变化，以洋务知识分子为代表的中国先进知识分子，开始摆脱传统观念，萌生了面向现代化的新意识和新观念。他们第一次在教学内容上有选择地引进西方的语言知识和科学技术知识，使人才培养和人才选拔能够适应西方现代化的冲击，能够适应中国的政治变迁和思想演进，以满足洋务运动的需要。但是，致力于中国现代化的洋务运动，仅在"用"上主张变革，而在"体"上主张不变，这就不可能不使当时的现代化流于形式。

从洋务教育的目标来看，创办新式学堂是一项主要工作。在三十几年的时间里，洋务派先后创办了几十所新式学堂。这些学堂大致可以分为三类：一类为外国语学堂，如京师同文馆、上海广方言馆、广州同文馆等；一类为技术学堂，如福州船政学堂、上海电报学堂、天津西医学堂等；一类为军事学堂，如天津北洋水师学堂、天津北洋武备学堂、广州鱼雷学堂等。从这些学堂的类型，我们大致可以看出洋务派对洋务人才的基本要求，也可以看出洋务教育对西方文化的基本选择。应该说，洋务教育对西方文化的选择仅限于"西文"和"西艺"，是相当肤浅的。然而，这又是近代教育变革必须走的第一步。任何文化的变革，总是从物质文化的观念层面开始的，因而最直观的印象便是西方的船坚炮利。这种认识反映到教育上，首先表现为教学内容的改革。这一变化打破了传统教育以儒家经典一统天下的局面，在一定程度上更新了人才培养的目标，奠定了具有现代意义的中国专科教育与大学教育的最初基础，为新教育发展打开了一个缺口。

这个缺口的打开却也带来了中西文化、新旧文化之间的撞击和冲突，中国士大夫阶层和知识界在文化与教育的选择上分化为两大派系：洋务派和顽固派。由此出现了三次针锋相对的教育论争。第一场论争是在1867年，时间长达半年。起因是洋务派要在京师同文馆增设天文算学馆。这无疑使洋务教育由语言方面扩大到了科技方面，动摇了"道本器末"的中国传统价值体系和传统教育的根基，这就必然触动封建士大夫阶层的地位，因而遭到了士大夫阶层中顽固派的驳击，他们引经据典历数天文算学馆的弊端，极力主张撤销同文馆"以弭天变而顺人心，杜乱萌而端风教"。这场争论直到清帝亲自干预才告结束。第二场争论是围绕着是否应变通科举展开的。在当时"科目即不能骤变，时文即不能遽废"的情况下，洋务派认为应另辟一科以选拔洋务人才。这一主张较之前更为深刻，更为传统价值观念所不容，因而顽固派的反应是强烈的，害怕此例一开，将有一发不可收拾之虞。第三场争论是围绕着留学教育展开的。这是由于顽固派害怕留学生美国化或洋化，不复卑恭之大清顺民矣。这场争论以全体留美幼童撤局回华而宣告结束。

洋务教育的这三场论争，反映了中西文化和新旧文化的斗争，洋务派之所以不能成功，根本原因在于他们本身并不是新生阶级的代表，所以他们只能在器物层次上实现他们的改革愿望，而不能在制度层次上取得彻底的变革。洋务派由于无法摆脱根深蒂固的传统观念，不可能也不愿意到西方资产阶级那里寻求理论武器，加之中国近代现代化的实践刚刚起步，整个社会还无法提供促进新文化发展的土壤与环境，他们只能抓住魏源的师夷与制夷这面旗帜，只能从冯桂芬"以中国之伦常名教为原本，辅以诸国富强之术"的思想中受点启示，稍做变通，以教育的某些变革来适应急剧变迁的社会现实。但是，洋务教育的自强精神无疑具有历史的进步意义，从而正式揭开了近代中国的文化变异和教育变革的序幕。

中国教育现代化的第二个反应模式，是康有为、梁启超等人领导的戊戌维新运动。戊戌维新运动在中国现代化运动中，是把同光洋务运动之"器物层次的现代化"转进到"制度层次的现代化"。[①] 这就是说，洋务运动只理解到西方现代文明"物质的技器层次"，重点在"开铁矿、制船炮"；康有为、梁启超领导的戊戌维新运动则进一步理解到要"考求西法"，即进入西方现代文明的"制度"层次。在从制度层次思考中国现代化的问题时，康梁深刻地揭示了八股取士制度的腐朽性。正如梁启超所说："八股取士，为中国锢蔽文明之一大根源，行之千年，使学者坠聪塞明，不识古今，不知五洲，其弊皆由于此。"在国家面对强敌而缺乏人才以自卫的情况下，梁启超向光绪皇帝建议："停止八股试帖，推行经济六科，以育人才而御侮。"[②]在康梁的努力下，光绪皇帝准奏，终于废除了八股制度，给中国几千年的封建制度一记重创，形成了接受西法西政改革中国旧制度的知识分子群体，加快了中国社会变革的速度，这些群体成为中国政治舞台上空前活跃的一支社会力量，起着先锋和桥梁的作用，也为大批近代知识分子的产生和他们整体素质的提高创造了重要的条件。戊戌维新在制度层面上的变革尝试最终是失

---

① 罗荣渠、牛大勇编：《中国现代化历程的探索》，第13页。
② 转引自朱有瓛主编：《中国近代学制史料》第一辑上册，华东师范大学出版社1983年版，第79页。

败了,却形成了与传统抗衡的维新派精英集团。这批人淡化了与地方乡土血缘的联系,构成了流动性很大的知识阶层,他们在群体存在方式上呈现出一种游根无垠的状态,这种变化使他们最大限度地背离传统,并在社会变革中起着开风气之先的作用,成为思想的流浪者和反叛传统的"新型边际人"。正是这批人活跃在近代中国的政治文化舞台上,他们所提供的各种社会变革的思想方式和行为取向影响着近代中国后来的思想家。

这一时期,较为著名的教育思想家之一严复,以著译西学而蜚声九州。因此,历史上将严复称为近代中国最早的、突出的"全盘西化"的代表,他的体用一致的思想被视为"全盘西化"的标志,殊不知,这却是一个全新的教育原则模式。严复毕生处于中西文化激烈冲突交汇的时代,在这一中西文化教育的交汇点上,他求索了一生,奋斗了一生。

严复是中国近代第一位实证论者,他引介西方社会科学,目的是要全面学习西方,讲求救国自强。他的变法救国理论深刻而具特色。由独特的受教育经历和生活经历塑造的对西方学术较深刻的认识,使他不再把目光投向延绵数千年的中国古代,也不再如洪秀全一样力求将西方的基督教理想移植到中国社会,而是站在了一个新的理论高度、时代高度。这一高度,既非康有为、梁启超可比,也非李鸿章、张之洞等洋务大吏,以及号称精通西学的王韬、郑观应等所能望其项背。严复认为,中国变革着手的根本,就是"鼓民力""新民德""开民智"。要完成此举,教育无疑是一个最为主要的途径,因此他将政治变革归为教育变革。可以说,严复虽然强调西学,但他却在不断地探索西学中化的问题,他的研究并没有脱离中国本土。他曾提出,中国教育的出路在于以近代世界的发展与中国的现实需求为标尺,融合中西文化教育。严复大力倡行西学,受种种限制又不能辩证地应用西学;他尖锐地批判过中学,却无奈又自觉地回归"传统"。这种矛盾的现象并不能掩盖严复作为中国早期一位重要的思想启蒙家的作用和历史功绩。他未能有机结合现代化与本土化的遗憾和局限,正是今天我们所要弥补和超越的。

中国教育现代化的第三个反应模式,是孙中山先生领导的辛亥革命。辛亥革命在中国现代化中具有重要意义,最主要的是它结束了两千余年的"朝代国家"形态。它也结束了传统中国以文化为基底的"天下性"结构,而代之以一个以政治为基底的"国家性"结构,这是中国传统政治形态的一种突破与创新,在中国政治现代化的过程中是一个极重要的里程碑。[1] 为了使国家富强发达，孙中山非常重视教育，他认为，正确地培养和使用人才是一个国家强盛的根本要素，发展教育的作用尚不仅如此，教育发展的程度还直接影响到国家的文明建设程度，乃至世界的文明进程。孙中山的"三民主义"教育思想对中国教育思想界的影响至深至远。

作为民族革命，辛亥革命成功了一半。这是因为辛亥革命是很外在的和很短暂的，虽然孙中山的政治构想是面向全体国民，其教育构想比较倾向民众教育的普及和全民教育素质的提高，但革命党人却始终未能拉近知识阶层与一般民众的距离，不是把农工大众视为举足轻重的革命动力，而是视为有待解救的对象，要么乐观地估计民众对民主共和的热情，要么归到政良派的思想境界。他们认为民众受专制流毒太深、民智未开、觉悟太低，所以革命党人十余年的革命发动仅涉及列强、华侨、会党、新军和知识界，孙中山的革命事业也就成了孤立和狭隘的活动。这样，就无法真正改变传统社会的基本结构，也无法建立起真正的民主制度，因此也就不能胜任中国现代化的重任。

中国教育现代化在近代的第四个反应模式，是陈独秀、胡适等人领导的新文化运动。新文化运动是一个多面向的运动，但其思想动机则在于感到中国之传统文化与民主共和之精神不契合，认为中国要想真正走上现代化的道路，必须从改变大众的思想行为着手。因此，新文化运动的口号就是"德先生和赛先生"。胡适的"充分世界化"的观点清楚说明，传统中国的文明秩序必须面向世界。在这一时期，西方大量的教育论著和各种教育思潮纷纷被引介到中国，特别是胡适深受美国著名哲学家和教育家杜威的实用主义思想影响，胡适对杜威实用主义教育理论的信仰使他不遗余力地宣传和推广，由此也触发了20世纪二三十年代的教育改革运动，形成了多种多样的教育救国思潮。教育救国与新文化运动一样，是知识分子自觉探索报效民族的事业的一次伟大尝试，是开辟中国教育和社会现代化探索之路的伟大实践。[2] 这构成了中国教育史上一个新的百花齐放、百家争鸣的时期。科学与民主运动，不仅猛烈冲击了中国传统的封建教育体系，而且为日后的教育发展，特别是教育方法、教学内容的改革打下了基础。而这一

---

① 罗荣渠、牛大勇编：《中国现代化历程的探索》，第 13 页。
② 本章所述的中国现代化的四个运动分期参照罗荣渠、牛大勇编：《中国现代化历程的探索》，第12—14 页。

时期最具有历史意义的是中国共产党的诞生以及新民主主义教育思想的孕育。中国共产党带领广大人民群众对封建教育与政治展开了猛烈的批判，并尽可能地在工农大众中普及革命的、科学的教育。正是民主和科学的教育，标志着近代中国教育向现代教育的转化，并构成了中国现代教育的基本格局。

五四新文化运动后，在科学与民主的旗帜下，涌现出许多杰出的教育思想家和实践者，他们的思想和行动形成了各具特色的教育思潮，在一定程度上推动了中国现代化的进程，也影响了以后中国教育理论与实践的发展，为科学的、民主的、人民大众的教育体系的建立，为新中国的教育发展奠定了基础。因而，在今天，进一步探索近代教育家的思想与实践有着深远的历史意义和现实意义。近代涌现出了较多的教育思潮，与教育社会学最为贴近的是职业教育思潮与乡村教育运动。

二、黄炎培与职业教育思潮

职业教育思潮是 20 世纪 20 年代对于中国现代化准备阶段颇具影响的一种教育思潮。这一思潮萌发于辛亥革命后的民国初年，新文化运动以后得到广泛传播，20 年代中期形成高潮，主要倡导者是近代中国著名民主革命家、教育家黄炎培。

黄炎培（1878—1965），号楚南，后改为韧之、任之，江苏省川沙县人（今属上海市）。黄炎培出生于一个贫苦知识分子家庭，早年父母双亡。20 岁起，即在家乡任塾师。21 岁以府考第一名取秀才，三年后中举人，1901 年考入上海南洋公学特班，从蔡元培受业，深受蔡元培爱国主义、民主主义和教育救国思想的影响。蔡元培对黄炎培的一生，在许多方面都产生过重大影响。首先，蔡元培进一步激发了黄炎培的爱国热情，蔡元培经常通过谈话、选作文题目、指导学生阅读等形式，对学生进行爱国主义教育，使黄炎培受到潜移默化的影响。其次，蔡元培引导黄炎培走上反清救国的资产阶级革命道路。再次，蔡元培的教育思想也给了黄炎培很大的启发。特别是与蔡元培一起积极倡导西方实用主义教育思想，致力于近代中国教育现代化与本土化的思考与行动。黄炎培从办理与考察普通教育入手，以职业教育为归宿，而实用主义是连接两者的桥梁。

促使黄炎培最终确定职业教育思想的是他对国内教育和国外教育的考察。1914 年，为反对袁世凯复辟帝制，黄炎培毅然向江苏省省长韩紫石辞去教育司司长职务,开始着手教育考察。他很重视考察,认为这是改造中国教育的首要措施。"吾辈业教育,教育此国民,譬之治病,外国考察,读方书也;国内考察,寻病源也。方书诚不可不读,而病所由来,其现象不一,执古方治今病,执彼方治此病,病曷能已。"①1914 年春,黄炎培以《申报》旅行记者的身份对皖、浙、赣三省的教育状况、社会状况和民生疾苦进行了详细考察,后又对鲁、冀、京、津等地区进行教育考察。通过考察,黄炎培发现了教育与社会分离、学校与社会脱节,许多学生毕业即失业,即使有业者也不能乐业等问题;同时,对第一次世界大战期间,民族资本主义工商业的较大发展和由此造成的人才匮乏问题形成了较深刻的认识。经过考察与反思,黄炎培最终认为找到了"病源",于是他开始到处寻找治病的"药方"。1915 年 4 月,中国组织旅美实业团,赴美考察巴拿马太平洋万国博览会。黄炎培以旅美实业团编辑的身份对美国教育进行考察。在两个月内,他访问了美国 25 座城市中的 50 多所各级各类学校,与教育界、实业界人士广泛接触。当时,美国刚颁布了几个职业教育法令,职业教育搞得生机勃勃,这对黄炎培影响很大,许久以来苦苦探索的中国教育发展的出路问题,有了较清晰的答案。他认识到实用主义教育并不能解决民生问题,必须发展职业教育,才能沟通教育与生活的联系,才能解决民族资本主义工商业发展所需人才问题。1917 年 1 月,黄炎培又考察了日本、菲律宾的教育,搞职业教育的信念更加坚定了。

在此之前,黄炎培于 1913 年在《学校采用实用主义之商榷》一文中曾提倡"实用主义"教育,他认为以前的教育都是"虚名的教育",主张教育应当以"实用"为归,教育与学生生活、学校与社会实际应当紧密联系。旅美回国后,他在总结清末实业教育的经验教训时说,"所谓实业教育,非教以农工商也,乃教其读农工商之书耳",实业教育之所以流于形式在于学校与社会的脱离、教育与职业的分离。为此,黄炎培提议将"实业教育"改为"职业教育"。1917 年 5 月 6 日,黄炎培联络国内各界知名人士蔡元培、梁启超、张謇、宋汉章等 48 人在上海发起成立中华职业教育社。此后几十年间,黄炎培的教育活动和社会活动主要是通过中华职业教育社展开的。

在长期的职业教育实践活动中,黄炎培逐渐形成了具有中国特色的本土职

---

① 《黄炎培教育考察日记》第 1 集,商务印书馆 1914 年版,第 1 页。

业教育理论,树立了本土教育现代化的丰碑。

其一,提出"谋个性之发展、为个人谋生之准备、为个人服务社会之准备、为国家及世界增进生产力之准备"的职业教育目的观,并以此提炼出"使无业者有业,使有业者乐业"的教育目的论。这一观点集中反映了黄炎培的世界观、社会政治观点和对教育本质的深刻认识,也反映了黄炎培将近代中国社会现代化的准备寄托于工业和职业教育的发展。正如黄炎培所说:"所谓职业指导机关者,尚未为政府及社会所重视乎? 在此情况之下,势不能不希望政府,积极保护国内已有之实业,用图产业之振兴;同时倡办重工业,以立一切工业之基本。果国内产业发展,自易消纳多数职工,而职业教育,亦不难适应其需要而显著其效能矣。"①如前所述,黄炎培之所以倡导职业教育,是有感于中国社会生计之恐慌、百业之不改良和广大青年学生的失学失业,试图通过推广职业教育来解决当时国家社会所面临的重要问题。"讲到民生国计大问题,职业教育家常常提出这句话,也许有人以为'大言炎炎'。其实在外国讲职业教育,诚哉求进步的意思较多,在中国怎能不把国计民生当大前提呢?"②"使无业者有业,使有业者乐业"作为职业教育的终极目标,也体现了黄炎培对教育本质的认识。但是,让教育与人的发展之关系仅仅停留在满足人的"求生、求群"的需要上,把教育仅仅看作人谋生的手段,这是对黄炎培职业教育思想的曲解。黄炎培的职业教育思想是针对当时中国的社会状况提出来的。虽然他过分夸大了职业教育的作用,但也反映了他的教育救国的政治理想和追求。

其二,提出"社会化"的职业教育办学方针。黄炎培强调职业教育的社会化,这是因为他看到职业教育与社会生活有着更为紧密的联系,时刻受到社会经济发展的影响和制约。这种认识,反映了应近代中国社会现代化趋势而出现的职业教育的发展规律和本质特点,那就是职业教育必须开门办学,参加全社会的运动,适应社会之需要,完成社会现代化之使命。由此,黄炎培于1926年把这种思想概括为"大职业教育主义",这种思想对中国教育理论界的影响至深至远。他的办学实践活动,从专业设科、课程设置、招生人数、培养规格,直到职业道德标准的制定,无不建立在详细周密的社会调查基础之上。在黄炎培的倡导下,几

---

① 黄炎培:《中华职业教育社宣言》,载田正平、李笑贤编:《黄炎培教育论著选》,人民教育出版社1993年版,第272页。

② 黄炎培:《我来整理整理职业教育的理论和方法》,《教育与职业》1929年第100期。

十年里,中华职业教育社形成了一种制度,定期邀请工、农、商、金融、教育各界专家集会,随时了解社会需求,征求社会各界对学生的反映、对学校的要求,以期改进工作。黄炎培反复告诫人们:"办职业教育,是绝对不许关了门干的,也绝对不许理想家和书呆子去干的。"①

其三,黄炎培强调职业教育科学化,是指"用科学来解决职业教育问题"。他把办理职业教育的工作归纳为两大类:一类是物质方面,如农业、工业、商业、家事等各专业课程的设置、教材的选择编写、教学训练原则的确定、实习设施的配置等,都要力求因地制宜、因时制宜,经过试验,取得经验,逐步推广。一类是人事方面,即采用科学管理方法组织职业教育机构自身的建设。黄炎培试图将职业教育建立在职业心理学和社会心理学的基础之上,指出要"因职业的各个不同,与人的天性、天才、兴趣、环境的各个不同,替它分别种类,谁则宜某种,谁则不宜某种"②。黄炎培这种科学教育思想无疑为近代中国本土教育现代化之准备奠定了科学的理论基础,他的科学化的办学模式为中国本土教育管理科学化的倾向指明了新的方向。后来,黄炎培在中华职业教育社中专门设置机构研究科学管理问题,组织事务管理委员会。他亲自编撰成《机关管理一得》《民主化的机关管理》两书,目的就是"将社会科学与自然科学合一炉而冶之"③。

在近代中国教育现代化的进程中,黄炎培的主要贡献表现在两个方面。一是民国初年他首倡学校教育采用实用主义,引起了我国教育思想界的一场大辩论,形成了开风气的实用主义教育思潮;二是1917年以后,创立中华职教社,坚持不懈地提倡、试验、推广职业教育,形成延续近二十年的职业教育思潮,逐渐形成了具有中国特色的职业教育活动。他的贡献还具体表现在:

第一,中华职业教育社成立不到半年,黄炎培就积极筹办了《教育与职业》杂志,介绍欧美日本等国职业教育的发展和最新动态,率先在自己的事业中引进新的理论、制度、措施进行试验,使中华职业教育社各项职业教育活动与欧美各国的职业教育保持大致的同步状态。

第二,与欧美各国的职业教育把解决择业问题作为重点不同,中华职业教育社把解决就业问题放在首位,强调职业教育要面向中下层人民,使"无业者有

---

① 黄炎培:《提出大职业教育主义征求同志意见》,《教育与职业》1926年第71期。
② 黄炎培:《我来整理整理职业教育的理论和方法》。
③ 《黄炎培教育文选》,上海教育出版社1985年版,第139页。

业,有业者乐业",注意职业道德训练,致力于科学技术的传播,在职业教育实践活动的范围上反映中国国情、体现中国特点。① 这是最为难能可贵的,也是黄炎培对中国本土教育现代化的突出贡献。

黄炎培对中国近代职业教育做出的贡献,充分体现了他办职业教育的决心,正如黄炎培在《办职业教育须下三大决心》一文中所说:第一,办职业教育,须下决心为大多数贫民谋幸福。如果办职业教育而不知着眼在大多数贫民身上,他的教育,无有是处,即办职业教育,亦无有是处。第二,办职业教育,须下决心脚踏实地用极辟实的工夫去做。敬告同志,吾们大家下一决心,勿好高,勿沽名,勿投机,勿避难就易。第三,办职业教育,须下决心精切研究人情、物理,并须努力与民众合作。② 黄炎培不仅极力倡导职业教育,而且亲身到农村地区搞试点。中华职业教育社的乡村教育实验运动便说明了这一点。乡村教育思潮是中国20世纪20—30年代勃然兴起且波及面很广的一种重要的教育思潮。最早看到乡村教育重要性的就是主持中华职业教育社的黄炎培。1921年,他在《教育与职业》第25期的"农业教育专号"上,发表了《农村教育·弁言》一文,指出:"今吾国学校,十之八九其所施皆城市教育也。虽然,全国国民之生活,属于城市为多乎? 抑属于乡村为多乎? 吾敢断言十之八九属于乡村也。……吾尝思之,吾国方盛倡普及教育,苟诚欲普及也,学校十之八九当属于乡村;即其所设施十之八九,当为适于乡村生活之教育。"③

黄炎培等人看到中国实施现代化非提高国民素质不可,占中国人口80%以上的农民住在农村,不重视普及乡村教育,只注意在城市中办学,那提高国民素质只是一句空话。正是看到这一点,人们普遍认为,中国要想实施现代化,首先要解决农村问题。当时有一些资产阶级教育家,他们在美国的教育实验理论的影响下,幻想用办农村教育来改善农民的生活,解决农村问题,稳定农村社会。因而,各种教育实验纷纷在农村出现。据《第二次中国教育年鉴》统计,在1925—1935年的10年间,各种农村教育实验区就有193个。尽管各自的观点、办法并不完全一致,但它们互有联系,一时间在中国农村形成了教育

---

① 参见王炳照、阎国华主编:《中国教育思想通史》第六卷,湖南教育出版社1994年版,第132—135页。

② 参见田正平、李笑贤编:《黄炎培教育论著选》,第311—313页。

③ 《黄炎培教育文选》,转引自王炳照、阎国华主编:《中国教育思想通史》第七卷,湖南教育出版社1994年版,第70页。

实验运动。①

由黄炎培主持的中华职业教育社，从1926年6月开始，在江苏省昆山县徐公桥创办乡村改进区，设总务、建设、农艺、宣传、娱乐、教育、卫生7个部，实验期为6年。在教育方面，主要是推行社会教育，开办农民夜校，教农民识字，指导改进农村生产。中华职业教育社主张用职业教育来振兴中国农村，发展农村生产，改善农民生活。正如乡村改进试验的设计师黄炎培所设想的那样："吾们的理想要把中国治好，无疑地须着重下级政治。最下级乡镇，次之县镇。"他还说，应"把乡村作国家的单位，把一乡村的改进，做全国改进的起点"。这种用乡村改进的办法来解决中国农村问题，进而把中国治好的理想，满载爱国之情，为民之心，但是不能从根本上触及社会政治制度的改革，不可能真正彻底地解决中国农村问题，仍属于社会改良性质。② 黄炎培的乡村改进试验没有得到政府的支持，再加上抗战爆发后许多实验学校停办，他们的良好愿望和计划终究落空。

职业教育思潮从1915年前后兴起，至抗日战争全面爆发后消退，在中国近现代的教育现代化进程中，活跃了二十年左右的时间；特别是20年代前后的几年内，成为一种主流的教育思潮。它的影响体现在三个方面：①1922年学制改革，实业教育在学制中的地位被取代，确立和加重了职业教育在学制中的地位和比重，使普通教育与职业教育双向沟通，体现了升学与就业的双向职能。②教育实践活动使全国职业教育机构迅速增加。据统计，1918年全国有各类职业教育机构（当时称实业教育机构）531个，至1922年增至822个，1923年为1194个，1924年为1548个，1925年为1666个，1926年达1695个。从1918年到1926年的八年间，职业教育机构数增加至3倍多。③ 在这种情势下，从事职业教育工作的人员也迅速增加，职业教育实施的范围也在扩大，中华职业教育社社员人数增长7倍以上。③教育理论、教育思想开始从传统走向现代，走向平民化、实用化和社会化，鲜明地体现了五四新文化运动时期提倡民主、崇尚科学、反对封建主义的时代特征。职业教育思潮不但影响了近代各种教育思潮，就是对今日教育思想与实践的影响也是全面和深刻的。

---

① 参见孙培青编：《中国教育史》，华东师范大学出版社1992年版，第709—714页。

② 转引自王炳照、阎国华主编：《中国教育思想通史》第七卷，第79页。

③ 孙祖基：《十年来中国之职业教育》，转引自王炳照、阎国华主编：《中国教育思想通史》第六卷，湖南教育出版社1994年版，第142—143页。

三、晏阳初与乡村教育运动

20 世纪二三十年代，在中国掀起了一场声势浩大的乡村教育运动。这一运动的兴起有着深刻的历史背景。中国传统社会固有的封建生产关系与土地兼并、土地集中，到了清末愈显示出其对农村生产力、农村经济发展的严重束缚。至民国初年，日趋严重的赋税暴敛、高利借贷、租佃苛例、豪绅欺压、军阀混乱等更使广大农村民不聊生，终于造成中国农民的破产。近代中国农民的破产，更重要的原因是帝国主义的入侵。晏阳初在《十年来的中国乡村建设》一文中，揭示了帝国主义为祸中华的真相。他说："中国今日之所以有问题，可以说完全由外来势力所激起。假如中国没有外力进门，环境不变，或者还会沉睡下去。自外力闯入以后所发生的剧烈变化，使整个的国家陷于不宁状态，而受祸最烈的莫若乡村。"①近代以来，帝国主义的武装侵略加速了中国社会的崩溃。它们以武力为后盾，大肆输入毒品、倾销洋货、掠夺原料，打击中国农村的手工业。农产品的价格日趋低落，农民的购买力也急剧下降，中国自给自足的自然经济逐渐走向彻底破产。帝国主义与封建势力勾结，加重了社会政治的腐败，兵祸连绵，水利失修，天灾频仍。自 1912 年至 1920 年，水涝、大旱与瘟疫不断。仅 1920 年，陕、豫、晋、冀、鲁五省灾民达 2000 万之多，死亡人数达 50 多万。破产的农民离乡背井，四处逃难，广大农民生活在水深火热之中。面对中国农村经济的全面崩溃，"全国上下似乎有一种共同的觉悟，就是要救济中国，必先救济中国的乡村，要建设中国，必先建设中国的乡村，因为乡村是中国社会的基础，一切问题的重心"②。建设乡村，须从政治、经济、文化三方面着眼。而在广义上，教育恰是这三方面建设的连锁工具，又是各种乡村事业的中心事业。正所谓"任何工作，莫非教育"，乡村一切，都需要从教育入手，以教育开道。基于这样一种普遍认识，乡村教育一时引起人们的关注，扩展演变为一种运动。

中国乡村教育运动，其持续时间之长久，理论主张之纷繁，实验与推行规模之宏大，在中国教育史上留下了极为醒目的一页。其中伴随着乡村建设运动而兴起的乡村教育这一支脉的理论与实践，充分地展示了教育的社会功能，更多地体现了近代中国教育家探索教育现代化与教育本土化努力的特点。其中主要代

---

① 《晏阳初全集》第 1 卷，湖南教育出版社 1992 年版，第 56 页。
② 傅葆琛：《乡村运动中之乡村教育》，《中华教育界》1934 年第 22 卷第 4 期。

表人物是晏阳初与梁漱溟。

1. 为中国教育创一新生之路

晏阳初（1890—1990），字复兴，四川巴中人。5岁入私塾接受传统的儒学开蒙教育，13岁时即远离家乡进入西学堂学习新学，并接触基督教文化。1913年入香港西学学堂，继入香港大学就读，选学了当时比较冷门的政治学专业。香港的环境和个人的经历使晏阳初深感国弱民贫的悲哀，如何育民、富民以为强国之本，时刻萦绕在他的脑中。他认为，国家兴亡，匹夫有责。要负起改造中国的责任，必须具备政治学和经济学的知识。但港大当时的气氛使他不能忍受，遂于1916年夏横渡太平洋到美国入耶鲁大学继续攻读政治学专业。怀抱理想主义报国之志的晏阳初，在这宗教与学术共同笼罩下的常青藤贵族化学府，既体验到民主，也感受到美国国内无处不在的排华倾向。在一次年度演说比赛中，他发表了题为《从美国宪法论排华的不合正义公理》的演讲。他说，华人在世界上任人欺侮轻蔑，连号称民主国度的美国，排华也不例外。我们可以抗议，但这只是治标。而只有自强才是谋求真正平等之道。"20世纪已是机器的时代，是技术的时代，是科学的时代，是智能的时代"，简言之，是智能专长取胜的时代，而智能专长得之于教育。中华民族要想自立于世界民族之林，当从消灭智能上之不平等做起。他认识到"平民教育乃中华民族自强之本"。

晏阳初在回顾三地求学的思想经历时说："我在川中时，只有抽象的国家民族观念。到香港后，败国之民的羞辱，促进了民族意识的发生。我开始体会到国之重要，已有改造社会的愿望。再进而看到美国的繁荣安定，华裔工商的屈居人下，又回想到祖国的贫愚落后。"在比较了三种生活方式之后，他表示"苦难的中国，需人解救，我立志贡献己力"[①]。

晏阳初留学美国期间，正值第一次世界大战激烈进行之时。英、法等协约国因战争造成人口大量外流，不得不向外招募劳工。1916年英法与中国签订招工章程，设中国侨工事务局，大量招募华工，运往欧洲战场。当时运抵法国的华工就有4万之多。这些华工终日从事着超体力的繁重劳动，修筑公路，挖掘战壕，运送物资，掩埋尸体，苦不堪言。更由于语言不通，任凭当猪狗一般，受尽外国军官的责骂殴打。此时，北美基督教青年会战时工作会，发起募集在美中国留学生

---

① 《晏阳初全集》第2卷，湖南教育出版社1992年版，第526页。

去欧洲战场为华工服务。在"爱国之心、爱人之心、爱主之心"的驱使下，晏阳初毅然投笔从戎，于 1918 年 6 月从耶鲁大学毕业后的第二天，即登上美国军舰，前往法国。甫抵法国北部的布朗（Bonlogue），即到五千余华工的军营中，开始了为华工的服务和福利工作，为华工翻译介绍时事动态，组织文娱体育活动，代写书信代办汇款等。由于华工不识字，因此这些服务颇为烦琐与低效。晏阳初想到，最好的办法莫过于教华工识字，向他们传授知识，提高他们的文化素质，只有这样才能组织起来，"用罢工等方法，去抵抗一切的侮辱与欺压"①。

在这种信念的支配下，晏阳初创办了华工营中的第一个汉文班，招收了 40 名学生。三个多月后，举行毕业考试，有 36 个学生成绩合格。从此，这一创举在英、法的华工营中推行开来，受到热烈欢迎。营门口、战壕旁，都成了华工识字学文化的课堂，华工学习热情异常高涨。通过一期期的教学，华工中能认字、会记账、能写简单家信的人越来越多，文明程度也有提高。在法华工教育实践，使晏阳初认识到，中国的劳苦大众不是不可教，而是千百年来失之无教，教育可以发掘他们身上的无限潜力。在法国的这一年，成为他一生事业的开端。从此，他立志从教。"1919 年春季，我立志回国以后，不做官，也不发财，把我的终身献给劳苦的大众。教育劳苦大众，是一种使命，也可以说是教育的革命。我要为这革命而出家，就是抛弃荣华富贵。"②

1920 年 8 月，晏阳初结束了在美国的学业，回到上海。时值五四运动之后科学与民主首次被提上国民议事日程，国民教育开始引起国人注意，但其施教对象仅限儿童，属慈善性质。以一般劳动群众为对象的平民教育也有人倡导，但实际的推动却不够有力，不够普遍。晏阳初在基督教青年会总干事余日章的支持下，在青年会下创设平民教育科，以"用科学方法研究问题解决问题，以实用为目标编写教材，进行教学"为方针，着手平民教育之筹划。嗣后，分别在长沙、烟台、嘉兴、武汉等地掀起轰轰烈烈的扫除文盲的识字运动，继而在华中、华北、华南各大中城市推广。

1923 年，领导全国平民识字运动的总机构中华平民教育促进总会在北京成立。该会以"除文盲，作新民"为根本宗旨。由熊朱其慧夫人任董事长，晏阳初任总干事。这标志着中国平民教育运动进入了一个新时期。平教会将工作重点

---

① 《晏阳初全集》第 2 卷，第 254 页。
② 同上书，第 542 页。

逐渐转到农村。先设京兆、保定两实验区,尝试农村的平民识字运动。1926 年平教会决定推进以县为单位的乡村平民教育实验,将总部迁至河北定县考棚,开始了大规模的针对中国农民愚、穷、弱、私四大病症的整体性改造农村生活的实验。定县实验历时 10 年,于 1937 年日本军队侵入华北后被迫停止。但随后晏阳初率领平教会同仁转移至长沙、重庆等地,在华中、华西继续推进乡村建设的实验。他创办了中国乡村建设学院,设乡村教育、农业经济、水利工程、社会行政四个专业,以培养中国乡村建设所需的实用人才。1950 年,晏阳初前往美国,其后在第三世界发展中国家继续推行国际乡村改造事业。60 年代,在菲律宾成立了国际乡村改造学院(IIRR),肩负起为第三世界国家培训乡村工作骨干的任务,获得国际社会的赞誉。1985 年与 1987 年,晏阳初两度回中国考察,受到国家领导人的热情接待,由此也促成了国际乡村改造学院与中国的合作。1990 年1 月,晏阳初病逝纽约,终年 100 岁。

2. 中国教育要走独立发展的道路

(1) 一味模仿外国,势必导致教育破产

晏阳初历来主张,中国的教育,要根据国情走独立发展的道路。他坚决反对崇洋媚外,反对照搬照抄西洋的做法。

他尖锐地批评中国的学者,"很少有自己对问题的看法与做法",创办教育,习惯于东拼西凑,依样画葫芦,而不管是否合于中国国情。他认为,"中国数千年来的旧教育,现在已经推翻,可是新教育尚未产生。现在所谓的'新教育',并不是新的产物,实在是从东西洋抄袭来的东西。日本留学生回来办日本的教育,英、美留学生回来办英、美教育,试问中国人在中国办外国教育,还有什么意义?各国的教育,有各国的制度和精神,各有客观存在的空间性和时间性,万不能拿来借用"。正因为这些留学生归国后,不管国情如何,一味地照搬英、美、日的教育,结果弄得一塌糊涂。所以晏阳初指出,充分模仿外国,导致中国整个教育的破产。①

有鉴于此,晏阳初号召中国有出息有思想的教育家,要有创新意识精神,要深入人民,了解认识自己国家的问题症结所在,要针对自己的社会来创造,要把中西学术融合在一起,"具体地、科学地研究完成一套为全民而有用的新兴教

---

① 《晏阳初全集》第 1 卷,第 465 页。

育,为中国政治、教育创一条新生的路"①。

（2）融会中西古今,为中国新教育创一新路

在西方文化挟狂风劲吹中国大地的时候,晏阳初饱受西洋文明的洗礼,踌躇满志地从美国返回中国。他在法国为华工服务的经历使他清醒地认识到,在列强争雄的当前,中国国势衰微,已坠入三流国家地位。他也清醒地认识到旅欧华工的生活状况是大多数中国国民生活的缩影与代表。他们是社会的最底层,是国家的根本,但他们失教,需要开发他们的智力与伟力。完成这一历史性使命,需古今中西会通,走一条快速有效的新路。他承认自己"是中华文化与西方民主科学思想结合的一个产儿"②,他决心"为中西新旧文化的调和,灌溉滋润,而贡献光华灿烂琳琅珍玮的花果"③。他主张中国教育界,在"20世纪这一创新的时代,应具有这个时代的特征,决不要拟古也不要全盘否定传统文化,而从中择取时代需要的部分"④。他认为创办教育,既不要仿古,也不要仿欧。既不要中国式的古董教育,也不要外国式的舶来教育。中国式的古董教育,与民族生活不相干,只能造成三家村式的学究;西洋式的舶来教育,与民族生活不相应,只能造成外国货的消费人。他说以上两种教育已导致教育的破产,如再继续实行下去,迟早会演出促成"民族自杀""民族速死"的悲惨结果。他并不反对向西方学习,相反他积极倡导向西方学习先进的东西,但提醒人们要时刻不忘自己的国情,不忘"以我为主"。他警告人们,"我们不努力,将来只有做外国人的附庸,不是做美国的附庸,就是做苏联的附庸,希望大家要认识这一点"⑤。他谈的是教育问题,但他由此也想到未来整个国家、整个民族的生存命运,今天读来,智者的卓识被其后的历史证实是极具远见的。

3. 认识国情,对症下药

晏阳初特别强调,办教育应从国情省情县情出发,因地制宜,因时制宜,因人制宜。他指出,欧美教育强调的是"求适应生活"的教育,因为他们的人民文化水准较高,生活水平也相当高,所以他们教育的任务就是培养人们去适应生活。

① 《晏阳初全集》第2卷,第279页。
② 同上书,第529页。
③ 《晏阳初全集》第1卷,第115页。
④ 《晏阳初全集》第2卷,第535页。
⑤ 同上书,第306页。

他们把重点放在以青少年为对象的学校里，以及为适应生活需要的部分成人上。这是他们特定的时间性与空间性——国情所决定的。

中国的国情与欧美不同，决定了中国教育与欧美教育应具有不同的特质。晏阳初在其已发表的论述中，对中国 20 世纪初至中叶教育的社会背景先后有过多次指陈，归纳起来有如下几点。

（1）传统动摇，问题丛生

自鸦片战争爆发、列强侵入中国以来，在交通日趋便利、关系日趋密切的世界里，中国已不再可能维持封闭的社会，而是被迫卷入世界大格局。因此，"我中华的问题，不仅是亚洲局部民族的问题，而且是世界人类利害相关、安危与共的问题"[1]。

经过辛亥革命，中国社会数千年来政治上、社会上、家庭里安定的生活秩序，都从根本上发生了动摇。随着第一次世界大战的结束，全世界各国人民的宇宙观、人生观、社会观及一切生活的法则起了剧变，世界范围内重利思潮的激荡，直接或间接地影响到中国，冲击着中国社会——从思想、观念、习俗、行为到生活的各个层面。于是问题丛生且关系复杂。

（2）愚穷弱私，民族衰老

晏阳初认为，中国社会的各种问题"不自发生，自人而生"[2]。他说："现在中国害了三种病，即瞎、聋、哑。国民大部分不识字，不能读书报，非瞎而何？不受教育的不知社会情形，所以有耳也等于无耳，非聋而何？社会弄到这样，发言的是何人，大多数是不作声的，非哑而何？"[3]后来，他又将中国的问题归结为四大病症，即愚、穷、弱、私。所谓愚，即不但缺乏知识，简直是目不识丁，中国人民中80%是文盲。所谓穷，即大多数中国人基本生活吃穿住得不到起码的保障，简直是在生与死的夹缝中挣扎。所谓弱，即大多数中国人是毋庸讳言的病夫。人民的生命存亡，简直听之天命，根本谈不到所谓的科学治疗与公共卫生。所谓私，中国大多数人不能团结，不能合作，缺乏道德陶冶以及公民训练。

"民为邦本，本固邦宁。"民若不强，何谈邦宁，更遑论国势强大。经过辛亥革命，成立了中华民国。但我国"三万万以上的文盲，名为 20 世纪主人翁，实为

---

① 《晏阳初全集》第 1 卷，第 114 页。

② 同上书，第 115 页。

③ 同上书，第 80 页。

中世纪专制国家老愚民"①，特别是在广大的农民身上表现出衰老、腐朽、钝滞、麻木和种种退化现象。面对国家的各种问题，我们的国民只能是蚩蚩之氓，不识不知，顺帝之则；只能是淡漠旁观，惊骇躲避，任凭列强欺侮驱使，任凭军阀摧残压迫，任凭官僚政客弄权专制，任凭社会混乱政治黑暗腐败。近百年来中国文化在与西洋文化的接触中，屡屡落伍，固有文化既失去统裁力，新的生活方式又建立不起来，思想上更呈现混乱分歧的状态，出现了文化失调的现象。更有些人，抑郁烦闷，暴躁妄为，形成一种恶势力，骚扰社会。帝国主义对中华民族的侵略、压迫、榨取，直接或间接地破坏了乡村，受害最甚的三万万以上的赤贫农民，其生活惨状，令人悲痛欲绝。晏阳初指出，中国已到了生死关头。"中国今日的生死问题，不是别的，是民族衰老，民族堕落，民族涣散。"②

（3）"误教""无教"，对症下药

1937 年，日本帝国主义发动了大规模的侵华战争，华北危急，全国动摇。晏阳初提出，"中国为什么到如此田地？我以为根本的原因是'误教'与'无教'"③。

何谓"误教"与"无教"？他指出，中国现在受教育的人很少，而所受教育，又多是不切实用的。分而言之，所谓"无教"，即失教于民，失教于农。所办的有限的新学校，离四万万人民的需求相去甚远。所谓"误教"，即当时社会所说的"教育误人""教育杀人"。他认为，在中国办洋教育，与中国的需要背道而驰，结果是念了洋书的人对中国的问题浑然不知。城里人读了书欣羡西洋，不关心国家盛衰。乡下人读书跑向城里，多一个读书人就少一个务农者。他说，现在的情况"所幸误教尚少，假如误教普及了的话，那只有坐以待毙。现在还有 80% 的'无教'者，正待我们去普教，故中国前途尚有可为。我们不应当再拿外国教育去教他们，要创造一种中国教育，要用中国药来医治中国病，且要看清病源然后再去下药"④。

（4）教育"三难"，因地制宜

晏阳初在创办平民教育之初就已认识到，在中国推行民众教育面临着很大的困难。"我国国民，十九赤贫，自晨至暮，辛苦勤劳，血汗所得，不足温饱，自无

---

① 《晏阳初全集》第 1 卷，第 116 页。
② 同上书，第 294 页。
③ 同上书，第 465 页。
④ 同上书，第 466—467 页。

闲情逸致，抛开谋生而受教育，此一难也。我国汉字之难学，为世界各国文字之冠。若令穷忙平民，学尽难学之字，更属难上加难，此二难也。我国财政，已濒破产。已办教育，尚难支持，焉有余力从事民众教育，此三难也。有此三难，故造成我国今日之特殊环境，在此特殊环境之下，非有特殊方法，不足以谋适应。"①

从以上的言论中我们可以看出，晏阳初对 20 世纪二三十年代中国教育发展面临的经济、政治、文化、社会环境有着非常清醒的估量。他看到当时经济濒临破产，看到帝国主义政治压迫、经济掠夺让中国民族分崩离析，看清北洋政府以及国民政府政治的反动与腐败，看到在种种客观环境下中国教育事业的艰难，看到中国剪不断理还乱的复杂社会问题，同时认识到解决这些问题的关键"非从四万万民众身上去求不可"。他终于提出了自己终生事业的目标，即"除文盲、作新民"。他说，"四顾茫茫，终夜徘徊，觉舍抱定'除文盲、作新民'的宗旨，从事于平民教育外，无最根本的事业，无最伟大的使命，无最有价值的生活，这是同仁的自觉心，责任心，奋斗心"②。

4. 创建"实验的改造民族生活的"新教育体系

（1）"实验的改造民族生活的教育"将肩负起"民族再造"的使命

晏阳初分两个层次论述了"实验的改造民族生活的教育"。

第一层，什么叫"改造民族生活的教育"？他说："这种教育，以培养民族的新生命，振拔民族的新人格，促进民族的新团结新组织为目标；以适应实际生活，改良实际生活，创造实际生活为内容。"③其教育目标体现了"教育即生命"的原则，旨在使接受这一教育的人，下决心改造自己的生活，进而适应民族的生存。

第二层，什么叫"实验的改造民族生活的教育"？在晏阳初看来，要切实贯彻"教育即生命""教育即生活"两个原则，绝不是单靠说教和书本教育所能奏效的。教者与学者双方都必须在实际生活中去亲自历练才成。他举例说，比如教农村青年选择良种、驱除病虫害等农业知识，不能只在教室里黑板上讲解，更重要的还是在田地里实地传授与实际操作。通过课堂讲解与实地传授操作，达到提高生产的目的，更通过输入科学知识，造成科学头脑，启发人类可以"赞化天地""征服自然""人定胜天"的观念。这正是在改良实际生活的实验中，培养民

---

① 《晏阳初全集》第 1 卷，第 68—69 页。

② 同上书，第 116 页。

③ 同上书，第 297 页。

族的新生命,振拔民族的新人格。这种在实际生活中教者与学者一同去历练的教育,就是"实验的改造民族生活的教育"。

（2）"实验的改造民族生活的教育"应是"力的教育"

晏阳初多次提到孙中山先生关于"外国人建屋重在奠基,中国人建屋重在架梁,我们建设民主政治的华夏,请从奠基始"的观点,指出孙中山先生一生念念不忘"唤起民众",说明他把教育看作为国家"奠基"的伟大工程。晏阳初认为,如果我们建国也是重上轻下,长此下去后果将不堪设想。他从百多年来世界的发展趋势以及几十年来中国备受列强凌辱的痛苦历史中认识到,"目前的世界还是个'唯力是视'的世界:有力者存,无力者亡;有力者主,无力者奴;有力者支配人,无力者被人支配。而今日所谓有力者往往就是那些握有雄厚资本,握有军火武器的强权者,他们正以他们的强权压迫着世界的弱小民族"①。而回观中国,中华民族本来是一个优秀的民族,有着无限的伟力,但到近代,"我们的'力'被湮没了,被压抑了,被摧毁而扼绝了! 结果,使中国整个社会窒无生机"②。"中国这个弱的民族需要的是力的教育,而后才能在这唯力是视的世界里谋生存。"③

教育的目标就是要开发民力,就是把蕴藏在中国人民,特别是中国广大农民中的伟大磅礴的力开发出来。开发民力,须从整个生活的各个方面下手:必须灌输知识——"知识"就是力量;必须增强生产——"生产"就是力量;必须保卫健康——"健康"就是力量;必须促进组织——"组织"就是力量。晏阳初开发"四力"之说,是根据他的"四病说"逻辑推演的必然结论。他认为中国人民(特别是中国农民)身上存在四种问题或称"四种病症",即愚昧、贫穷、多病、散漫自私。培养四力就是医治四病的良方。四力缺一不可,缺一就不是健全的国民,缺四就尽失其国民的意义。"以如是的国民,来建设20世纪的共和国家,无论采取何种主义,施行何种政策,一若植树木于波涛之上,如何可以安定得根!"④社会整个生活是有机联系在一起的。四种社会问题,即四种病症是关联的,因此,四力的培养也是连锁的。培养四力的任务自然演变为文艺教育、生计教育、卫生教育、

① 《晏阳初全集》第2卷,第339页。
② 同上。
③ 同上书,第281页。
④ 《晏阳初全集》第1卷,第117页。

公民教育的联合进行。

（3）"实验的改造民族生活的教育"应是即知即行与建设并重的教育

晏阳初一生孜孜以求的平民教育与乡村改造事业,其中一大特色是从实践中来到实践中去,提倡走出象牙塔,走向平民百姓生活,去研究问题解决问题。他们把定县作为一个社会生活的实验室,企图通过教育全面推动乡村生活的改造与建设,坚决摒弃传统知识分子坐而论道、隔靴搔痒的做学问的方法。他们较科学地建立了教育与乡村建设的协同关系。他们认识到在乡村办平民教育,仅教农民认识文字取得求知工具而不能使之有用这套工具的机会,对农民是没有直接效用的;觉悟到"不谋建设的教育,是会落空的,是无补于目前中国农村社会的"①;意识到教育的设施在乡村建设的整个过程中的深刻意义。"教育者不仅是对农民为知识的灌输和技能的训练,同时要注意到使一般农民即知即行而运用其知识技能以谋农村的建设。农村以教育的力量谋建设,即使教育的结果成为农村建设的力量;建设的推演,成为农村教育的环境;互为因果,以推进一切而促进新民社会的实现。这种方式,小言之,是一种以教育为经,建设为纬之文化方式;大言之,是一种以教育为手段,建国为目的之政治方式。"②

定县实验中所创造的表证农家,最终演化为晏阳初的"乡村改造运动十大信条"之一,即"以表证来教习,从实际来学习"。他特别强调在实践中教学,把课堂搬到农村田间地头,变书本教学为实干教习。认为"举凡理想之宣示、技术之传授、试验之证实、推广之实施,都可从表证教习来完成"③,更充分地强调了"即知即行"的思想。

（4）"实验的改造民族生活的教育"应贯彻基础化、简易化、经济化、普遍化原则

近代中国教育发展面临一些特殊的背景:中国是饱受列强欺侮、经济破产而又国土面积大、人口众多的落后大国。文化教育落后,国民素质严重低下。帝国主义入侵,除了军事、经济的侵略,也带来了文化教育的侵略,给予本已落后的教育事业巨大冲击。面对重重的困难,中国民族新教育如何发展,方能适应激烈变动的世界格局,才能促进中国民族振兴的大业,成为许多有责任感的教育家思考

---

① 《晏阳初全集》第 1 卷,第 246 页。
② 同上书,第 565 页。
③ 《晏阳初全集》第 2 卷,第 563 页。

的头等大事。晏阳初也不例外，他对中国民族教育发展的严重局面有着极为清醒的认识，提出了一系列强国强种发展民族教育的设想与建议。他针对穷国办穷教育提出了"四化原则"。

① 基础化。应该学的东西太多，文化知识落后的平民百姓不可能样样都学。因此，只能把最需要的基础知识教给群众，使他们能奠定初步的根基而求发展自己。担任平民教育、乡村教育的人，要作炼丹的功夫，有针对性地精炼最急需、最基本的知识，做到少而精，以使平民特别是身居落后地区的农民学到一点就能用上一点。

② 简易化。知识具有严密的科学体系。一般农村平民不可能完全放下生计系统地接受教育。只能从他们最迫切的问题入手，从他们所知道并能理解的地方开始。即从其生活实用出发，将高深复杂的科学知识采用深入浅出的方法传授给他们。做到这一点并非易事。在前期的平民识字运动中，在后来的定县实验中，平教会在编制《平民千字课》《农民千字课》以及普及农业科学技术知识等方面进行了有效的实验，采用了浅近简易的方法，取得了很好的效果。

③ 经济化。对平民特别是农民进行文化知识、卫生保健、生产技术、公民道德教育时，第一要考虑他们终年忙碌，不能拿出整块时间与全部精力专门从事学习。第二要考虑到他们生活困难没有经济实力去从事正规的专门的学习，甚至连一般的课本用具也无力负担。所以千字课一般是根据科学原则，选取千余用字，编为四册，九十六课。日授一课，月尽一册，每日只需一时，四个月即可毕业，既简易好学可获得基本知识，又省时省钱不影响谋生，适合平民的生活状况与财力、时间所允许之范围。惠而不费，符合经济原则。

④ 普遍化。平民教育、乡村教育应以全体平民、全体农民为对象，以整个平民生活的处所、以农民生活的乡村为教育场所；以民族再造与乡村建设为教育目标；以适应实际生活、改良实际生活、创造实际生活为教育内容；以大队组织运用"导生制"办法完成综合活动，实现乡村建设为教育的方法；以家庭、学校、社会合一之综合方式为施教的方式。中国这样一个穷国大国，教育的规模之巨大，非一般可比。实现民众教育普遍化，事业宏大，非国家中央政府所能包办，更不是平教会一类学术机构或少数人所能为功，应动员当地人出当地钱办本地事，这样中国的教育才有希望。

5. 适应现代化，培养现代人，是中国教育改革的方向

晏阳初是受西方现代文化影响至深的一个学人，也是善于将理念付之于行动的实践家。他自少年时起从儒家文化的传统教育中走出，迈入西学的门径，又频繁往来于中国与欧美之间。他亲身领略两种异质文化的差异，两相对比，他从两种社会生活的落差中看到了中国社会变革的最终目标是如世界大局一样走向现代化。作为教育者，他将"作育新民"当作未来现代化社会应尽的职责。根据中国以农立国的国情，他赋予了"新民"以"现代人"的种种基本素质，认为国家今后的大责任可由农村青年群策群力去负担。"我们今日只管培养他们的新生命，振拔他们的新人格，促成他们的新团结，训练他们的新生活，使他们科学化、合作化、纪律化、现代化，他们便自己能尽国家主人翁的责任，随时代的演进，解决变化无端层出不穷的种种问题。"①这段话里，他将"现代化"与科学化、合作化、纪律化融为密不可分的一个整体，认为没有科学化、合作化、纪律化等种种品质，"现代化人才"是不完善的，也是不可能独立存在的。另外，这段话也告诉我们，完备的现代化人才必将与时俱进，有能力去面对未来世界的种种问题。这是与当时无智无识无能病弱的老愚民完全不同的一种新人，是适应现代国家的新人。这种新人已超越纯自然属性而成为社会学意义上的人。

我们还注意到，晏阳初关于"现代化"的人的提法首见于1934年《农村运动的使命》一文，是从"再造民族使命"之需要提出的。1936年，他在《"误教"与"无教"》一文中再次提出，中华民族要想"在20世纪生存"，必须造就"现代人"——国家、民族、大众需要这种"现代化的仆人"。1940年，晏阳初在中国乡村建设学院又多次强调该院培育人才的"六大教育目标"，更为完整地诠释了新时代新人才的六大必备条件。这六大条件是："第一，劳动者的体力：①利用自然环境，爬山游水；②养成最低限度的卫生习惯；③养成健康的思想；④自力生产，以锻炼体魄。第二，专门家的知能：①有一技之长；②即学即作，即作即习；③理论与行动打成一片。第三，教育者的态度：①人人都是可造人才；②学而不厌，诲人不倦；③'作之君，作之师'。第四，科学家的头脑：①对一切求真知；②用科学的态度来解决一切问题。第五，创造者的气魄：①不苟安，求进取；②不享受，不畏难；③敢作敢为，耐劳任怨。第六，宗教家的精神：①有信仰，坚定不渝；

---

① 《晏阳初全集》第1卷，第298页。

②临大难,处之泰然;③重博爱,爱人如己;④能牺牲,舍己为人。"①六大教育目标从德、智、体、能诸方面全面概括了现代化人才应具备的基本条件和基本素质,反映了晏阳初在国难当头、民族危亡时刻拯救危亡、振兴民族的自信,以及对未来国家民族命运的理想,同时也反映了他对中国新兴教育在现代化与本土化等方面的思考。

四、梁漱溟与乡村教育运动②

1. 从农村的新生命中寻求中国的新生命

梁漱溟(1893—1988),名焕鼎,字寿铭,生于北京,祖先为蒙古族,与元朝皇帝同宗。在父亲梁巨川的影响与支持下,他自幼受新知识启蒙,入中西学堂学习,幼小的心灵中隐然萌发了对社会、对民族的责任感与迈越世俗、追求上进的正大刚强之气。强烈的求知欲使他从小养成了广搜博览的习惯,如饥似渴地阅读涉及革命派、立宪派等观点的种种书籍报刊,并开始思考人生问题与社会问题。1911年中学毕业后,他到《民国报》当记者。时值辛亥革命爆发,有机会熟悉许多政治人物与事件,为他认识社会提供了不少帮助。由于理想与现实的冲突,梁漱溟内心痛苦不已,遂生遁世思想,曾两度自杀未遂。旋醉心于佛家,潜心研究佛学,写成《究元决疑论》,批评古今中外各家学术,而独崇佛家,纵论出世主义哲学。该文引起学术界的注意,为此,蔡元培特邀梁漱溟来到北京大学讲授印度哲学、儒家哲学、孔学绎旨等课,同时他开始了东西文化及其哲学的研究。1921年,他的《东西文化及其哲学》一书出版,被认为是中国现代新儒学的开山之作。它第一次将中国文化纳入世界文化架构加以讨论,在充分肯定西方科学民主的价值的同时,也充分肯定了中国文化与东方文化的价值。这本书奠定了梁漱溟作为"现代新儒学"开创者的历史地位。

1924年,为了实践自己的教育理想,梁漱溟辞去北大教职,赴山东曹州办学,筹划创办曲阜大学。拟"取东方的尤其是中国的学术暨文化之各方面作一番研讨昭宣的工夫,使它与现代的学术思想接头,发生一些应有的影响和关

---

① 《晏阳初全集》第2卷,第135—136页。
② 参见宋恩荣:《梁漱溟在中国教育现代化进程中的思考》,《华东师范大学学报(教育科学版)》1998年第4期。

系"①。曹州办学未获成功，他回到北京与后来成为儒学大师的熊十力及德国学者卫西琴共办私人讲学，共读共研。在北伐运动的感召下，梁漱溟南下上海、南京、广州，考察中国的政局，并赴江苏徐公桥、南京晓庄、河北定县考察黄炎培、陶行知、晏阳初的乡村运动事业，深感民族的唯一出路全赖乡村的兴盛，只有替农村寻求到新的生命，才能为中国全社会找到新的生命。1931 年，梁漱溟来到山东邹平主持山东乡村建设研究院的工作，开始了促兴农业、寻求国家民族自救之路的实验。在这里，梁漱溟进行了全面系统的社会性改造工作，通过广义的教育工程，促进了乡村的农业改良和合作事业、风俗善导、县政改革。自日本发动侵华战争到抗战胜利，他积极投身抗战运动、民主宪政与两党合作，发起组织了中国民主政团同盟（民盟前身）。1946 年 3 月，因不同意当时的政治协商会议通过张君劢所设计的以美国政体为蓝图的宪政，决计退出政治活动。7 月，国民党特务暗杀李公朴、闻一多，消息传来，梁漱溟十分气愤，遂以民盟秘书长名义发表了题为《特务不取消 民盟不参加政府》的书面谈话，指出："我个人极想退出现实政治，致力文化工作，……但是，像今天这样，我却无法退出了，我不能躲避这颗枪弹，我要连喊一百声：取消特务！"②这表现了一个民主人士在白色恐怖面前不畏强暴的凛然正气。

中华人民共和国成立后，梁漱溟应中国共产党邀请来到北京，参加政治协商会议，历任全国政协委员、常务委员、宪法修改委员会委员。20 世纪 50 年代受到不公正的批判之后，专注于哲学、文化方面的思考与著述。80 年代以来，我国乃至美欧许多国家，兴起文化与"现代新儒学"研究热潮。梁漱溟的思想再度引起哲学、文化、教育界的广泛注意。

2. 对新式教育之批评

西方以其发达昌盛的科学技术，创造了日渐丰厚的物质文化。资本主义制度发展的结果，要求向外扩张，寻求资源与市场。于是有了称霸世界，远侵东方。正是在这样的背景下，中国的大门被迫打开，迎来列强的侵凌。中国人终于从迷梦中惊醒，有了模仿泰西以求急起自救的种种举动。新式教育的兴起，就是种种模仿之一端。从清末废科举，兴学堂，新式教育试行几十年，在艰难的摸索中前

---

① 《梁漱溟全集》第 4 卷，山东人民出版社 1991 年版，第 776 页。

② 《梁漱溟全集》第 7 卷，山东人民出版社 1993 年版，第 558 页。

进,取得了许多成绩,推动了中国教育现代化的进程,功不可没。但是,毋庸讳言,同时也产生了种种缺憾。许多教育家为此多有指摘。梁漱溟对这些缺憾,更觉"苦闷"甚而成为一种"苦痛"。他连篇累牍地发表演说,撰写文章,对新式教育进行了深刻的反省与严厉的批评。

他直言不讳地指出:"学校制度自从欧美流入中国社会以来,始终未见到何等的成功,倒贻给社会许多的病痛。"①他说这些病痛非同小可,是"将以起一国之衰""适所以祸国而已"的重大不幸②,认为新式教育为祸中国,最大的问题是从根本上摧毁了中国这一大乡村社会。

中国人学西方,举办新式教育,为什么不成功? 同是东方国家的日本学习西方,推行新式教育,为什么就取得了成功? 梁漱溟做了分析。

近代欧美教育,孕育于西方那样的社会文明,西方文明是建筑在工商业上的以都市为中心而发挥的一种文明。学习西方的教育制度,中国的社会全无西方社会的种种条件,生吞活剥地搬来中国,脱离了中国社会的国情,自然是方枘圆凿,格格不入,强行移植,淮橘为枳。

但是,日本人学西方办新式教育,情形却不一样。原因是,自明治维新之后,日本的经济政治及整个社会是从效法近代西洋的那条路(资本主义)走过来的。它效法西洋社会举办的新式教育与社会的大方向是顺符的、一致的。大方向不差,在具体推行过程中的小疵瑕就不显见,而且可以边走边修正,终于成功。但中国却与此相反,中国没有能走上以工商业为基础、以都市为中心的资本主义道路,教育却一味模仿资本主义的西洋教育,与社会的大方向不一致。在这种新式教育推行的过程中,在枝节上左修正右修正,总归是白费,落得一个手脚纷扰而已,失败是必不可免的。

那么,新教育的问题究竟在哪里呢? 从总的方面,梁漱溟概括了两点③:

一是不合于教育的道理。教育的任务,"原是长养人发达人的智力体力各种能力的,但照现在,结果却适得其反"。不但没有长养人们的体力,反倒戕害了他们的健康;不但没有长养人们的智力,反倒窒塞了他们的智慧,使聪明人变得愚钝,使有能力的人变为无能力的废物。

---

① 《梁漱溟全集》第 4 卷,第 836 页。

② 参见《梁漱溟教育文集》,江苏教育出版社 1987 年版,第 88 页。

③ 参见《梁漱溟全集》第 4 卷,第 836—839 页。

二是不合于人生的道理。教育是应当趋向理想发展的。它一方面在事实上要接近现实,而另一方面则要在精神上趋离现实,领导现实。但现在的教育,恰恰相反,在事实上,它离开现实社会,不合实际且与实际抵牾;在精神上,又随波逐流,跟着社会走,全无半点理想,无法领导社会,反贻害于社会。

梁漱溟虽然言辞激烈地批评了清末以来新教育学校制度中的种种失宜与弊病,并过激地指责其"祸国"之罪,但从他言论的精神实质来看,他还是充分肯定了新教育在冲击以礼教束缚青年、以空疏无用误导青年的传统教育方面的历史功绩的。

3. 东西教育之比较

1921年末,梁漱溟应邀前往山西与山东演讲。他在山西的讲题是《东西人的教育之不同》,在山东的讲题为《东西文化及其哲学》。在这两次讲演中,梁漱溟从东西教育的不同论及东西文化之异趣,提出中国教育在面对西方文化对东方的"节节斩伐"下如何保持"自我"应持的基本态度。

西洋人的教育偏重在知识一边,如各种自然科学之教;中国人的教育偏重在情意的一边,如孝悌之教。东西方的教育,各有所得,也各有所失。其实,合理的教育,对于知识与情意都是必要而不可偏废的。

东西教育的不同,是由于两种文化路径的根本异趣。梁漱溟于1917年进入北京大学担任教席时,即将研究的兴趣投入"东西文化之比较"方面,历时四年,正式出版《东西文化及其哲学》。这本书第一次将世界文化分为三大系统加以讨论,即对以西方、中国、印度为代表的人类三种生活样式的历史渊源、各自的哲学根据及它们在人类历史上的地位做出全面考察与比较分析。这一比较模式的提出,为人类文化史的研究展现了一个崭新的研究领域。特别是当五四新文化运动提出"打倒孔家店"、全面反思中国传统文化之时,梁漱溟及他的学术思想引起了中外学术界的广泛注意,影响所及,至今未泯。

梁漱溟认为,西方、中国、印度三种文化体系,在根本哲学、生活态度、思想特质上各有特色。

西方文化,是以意欲向前要求为其根本精神的。向前要求,就是奋斗的态度,这是生活的本来路向,其生活是直觉运用于理智的,表现为改造自然、追求幸福的生活态度。

中国文化,是以意欲自为调和持中为其根本精神的,对生活持随遇而安的态度,其生活是理智运用于直觉的。生活上安分知足,物质生活简单朴素不作奢望,不积极从事发明创造。

印度文化,是以意欲反身向后要求为其根本精神的,对生活是转身向后去要求的,以根本取消当前的问题或要求为解决之策,其生活是理智运用于现量。

三类文化系统中,中国文化和印度文化有着共同的特点,就是要人的智慧不单向外用,而返回到自家生命上来,使生命成为智慧的,而非智慧为役于生命。这一特点恰恰成为东方和西方学术的一个分水岭。西洋学术的产生,就是由于智慧向外用,分析观察一切,这就是科学。而东方——中国和印度,则正好掉转头来,将智慧运用于自身,以求完善自身。具体表现在学术上,西方的特点是:①心思偏于理智。②满眼所见皆物,不免以对物者对人。③科学大为发达。④科学研究与农工商各种事业相通结合。学术研究促进了农工商,农工商业又引发了学术研究,学术与经济二者循环推动,一致向自然进攻,征服自然。东方的特点是:①心思偏于理性。②忽于物而着重人。③科学不得成就。④把农工商业划出学术圈外,学术思想与社会经济有隔绝之势。总之,在他看来,东西方的学术"是两条不同的路:一面的根本方法与眼光是静的、科学的、数学化的、可分的。一面的根本方法与眼光是动的、玄学的、正在运行中不可分的"[1]。梁漱溟将东西学术文化做比较之后,为西方文化总结出三大"特异色彩",即物质生活方面的征服自然之异彩,学术思想方面科学方法之异彩,社会生活方面的德谟克拉西(democracy)之异彩。他明确表示,这些都是中国学术文化所缺或所应向西方学习的。[2] 但是,梁漱溟并没有全盘否定中国文化的意思。他指出,中国文化虽然在物质生活方面不进步,有关的一切文物制度因此也不得开发,但中国人与自然融洽游乐的态度,避免了西洋人风驰电掣追求物质享受而带来的精神沦丧与苦闷。中国文化虽然在社会生活方面,因古代相传的礼法与教条使自由不能实现,个性得不到伸展,社会性不得发达,但中国人在"家庭里,社会上,处处都能得到一种情趣,不是冷漠、敌对、算账的样子,于人的活气有不少的培养,不能不算一种优长与胜利"[3]。中国文化,虽然在精神生活方面,没有西洋宗教那种伟大尚爱的精神,没有西洋文学那种伟大的气概、深厚的思想和真情,但孔子那

---

① 《梁漱溟全集》第 2 卷,山东人民出版社 1990 年版,第 131 页。

② 同上书,第 127 页。

③ 《梁漱溟全集》第 1 卷,第 479 页。

种似宗教非宗教、非艺术亦艺术的精神都是恰到好处的。

梁漱溟依他的"文化三路向说"，预测了世界文化的未来："世界未来文化就是中国文化的复兴。"他指出，中国人面对未来应有的抉择："第一，要排斥印度的态度，丝毫不能容留；第二，对于西方文化是全盘承受，而根本改过，就是对其态度要改一改；第三，批评的把中国原来态度重新拿出来。"①

据此，我们可以看出，梁漱溟是力图以客观的态度审视东西文化的内涵、特色、实质，及其形成发展的机制。他肯定了东西文化中值得肯定的主流，同时也指出了各自存在之缺失，最后得出的结论是：全盘接受西方文化积极健康向上进步的东西，根本改过其"以对物者对人"的态度。他认为，在承认"中国文化与西方文化接触后相形见绌"的现实前提下，要自振自作，充满自信地复兴中国文化中最根本最积极的因素，为世界的未来做出新贡献。

在诠释了梁漱溟的观点，即东西教育不同"盖由两方文化的路径根本异趣"使然之后，我们进一步理解了以不同历史文化为背景的东西教育之相异与得失，"盖西洋教育着意生活的工具，中国教育着意生活本身，各有所得，各有所失也"。我们就知道，在中国教育现代化的历程中，该如何在保持自我的前提下，以更加开放的姿态取人之长，补己之短，避人之短，扬己之长。在发扬中华传统、走世界共同趋向之现代化过程中，让我们的教育更减少盲目性，更增强自信心。

4.乡村建设与乡村教育

在梁漱溟看来，中国自道光同治开始的近百年历史，可以说就是一部乡村破坏史。国际与国内的两重压迫，天灾与人祸的两种摧毁，使得乡村命运日益沉沦而走向死亡。他认为，帝国主义的侵略无疑加速了中国社会的解体，但这是一个外部条件，中国的诸如水旱灾害、兵祸、匪患、苛捐杂税等社会问题是造成农村破产的内部原因。而问题的关键并不在于"帝国主义与军阀"或"贫愚弱私"，而在于其千年相沿袭之社会组织构造既已崩溃，而新者未立，或说是"文化失调"。这里他所说的"社会组织构造"，指的是"伦理本位，职业分立"的传统社会、政治、经济结构。因此，重建一个新的适合中国国情的社会组织构造，完成正常形态的社会文明，就是中国人所面临的任务。

梁漱溟根据他对中国文化传统的性质的认识，以及他对未来人类正常形态

---

① 《梁漱溟全集》第1卷，第528页。

社会文明的判断,对近代以来的种种社会改革运动做了分析。他认为种种的
"维新革命先进后进是自己搞乱自己否认的一部滑稽史",都是"抛开自家根本
固有精神,向外以逐求自家前途,则实为一向的大错误"①。一切"震撼于外力,
诱慕于外物"的西化运动,都失去了自觉与自主。他断言,中国不能也不宜像日
本一样,模仿西洋走发展资本主义的道路。他说,资本主义是一种病态文明,是
人类文化的歧途。它以个人为本位,提倡自由竞争,以此促成工商业偏畸发达,
内而形成阶级斗争社会惨剧,外而酿成国际大战世界祸灾。中国原本是一个大
的农业社会。我们只能从农村的新生命上来求中国的新生命,中国不能步资本
主义自由竞争使都市畸形发达而破坏乡村之后尘。中国要走谋乡村发达,完成
"乡村文明",进而以促兴农业而引发工业的路,梁漱溟也清醒地认识到"中国兴
亡系于中国能否工业化问题"②。乡村生产力、购买力辗转递增,农业工业迭为
推引,逐渐以合作之路,达于为消费而生产,于生产社会化的进程中,同时完成分
配的社会化。这样,社会的经济重心、文化重心都在乡村。而社会经济、政治、文
化中心仍可以在都市。在他看来,中国的工业化在此,新社会文明的创成在此,
中国之得救在此。所以他说,从事乡村建设运动,就是中国民族自救运动之最后
觉悟。

担当民族自救重任的乡村建设运动离不开教育,或者说,运动的本身就是一
项教育工程。中国固有的文化,千余年来盘旋不进。而西洋自近代开始则快步
如飞,完成了工业化,步入了现代文明。中国受此威胁,于是不得不尝试对自己
的文化进行改造。中国的社会改造实质就是"如何企及现代文明之问题",就是
"融取现代文明以求自身文化之长进"的工夫。而"此融取而长进的工夫固明明
为一巨大之教育工程,则势且必特有其教育设施而后可"。③ 我们应当注意到,
梁漱溟在几十年前,就一语道破中国的问题归根到底是如何使中国融入世界性
现代文明体系的问题,认识到"完成社会改造的工程即教育"。这一观点反映了
一代先进知识分子对中国问题的思考,反映了他们对教育的社会功能的估量。
他在山东邹平的乡村建设实验,就是充分调动教育的力量以推动社会的礼俗改
革、生产改进、县政改革。但是,应该指出的是,在那样一个政治混乱、阶级压迫

---

① 《梁漱溟全集》第 5 卷,山东人民出版社 1992 年版,第 106 页。

② 同上书,第 579 页。

③ 同上书,第 400—401 页。

深重、国家主权得不到保障的社会格局下，企图以教育的力量从根本上改造中国，只是一厢情愿而已。梁漱溟没有超越这一认识的局限。

5. 社会本位教育体系与终身教育思想

1933年2月，南京国民政府邀集各地民众教育专家讨论"推行民众教育方案"，问题涉及社会教育在学制系统中的地位，一时难以定论。于是会议推定梁漱溟与钮惕生、高践四、陈礼江、孟宪承五人会后起草一方案。梁漱溟执笔完成了《社会本位的教育系统草案》。这份草案既未将社会教育加入现行学制系统，也不是于学校系统外另立一平行之社会教育系统，而是以社会教育为本位树立一新的系统，将现行学校教育纳入这一系统。其根据有三点：

（1）学校教育与社会教育不可分

梁漱溟不同意将现行学制系统作为中心设施或正统，而将社会教育作为补充设施或非正规教育的做法，认为这种分判无学理真据，形式上有时也难于区别。正确的做法是将两种教育融合归一，组成一完整合理的教育系统。

（2）教育宜放长及于成年乃至终身

随着社会的发展，科学的进步，人们的生活日益繁复，人生所需要学习的东西不断地成倍增长，不可能在学校教育中学尽。随着时代的进步，有些知识也会老化而不适用。所以教育势必将延及成年乃至终身。人们只有时时不断地学习才能适应社会发展。

（3）教育应尽其推进文化改造社会之功

教育的社会功能表现在：在平时要能为社会绵续文化而求其进步，即不使文化失传，不使文化停滞不进。在改造时期，如暴力革命推翻旧制度时，先靠教育培植革命力量，后赖教育作理性的善后，如改造文化，创造文化。

梁漱溟认为，当时中国正处在一个社会变革的时期，在内忧外患的夹攻下，中国已"破坏得体无完肤，不堪收拾，非从头建设不可！这一个从头建设的工作，全是教育工作。我们一点一滴的教育，就是一点一滴的建设；一点一滴的建设，无非是一点一滴的教育"①。

在《社会本位的教育系统草案》中，教育设施包含社会生活的基本教育、各项人才的培养训练、学术问题的研究实验等，以社区统属教育对象，设国学、省

---

① 《梁漱溟教育文集》，第248页。

学、县学、区学、乡（镇）学五级。乡（镇）学以基本教育为主，程度为最低级教育，编制上设成人部、妇女部、儿童部。区学以基本教育之高级及技术训练之预备段为主，程度为乡学高一级教育。设升学预备部、职业训练部，包括现制中之高小、高级民校、职业补校。县（市）学以训练技术人才教育为主，程度高于区学，设升学预备部、职业训练部、自由研究部、乡村师范部。省学以专门技术教育及实际问题研究为主，程度相当于高等教育，可视学术门类分科。在教学方式上，各级教育视具体情况分别采取学校式教育或社会式教育。

该草案体现了"以学校为地方社会中心，以教员为社会指导"的思想，企图校正现行学校教育离开社会、偏于知识技能、不顾地方情形强求一致等弊病，以图"以教育促社会于生产，以社会促教育于生产"，最终改造社会。这一认识远比当时一般的"生产教育论"为全面，充分发挥了教育的社会功能。

该草案明确提出"教育宜放长及于成年乃至终身"的终身教育思想，要求打破学校与社会的隔阻，使人的一生成为受教育的一生，使整个社会成为学习的社会，这是一种开放式教育的建构，反映了作者的超前认识。作者征引了桑代克（Edward Lee Thorndike）关于"成人与学习"的研究，认为"年龄实在对于学习之成败是一个小的因素，能力兴趣、精力和时间乃是重要原因"。他预测今后人类社会中教育的时间将会放散而且延长。我们注意到这一"终身教育"思想的提出，是在他社会本位教育、成人教育的框架中自然延伸的，是针对所谓的"正规教育"的学制系统而建议将学校制度纳入社会本位教育系统，强调了教育的民主性、机会均等，要求教育贯穿人的一生；强调了教育的整体性，要求突破学校制度中僵硬与机械的弊病，以社会本位的组织，通盘筹划整个的社会教育、民众教育、成人教育以及未成年人的学校教育。

在世界教育史上，1916年杜威在《民主主义与教育》中提出了在"正规教育"与"非正规教育"间建立"平衡与协调关系"的主张。1919年英国成人教育委员会建议确立以成人教育为"国家永恒的需要"，提出成人教育不仅应是普遍的，而且应是终身的。这些都是世界终身教育的先声之议。梁漱溟在当时中国经济落后、工农业不发达的社会条件下，认识到成人教育与终身教育的重要意义与必要性而加以倡导，确实反映了他的思想的超前性。

"社会本位教育系统"在结构形式上脱胎于中国古代中央官学与地方官学，是一种分级管理的教育体制。提倡将办学的自主权放在地方，削弱官办教育，强调社会自办教育,加强了成人教育、职业技术教育以及教育与地方政治经济建设的结合,而教育的重点在于基本教育——包括民众教育与小学教育,也明确了上下级学府的侧重点。梁漱溟在邹平的乡村建设实验中也设置了村学乡学,村学乡学不单纯是教育组织,它们取代了区乡镇公所等行政组织,成为乡村团体。寓政府于学府,把社会上的每个人都纳入教育体系,强调了社会改革期与平时不同,应将重点放在社会教育。此一时期教育的任务不在绵延文化而在除旧布新,试图以教育的立场养成乡间新的教化、礼俗、自力。《社会本位的教育系统草案》从形式到内容都仿照宋代《吕氏乡约》,制定《学众须知》《学长须知》等,以规范乡民与社会各阶层。社会本位教育系统以及邹平的乡村教育实验,保留了古代教育的许多痕迹,不能适应现代社会组织结构与现代教育发展的需求,也不符合现代化教育发展的规律,所以最终没有被当时的社会接受。但内中许多设想反映了一个社会改造运动者对改造中国社会的见解,以及将教育现代化与教育本土化相结合的思路,其中的一些观点对我们今天的教育改革也具有借鉴的价值。应当说,梁漱溟的教育思想也是我国教育思想史上的一笔宝贵遗产,应当引起人们的重视及研究。

【思考题】

1. 如何理解"现代化并不是一个单向的历史过程,而是外部刺激与内部回应两者相结合的过程"这个观点?

2. 在中国近代教育史上,教育现代化的四个反应模式对中国的现代化起了怎样的推动作用?

3. 如何以史为镜,借鉴历史经验,并结合时代性,提出教育改革的新思路和新办法?

4. 案例分析:在本章中,早期职业教育的倡导者黄炎培虽取法于欧美,却提出了本土特色的职业教育思想。诸如,其一,提出"谋个性之发展、为个人谋生之准备"的职业教育目的观,并以此提炼出"使无业者有业,使有业者乐业"的教育目的论。其二,提出"社会化"的职业教育办学方针,职业教育须开门办学,适应社会之需要,完成社会现代化之使命。其三,"用科学来解决职业教育问题",要及时引进新的理论、制度、措施进行试验,将解决就业问题放在首位。其四,注重职业道德训练,致力于科学技术的传播,在职业教育实践活动范围反映中国国情、体现中国特点。

黄炎培的职业教育思想对于今天的职业教育办学、改革与发展有什么借鉴意义? 在职业教育要反映中国国情、体现中国特点的前提下,我们需要进一步思考什么是职业教育发展的"中国智慧""中国经验""中国方案"。

【推荐阅读书目】

马和民:《从"仁"到"人"——社会化危机及其出路》,北京师范大学出版社2006年版。

这本书通过一种历史考证和现实推理,区分了中国社会延续着的伦理取向的社会化类型和政治取向的社会化类型,并具体化为五种社会化模式。有趣的是,作者对这五种模式都做了分析,发现每种模式都对应着一种危机,并指出了危机产生的原因和应对策略。

钱民辉:《职业教育与社会发展研究》,黑龙江教育出版社1999年版。

这本书回顾了近代中国职业教育的发展史,从两个层次对职业教育进行了比较分析。同时,以中国社会整体性发展作为宏观大背景来考察分析职业教育的发展历程,体现了教育社会学的特殊视角。

庄西真:《国家的限度——"制度化"学校的社会逻辑》,南京师范大学出版社2006年版。

这本书力求通过探求影响学校行为的社会和国家因素,展开对学校行为的分析,并由此来论证国家和社会在学校行为中所起的作用。

2000 年以来教育社会学主要出版物

中文部分（按出版年限排序）

国内学者的教育社会学著作

金一鸣主编:《教育社会学》,江苏教育出版社 2000 年版。

谢维和:《教育活动的社会学分析——一种教育社会学的研究》,教育科学出版社 2000 年版。

刘云杉:《学校生活社会学》,南京师范大学出版社 2000 年版。

潘乃谷、潘乃和编:《潘光旦教育文存》,人民教育出版社 2002 年版。

翁文艳编:《教育公平与学校选择制度》,北京师范大学出版社 2003 年版。

纪河主编:《学校教育社会学》,河海大学出版社 2003 年版。

杨学为、廖平胜:《考试社会学问题研究》,华中师范大学出版社 2003 年版。

杨昌勇:《新教育社会学:连续与断裂的学术历程》,中国社会科学出版社 2004 年版。

谢高桥:《教育社会学》,台湾五南图书出版股份有限公司 2004 年版。

吴康宁主编:《课程社会学研究》新世纪版,江苏教育出版社 2004 年版。

侯定凯:《高等教育社会学》,广西师范大学出版社 2004 年版。

张维迎:《大学的逻辑》,北京大学出版社 2004 年版。

萧今:《发展经济中的人力资本——企业的策略与三元教育体系》,北京师范大学出版社 2004
年版。

刘精明等:《转型时期中国社会教育》,辽宁教育出版社 2004 年版。

钱民辉:《教育社会学——现代性的思考与建构》,北京大学出版社 2004 年版。

王铭铭:《西学"中国化"的历史困境》,广西师范大学出版社 2005 年版。

钱民辉:《教育社会学——现代性的思考与建构》第二版,北京大学出版社 2005 年版。

杨昌勇、郑淮:《教育社会学》,广东人民出版社 2005 年版。

郑新蓉:《性别与教育》,教育科学出版社 2005 年版。

刘生全:《论教育批评》,教育科学出版社 2006 年版。

邓和平:《教育社会学研究》,湖北人民出版社 2006 年版。

陈洪捷:《德国古典大学观及其对中国的影响(修订版)》,北京大学出版社 2006 年版。

李锦旭、王慧兰主编:《批判教育学:台湾的探索》,台湾心理出版社 2006 年版。

鲁洁主编:《教育社会学》,人民教育出版社 2007 年版。

陈振中等:《社会学语境中的教育弱势现象》,广西师范大学出版社 2007 年版。

余秀兰:《社会弱势群体的教育支持》,中国劳动社会保障出版社 2007 年版。

何爱霞:《成人教育社会学研究》,中国海洋大学出版社 2007 年版。

蒋国河:《教育获得的城乡差异》,知识产权出版社 2007 年版。

王有升:《理念的力量:基于教育社会学的思考》,教育科学出版社 2007 年版。

雷通群:《教育社会学》,福建教育出版社 2008 年版。

陶孟和:《社会与教育》,福建教育出版社 2008 年版。

钱民辉:《多元文化与现代性教育之关系研究》,民族出版社 2008 年版。

王清连、张社字等:《职业教育社会学》,教育科学出版社 2008 年版。

周艳:《教育社会学与教师研究》,华中科技大学出版社 2008 年版。

熊秉真:《童年忆往:中国孩子的历史》,广西师范大学出版社 2008 年版。

缪建东主编:《教育社会学》,高等教育出版社 2009 年版。

谭光鼎、王丽云主编:《教育社会学:人物与思想》,华东师范大学出版社 2009 年版。

王处辉主编:《高等教育社会学》,高等教育出版社 2009 年版。

张人杰主编:《国外教育社会学基本文选(修订版)》,华东师范大学出版社 2009 年版。

谭光鼎:《教育社会学》,台湾学富文化事业有限公司 2010 年版。

王海英:《常识的颠覆——学前教育市场化改革的社会学研究》,广西师范大学出版社 2010 年版。

马和民主编:《新编教育社会学》第二版,华东师范大学出版社 2010 年版。

钱民辉:《教育社会学概论》第三版,北京大学出版社 2010 年版。

郭建如:《中国农村义务教育财政体制变革与义务教育发展:社会学透视——从税费改革到 农村义务教育经费保障新机制》,民族出版社 2010 年版。

卢绍稷:《教育社会学》,福建教育出版社 2011 年版。

闫旭蕾主编:《教育社会学》,高等教育出版社 2011 年版。

吴刚主编:《教育社会学的前沿议题》,上海教育出版社 2011 年版。

张云霞:《教育功能的社会学研究》,武汉大学出版社 2011 年版。

胡春光:《规训与抗拒:教育社会学视野中的学校生活》,华中师范大学出版社 2011 年版。

王万俊:《二十世纪上半叶中国社会调查方法解析》,四川人民出版社 2011 年版。

王伟宜:《高等教育入学机会研究:社会阶层的视角》,广东高等教育出版社 2011 年版。

苏尚锋:《学校空间论》,教育科学出版社 2012 年版。

薛正斌:《教育社会学视野下的教师流动》,甘肃人民出版社 2012 年版。

熊春文:《中国教育精神的现代转型——民初教育民主主义思想的知识社会学研究》,中国人民大学出版社 2012 年版。

韩淑萍:《从"荣耀"到"不甘":农村学生选择中师教育的社会学分析》,知识产权出版社 2012 年版。

贺晓星:《教育·文本·弱势群体:社会学的探索》,中国社会科学出版社 2012 年版。

贾少华:《漂泊的理想:社会学视角下的教育隐忧》,厦门大学出版社 2013 年版。

郑也夫:《吾国教育病理》,中信出版社 2013 年版。

程平源:《中国教育问题调查》,清华大学出版社 2013 年版。

李锐等:《农村教育的社会学研究》,中国社会科学出版社 2013 年版。

梁晨等:《无声的革命:北京大学、苏州大学学生社会来源研究(1949—2002)》,生活·读书·新知三联书店 2013 年版。

徐继存:《教育学的学科立场——教育学知识的社会学考察》,北京师范大学出版社 2014 年版。

张东平主编:《老年教育社会学》,同济大学出版社 2014 年版。

关颖:《家庭教育社会学》,教育科学出版社 2014 年版。

钱民辉:《教育社会学研究:学科·学理·学术》,社会科学文献出版社 2014 年版。

康绍芳:《美国教育学界精英群体的兴起》,浙江教育出版社 2014 年版。

吴康宁:《教育改革的"中国问题"》,南京师范大学出版社 2015 年版。

贾少华:《大道至简:大学创业教育的社会学解读》,厦门大学出版社 2015 年版。

徐君:《成人教育促进弱势群体社会融合研究——教育社会学视角》,浙江大学出版社 2015 年版。

朱洵:《西方教育社会学近著导读》,社会科学文献出版社 2015 年版。

王海英:《学前教育社会学》,北京师范大学出版社 2015 年版。

张社字、李运萍:《中国职业教育制度分析——基于教育公平的视角》,高等教育出版社 2015 年版。

陈秀玲:《现象与阐释:言语视角下的课堂冲突研究》,华中师范大学出版社 2015 年版。

高水红主编:《社会学视角下的中国教育改革》,教育科学出版社 2016 年版。

刘精明等:《教育公平与社会分层》,中国人民大学出版社 2016 年版。

钱民辉主编:《教育社会学专题研究选集:社会学视野中的教育与现代性》,人民日报出版社 2016 年版。

贺晓星主编:《教育与社会:学科·记忆·梦想(2007—2012)》,南京师范大学出版社 2016 年版。

胡金平主编:《教育与社会:阅读·思考·对话(2009—2012)》,南京师范大学出版社 2016 年版。

陈旭峰:《乡村社会转型对教育转型影响的机制与路径研究》,浙江大学出版社 2016 年版。

许刘英:《近代中国教育社会学研究》,中国社会科学出版社 2016 年版。

钱民辉主编:《教育社会学专题研究选集:社会学视野中的教育与现代性(第二辑)》,人民日报出版社 2017 年版。

刁玉敏:《教育社会学视域下的成人教育研究》,郑州大学出版社 2017 年版。

黄庭康:《批判教育社会学九讲》,社会科学文献出版社 2017 年版。

王海英等:《学前教育社会学》,高等教育出版社 2017 年版。

徐瑞、刘慧珍:《教育社会学》第二版,北京师范大学出版社 2017 年版。

邹晓燕主编:《学前儿童社会教育》,北京师范大学出版社 2017 年版。

吴佳、刘东:《多元视野下的教育社会学研究》,哈尔滨工业大学出版社 2017 年版。

钱民辉:《教育社会学概论》第四版,北京大学出版社 2017 年版。

任杰慧:《中国式在家上学——R 学堂的教育人类学研究》,社会科学文献出版社 2017 年版。

沈洪成:《教育治理的社会逻辑:木丰中学"控辍保学"的个案研究》,社会科学文献出版社 2018 年版。

程猛:《"读书的料"及其文化生产:当代农家子弟成长叙事研究》,中国社会科学出版社 2018 年版。

吴康宁:《教育社会学》,人民教育出版社 2019 年版。

闫闯:《社会学视野中的补习教育》,人民出版社 2019 年版。

范晔:《涂尔干教育社会学研究》,山西人民出版社 2020 年版。

王有升:《共和国教育学 70 年·教育社会学卷》,北京师范大学出版社 2020 年版。

刘保中:《家庭教育投入:期望、投资与参与》,社会科学文献出版社 2021 年版。

安超:《拉扯大的孩子:民间养育学的文化家谱》,社会科学文献出版社 2021 年版。

马和民:《教育社会学基础》,中国人民大学出版社 2022 年版。

国外教育社会学译著

〔加〕大卫·杰弗里·史密斯:《全球化与后现代教育学》,郭洋生译,教育科学出版社 2000 年版。

〔美〕迈克尔·W. 阿普尔:《意识形态与课程》,黄忠敬译,华东师范大学出版社 2001 年版。

〔法〕玛丽·杜里-柏拉、阿涅斯·冯·让丹:《学校社会学(第 2 版)》,汪凌译,华东师范大学出版社 2001 年版。

〔英〕麦克·F. D. 扬主编:《知识与控制——教育社会学新探》,谢维和、朱旭东译,华东师范大学出版社 2002 年版。

〔英〕斯蒂芬·鲍尔：《政治与教育政策制定：政策社会学探索》，王玉秋、孙益译，华东师范大学出版社 2003 年版。

〔英〕安迪·格林：《教育、全球化与民族国家》，朱旭东、徐卫红译，教育科学出版社 2004 年版。

〔美〕莫琳·哈里楠主编：《教育社会学手册》，傅松涛等译，华东师范大学出版社 2004 年版。

〔美〕迈克尔·阿普尔：《官方知识——保守时代的民主教育（第二版）》，曲囡囡、刘明堂译，华东师范大学出版社 2004 年版。

〔英〕巴兹尔·伯恩斯坦：《教育、象征控制与认同：理论、研究与批判》，王瑞贤译，台湾学富文化事业有限公司 2005 年版。

〔美〕迈克尔·W. 阿普尔：《文化政治与教育》，阎光才等译，华东师范大学出版社 2005 年版。

〔美〕M. 阿普尔、L. 克里斯蒂安-史密斯主编：《教科书政治学》，侯定凯译，华东师范大学出版社 2005 年版。

〔美〕珍妮·H. 巴兰坦：《教育社会学：一种系统分析法（第五版）》，朱志勇、范晓慧主译，江苏教育出版社 2005 年版。

〔美〕埃里克·马戈利斯：《高等教育中的潜在课程》，薛晓华译，华东师范大学出版社 2005 年版。

〔美〕唐娜·伊·玛茜等：《学校和课堂中的改革与抗拒——基础学校联合体的一项人种志考察》，白芸等译，华东师范大学出版社 2005 年版。

〔美〕迈克尔·D. 科恩、詹姆斯·G. 马奇：《大学校长及其领导艺术：美国大学校长研究》，郝瑜主译，中国海洋大学出版社 2006 年版。

〔美〕沃尔特·范伯格、乔纳斯·F. 索尔蒂斯：《学校与社会（第 4 版）》，李奇等译，教育科学出版社 2006 年版。

〔美〕迈克尔·W. 阿普尔等：《国家与知识政治》，黄忠敬等译，华东师范大学出版社 2007 年版。

〔英〕萨莉·鲍尔、托尼·爱德华兹、杰夫·惠蒂、瓦莱丽·威格福尔：《教育与中产阶级》，胡泽刚译，湖南教育出版社 2008 年版。

〔美〕亨利·A. 吉鲁：《教师作为知识分子——迈向批判教育学》，朱红文译，教育科学出版社 2008 年版。

〔美〕塞尔伯特·L. 德雷克、威廉·H. 罗：《校长学（第六版）》，刘润刚等译，江苏教育出版社 2008 年版。

〔美〕珍妮·奥克斯、马丁·利普顿：《教学与社会变革（第二版）》，程亮、丰继平等译，华东师范大学出版社 2008 年版。

〔美〕丹尼尔·U. 莱文、瑞依娜·F. 莱文：《教育社会学（第九版）》，郭锋、黄雯、郭菲译，中国人民大学出版社 2010 年版。

〔美〕詹姆斯·A. 班克斯：《文化多样性与教育：基本原理、课程与教学（第五版）》，荀渊等译，华东师范大学出版社 2010 年版。

〔美〕乔尔·斯普林：《美国学校：教育传统与变革》，史静寰等译，人民教育出版社 2010 年版。

〔美〕安妮特·拉鲁：《不平等的童年》，张旭译，北京大学出版社 2010 年版。

〔美〕肯特·科普曼、李·哥德哈特：《理解人类差异——美国的多元文化教育》，滕星、朱姝等译，中央民族大学出版社 2011 年版。

〔澳〕劳伦斯·萨哈主编：《教育大百科全书·教育社会学》，刘慧珍译，西南师范大学出版社 2011 年版。

〔美〕珍妮·H. 巴兰坦、弗洛伊德·M. 海默克：《教育社会学——系统的分析（第 6 版）》，熊耕、王春玲、王乃磊译，中国人民大学出版社 2011 年版。

〔美〕丹·克莱门特·劳蒂：《学校教师的社会学研究》，饶从满、于兰、单联成等译，人民教育出版社 2011 年版。

〔加〕雷蒙德·艾伦·蒙罗、〔美〕卡洛斯·阿尔伯特·托雷斯：《社会理论与教育：社会与文化再生产理论批判》，宇文利译，上海人民出版社 2012 年版。

〔美〕帕翠西亚·冈伯特主编：《高等教育社会学》，朱志勇、范晓慧译，北京大学出版社 2013 年版。

〔美〕乔伊斯·L. 爱泼斯坦等：《学校、家庭和社区合作伙伴：行动手册（第三版）》，吴重涵、薛惠娟译，江西教育出版社 2012 年版。

〔法〕菲力浦·阿利埃斯：《儿童的世纪：旧制度下的儿童和家庭生活》，沈坚、朱晓罕译，北京大学出版社 2013 年版。

〔英〕保罗·威利斯：《学做工：工人阶级子弟为何继承父业》，秘舒、凌旻华译，译林出版社 2013 年版。

〔美〕乔纳森·R. 科尔：《大学之道》，冯国平、郝文磊译，人民文学出版社 2014 年版。

〔美〕安妮特·拉鲁：《家庭优势：社会阶层与家长参与》，吴重涵、熊苏春、张俊译，江西教育出版社 2014 年版。

〔美〕杰罗姆·卡拉贝尔：《被选中的：哈佛、耶鲁和普林斯顿的入学标准秘史》，谢爱磊、周晟、柳琳等译，中国人民大学出版社 2014 年版。

〔美〕罗斯·格雷戈里·多塞特：《特权：哈佛与统治阶层的教育》，珍栎译，生活·读书·新知三联书店 2014 年版。

〔加〕约翰·贝理等编著：《文化过渡中的移民青少年——跨国背景下的涵化、认同与适应》，王朝晖、刘真、常永才译，中央民族大学出版社 2015 年版。

〔美〕亨利·吉鲁：《教育中的理论与抵制（第 2 版）》，张斌等译，教育科学出版社 2016 年版。

〔英〕巴兹尔·伯恩斯坦:《教育、符号控制与认同》,王小凤等译,中国人民大学出版社 2016
年版。

〔美〕西莫斯·可汗:《特权:圣保罗中学精英教育的幕后》,蔡寒韫译,华东师范大学出版社
2016 年版。

〔美〕伊万·伊利奇:《去学校化社会》,吴康宁译,中国轻工业出版社 2017 年版。

〔美〕罗伯特·赫钦斯:《学习型社会》,林曾、李德雄、蒋亚丽等译,社会科学文献出版社 2017
年版。

〔美〕凯文·凯里:《大学的终结:泛在大学与高等教育革命》,朱志勇、韩倩等译,人民邮电出
版社 2017 年版。

〔美〕罗伯特·D. 帕特南:《我们的孩子:危机中的美国梦》,田雷、宋昕译,中国政法大学出版
社 2017 年版。

〔法〕皮埃尔·布迪厄:《国家精英:名牌大学与群体精神》,杨亚平译,商务印书馆 2018 年版。

〔美〕安东尼·T. 克龙曼:《教育的终结:大学何以放弃了对人生意义的追求》,诸惠芳译,北京
大学出版社 2018 年版。

〔美〕尼古拉斯·莱曼:《美国式"高考":标准化考试与美国社会的贤能政治》,戴一飞、李立丰
译,北京大学出版社 2018 年版。

〔美〕兰德尔·柯林斯:《文凭社会:教育与分层的历史社会学》,刘冉译,北京大学出版社 2018
年版。

〔英〕安东尼·史密斯、弗兰克·韦伯斯特主编:《后现代大学来临?》,侯定凯、赵叶珠译,北京
大学出版社 2018 年版。

〔美〕劳伦·A. 里韦拉:《出身:不平等的选拔与精英的自我复制》,江涛、李敏译,广西师范大
学出版社 2019 年版。

〔英〕迈克尔·扬:《把知识带回来——教育社会学从社会建构主义到社会实在论的转向》,朱
旭东、文雯、许甜等译,教育科学出版社 2019 年版。

〔比〕于戈·德拉朗、易克萨维耶·杜麦:《学校身份》,汪凌译,华东师范大学出版社 2020 年版。

〔美〕格雷格·卢金诺夫、乔纳森·海特:《娇惯的心灵:"钢铁"是怎么没有炼成的?》,田雷、苏
心译,生活·读书·新知三联书店 2020 年版。

〔美〕许晶:《培养好孩子:道德与儿童发展》,祝宇清译,华东师范大学出版社 2021 年版。

〔美〕安东尼·亚伯拉罕·杰克:《寒门子弟上大学:美国精英大学何以背弃贫困学生》,田雷、
孙竞超译,生活·读书·新知三联书店 2021 年版。

〔美〕珍妮·H. 巴兰坦、弗洛伊德·M. 哈马克、詹妮·斯图伯:《教育社会学——一种系统分
析的方法(第八版)》,苏尚锋译,商务印书馆 2021 年版。

袁振国主编"教育公平研究译丛"（10 部）

〔德〕梅耶主编：《教育、公正与人之善：教育系统中的教育公平与教育平等》，张群等译，华东师范大学出版社 2018 年版。

〔英〕格拉德等：《教育公平：基于学生视角的国际比较研究》，窦卫霖等译，华东师范大学出版社 2018 年版。

〔英〕格林等：《教育、平等和社会凝聚力：一种基于比较的分析》，赵刚、庄国欧、姜志芳译，华东师范大学出版社 2018 年版。

〔美〕阿特威尔、纽曼主编：《日趋加大的差距：世界各地的教育不平等》，张兵译，华东师范大学出版社 2018 年版。

〔新加坡〕珀琉斯等主编：《生活的交融：亚洲移民身份认同》，胡婧等译，华东师范大学出版社 2018 年版。

〔英〕库伯：《幻想公平》，李宏鸿译，华东师范大学出版社 2018 年版。

〔德〕乌斯曼等主编：《学校与平等机会问题》，杜振东等译，华东师范大学出版社 2019 年版。

〔加〕海曼等主编：《教育公平：范例与经验》，陈舒、袁文慧、王丽娜译，华东师范大学出版社 2019 年版。

〔美〕詹姆斯·S. 科尔曼等：《科尔曼报告：教育机会公平》，汪幼枫译，华东师范大学出版社 2019 年版。

〔美〕威廉·艾尔斯等主编：《教育社会公平手册》，张春柏、彭正梅等译，华东师范大学出版社 2020 年版。

南京师范大学教育社会学研究团队推出的丛书

吴康宁主编"现代教育社会学研究丛书"（10 部）

郭华：《静悄悄的革命：日常教学生活的社会构建》，北京师范大学出版社 2003 年版。

张行涛：《必要的乌托邦：考选世界的社会学研究》，北京师范大学出版社 2003 年版。

张义兵：《逃出束缚："赛博教育"的社会学解读》，北京师范大学出版社 2003 年版。

马维娜：《局外生存：相遇在学校场域》，北京师范大学出版社 2003 年版。

王有升：《理想的限度：学校教育的现实建构》，北京师范大学出版社 2003 年版。

楚江亭：《真理的终结：科学课程的社会学释义》，北京师范大学出版社 2005 年版。

齐学红：《走在回家的路上：学校生活中的个人知识》，北京师范大学出版社 2005 年版。

周润智:《力量就是知识:教师职业文化的生产与再生产》,北京师范大学出版社 2005 年版。

马和民:《从"仁"到"人"——社会化危机及其出路》,北京师范大学出版社 2006 年版。

刘云杉:《从启蒙者到专业人:中国现代化历程中教师角色演变》,北京师范大学出版社 2006 年版。

吴康宁主编"社会学视野中的教育丛书"(11 部)

胡金平:《学术与政治之间的角色困顿——大学教师的社会学研究》,南京师范大学出版社 2006 年版。

杨跃:《匿名权威与文化焦虑——大众培训的社会学研究》,南京师范大学出版社 2006 年版。

庄西真:《国家的限度——"制度化"学校的社会逻辑》,南京师范大学出版社 2006 年版。

周宗伟:《高贵与卑贱的距离——学校文化的社会学研究》,南京师范大学出版社 2006 年版。

闫旭蕾:《教育中的"肉"与"灵"——身体社会学研究》,南京师范大学出版社 2007 年版。

高水红:《共用知识空间——新课程改革行动案例研究》,南京师范大学出版社 2008 年版。

刘猛:《意识形态与中国教育学——走向一种教育学的社会学研究》,南京师范大学出版社 2008 年版。

程天君:《"接班人"的诞生——学校中的政治仪式考察》,南京师范大学出版社 2008 年版。

庄西真:《权力的滞聚与流散——地方政府治理教育模式变革的社会学研究》,南京师范大学出版社 2008 年版。

石艳:《我们的"异托邦"——学校空间社会学研究》,南京师范大学出版社 2009 年版。

王晋:《一个称作单位的学校——基于对晋东 M 中学的实地调研》,南京师范大学出版社 2012 年版。

吴康宁主编"中国教育改革的社会学研究丛书"(6 部)

王海英:《常识的颠覆:学前教育市场化改革的社会学研究》,广西师范大学出版社 2010 年版。

马维娜:《集体性知识:中国教育改革的社会学解释》,广西师范大学出版社 2011 年版。

彭拥军:《精英的合法性危机:高等教育改革的社会学研究》,广西师范大学出版社 2011 年版。

杨跃:《"教师教育"的诞生:教师培养权变迁的社会学研究》,广西师范大学出版社 2011 年版。

齐学红:《在生活化的旗帜下:学校道德教育改革的社会学研究》,广西师范大学出版社 2011 年版。

周元宽:《情境逻辑:底层视阈中的大学改革》,广西师范大学出版社 2012 年版。

程天君主编"新教育公平研究丛书"（6 部）

贺晓星等：《家长、社区与新教育公平》，南京师范大学出版社 2018 年版。

雷晓庆：《课堂教学公平指标体系的建构与应用》，南京师范大学出版社 2018 年版。

杨跃：《新教育公平视野下的教师教育改革》，南京师范大学出版社 2018 年版。

张义兵：《知识建构——新教育公平视野下教与学的变革》，南京师范大学出版社 2018 年版。

程天君等：《新教育公平引论》，南京师范大学出版社 2019 年版。

高水红：《新教育公平视野下的学校再生产》，南京师范大学出版社 2020 年版。

程天君主编"教育与社会研究丛书"（3 部）

汤美娟：《现代教育观念的乡村遭遇》，南京师范大学出版社 2019 年版。

桑志坚：《学校教育时间的社会逻辑》，南京师范大学出版社 2019 年版。

孙启进：《社会结构与高等教育分流》，南京师范大学出版社 2020 年版。

教育社会学学术会议论文集

北京大学首届教育社会学国际研讨会论文集，2006 年 3 月 18—19 日，中国北京，北京大学。

教育社会学专业委员会第九届年会论文（未汇成集），2006 年 10 月 20—22 日，中国海南，海口。

地方、社区与教育实践之社会文化意义国际学术研讨会论文集，2007 年 5 月 18—19 日，中国台湾，屏东教育大学。

北京师范大学首届教育社会学论坛论文集，2007 年 11 月 16—18 日，中国北京，北京师范大学教育学院。

教育社会学专业委员会第十届年会论文集，2008 年 11 月 8—9 日，中国广西，桂林。

北京大学第二届教育社会学国际研讨会论文集，2012 年 7 月 7—8 日，中国北京，北京大学。

外文部分（按出版年限排序）

Ball, Stephen J., ed., *Sociology of Education : Major Themes*, Routledge, 2000.

Hallinan, Maureen T., ed., *Handbook of the Sociology of Education*, Springer, 2000.

McClafferty, Karen A., Carlos Alberto Torres and Theodore R. Mitchell, eds., *Challenges of Urban Education : Sociological Perspectives for the Next Century*, State University of New York Press, 2000.

Ballantine, Jeanne H., *The Sociology of Education : A Systematic Analysis*, 5th ed., Prentice

Hall, 2001.

Demaine, Jack, ed., *Sociology of Education Today*, Palgrave Macmillan, 2001.

McKenzie, Janet, *Changing Education: A Sociology of Education Since 1944*, Prentice Hall, 2001.

Kinsman, Anna, *The Politics of Knowledge: Public Schools in the Nation's Capital*, Peter Lang, 2003.

Torres, Carlos Alberto, and Ari Antikainen, eds., *The International Handbook on the Sociology of Education: An International Assessment of New Research and Theory*, Rowman & Littlefield, 2003.

Baker, David, et al., eds., *Inequality across Societies: Families, Schools and Persisting Stratification*, Emerald, 2004.

Bills, David B., *The Sociology of Education and Work*, Wiley-Blackwell, 2004.

Chandra, Anil, *Sociology of Education*, Book Enclave, 2004.

Moore, Rob, *Education and Society: Issues and Explanations in the Sociology of Education*, Polity Press, 2004.

Karabel, Jerome, *The Chosen: The Hidden History of Admission and Exclusion at Harvard, Yale, and Princeton*, Houghton Mifflin, 2005.

Ralhan, S. S., and S. R. Lambat, *Encyclopedia of Sociology*, Volume 8, *Sociology of Education*, Commonwealth, 2005.

Weis, Lois, Cameron McCarthy and Greg Dimitriadis, eds., *Ideology, Curriculum, and the New Sociology of Education: Revisiting the Work of Michael Apple*, Routledge, 2006.

Atal, Yogesh, *On Education and Development: Essays on the Sociology of Education*, Rawat Publications, 2007.

Barton, Len, ed., *Education and Society: 25 Years of the British Journal of Sociology of Education*, Routledge, 2007.

Kibera, Lucy Wairimu, and Agnes Kimokoti, *Fundamentals of Sociology of Education: With Reference to Africa*, University of Nairobi Press, 2007.

Bartolomé, Lilia I., ed., *Ideologies in Education: Unmasking the Trap of Teacher Neutrality*, Peter Lang, 2008.

Kincheloe, Joe L., *Knowledge and Critical Pedagogy: An Introduction*, Springer, 2008.

Yi, Lin, *Cultural Exclusion in China: State Education, Social Mobility and Cultural Difference*, Routledge, 2008.

Young, Michael F. D., *Bringing Knowledge Back In: From Social Constructivism to Social Realism in the Sociology of Education*, Routledge, 2008.

Apple, Michael W., Stephen J. Ball and Luis Armando Gandin, eds., *The Routledge International Handbook of the Sociology of Education*, Routledge, 2010.

Ainsworth, James, ed., *Sociology of Education: An A-to-Z Guide*, Sage, 2013.

Ball, Stephen J., *Foucault, Power, and Education*, Routledge, 2013.

Jackson, Michelle, ed., *Determined to Succeed? Performance versus Choice in Educational Attain-*

ment, Stanford University Press, 2013.

Arum, Richard, Irenee R. Beattie and Karly S. Ford, *The Structure of Schooling: Readings in the Sociology of Education*, 3rd ed., Sage, 2014.

Baker, David, *The Schooled Society: The Educational Transformation of Global Culture*, Stanford University Press, 2014.

Marks, Gary N., *Education, Social Background and Cognitive Ability: The Decline of the Social*, Routledge, 2014.

Boronski, Tomas, and Nasima Hassan, *Sociology of Education*, Sage, 2015.

Cabrera, N. J., and C. S.Tamis-LeMonda, eds., *Handbook of Father Involvement: Multidisciplinary Perspectives*, Routledge, 2015.

Lee, Jennifer, and Min Zhou, *The Asian American Achievement Paradox*, Russell Sage Foundation, 2015.

Hamilton, Laura, *Parenting to a Degree: How Family Matters for College Women's Success*, University of Chicago Press, 2016.

Hirschman, Charles, *From High School to College: Gender, Immigrant Generation, and Race-Ethnicity*, Russell Sage Foundation, 2016.

Sánchez-Jankowski, Martín, *Burning Dislike: Ethnic Violence in High Schools*, University of California Press, 2016.

Kupchik, Aaron, *The Real School Safety Problem: The Long-Term Consequences of Harsh School Punishment*, University of California Press, 2016.

McCabe, Janice M., *Connecting in College: How Friendship Networks Matter for Academic and Social Success*, University of Chicago Press, 2016.

Mose, Tamara R., *The Playdate: Parents, Children, and the New Expectations of Play*, New York University Press, 2016.

Nelson, Ingrid A., *Why Afterschool Matters*, Rutgers University Press, 2016.

Sadovnik, Alan R., and Ryan W. Coughlan, eds., *Leaders in the Sociology of Education: Intellectual Self-Portraits*, Sense Publishers, 2016.

Xie, Ailei, *Family Strategies, Guanxi, and School Success in Rural China*, Routledge, 2016.

Young, Michael, and Johan Muller, *Curriculum and the Specialization of Knowledge: Studies in the Sociology of Education*, Routledge, 2016.

Byrd, W. Carson, *Poison in the Ivy: Race Relations and the Reproduction of Inequality on Elite College Campuses*, Rutgers University Press, 2017.

Flores, Glenda M., *Latina Teachers: Creating Careers and Guarding Culture*, New York University Press, 2017.

Goyette, Kimberly, *Education in America*, University of California Press, 2017.

Hassrick, Elizabeth McGhee, Stephen W. Raudenbush and Lisa Rosen, *The Ambitious Elementary School: Its Conception, Design, and Implications for Educational Equality*, University of Chicago Press, 2017.

Pomerantz, Shauna, and Rebecca Raby, *Smart Girls: Success, School, and the Myth of Post-Feminism*, University of California Press, 2017.

Vaught, Sabina E., *Compulsory: Education and the Dispossession of Youth in a Prison School*, University of Minnesota Press, 2017.

Ewing, Eve L., *Ghosts in the Schoolyard: Racism and School Closings on Chicago's South Side*, University of Chicago Press, 2018.

Morrill, Calvin, and Michael Musheno, *Navigating Conflict: How Youth Handle Trouble in a High-Poverty School*, University of Chicago Press, 2018.

Oeur, Freeden Blume, *Black Boys Apart: Racial Uplift and Respectability in All-Male Public Schools*, University of Minnesota Press, 2018.

Reyes, Daisy Verduzco, *Learning to Be Latino: How Colleges Shape Identity Politics*, Rutgers University Press, 2018.

Schneider, Barbara, ed., *Handbook of the Sociology of Education in the 21st Century*, Springer International Publishing, 2018.

Stevens, Mitchell L., Cynthia Miller-Idriss and Seteney Shami, *Seeing the World: How U.S. Universities Make Knowledge in a Global Era*, Princeton University Press, 2018.

Debs, Mira, *Diverse Families, Desirable Schools: Public Montessori in the Era of School Choice*, Harvard Education Press, 2019.

Pruit, John C., *Between Teaching and Caring in the Preschool: Talk, Interaction, and the Preschool Teacher Identity*, Lexington Books, 2019.

Roth, Gary, *The Educated Underclass: Students and the Promise of Social Mobility*, Pluto Press, 2019.

Zaloom, Caitlin, *Indebted: How Families Make College Work at Any Cost*, Princeton University Press, 2019.

Belsky, Jay, Avshalom Caspi, Terrie E. Moffitt and Richie Poulton, *The Origins of You: How Childhood Shapes Later Life*, Harvard University Press, 2020.

Hurst, Allison L., *Amplified Advantage: Going to a "Good" College in an Era of Inequality*, Lexington Books, 2020.

Ma, Yingyi, *Ambitious and Anxious: How Chinese College Students Succeed and Struggle in American Higher Education*, Columbia University Press, 2020.

Ramos-Zayas, Ana Y., *Parenting Empires: Class, Whiteness, and the Moral Economy of Privilege in Latin America*, Duke University Press, 2020.

Golann, Joanne W., *Scripting the Moves: Culture and Control in a "No-Excuses" Charter School*, Princeton University Press, 2021.

Giroux, Henry A., *Race, Politics, and Pandemic Pedagogy: Education in a Time of Crisis*, Bloomsbury Academic, 2021.

第四版后记

　　教育社会学作为一门学科在北京大学社会学系已经有二十年了,从最初在社会学系为本科生和研究生开设此门课程,到后来为全校本科生开设教育社会学思考通选课程,处于不断发展之中。每年选修此课程的学生越来越多,学生对教材的要求也越来越高。如今,这部教材进行了第四版修订,这次修订做了近五分之二的变动,增加了方法一章,也增加了阅读的范围,特别是增加了最新与最近的研究,而且在难度上有所提升。因时间紧,还有很多想重新进行编写的章节只好放到下一次修订。这次修订,我与我的学生沈洪成、洪岩璧进行了多次的商谈,他们分别撰写了两章内容,又合作写了研究方法一章(第三章),其中混合方法研究很有新意。洪岩璧撰写了"第十章 教育与社会分层",沈洪成撰写了"第十一章 人口流动与教育",这两章的内容都反映了相关方面的最新最近的研究和他们的思考,使整部书增色不少。此外,沈洪成、洪岩璧,还有我的博士生刘浩、覃琳都分别为我提供了2009年以后的教育社会学出版物书单,对他们的工作和贡献在此表示感谢。还要感谢北京大学出版社社科编辑室的编辑陈相宜女士,对本次修订提出了具体的意见和建议。感谢李晓菁、薛芳璃帮助我制作了教材配套课件,以及李晓菁、张阳阳、张越为完善本书提出的修改意见。最后,衷心希望阅读这部教材的读者和老师、学生提出宝贵意见。

钱民辉

第五版后记

我在第四版的基础上进行了修订。在第五版中,合并了原来的第六、第七章,形成新的第六章,题目是"现代性与教育社会学理论建构";新增一章,作为第十一章,题目是"社区环境与教育获得",这一章由我的学生,现为北京科技大学文法学院社会学系讲师的刘浩博士撰写;去掉原第十四章"中国高等教育体制改革研究",增改新的第十四章,题目是"性别与教育";去掉原第十五章"政府、市场、大学三角关系研究",增改新的第十五章,题目是"互联网与教育";去掉原第十六章"社会学视野中的教育变革动因分析",新增一章作为第十六章,题目是"教育与国家发展";其余各章依顺序调整。刘浩博士对教育社会学主要出版物进行了整理,增补和扩展了最新的主要出版物。

北京市社会科学院社会学研究所陈学金研究员指出,目前国内出版物对玛格丽特·米德的三种文化形式翻译较乱,并提供了原著解释,据此,经考虑并与编辑商量后按原著意思改正。在此表示感谢。

钱民辉

教师反馈及教辅申请表

　　北京大学出版社本着"教材优先、学术为本"的出版宗旨,竭诚为广大高等院校师生服务。为更有针对性地提供服务,请您认真填写完整以下表格后,拍照发到 ss@ pup. pku. edu. cn,我们将免费为您提供相应的课件,以及在本书内容更新后及时与您联系邮寄样书等事宜。

书名		书号	978-7-301-	作者	
您的姓名				职称、职务	
校/院/系					
您所讲授的课程名称					
每学期学生人数		_____人_____年级		学时	
您准备何时用此书授课					
您的联系地址					
联系电话(必填)			邮编		
E-mail(必填)			QQ		
您对本书的建议:					

我们的联系方式:

北京大学出版社社会科学编辑室

北京市海淀区成府路 205 号,100871

联系人:陈相宜

电话:010-62753121 / 62765016

微信公众号:ss_book

新浪微博:@未名社科-北大图书

网址:http://www.pup.cn

更多资源请关注"北大博雅教研"